中医药发展蓝皮书

四川省中医药大健康产业发展报告（2022）

余曙光　主编

四川科学技术出版社

图书在版编目（CIP）数据

四川省中医药大健康产业发展报告 . 2022 / 余曙光
主编 . –– 成都 : 四川科学技术出版社 , 2023.8
　　ISBN 978-7-5727-1116-9

　　Ⅰ . ①四… Ⅱ . ①余… Ⅲ . ①中国医药学 – 产业发展
– 研究报告 – 四川 – 2022 Ⅳ . ① F426.77

中国国家版本馆 CIP 数据核字（2023）第 146626 号

四川省中医药大健康产业发展报告（2022）

主　　编　余曙光

出 品 人　程佳月
策划组稿　钱丹凝
责任编辑　税萌成
助理编辑　钱思佳
封面设计　筱　亮
责任出版　欧晓春
出版发行　四川科学技术出版社
　　　　　成都市锦江区三色路238号　邮政编码 610023
　　　　　官方微博 http://weibo.com/sckjcbs
　　　　　官方微信公众号 sckjcbs
　　　　　传真 028-86361756
成品尺寸　185 mm × 260 mm
印　　张　20
字　　数　360 千
印　　刷　四川华龙印务有限公司
版　　次　2023年8月第 1 版
印　　次　2023年12月第 1 次印刷
定　　价　78.00元

ISBN 978-7-5727-1116-9

邮　　购：成都市锦江区三色路238号新华之星A座25层　邮政编码：610023
电　　话：028-86361770

中医药发展蓝皮书

《四川省中医药大健康产业发展报告（2022）》

编委会

主　编　余曙光

副主编　蒋建华　杨胤清　李家伟

编　者（按姓氏笔画排序）

　　　　马云桐　朱才华　李　化　杨　义　吴颖敏　闵连星

　　　　沙　莎　宋一蓓　张传涛　张忠辉　林　薇　周　晶

　　　　段桂敏　耿子扬　夏丽娜　黄勤挽　章红梅　彭美华

　　　　董浜贤　蒋桂华　颜　涛

秘　书　何芬华

策　划

成都中医药大学

四川省社科重点研究基地"四川中医药大健康产业发展与乡村振兴研究中心"

成都中医药大学健康四川研究院

国家中医药管理局中医药养生健康产业发展研究室

前　言

中医药学是中国古代科学的瑰宝，是打开中华文明宝库的钥匙，也是我国独特的卫生资源、潜力巨大的经济资源、具有原创优势的科技资源、优秀的文化资源和重要的生态资源，在经济社会发展和人民健康促进中发挥着重要作用。近年来，随着经济社会发展和生活水平不断提高，新型工业化、新型城镇化和人口老龄化进程也持续加快，我国慢性病发病率总体呈上升趋势，传染病防控形势仍然严峻，人民群众更加重视生命安全和健康质量，预防、保健和养生需求日益增长，对中医药需求也越来越旺盛。

党的十八大以来，以习近平同志为核心的党中央不断完善中医药发展的顶层设计，习近平总书记对中医药工作作出系列重要指示，把发展中医药确定为国家战略，中医药发展政策环境持续优化。2016年国务院印发《中医药发展战略规划纲要（2016—2030年）》，2017年我国首部《中华人民共和国中医药法》施行，2019年国务院召开全国中医药大会，同年中共中央、国务院印发《关于促进中医药传承创新发展的意见》，2021年和2022年国务院办公厅分别印发《关于加快中医药特色发展的若干政策措施》《"十四五"中医药发展规划》，党的二十大报告再次强调"促进中医药传承创新发展"，持续高起点、高标准、高强度推进中医药发展，充分体现了以习近平同志为核心的党中央对中医药工作的持续高度重视，为我们在"两个一百年"奋斗目标的历史交汇点的新时代新征程上继续推进中医药高质量发展进一步指明了前进方向、提供了根本遵循。

四川是中医药文化重要发祥地之一，也是中医药大省，长期享有"中医之乡、中药之库"美誉，川药、川方、川医、川人的川派中医药源远流长，川产药材丰富，中医界也素有"无川药不成方"之说。四川历代中医名家辈出，中医药文化浓厚，2021

年12月四川成功获批建设全国七个之一、西部唯一的国家中医药综合改革示范区，传承发展中医药具有得天独厚的优势。四川省委、省政府坚决贯彻落实党中央国务院决策部署，将中医药融入经济社会发展大局，近年来出台系列促进中医药发展的政策文件，创新性提出中医药事业、产业、文化"三位一体"发展模式，当前正奋力推进新时代中医药强省建设和国家中医药综合改革示范区建设，四川中医药发展迎来天时、地利、人和的大好时机。

党的十八大以来，四川中医药事业、产业、文化"三位一体"高质量发展取得明显成效。首先是中医药事业快速发展。全省围绕"人人享有中医药服务"目标，进一步完善融预防保健、疾病治疗与康复于一体的中医药服务体系，中医类医疗机构从2012年的4 600余个增长到2021年的近8 200个；截至2022年6月，中医类医院达343家，开放床位8.6万张，中医药服务量从不足1亿人次增长到1.5亿人次；基层中医药服务量达50.2%，居全国第一；中医医院数、中医医院床位数、中医总诊疗人次数、中医医院出院人数、中医类别执业（助理）医师数等指标居全国前列；中医药人才队伍不断壮大，全省中医药从业人员近30万人，中医药类卫生技术人员从4.1万人增长到7.6万人。其次是中医药产业蓬勃发展。四川中药材资源丰富，已查明中药资源物种数达9 001种，常用中药材品种数312种，道地药材品种86种，居全国第一；省内建成24个药材规范化种植科技示范区，16个品种、24个基地通过国家GAP认证，均居全国第一；中药材种植面积从2012年的150万亩（1亩 $\approx$ 667 m^2）增长到831万亩，中药材产值达312亿元。中医药工业稳步增长，已成为全省14个重点产业之一，纳入确定的7个优先发展千亿级产业之一，截至2021年底，全省规模以上中药企业共236户，营业收入约581亿元、占医药工业企业营业收入36%，中医药产业融入全省经济社会发展大局。最后是中医药文化繁荣发展。四川省委、省政府高度重视中医药文化传承发展，不断完善中医药文化传承发展体系，大力实施中医药文化传承发展工程，深入挖掘川派中医药文化精髓，加强中医药文化资源保护，编撰完成《四川中医药——传承发展70年》《川派中医药名家系列丛书》等一大批中医药文化研究著作，成立全国首个以研究老官山汉墓医简为主的"中国出土医学文献与文物研究院"，打造川派中医药文化品牌标识，遴选省级中医药文化宣传教育基地、中医药文化传承基地 34 个，四川省中医药博物馆等 3 个基地被确定为"全国中医药文化宣传教育基地"，将中医药文化送到人民群众身边，支持各中小学校与中医药院校、中医医院、文化宣传教育基地"结对子"，丰富中小学中医药文化教育，将中医药文化融入课程、融入生活、融入实践。

为了更好掌握和总结四川中医药健康产业发展进展、经验和成果，更好把握全省中医药新发展阶段，更好推动中医药健康产业服务于国民经济社会和人民健康，助推四川中医药强省建设和国家中医药综合改革示范区建设，成都中医药大学、国家中医药管理局中医药健康产业重点研究室、四川省社科重点研究基地"四川中医药大健康产业发展与乡村振兴研究中心"以及成都中医药大学健康四川研究院联合研究编撰了《四川省中医药大健康产业发展报告（2022）》（以下简称《报告》）。《报告》围绕四川中医药事业、产业、文化"三位一体"发展模式，分为"事业篇""产业篇""文化篇""热点篇"等篇章，以及中医医疗服务、中医药人才队伍、中药材种植、中药饮片加工、中成药制造业、中医药养生保健、中医药健康旅游、川派中医药发展等 16 个专题，比较系统地分析了全省中医药发展状况。同时《报告》是四川省中医药领域公开发布的首个蓝皮书，可为政府、中医药行业机构和企事业单位全面了解四川中医药和制定相关事业、产业、文化发展计划提供决策参考。

由于编撰时间限制等因素，本《报告》内容可能存在不足，恳请同行专家和广大读者提出宝贵意见和建议。最后，谨代表编委会对关心本《报告》研究编写的相关领导、专家表示衷心感谢！

余曙光　研究员（成都中医药大学校长）

2023 年 7 月

目 录

事业篇

产业篇

文化篇

热点篇

SHIYE PIAN

事 业 篇

专论1 四川省中医医疗服务能力研究

段桂敏[1] 周翔[2]

摘要：通过梳理四川省中医类医疗机构数、床位数、卫技人员数、万元以上设备总价值及台数、建筑面积等数据，分析四川中医医疗资源现状；通过分析全省中医类医院诊疗人次数、出院人次数、医师人均每日担负诊疗人次、病床使用率、平均住院天数等指标，了解四川中医医疗效率现状；通过分析中医类医疗机构出院病人负担、门诊病人负担、出院病人日均费用占人均可支配收入比例等指标，研究中医医疗费用状况；研究分析了四川中医医疗服务能力发展存在的问题，并提出相应对策建议。

关键词：四川省 中医医疗服务 中医医疗资源 中医医疗效率 中医医疗费用

一、四川省中医医疗服务能力现状

（一）四川省中医医疗资源现状

1.中医类医疗机构数

2015—2020年间，四川省中医类医疗机构数量增长显著。2020年，四川省中医类医疗机构达到7 286家，较2015年（5 278家）增加了2 008家，增幅为38.04%，与全国55.53%的增长率相比，增幅偏低。2020年，四川省中医类医疗机构占全国中医类医疗机构的比例达到10.08%，相比2015年（11.35%）下降了1.27个百分点。见表1。

表1 2015—2020年四川省中医类医疗机构数量变化　　　　单位：所，%

年度	中医类医院		中医类门诊		中医类诊所		合计	
	四川省	全国	四川省	全国	四川省	全国	四川省	全国
2015	260	3 966	38	1 640	4 980	40 888	5 278	46 494
2020	328	5 482	85	3 539	6 873	63 291	7 286	72 312
增长率	26.15	38.22	123.68	115.79	38.01	54.79	38.04	55.53

[1]段桂敏，女，博士，教授，硕士生导师，中华中医药学会人文与管理科学分会第一届委员，四川省医保局评审专家，致公党成都市文体医卫服务委员会委员，主要从事卫生管理研究。

[2]周翔，女，硕士研究生，主要从事卫生管理领域研究。

四川省中医类医院。2020 年，四川省中医类医院数量达到 328 家，较 2015 年（260 家）增加了 68 家，增幅为 26.15%，与全国中医类医院 38.22% 的增长率相比，增速偏低。其中，2015 年到 2020 年，四川省中医医院数量从 198 家增长到 260 家，增幅为 31.31%；中西医结合医院从 26 家增长到 30 家，增幅为 15.38%；民族医院从 36 家增加到 38 家，增幅为 5.56%。此外，2020 年，四川省中医类医院数量占全国中医类医院总量的 5.98%，较 2015 年（6.56%）降低了 0.58 个百分点。见表 2。

表2　2015—2020年四川省中医类医院数量变化　　　　单位：所，%

年度	中医医院数		中西医结合医院数		民族医院数		合计	
	四川省	全国	四川省	全国	四川省	全国	四川省	全国
2015	198	3 267	26	446	36	253	260	3 966
2020	260	4 426	30	732	38	324	328	5 482
增长率	31.31	35.48	15.38	64.13	5.56	28.06	26.15	38.22

四川省中医类门诊部。全省中医类门诊部的数量较 2015 年有提升，从 38 家增加至 85 家，增幅达 123.68%，增长速度超过全国平均水平。2020 年，四川省中医类门诊部数量占全国总数的 2.40%，相比 2015 年（2.32%）增长 0.08 个百分点。其中，中医门诊数量增长幅度最大，2020 年已达 73 家，较 2015 年（20 家）增加 53 家，增幅高达 265%；中西医结合门诊数呈现负增长趋势，减少了 38.89%；2015 年全省尚不存在民族医门诊，截至 2020 年，民族医门诊实现了从 0 到 1 的突破。见表 3。

表3　2015—2020年四川省中医类门诊部数量变化　　　　单位：所，%

年度	中医门诊数		中西医结合门诊数		民族医门诊数		合计	
	四川省	全国	四川省	全国	四川省	全国	四川省	全国
2015	20	1 304	18	320	0	16	38	1 640
2020	73	3 000	11	508	1	31	85	3 539
增长率	265.00	130.06	−38.89	58.75	—	93.75	123.68	115.79

四川省中医类诊所。全省中医类诊所数量从 4 980 家增长至 6 873 家，增幅（38.01%）较大。2020 年四川省中医类诊所数量占全国总数的 10.86%，较 2015 年（12.18%）降低了 1.32 个百分点。其中，全省中医诊所数量为 5 608 家，相比 2015 年的 4 131 家，增幅为 35.75%；全省中西医结合诊所的数量增长幅度最大，2020 年已增长至 1 261 家，相比 2015 年（842 家）增幅约 50%；民族医诊所呈现负增长趋势，数量从 7 家减少至 4 家，减少了 42.86%。见表 4。

表4　2015—2020年四川省中医类诊所数量变化　　　　单位：所，%

年度	中医诊所数		中西医结合诊所数		民族医诊所数		合计	
	四川省	全国	四川省	全国	四川省	全国	四川省	全国
2015	4131	32 968	842	7 386	7	534	4 980	40 888
2020	5 608	53 560	1261	9 090	4	641	6 873	63 291
增长率	35.75	62.46	49.76	23.07	−42.86	20.04	38.01	54.79

就四川省21个市（州）具体情况而言，2015—2020年，四川省各市（州）的中医类医院数量增长幅度较大，成都、泸州、德阳、内江、达州、巴中6市的增长幅度超过了全省平均水平。在中医医院数量增长方面，阿坝州增幅最大，达到75.00%；其次为泸州市，增幅达69.23%；内江市、巴中市的增幅均为50%。在中西医结合医院数量增长方面，成都、德阳、绵阳、广元、内江、南充、宜宾、巴中8市相比2015年，新增1家中西医结合医院，其中，德阳市、宜宾市的增幅均达到100%，绵阳、广元、内江、南充、巴中等5市实现中西医结合医院从无到有的突破；而遂宁市中西医结合医院减少2家，眉山市与凉山州的中西医结合医院数量分别减少1家。截至2020年，除成都市新开办3所民族医院，实现自2015年以来"0"的突破外，其余20个市（州）中，仅甘孜州有新增（1家）；阿坝州民族医院数量减少了2家。见表5。

表5　2015—2020年四川省各市（州）中医类医院数量变化　　　　单位：所，%

市（州）	中医医院			中西医结合医院			民族医院			合计		
	2015	2020	增长率	2015	2020	增长率	2015	2020	增长率	2015	2020	增长率
成都市	43	61	41.86	9	10	11.11	0	3	—	52	74	42.31
自贡市	5	6	20.00	1	1	0	0	0	—	6	7	16.67
攀枝花市	3	3	0	1	1	0	0	0	—	4	4	0
泸州市	13	22	69.23	0	0	—	0	0	—	13	22	69.23
德阳市	9	12	33.33	1	2	100.00	0	0	—	10	14	40.00
绵阳市	12	14	16.67	0	1	—	1	1	0	13	16	23.08
广元市	10	11	10.00	0	1	—	0	0	—	10	12	20.00
遂宁市	7	9	28.57	3	1	66.67	0	0	—	10	10	0
内江市	6	9	50.00	0	1	—	0	0	—	6	10	66.67
乐山市	11	13	18.18	1	1	0	0	0	—	12	14	16.67
南充市	8	8	0	0	1	—	0	0	—	8	9	12.50

续表

市（州）	中医医院			中西医结合医院			民族医院			合计		
	2015	2020	增长率	2015	2020	增长率	2015	2020	增长率	2015	2020	增长率
眉山市	7	8	14.29	1	0	−100.00	0	0	—	8	8	0
宜宾市	15	18	20.00	1	2	100.00	0	0	—	16	20	25.00
广安市	4	4	0	0	0	—	0	0	—	4	4	0
达州市	10	18	20.00	3	3	0	0	0	—	13	21	61.54
雅安市	8	8	0	1	1	0	0	0	—	9	9	0
巴中市	6	9	50.00	0	1	—	0	0	—	6	10	66.67
资阳市	5	6	20.00	0	0	—	0	0	—	5	6	20.00
阿坝州	4	7	75.00	1	1	0	10	8	−20.00	15	16	6.67
甘孜州	3	4	33.33	0	0	—	15	16	6.67	18	20	11.11
凉山州	9	10	11.11	3	2	−33.33	10	10	0	22	22	0

2.中医类医院床位数

2015—2020年间，四川省中医类医院床位数呈现良好的上升趋势，但相对全国中医类医院床位资源配置来看，增长速度略缓慢。2020年，全省中医类医院床位数达79 036张，相比2015年（57 043张）增长了21 993张，增幅达38.56%，相比全国增速低1.56个百分点。其中，民族医院床位数增幅最大，从2015年的1 151张，增加到2020年的1 770张，增加了619张，增幅达到53.78%；其次为中医医院，2020年床位数为68 343张，相比2015年（48 210张）增加了20 133张，增幅为41.76%；中西医结合医院床位数增幅最小，2020年床位数为8 923张，相比2015年（7 682张）增加了1 241张，增幅仅为16.15%。与全国数据相比，2015—2020年，我省中医类医院床位数总体增长速度略缓，中医医院床位增长速度高于全国平均水平4.61个百分点，但中西医结合医院床位数增长缓慢，远低于全国平均水平。见表6。

表6　2015—2020年四川省中医类医院床位数量变化　　　　单位：张，%

年度	中医医院床位数		中西医结合医院床位数		民族医院床位数		合计	
	四川省	全国	四川省	全国	四川省	全国	四川省	全国
2015	48 210	715 393	7 682	78 611	1 151	25 408	57 043	819 412
2020	68 343	981 142	8 923	124 614	1 770	42 379	79 036	1 148 135
增长率	41.76	37.15	16.15	58.52	53.78	66.79	38.56	40.12

从四川省 21 个市（州）具体情况看，2015—2020 年，四川省各市（州）中医类医院床位总数呈现较好的增长趋势，除攀枝花市、雅安市与资阳市出现负增长外，其余 18 个市（州）均呈正向增长趋势，其中 14 个市（州）的中医类医院床位总数增速超过省平均水平。

从各类别的中医类医院床位配置情况来看，一是中医医院床位方面，除资阳市的中医医院床位数呈现下降趋势外，其余 20 个市（州）均有不同程度的增长。其中，甘孜州的增长幅度最大，2020 年床位总数为 72 张，相比 2015 年（11 张）增加了 61 张，增幅为 554.55%。阿坝州、德阳市、成都市、达州市、南充市和乐山市 6 个市（州）的增幅均超过 50%，分别为 81.43%、65.46%、58.73%、56.80%、52.60%、50.08%。雅安市的增幅最小，仅 0.71%。二是中西医结合医院床位方面，2015—2020年，德阳市中西医结合医院的床位数增幅最大，2020 年床位数为 535 张，相比 2015 年（170 张）增加了 365 张，增幅为 214.71%。阿坝州中西医结合医院床位数增幅第二，2020 年达到 60 张，相比 2015 年（23 张）增加了 37 张，增幅为 160.87%。此外，成都市、宜宾市、达州市和凉山州出现小幅度增长，绵阳市、广元市、内江市、南充市和巴中市中西医结合医院床位数实现从无到有的突破，自贡市、攀枝花市、遂宁市、乐山市、眉山市、雅安市床位呈下降趋势。其中，遂宁市、眉山市下降趋势最为明显，2020 年遂宁市中西医结合医院床位数为 50 张，较 2015 年（282 张）下降了 82.27%；眉山市中西医结合医院床位数从 2015 年的 54 张，减至 2020 年的 0 张。三是民族医院床位方面，除绵阳市、阿坝州、甘孜州、凉山州外，其余地区并无明显增长，大多数市（州）并未配置民族医院的床位。绵阳市、凉山州民族医院床位数的增幅均超过 1 倍，分别为 100%、106.52%。见表 7。

表7　2015—2020年四川省各市（州）中医类医疗卫生机构床位数量变化　单位：张，%

市（州）	中医医院			中西医结合医院			民族医院			合计		
	2015	2020	增长率	2015	2020	增长率	2015	2020	增长率	2015	2020	增长率
成都市	10 727	17 027	58.73	3 860	4 251	10.13	0	72	—	14 587	21 350	46.36
自贡市	1 271	1 535	20.77	60	46	−23.33	0	0	—	1 331	1 581	18.78
攀枝花市	324	380	17.28	1 284	1 200	−6.54	0	0	—	1 608	1 580	−1.74
泸州市	3 676	5 451	48.29	0	0	—	0	0	—	3 676	5 451	48.29
德阳市	1 656	2 740	65.46	170	535	214.71	0	0	—	1 826	3 275	79.35
绵阳市	2 956	4 063	37.45	0	20	—	100	200	100.00	3 056	4 283	40.15
广元市	2 312	3 434	48.53	0	53	—	0	0	—	2 312	3 487	50.82
遂宁市	2 113	2 558	21.06	282	50	−82.27	0	0	—	2 395	2 608	8.89
内江市	2 373	3 250	36.96	0	96	—	0	0	—	2 373	3 346	41.00

续表

市（州）	中医医院			中西医结合医院			民族医院			合计		
	2015	2020	增长率	2015	2020	增长率	2015	2020	增长率	2015	2020	增长率
乐山市	2 384	3 578	50.08	80	66	−17.50	0	0	—	2 464	3 644	47.89
南充市	2 266	3 458	52.60	0	50	—	0	0	—	2 266	3 508	54.81
眉山市	2 246	2 667	18.74	54	0	−100.00	0	0	—	2 300	2 667	15.96
宜宾市	2 787	4 173	49.73	50	58	16.00	0	0	—	2 837	4 231	49.14
广安市	1 483	1 675	12.95	0	0	—	0	0	—	1 483	1 675	12.95
达州市	1 713	2 686	56.80	1 102	1 502	36.30	0	0	—	2 815	4 188	48.77
雅安市	1 956	1 970	0.71	200	170	−15.00	0	0	—	2 156	2 140	−0.74
巴中市	2 119	3 074	45.07	0	90	—	0	0	—	2 119	3 164	49.32
资阳市	2 230	2 080	−6.73	0	0	—	0	0	—	2 230	2 080	−6.73
阿坝州	280	508	81.43	23	60	160.87	434	487	12.21	737	1 055	43.15
甘孜州	11	72	554.55	0	0	0	433	631	45.73	444	703	58.33
凉山州	1 327	1 964	48.00	517	676	30.75	184	380	106.52	2 028	3 020	48.92

从每千人口中医类医院床位数来看，2020 年，四川省中医类医院每千人口床位数为 0.95 张，比全国总体水平（0.81 张）多 0.14 张。从各市州的中医类医院每千人口床位数量看，成都、攀枝花、泸州、广元、内江、乐山、雅安、巴中和阿坝州 9 个市州的中医类医院每千人口床位数均高于四川省平均水平。从增长幅度看，四川省中医类医院每千人口床位数较 2015 年增加了 0.26 张，增幅为 37.68%，高于全国总体的增幅水平（35%）。其中，中医医院每千人口床位数增幅为 38.99%，中西医结合医院每千人口床位数增幅为 13.88%，民族医院每千人口床位数增幅最大，为 50.77%。

从 2015—2020 年四川省各市（州）增长情况看，除攀枝花市外，四川省各市（州）中医类医院每千人口床位数呈现出不同程度的增长趋势，增幅超过省平均水平的共有 13 个市（州），其中，13 个市（州）的中医医院每千人口床位数超过四川省平均水平，4 个市（州）的中西医结合医院每千人口床位数超过四川省平均水平，3 个市（州）的民族医院每千人口床位数超过四川省平均水平。其中，巴中市中医类医院每千人口床位数增长幅度最大，到 2020 年已达到 1.16 张，相比 2015 年（0.64 张）增长 0.52 张，增幅达到 81.25%，主要是中医医院每千人口床位数增幅最大，2020 年达到 1.13 张，相比 2015 年增长了 77.99%。其次为德阳市，中医类医院每千人口床位数为 0.94 张，相比 2015 年的 0.52 张，增长 80.77%，尤其中西医结合医院每千人口床位数增幅最大，增幅为 219.91%。见表 8。

表8 2015—2020年四川省各市（州）中医类医疗卫生机构每千人口床位数变化

单位：张／千人，%

市（州）	中医医院			中西医结合医院			民族医院			合计		
	2015	2020	增长率	2015	2020	增长率	2015	2020	增长率	2015	2020	增长率
总体	0.59	0.82	38.99	0.09	0.11	13.88	0.01	0.02	50.77	0.69	0.95	37.68
成都市	0.73	0.81	11.12	0.26	0.20	−22.90	0.00	0.00	—	0.99	1.01	2.02
自贡市	0.46	0.62	34.42	0.02	0.02	−14.67	0.00	0.00	—	0.48	0.64	33.33
攀枝花市	0.26	0.31	19.27	1.04	0.99	−4.96	0.00	0.00	—	1.3	1.3	0.00
泸州市	0.86	1.28	49.37	0.00	0.00	—	0.00	0.00	—	0.86	1.28	48.84
德阳市	0.47	0.79	68.20	0.05	0.15	219.91	0.00	0.00	—	0.52	0.94	80.77
绵阳市	0.62	0.83	34.74	0.00	0.00	—	0.02	0.04	96.05	0.64	0.87	35.94
广元市	0.88	1.49	69.40	0.00	0.02	—	0.00	0.00	—	0.88	1.51	71.59
遂宁市	0.64	0.91	41.54	0.09	0.02	−79.27	0.00	0.00	—	0.73	0.93	27.40
内江市	0.63	1.03	63.06	0.00	0.03	—	0.00	0.00	—	0.63	1.06	68.25
乐山市	0.73	1.13	54.86	0.02	0.02	−14.88	0.00	0.00	—	0.75	1.15	53.33
南充市	0.36	0.62	73.18	0.00	0.01	—	0.00	0.00	—	0.36	0.63	75.00
眉山市	0.75	0.90	20.60	0.02	0.00	−100.00	0.00	0.00	—	0.77	0.9	16.88
宜宾市	0.62	0.91	46.50	0.01	0.01	13.50	0.00	0.00	—	0.63	0.92	46.03
广安市	0.46	0.51	12.66	0.00	0.00	—	0.00	0.00	—	0.46	0.51	10.87
达州市	0.31	0.50	62.12	0.20	0.28	40.92	0.00	0.00	—	0.51	0.78	52.94
雅安市	1.26	1.37	8.56	0.13	0.12	−8.38	0.00	0.00	—	1.39	1.49	7.19
巴中市	0.64	1.13	77.99	0.00	0.03	—	0.00	0.00	—	0.64	1.16	81.25
资阳市	0.62	0.90	44.18	0.00	0.00	—	0.00	0.00	—	0.62	0.9	45.16
阿坝州	0.30	0.62	105.04	0.02	0.07	194.82	0.47	0.59	26.81	0.79	1.28	62.03
甘孜州	0.01	0.07	588.78	0.00	0.00	—	0.37	0.57	53.35	0.38	0.64	68.42
凉山州	0.28	0.40	42.58	0.11	0.14	25.96	0.04	0.08	98.95	0.43	0.62	44.19

注：本表按四川省统计局提供的常住人口计算

3.中医类医院执业（助理）医师、注册护士、药师（士）数

2020年，四川省中医类医院执业（助理）医师、注册护士、药师（士）总数达到

60 728 人，相比 2015 年（42 660 人）增加了 18 068 人，增长了 42.35%，与全国增长速度相比，低 1.47 个百分点。其中，中医医院占比最大，到 2020 年，全省中医医院执业（助理）医师、注册护士、药师（士）总数达到 52 417 人，占全省中医类医院的 86.31%，相比 2015 年（36 273 人）增长了 16 144 人，增幅到达 44.51%。民族医院增长速度最快，到 2020 年，四川省民族医院执业（助理）医师、注册护士、药师（士）总数已达到 1 072 人，相比 2015 年（712 人）增加了 360 人，增幅达到 50.56%。2020—2015 年间中西医结合医院，执业（助理）医师、注册护士、药师（士）总数已达到 7 240 人，相比 2015 年（5 675 人）增加了 1 565 人，增幅达到 27.58%，整体增长速度相比省平均水平低了 14.77 个百分点。

从执业（助理）医师数量变化情况看，到 2020 年，四川省中医类医院执业（助理）医师总数达到 24 011 人，较 2015 年（16 917 人）增加了 7 094 人，增幅达 41.93%。其中，中医医院执业（助理）医师总数占比最大，占全省中医类医院执业（助理）医师总数的 85.64%，较 2015 年增加 43.76%。全省中医类执业医师总数达到 22 595 人，较 2015 年（15 951 人）增加了 38 546 人，增幅达到 41.65%。其中，中医医院执业医师人数达 19 393 人，占全省中医类执业医师数量的 85.83%，较 2015 年增加 43.52%。

从注册护士数量变化情况看，到 2020 年我省中医类医院注册护士总数已达 32 542 人，相比 2015 年（22 351 人）增加 10 191 人，增幅达到 45.60%，其中，中医医院注册护士数到 2020 年已达 28 148 人，相比 2015 年（18 952 人）增加了 9 196 人，增幅达到 48.52%；民族医院注册护士数增长最多，到 2020 年已达到 378 人，相比 2015 年（220 人）增加了 158 人，增幅达到 71.82%，其增幅高于全省平均水平 26.22 个百分点。

表9　2015—2020年四川省执业（助理）医师、注册护士、药师（士）数量变化

单位：人，%

分类	中医医院			中西医结合医院			民族医院			合计		
	2015	2020	增长率	2015	2020	增长率	2015	2020	增长率	2015	2020	增长率
执业（助理）医师	14 304	20 563	43.76	2 167	2 829	30.55	446	619	38.79	16 917	24 011	41.93
注册护士	18 952	28 148	48.52	3 179	4 016	26.33	220	378	71.82	22 351	32 542	45.60
药师（士）	3 017	3 705	22.80	329	395	20.06	46	75	63.04	3 392	4 175	23.08

从药师（士）数量变化情况看，2020 年，四川省中医类医院药师（士）的数量已达 4 175 人，较 2015 年（3 392 人）增加了 783 人，增长率为 23.08%。其中，民族医

院药师（士）数到 2020 年已增长到 75 人，相比 2015 年（46 人）增加了 29 人，增幅达到 63.04%，高于省平均水平 39.96 个百分点。中西医结合医院药师（士）数量变化最小，到 2020 年，中西医结合医院药师（士）数量为 395 人，较 2015 年（329 人）仅增加了 66 人，其增长速度低于省平均水平 3.02 个百分点。见表 9。

从每千人口执业（助理）医师、每千人口药师（士）数量来看，2020 年全国每千人口中医执业（助理）医师数增长到了 0.48 人，较 2015 年（0.33 人）增长了 0.15 人，增幅为 47.01%；每千人口药师（士）数量为 0.09 人，相比 2015 年（0.08 人）增长 0.01 人，增幅达到 11.80%。见表 10。

2020 年，四川省每千人口中医类执业（助理）医师数为 0.29 人，相比 2015 年（0.21 人）增加了 0.08 人，增长率为 39.16%，其增速相比全国总体水平低 7.85 个百分点；其中，每千人口中医类执业医师数达 0.27 人，相比 2015 年（0.19 人）每千人口增加了 0.08 人，增长率为 38.89%。中医医院每千人口执业（助理）医师数达到 0.25 人，每千人口执业医师数达到 0.23 人，相比 2015 年其增速分别为 40.95%、40.72%，均高于全省每千人口中医类别医师数的平均水平。民族医院每千人口执业医师数到 2020 年达到了 0.01 人，相比 2015 年增长 30.35%。2020 年，中西医结合医院每千人口执业（助理）医师数、每千人口执业医师数从增长趋势看，相比 2015 年分别增长 28.00%、23.45%，但其数量没有明显变化。

每千人口注册护士数增幅最大，到 2020 年四川省中医类医院每千人口注册护士数已达到 0.39 人，相比 2015 年（0.27 人）每千人口增加了 0.12 人，增长率为 42.75%。其中，中医医院每千人口注册护士数到 2020 年到达 0.34 人，相比 2015 年（0.23 人）每千人口增加 0.11 人，增幅达到 45.62%，较全省平均水平高 2.87 个百分点。民族医院每千人口注册护士数增长速度达到 68.46%，但在其数量上并未出现明显变化。

表10　2015—2020年四川省每千人口执业（助理）医师，注册护士，药师（士）数量变化

单位：人/千人，%

分类	中医医院			中西医结合医院			民族医院			合计		
	2015	2020	增长率	2015	2020	增长率	2015	2020	增长率	2015	2020	增长率
每千人口执业（助理）医师	0.17	0.25	40.95	0.03	0.03	28.00	0.01	0.01	36.08	0.21	0.29	39.16
每千人口注册护士	0.23	0.34	45.62	0.00	0.00	23.86	0.00	0.00	68.46	0.27	0.39	42.75
每千人口药师（士）	0.04	0.04	20.40	0.00	0.00	17.71	0.00	0.00	59.86	0.04	0.05	20.68

2020 年四川省中医类医院每千人口药师（士）数增长到了 0.05 人，相比 2015 年（0.04 人）每千人口增加了 0.01 人，增幅为 20.68%，比全国总体水平高 8.88 个百分

点。从不同医院数量增长情况来看，2020 年各中医类医院每千人口药师（士）数量均呈现不同程度的增长趋势，但在数量上并未出现明显变化，除中医医院每千人口药师（士）数量达到 0.04 人，中西医结合医院与民族医院每千人口药师（士）数均不足 0.01 人。但民族医院增长速度最快，相比 2015 年增幅达到 59.86%。

4.中医类医院万元以上设备总价值及台数

2015—2020 年，四川省各地区中医类医院设备投入比例不断增大。截至 2020 年，全省中医类医院万元以上设备总价值已达 919 613 万元，相比 2015 年（476 317 万元）增加了 443 296 万元，增长幅度达 93.07%，增长了近 1 倍。其中，中医医院的万元以上设备总价值增幅最大，到 2020 年已达到 771 161 万元，相比 2015 年（396 292 万元）增加了 374 869 万元，增长了 94.59%。其次为中西医结合医院，2020 年万元以上设备总价值达到 131 192 万元，较 2015 年（69 289 万元）增加 61 903 万元，增长了 89.34%。民族医院 2020 年万元以上设备总价值为 17 260 万元，较 2015 年（10 736 万元）增加 6 524 万元，增长了 60.77%。

从中医类医院万元以上设备台数来看，到 2020 年，全省中医类医院万元以上设备数增幅均呈现明显的上升趋势，万元以上设备总台数已从 38 919 台增长到 69 046 台，相比 2015 年增长 30 127 台，增长幅度达到 77.41%。在全省中医类医院中，中西医结合医院万元以上设备台数增幅最大，到 2020 年增长到 8 868 台，相比 2015 年（4 352 台）增加了 4 516 台，增幅达 103.77%，增长超过 1 倍；其中，100 万元以上设备增加最多，到 2020 年已从 2015 年的 87 台增长到 265 台，增加了 178 台，增幅达到 204.60%，增长超过 2 倍。其次为民族医院，2020 年万元以上设备台数达到 1 528 台，相比 2015 年（869 台）增加 659 台，增幅达到 75.83%。中医医院万元以上设备台数到 2020 年增长到了 58 650 台，相比 2015 年（33 698 台）增加了 24 952 台，增幅到达 74.05%。见表 11。

从每千人口万元以上设备数总价值及台数来看，截至 2020 年，全省每千人口万元以上设备数为 0.83 台，相比 2015 年（0.47 台）增加了 0.36 台，增幅为 76.60%，每千人口万元以上设备总价值达 11 万元，相比 2015 年（5.8 万元）增加了 5.2 万元，增幅为 89.66%。

四川省中医类医院中，中医医院每千人口万元以上设备数最多，到 2020 年已到达 0.70 台，相比 2015 年（0.41 台）增加了 0.29 台，其中，100 万元及以上每千人口设备台数达到 0.02 台，相比 2015 年（0.01 台）增加了 0.01 台，增幅达到 124.60%，增长超过 1 倍。2020 年中医医院每千人口万元以上设备总价值达到 9.22 万元，相比 2015 年（4.83 万元）增加 4.39 万元，增幅达到 90.79%，比全省平均水平高 1.13 个百分点。

表11　2015—2020年四川省中医类医院万元以上设备总价值及台数变化　单位：台，万元，%

分类		中医医院			中西医结合医院			民族医院		
		2015	2020	增长率	2015	2020	增长率	2015	2020	增长率
万元以上设备台数	合计	33 698	58 650	74.05	4 352	8 868	103.77	869	1 528	75.83
	50万元以下	32 278	55 884	73.13	4 137	8 361	102.10	835	1 466	75.57
	50万~99万元	825	1 403	70.06	128	242	89.06	22	28	27.27
	100万元及以上	595	1 363	129.08	87	265	204.60	12	27	125.00
万元以上设备总价值		396 292	771 161	94.59	69 289	131 192	89.34	10 736	17 260	60.77

民族医院每千人口万元以上设备数增至0.02台，相比2015年（0.01台）增加了0.01台，增幅达到72.40%，较全省平均水平低4.2个百分点。其中，民族医院2020年每千人口万元以上设备总价值达到0.21万元，相比2015年（0.13万元）增加了0.08万元，增幅达到57.63%，比全省平均水平低32.03个百分点。2020年民族医院100万元及以上设备数呈现负增长趋势，较2015年减少了1.95%，数量上仍不足0.01台。

中西医结合医院2020年每千人口万元以上设备台数达到0.11台，相比2015年（0.05台）增加0.06台，增幅达到99.79%，增长近1倍，其增速较全省平均水平高23.19个百分点。其中，100万元及以上每千人口设备数增幅达到198.65%，增长近2倍，但其每千人口数量仍不足0.01台。全省中西医结合医院每千人口万元以上设备总价值到2020年增长到1.57万元，相比2015年（0.84万元）增加了0.73万元，增幅达到85.64%，较全省平均水平低4.02个百分点。见表12。

表12　2015—2020年四川省中医类医院每千人口万元以上设备总价值及台数变化

单位：台，万元，%

分类		中医医院			中西医结合医院			民族医院		
		2015	2020	增长率	2015	2020	增长率	2015	2020	增长率
每千人口万元以上设备台数	合计	0.41	0.70	70.64	0.05	0.11	99.79	0.01	0.02	72.40
	50万元以下	0.39	0.67	69.75	0.05	0.10	98.15	0.01	0.02	72.14
	50~99万元	0.01	0.02	66.74	0.00	0.00	85.37	0.00	0.00	24.79
	100万元及以上	0.01	0.02	124.60	0.00	0.00	198.65	0.00	0.00	−1.95
每千人口万元以上设备总价值		4.83	9.22	90.79	0.84	1.57	85.64	0.13	0.21	57.63

5.中医类医院房屋建筑面积

2015—2020年，四川省中医类医院房屋建筑总面积呈现明显增长趋势。到2020年，四川省中医类医院房屋建筑总面积已增长到5 109 067平方米，较2015年（3 484 658平方米）增加了1 624 409平方米，增幅为46.62%。

中医医院房屋建筑总面积增幅最大，到2020年已达到4 356 698平方米，相比2015年（2 940 533平方米）增加了1 416 165平方米，增幅达到48.16%，比全省平均水平高1.54个百分点。其中租房面积增幅最大，2020年已达到586 697平方米，较2015年（201 424平方米）增加了385 273平方米，增幅达到191.27%，增长近2倍。

其次为中西医结合医院，2020年房屋建筑总面积为559 246平方米，相比较于2015年（400 281平方米）增加了158 965平方米，增幅为39.71%，低于全省平均水平6.91个百分点。其中，中西医结合医院租房面积为81 943平方米，相比2015年（54 355平方米）增加了27 588平方米，增幅达到50.76%，业务用房面积达到547 730平方米，相比2015年（387 537平方米）增加了160 193平方米，增幅为41.34%。

民族医院2020年房屋建筑总面积为193 123平方米，较2015年（143 844平方米）增加了49 279平方米，增幅为34.26%，较全省平均水平低12.36%。其中，租房面积增幅最大，2020年达到13 768平方米，相比2015年（373平方米）增加了13 395平方米，增幅达3 591.15%，增长超过30倍之多。

截至2020年，四川省中医医院、民族医院的危房面积明显减少，中医医院危房面积为20 558平方米，相比2015年（32 487平方米）减少了11 929平方米，降幅为36.72%，危房占业务用房面积仅占0.54%，较2015年（1.30%）降低58.46%。民族医院的危房面积为1 571平方米，相比2015年（4 275平方米）减少2 704平方米，降幅为63.25%，危房占业务用房面积到2020年仅为0.86%，较2015年（3.78%）降低了77.25%。但中西医结合医院的危房面积到2020年为2 000平方米，较2015年（1 070平方米）增加了930平方米，增长率达86.92%，危房占业务用房面积达到0.37%，较2015年（0.28%）增长0.09%，增幅达到9.00%。

从占地面积来看，2020年四川省中医类医院房屋的占地面积为4 337 161平方米，较2015年（3 183 948平方米）增加1 153 213平方米，增幅为36.22%。2015—2020年间，中医医院的房屋占地面积增幅最大，到2020年达到3 692 322平方米，较2015年（2 661 516平方米）增加了1 030 806平方米，增幅达到38.73%，其增速高于全省平均水平2.51个百分点。其次为民族医院，2020年占地面积为332 992平方米，较2015年（260 047平方米）增长72 945平方米，增幅为28.05%，较全省平均水平低8.15个百分点，中西医结合医院占地面积为311 847平方米，较2015年（262 385平方米）增加49 462平方米，在全省中医类医院中增幅最小，为18.85%，低于全省平均水平17.37个百分点。见表13。

表13　2015—2020年四川省中医类医院房屋建筑面积及占地面积变化　单位：平方米，%

分类	中医医院			中西医结合医院			民族医院			合计		
	2015	2020	增长率	2015	2020	增长率	2015	2020	增长率	2015	2020	增长率
房屋建筑总面积	2 940 533	4 356 698	48.16	400 281	559 246	39.71	143 844	193 123	34.26	3 484 658	5 109 067	46.62
业务用房面积	2 498 588	3 808 308	52.42	387 537	547 730	41.34	113 075	183 630	62.40	2 999 200	4 539 668	51.36
危房面积	32 487	20 558	−36.72	1 070	2 000	86.92	4 275	1 571	−63.25	37 832	24 129	−36.22
危房占业务用房面积	1.30	0.54	−58.46	0.28	0.37	9.00	3.78	0.86	−77.25	5.36	1.77	−66.98
租房面积	201 424	586 697	191.27	54 355	81 943	50.76	373	13 768	3 591.15	256 152	682 408	166.41
占地面积	2 661 516	3 692 322	38.73	262 385	311 847	18.85	260 047	332 992	28.05	3 183 948	4 337 161	36.22

（二）四川省中医医疗效率现状

1.中医类医院诊疗人次数

2020年四川省中医类医院总诊疗量为39 532 525人次，相比2015年（31 349 394人次）增长8 183 131人次，增幅为26.10%，与全国总体增长水平相比增幅较大。其中，四川省中医医院的诊疗量增幅最大，到2020年已达到33 945 652人次，相比2015年（26 698 846人次）增长7 246 806人次，增幅达到27.14%，较全国总体水平高20.24个百分点。其次为中西医结合医院，2020年诊疗量达到4 975 499人次，相比2015年（4 100 859人次）增长874 640人次，增幅达到21.33%，其增速较全国总体水平高0.19个百分点。民族医院2020年诊疗量为611 374人次，相比2015年（549 689人次）增长61 685人次，增幅为11.22%，与全国民族医院诊疗人次数增长情况相比，低24.19个百分点。见表14。

表14　2015—2020年四川省中医类医院诊疗量变化　　单位：万人次，%

年度	中医医院		中西医结合医院		民族医院		合计	
	四川省	全国	四川省	全国	四川省	全国	四川省	全国
2015	2 669.9	48 502.6	410.1	5 401.4	55.0	966.8	3 134.9	54 870.9
2020	3 394.6	51 847.8	497.5	6 543.4	61.1	1 309.1	3 953.3	59 699.2
增长率	27.14	6.90	21.33	21.14	11.22	35.41	26.10	8.80

从四川省政府办中医类医院门诊服务情况来看，2020 年政府办中医类医院总诊疗量达到 36 173 317 人次，相比于 2015 年（29 167 105 人次）增加 7 006 212 人次，增幅为 24.02%。其中，2020 年中医类医院门、急诊人次数从 2015 年的 28 504 619 人次增长到 34 491 442 人次，增长了 21.00%。中医类医院健康检查人次数为 2 406 642 人次，较 2015 年（1 713 326 人次）增长了 40.47%。但中医类医院观察室留观病例数呈现负增长趋势，截至 2020 年，中医类医院观察室留观病例数为 238 238 人次，较 2015 年（477 462 人次）降低 50.10%。见表 15。

表15　2015—2020年四川省政府办中医类医院门诊服务情况变化　单位：人次，%

分类	中医医院			中西医结合医院			民族医院			合计		
	2015	2020	增长率	2015	2020	增长率	2015	2020	增长率	2015	2020	增长率
总诊疗人次数	24 881 665	31 108 451	25.03	3 735 751	4 462 213	19.45	549 689	602 653	9.64	29 167 105	36 173 317	21.95
门、急诊人次数	24 283 134	29 522 519	21.58	3 696 191	4 399 123	19.02	525 294	569 800	8.47	28 504 619	34 491 442	19.00
观察室留观病例数	376 469	149 069	−60.40	100 288	87 204	−13.05	705	1 965	178.72	477 462	238 238	−50.51
健康检查人次数	1 509 432	2 081 942	37.93	181 671	299 002	64.58	22 223	25 698	15.64	1 713 326	2 406 642	38.97
急诊病死率	0.07	0.16	128.57	0.07	0.13	85.71	0.34	0.13	−61.76	0.48	0.29	−39.58
留观室病死率	0.05	0.19	280.00	0.00	0.00	—	0.00	0.00	—	0.05	0.19	280.00

从各类医疗机构门诊服务情况来看，到 2020 年，全省中医类医院诊疗量均呈现增长趋势。其中，中医医院诊疗量为 31 108 451 人次，较 2015 年（24 881 665 人次）增长 25.03%，中西医结合医院诊疗量从 2015 年的 3 735 751 人次增长到 4 462 213 人次，增长 19.45%，民族医院诊疗量为 602 653 人次，较 2015 年（549 689 人次）增幅为 9.64%。各医疗机构门、急诊人次数中医医院增幅最大，其数量达到 29 522 519 人次，相比 2015 年（24 283 134 人次）增长 5 239 385 人次，增长率为 21.58%。其次为中西医结合医院，2020 年门、急诊人次数达到 4 399 123 人次，相比 2015 年增长 19.02%。到 2020 年，全省中医类医院观察室留观病例数仅民族医院出现明显增长，到 2020 年已达 1 965 人次，较 2015 年（705 人次）增幅为 178.72%，增长超过 1 倍。中医医院与中西医结合医院的观察室留观病例数均呈现出负增长趋势，其中医医院观察室留观病例数为 149 069 人次，相比 2015 年（376 469 人次）减少 227 400 人次，降幅为

60.40%；中西医结合医院留观病人数2020年为87 204人次，相比2015年（100 288人次）减少13 084人次，降幅为13.05%。2020年健康检查人次数增幅最大的是中西医结合医院，健康检查人次数为299 002人次，相比2015年（181 671人次）增加117 331人次，增幅达到64.58%，相比全国平均增速高25.61个百分点；其次为中医医院，增幅为37.93%，民族医院的健康检查人次数相比2015年增长了15.64%。

2.中医类医院出院人次数

到2020年，四川省中医类医院出院人次数已达2 241 214人次，相比2015年（1 774 352人次）增加了466 862人次，增幅为26.31%，高于全国平均水平2.57个百分点。其中，中医医院增幅最大，到2020年出院人数已达到1 980 331人次，相比2015年（1 531 124人次）增加449 207人次，增幅为29.34%。2020年中西医结合医院出院人数达到了233 183人次，相比2015年（217 573人次）增加了15 610人次，增幅为7.17%。民族医院2020年出院人次数为27 700人次，相比2015年（25 655人次）增加了2 045人次，增幅为7.97%。见表16。

表16　2015—2020年四川省中医类医院出院人次数变化　　　单位：人次，%

年度	中医医院		中西医结合医院		民族医院		合计	
	四川省	全国	四川省	全国	四川省	全国	四川省	全国
2015	1 531 124	20 915 000	217 573	2 020 000	25 655	558 000	1 774 352	23 493 000
2020	1 980 331	25 531 000	233 183	2 760 000	27 700	789 000	2 241 214	29 071 000
增长率	29.34	22.07	7.17	36.63	7.97	41.40	26.31	23.74

2015—2020年，四川省政府办中医类医院出院人数整体增幅小于全省中医类医院出院人数的增幅。到2020年，四川省政府办中医类医医院出院人数总数从2015年的1 614 839人增加到1 988 743人，相比2015年增加了373 904人，增幅为23.15%。政府办中医医院出院人数增幅最大，2020年达1 775 086人，相比2015年（1 403 060人）增加了372 026人，增幅为26.52%。政府办中西医结合医院与政府办民族医院在2015—2020年间出院人数增幅较小，2020年政府办中西医结合医院出院人数（187 296人）较2015年（186 124人）仅增加了1 172人，增幅为0.63%；政府办民族医院出院人数（26 361人）较2015年（25 655人）增加了706人，增幅为2.75%。见表17。

表17　2015—2020年四川省政府办中医类医院出院人次数变化　　　单位：人次，%

分类	2015	2020	增长率
中医医院	1 403 060	1775 086	26.52
中西医结合医院	186 124	187 296	0.63
民族医院	25 655	26 361	2.75
合计	1 614 839	1 988 743	23.15

3.中医类医院医师人均每日担负诊疗人次

2015—2020年间，中医类医院医师人均每日担负诊疗人次整体呈现下降趋势。到2020年，全省中医医院医师人均每日担负诊疗人次为6.58人次，较2015年全省中医医院医师人均每日担负诊疗人次减少0.86人次，降幅为11.56%。中西医结合医院医师人均每日担负诊疗人次为7.01人次，相比2015年（7.54人次）减少了0.53人次，降幅为7.03%。民族医院医师人均每日担负诊疗人次为3.93人次，较2015年降低了19.96%。

2020年政府办中医医院医师人均每日担负诊疗人次为6.75人次，相比2015年（7.57人次）减少10.83%；政府办中西医结合医院医师人均每日担负诊疗人次为7.4人次，相比2015年（7.74人次）减少4.39%；政府办民族医院医师人均每日担负诊疗人次为4.31人次，相比2015年（4.91人次）减少12.22%，降幅较大。

2020年全省非营利性中医医院医师人均每日担负诊疗人次为6.72人次，相比2015年（7.51人次）减少10.52%。非营利性中西医结合医院医师人均每日担负诊疗人次为7.31人次，相比2015年（7.79人次）减少了6.16%。非营利性民族医院医师人均每日担负诊疗人次降幅最大，到2020年为4.24人次，相比2015年（4.91人次）减少了13.65%。

2020年全省营利性中医医院医师人均每日担负诊疗人次为4.81人次，相比2015年（5.02人次）减少了4.18%。营利性中西医结合医院医师人均每日担负诊疗人次为4.47人次，相比2015年（4.77人次）降幅为6.29%。2020年全省营利性民族医院医师人均每日担负诊疗人次达到0.52人次。见表18。

表18　2015—2020年四川省中医类医院医师人均每日担负诊疗人次变化　单位：人次，%

分类		中医医院			中西医结合医院			民族医院		
		2015	2020	增长率	2015	2020	增长率	2015	2020	增长率
全省	医师人均每日担负诊疗人次	7.44	6.58	−11.56	7.54	7.01	−7.03	4.91	3.93	−19.96
政府办	医师人均每日担负诊疗人次	7.57	6.75	−10.83	7.74	7.40	−4.39	4.91	4.31	−12.22
非营利	医师人均每日担负诊疗人次	7.51	6.72	−10.52	7.79	7.31	−6.16	4.91	4.24	−13.65
营利	医师人均每日担负诊疗人次	5.02	4.81	−4.18	4.77	4.47	−6.29	—	0.52	—

4.中医类医院病床利用情况

从全省中医类医院床位利用实际情况来看，2015—2020年间，四川省中医类医院病床使用率总体呈现下降趋势。2020年，中医医院病床使用率为82.49%，相比2015年（93.65%）降低了11.92%；中西医结合医院病床使用率为76.29%，相比2015年

（97.24%）降低了21.54%，在全省中医类医院中下降幅度最大；民族医院病床使用率为48.17%，相比2015年（59.26%）降低了18.71%。

截至2020年，四川省中医类医院实际开放总床日数已达到28 277 225天，平均开放病床数为77 473张，相比2015年，实际开放总床日数与平均开放病床数增幅均为38.02%。2020年，全省实际占用总床日数为22 921 036天，相比2015年（19 155 310天）增长19.66%；出院者占用总床日数为22 512 618天，相比2015年（18 686 895天）增幅达到20.47%。

病床周转次数、病床工作日与出院者平均住院日均呈现负增长趋势。其中，中医医院病床周转次数为29.54次，相比2015年（32.23次）减少2.96次；中西医结合医院病床周转次数为26.51次，相比2015年（28.69次）减少2.18次；民族医院病床周转次数为16.95次，相比2015年（24.42次）减少7.47次，降低30.59%，降幅最大。从病床工作日变化来看，中医医院病床工作日为301.07天，相比2015年（341.83天）减少40.76天，降幅为11.92%；中西医结合医院病床工作日为278.46天，相比2015年（354.94天）减少76.48天，降幅为21.55%；民族医院病床工作日为175.81天，相比2015年（216.31天）减少40.5天，降幅为18.72%。从出院者平均住院日变化来看，2020年中医医院出院者平均住院日为10.01天，相比2015年（10.38天）减少0.37天，降幅为3.56%；中西医结合医院出院者平均住院日为10.42天，相比2015年（11.88天）减少1.46天，降幅为12.29%；民族医院出院者平均住院日为9.24天，相比2015年（7.95天）增加1.29天，增幅为16.23%。

在全省不同中医类医院中，民族医院实际开放总床日数与平均开放床位数的增长幅度最大，2020年民族医院的实际开放总床日数达到596 608天，相比2015年（383 439天）增长55.59%，平均开放床位数为1 635张，相比2015年（1051张）增加584张，增幅为55.57%。其次为中医医院，实际开放总床日数为24 469 486天，平均开放床位数为67 040，相比2015年，增幅均为41.14%。中西医结合医院的实际开放总床日数与平均开放床位数较2015年，增幅分别为16.03%、16.04%。

在实际占用总床日数上，中医医院与民族医院的实际占用总床日数较2015年增幅分别为24.31%、26.46%，但中西医结合医院的实际占用总床日数为2 449 745天，较2015年（2 691 237天）减少241 492天，呈现出负增长趋势，降幅为8.97%。

在出院者占用总床日数上，民族医院出院者占用总床日数增长幅度最大，达到256 032天，相比2015年（203 905天）增长25.56%，其次为中医医院，较2015年增长了24.72%。中西医结合医院出院者总床日数相比2015年，降低了6.02%。2015—2020年间，各医疗机构病床周转次数与病床工作日均呈现负增长趋势，其中，民族医院病床周转次数降幅最大，到2020年已降至16.95次，相比2015年（24.42次）减少7.47次，降幅为30.59%；中西医结合医院病床工作日降幅最大，2020年为278.46天，相比2015年（354.94天）降幅为21.55%。出院者平均住院日除民族医院呈现增长趋势，增幅达到16.23%，中医医院与中西医结合医院2020年的出院者平均住院日均有所下降，相比2015年，降幅分别为3.56%、12.29%。见表19。

表19 2015—2020年四川省中医类医院床位利用情况变化　　　单位：天，张，次，%

分类	中医医院			中西医结合医院			民族医院		
	2015	2020	增长率	2015	2020	增长率	2015	2020	增长率
病床使用率	93.65	82.49	−11.92	97.24	76.29	−21.54	59.26	48.17	−18.71
平均开放病床数	47 499	67 040	41.14	7 582	8 798	16.04	1051	1 635	55.57
实际占用总床日数	16 236 832	20 183 920	24.31	2 691 237	2 449 745	−8.97	227 241	287 371	26.46
出院者占用总床日数	15 897 158	19 826 460	24.72	2 585 832	2 430 189	−6.02	203 905	256 032	25.56
病床周转次数	32.23	29.54	−8.35	28.69	26.51	−7.60	24.42	16.95	−30.59
病床工作日	341.83	301.07	−11.92	354.94	278.46	−21.55	216.31	175.81	−18.72
出院者平均住院日	10.38	10.01	−3.56	11.88	10.42	−12.29	7.95	9.24	16.23

2015—2020年间，四川省政府办各类中医类医院病床使用率整体也呈现出下降趋势，2020年中医医院、中西医结合医院、民族医院的病床使用率分别为85.5%、80.64%、48.96%，相比2015年分别降低了9.31%、20.39%、10.3%。实际开放总床日数与平均开放病床数呈增长趋势，其中，政府办民族医院增长幅度最大，实际开放总床日数达568 462天，相比2015年增幅为48.25%，平均开放病床数为1 557张，相比2015年增幅为48.14%。中医医院实际开放总床日数为21 058 347天，平均开放病床数为57 694张，相比2015年，增幅均为34.86%。中西医结合医院实际开放总床日数为2 488 611天，平均开放病床数为6 818张，增幅分别为7.53%、7.52%。全省政府办中医类医院实际占用总床日数与出院者占用总床日数量变化情况，仅中西医结合医院呈现出负增长趋势，降幅分别为15.84%、13.20%。2020年，病床周转次数与病床工作日相比2015年均出现不同程度的减少，其中，民族医院病床周转次数降幅最大，相比2015年降幅为30.67%，中西医结合医院病床工作日减少幅度最大，降幅为21.73%。出院者平均住院日仅民族医院呈现增长趋势，增幅为17.86%。见表20。

表20 2015—2020年四川省政府办中医类医院床位利用情况变化 单位：天，张，次，%

分类	中医医院			中西医结合医院			民族医院		
	2015	2020	增长率	2015	2020	增长率	2015	2020	增长率
病床使用率	94.81	85.50	−9.82	103.03	80.64	−21.73	59.26	48.96	−17.38
实际开放总床日数	15 614 549	21 058 347	34.86	2 314 379	2 488 611	7.53	383 439	568 462	48.25
平均开放病床数	42 780	57 694	34.86	6 341	6 818	7.52	1051	1 557	48.14
实际占用总床日数	14 803 410	18 004 010	21.62	2 384 421	2 006 841	−15.84	227 241	278 336	22.48
出院者占用总床日数	14 542 471	17 723 008	21.87	2 313 084	2 007 794	−13.20	203 905	247 016	21.14
病床周转次数	32.8	30.77	−6.19	29.35	27.47	−6.41	24.42	16.93	−30.67
病床工作日	346.04	312.06	−9.82	376.05	294.34	−21.73	216.31	178.71	−17.38
出院者平均住院日	10.36	9.98	−3.67	12.43	10.72	−13.76	7.95	9.37	17.86

5.中医类医院医师人均每日担负住院床日

2020年全省中医医院医师人均每日担负住院床日为2.69天，相比2015年（3.11天）减少0.42天，降幅为13.50%。中西医结合医院医师人均每日担负住院床日为2.37天，相比2015年（3.40天）减少为2.37天，降幅为30.29%。民族医院医师人均每日担负住院床日为1.27天，相比2015年（1.4天）减少0.13天，降幅为9.29%。

政府办中医医院医师人均每日担负住院床日为2.68天，相比2015年（3.1天）减少0.42天，降幅为13.55%；政府办中西医结合医院医师人均每日担负住院床日为2.29天，相比2015年减少32.65%；政府办民族医院医师人均每日担负住院床日为1.37天，相比2015年减少2.14%。

2020年全省非营利中医医院医师人均每日担负住院床日为2.70天，相比2015年（3.10天）减少0.4天，降幅为12.90%；非营利性中西医结合医院医师人均每日担负住院床日为2.30天，相比2015年（3.44天）减少1.14天，降幅为33.14%；非营利性民族医院医师人均每日担负住院床日为1.35天，相比2015年（1.40天）降幅为3.57%。

2020年营利性中医医院医师人均每日担负住院床日为2.54天，相比2015年（3.52天）减少27.84%；营利性中西医结合医院医师人均每日担负住院床日为2.99天，相比2015年（3.01天）减少0.66%；到2020年，全省营利性民族医院医师人均每日担负住院床日已达 0.38 天。见表 21。

表21　2015—2020年四川省中医类医院医师工作量变化　　　单位：日，%

分类		中医医院			中西医结合医院			民族医院		
		2015 年	2020 年	增长率	2015 年	2020 年	增长率	2015 年	2020 年	增长率
全省	医师人均每日担负住院床日	3.11	2.69	−13.50	3.40	2.37	−30.29	1.40	1.27	−9.29
政府办	医师人均每日担负住院床日	3.10	2.68	−13.55	3.40	2.29	−32.65	1.40	1.37	−2.14
非营利	医师人均每日担负住院床日	3.10	2.70	−12.90	3.44	2.30	−33.14	1.40	1.35	−3.57
营利	医师人均每日担负住院床日	3.52	2.54	−27.84	3.01	2.99	−0.66	——	0.38	——

6.中医类医院平均住院天数

2015—2020 年间，除民族医院外，四川省中医类医院出院者平均住院天数均呈现下降趋势。到 2020 年，中医医院出院者平均住院天数为 9.98 天，相比 2015 年（10.36 天）减少了 0.38 天，降幅为 3.67%；中西医结合医院出院者平均住院天数为 10.72 天，相比 2015 年（12.43 天）减少了 1.71 天，降幅为 13.76%。民族医院的出院者平均住院天数有所增加，2020 年为 9.37 天，相比 2015 年（7.95 天）增加了 1.42 天，增长率为 17.86%。见表 22。

表22　2015—2020年四川省政府办中医类医院出院者平均住院天数变化　　　单位：天，%

类别	2015 年	2020 年	增长率
中医医院	10.36	9.98	−3.67
中西医结合医院	12.43	10.72	−13.76
民族医院	7.95	9.37	17.86

（三）四川省中医医疗费用现状

1.出院病人负担

截至 2020 年，四川省中医医院出院病人负担除药品费用有所减少外，其余费用均呈现出上涨趋势。其中，中医医院出院病人人均医药费用为 8 126.32 元，较 2015 年（6 359.37 元）增加了 1 766.95 元，增幅为 27.78%。人均检查费增加到 863.91 元，相比 2015 年（574.40 元）增加 289.51 元，增幅为 50.40%。治疗费为 1 769.00 元，相比 2015 年（574.40 元）增加 1 194.6 元，增幅为 40.16%。出院病人人均手术费用为 525.43

元，较 2015（339.97 元）增长了 54.55%，在中医医院出院病人人均负担中增幅最大。2020 年中医医院人均化验费达到了 990.66 元，卫生材料费用达到 1 191.61 元。见表 23。

表23　2015—2020年四川省中医医院出院病人人均负担变化　　　　单位：元，%

类别	2015 年	2020 年	增长率
医药费用	6 359.37	8 126.32	27.78
床位费	255.51	—	—
药品费	2 048.07	2 008.71	−1.92
检查费	574.40	863.91	50.40
治疗费	1 262.13	1 769.00	40.16
手术费	339.97	525.43	54.55
化验费	—	990.66	—
卫生材料费	—	1191.61	—

2.门诊病人负担

2015—2020年间，四川省中医医院门诊病人负担总体也呈现出上涨趋势。到2020年，四川省中医医院门诊病人人均医药费用为219.25元，较2015年（168.46元）增长50.79元，增幅达30.15%。中医医院门诊病人负担增幅最大的是治疗费用，2020年（28.80元）较2015年（20.30元）增长8.5元，增幅达41.87%。其次为门诊药品费用，到2020年增长到100.83元，相比2015年（80.60元）增长了20.23元，增幅为25.10%。门诊检查费用为43.32元，相比2015年（35.32元）增长了8元，增幅达到22.65%。2020年四川省中医医院门诊病人人均手术费用为3.54元，化验费用为18.70元，卫生材料费用为5.16元。见表24。

表24　2015—2020年四川省中医医院门诊病人负担变化　　　　单位：元，%

类别	2015 年	2020 年	增长率
门诊病人人均医药费用	168.46	219.25	30.15
挂号费	2.57	—	—
药品费	80.60	100.83	25.10
检查费	35.32	43.32	22.65
治疗费	20.30	28.80	41.87
手术费	—	3.54	—
化验费	—	18.70	—
卫生材料费	—	5.16	—

3.出院病人日均费用占人均可支配收入比例

2020 年，四川省中医医院出院病人日均医药费用占人均可支配收入的比例较 2015 年有所下降。根据四川省统计局数据显示，2020 年，四川省居民人均可支配收入为 26 522 元，相比 2015 年（17 221 元）增长了 9301 元，增幅达到 54.01%。2020 年，全省中医医院出院病人日均医药费用为 813.91 元，相比 2015 年（613.55 元）增长了 200.36 元，增幅为 32.66%，全省中医医院出院病人日均医药费用占到人均可支配收入的 3.07%，而 2015 年其占据人均可支配收入的比例为 3.56%，2020 年全省中医医院出院病人日均医药费用占居民人均可支配收入的比例呈下降趋势，相比 2015 年降低了 0.49%，其降幅为 13.87%。见表 25。

表25　2015—2020年四川省中医医院出院病人日均医药费用及居民人均可支配收入变化

单位：元，%

类别	2015 年	2020 年	增长率
出院病人日均医药费用	613.55	813.91	32.66
人均可支配收入	17 221	26 522	54.01
比例	3.56	3.07	−13.87

二、四川省中医医疗服务能力建设存在的问题

（一）四川省中医医疗服务能力建设与全国存在差距

2015—2020 年间，四川省中医医疗服务能力得到了显著提升，但与全国总体平均水平相比，依然存在较大差距，主要表现在医疗机构配置和人力资源配置两个方面。从医疗机构配置情况看，2015—2020 年间，四川省中医医疗机构和中医类诊所的增长率均低于全国平均水平，分别低 12.07 和 16.78 个百分点。从人力配置情况看，2020 年，四川省每千常住人口中医执业（助理）医师数为 0.29 人，较全国少 0.19 人；2020 年四川省中医类医院每千人口药师（士）数为 0.05 人，较全国少 0.04 人。

（二）四川省中医医疗服务能力与综合医院存在差距

与综合医院相比，四川省中医医疗服务能力仍存在较大差距。从医疗资源配置情况看，四川省中医类医院每千人口执业（助理）医师数量为 0.29 人，较综合医院少 0.74 人；四川省中医类医院每千人口床位数为 0.95 张，较综合医院低 2.59 张，差距悬殊；中医类医院每千人口万元以上设备台数为 0.83 台，较综合医院低 2.27 台，差距较大。从医疗效率情况看，四川省中医医院、中西医结合医院和民族医院的病床周转次

数分别为 29.54、26.51、16.95，与综合医院 30.68 的周转次数相比，总体依然存在较大差距。

（三）四川省中医医疗服务能力存在地区间差距

四川省拥有 21 个市（州），由于地形复杂多样、民族地区面积辽阔、经济社会发展不均衡，中医医疗服务能力亦存在地区域间差距。从中医医疗机构等级看，民族地区中医医疗机构（含民族医医疗机构）的等级水平显著低于非民族地区。从中医医疗机构床位配备看，仅成都、攀枝花、泸州、广元、内江、乐山、雅安、巴中和阿坝州等 9 个市州的中医类医院每千人口床位数高于四川省平均水平。从人力资源配备看，民族地区每千常住人口中医执业（助理）医师、每千人口药师（士）数均低于非民族地区，民族地区广泛存在人才引不进、留不住问题。

（四）四川省中医医疗服务能力存在类别间差距

首先，民族医院的中医医疗服务能力普遍弱于中医医院。民族医院主要位于民族地区，由于经济和社会发展水平的约束，人才"引不进、留不住"问题普遍存在，民族医院每千人口执业（助理）医师仅为 0.01 人，较中医医院少 0.24 人。近年来，国家和四川省加大了民族地区中医药事业投入，但每千人口万元以上设备总价值仍然远远低于中医医院，仅为 0.21 万元，较中医医院低 9.01 万元。从医疗服务效率看，民族医院的病床使用率仅为 48.17%，与中医医院相比低 34.32 个百分点，与中医医院差距悬殊。

三、提升四川省中医医疗服务能力的对策建议

（一）完善四川省中医药事业发展顶层设计，推进协同发展

四川省是中医之乡，历来重视中医药事业发展。2021 年 12 月，四川省人民政府办公厅印发《四川省"十四五"中医药高质量发展规划》的通知，提出要强化中医药特色优势，构建优质高效中医药服务体系，提升中医医疗服务质量。各市（州）应将中医药事业发展纳入地方经济发展战略，充分认知不足与差距，挖掘各地的优势和特色，因地制宜制定中医药事业发展战略，推进中医医疗服务协同发展。

（二）建立持续稳定的投入机制，增强中医药发展动能

建立持续稳定的中医药发展多元投入机制，各级政府要设立发展中医药专项资金，要落实对公立中医医院的投入政策，通过多种渠道补齐建设项目资金缺口。支持

各级政府在债务风险可控前提下，统筹安排地方政府债券资金，推进符合条件的中医药领域基础设施项目建设。

（三）加强人才队伍建设，夯实中医医疗服务发展基础

首先，深化中医药教育改革，突出中医药办学特色，优化学科专业结构，加强中医基础类、经典类、疫病防治类和中药炮制类、鉴定类等学科建设。其次，优化人才成长途径，加强名中医梯队建设，加强民族医药人才队伍本土化建设，推进民族医药人员订单式培养。再次，完善人才评价激励机制。遵循中医药人才成长规律和行业特点，深化中医药职称制度改革，将医德医风、中医经典理论、辨证思维、临床能力作为评价重点，突出评价业绩水平和实际贡献。

专论2 四川省中医药人才队伍建设研究

杨义[1] 何佳[2] 胡越[3]

摘要： 本文首先从四川省中医类医疗卫生机构、床位和人员等方面，梳理了"十三五"期间四川省中医药人才队伍情况。分析可知，四川省中医药人才数量逐年增长，服务能力得到提升，高水平学科建设显成效；通过多模式全方位培养人才，全方位优化人才成长途径，中医药高层次人才梯队形成，公立中医医院薪酬改革促进中医人才流动；但同时还存在中医药人才总体素质不高，公立中医医院薪酬改革进度缓慢等问题。进而提出相应对策建议，以期进一步完善四川省中医药人才培养体系。

关键词： 四川省 中医药人才 队伍建设

一、"十三五"期间四川省中医药人才队伍情况

截至2020年，全省中医类医疗卫生机构卫生技术人员8.42万人，其中执业（助理）医师、注册护士分别为3.40万人、3.60万人；学历结构：本科及以上占30.26%，大专占38.78%；技术职称：高级占9.27%，中级占17.67%。

（一）全省中医类医疗卫生机构、床位和人员情况

2020年四川省中医类医疗卫生机构总数为7 290家，其中中医类医院328家，占中医类医疗卫生机构总数的4.50%，中医类门诊部85家，占中医类医疗卫生机构总数的1.17%，中医类诊所6 873家，占中医类医疗卫生机构总数的94.28%，中医类研究机构4家，占中医类医疗卫生机构总数的0.05%。2020年四川省中医类医疗卫生机构数较2015年增长38.07%，其中增长最多的是中医门诊部（256.00%）和中医（药）研究院（所）（200.00%），中西医结合门诊部（−38.89%）和民族医诊所（−42.86%）呈负增长。见表1。

---

[1]杨义，博士，教授，硕士生导师，四川省卫生健康委员会学术技术带头人，中华预防医学会社会医学分会第七届委员会委员。研究方向：卫生人力资源管理。
[2]何佳，成都中医药大学2022级研究生，研究方向：中医药管理。
[3]胡越，成都中医药大学2021级研究生，研究方向：卫生人力资源管理。

表1　2015—2020年四川省中医类医疗卫生机构情况　　单位：所，%

指标		2015年	2016年	2017年	2018年	2019年	2020年	2015—2020年增长率
中医类医院	中医医院	198	204	222	232	247	260	31.31
	中西医结合医院	26	26	29	33	35	30	15.38
	民族医院	36	36	32	35	35	38	5.56
	小计	260	266	283	300	317	328	26.15
中医类门诊部	中医门诊部	20	26	36	49	69	73	265
	中西医结合门诊部	18	12	13	16	12	11	−38.89
	民族医门诊部	0	0	0	0	1	1	—
	小计	38	38	49	65	82	85	123.68
中医类诊所	中医诊所	4 131	4 345	4 653	4 981	5 384	5 608	35.75
	中西医结合诊所	842	879	940	979	1211	1 261	49.76
	民族医诊所	7	4	3	3	5	4	−42.86
	小计	4 980	5 228	5 596	5 963	6 600	6 873	38.01
中医类研究机构	中医（药）研究院（所）	1	1	2	2	3	3	200
	中西医结合研究所	0	0	0	0	0	0	—
	民族医（药）学研究所	1	1	1	1	1	1	0
	小计	2	2	3	3	4	4	100
总计		5 280	5 534	5 931	6 331	7 003	7 290	38.07

　　2020年四川省中医类医疗卫生机构床位总数为79 104张，其中中医类医院床位总数为79 036张，占中医类医疗卫生机构床位总数的99.91%，中医门诊部床位总数为68张，占中医类医疗卫生床位总数的0.09%。2020年四川省中医类医疗卫生床位数较2015年增长38.56%，其中增长最多的是民族医院（53.78%）和中医医院（41.76%），中西医结合门诊部（−14.29%）呈负增长。见表2。

表2　2015—2020年四川省中医类医疗卫生机构床位数情况　　　　单位：张，%

指标		2015 年	2016 年	2017 年	2018 年	2019 年	2020 年	2015—2020 年增长率
中医类医院	中医医院	48 210	51 905	56 721	60 316	66 169	68 343	41.76
	中西医结合医院	7 682	7 724	8 035	8 431	8 667	8 923	16.15
	民族医院	1 151	1 248	1 372	1 565	1 678	1 770	53.78
	小计	57 043	60 877	66 128	70 312	76 514	79 036	38.56
中医类门诊部	中医门诊部	30	20	20	0	4	38	26.67
	中西医结合门诊部	35	20	20	45	45	30	−14.29
	小计	65	40	40	45	49	68	4.62
总计		57 108	60 917	66 168	70 357	76 563	79 104	38.52

2020年四川省中医药人员总人数为67 847人，其中中医类别执业（助理）医师59 596人，占总人数的87.84%，见习中医师1 129人，占总人数的1.66%，中药师（士）7 122人，占总人数的10.50%。2020年四川省中医药人数较2015年增长27.64%，其中中医类别执业（助理）医师和中药师（士）分别增长31.03%和10.54%，见习中医师数呈负增长（−8.21%）。

2020年中医药人员占同类人员总数比例中，中医类别执业（助理）医师、见习中医师和中药师（士）分别占25.33%、10.25%和24.99%，其中医类别执业（助理）医师、见习中医师占比较2015年分别增长1.48%和19.05%，中药师（士）数呈负增长（−9.72%）。见表3。

表3　2015—2020年四川省中医药人员情况　　　　单位：人，%

指标		2015 年	2016 年	2017 年	2018 年	2019 年	2020 年	2015—2020 年增长率
中医药人员	中医类别执业（助理）医师	45 481	46 906	49 614	52 139	56 478	59 596	31.03
	见习中医师	1 230	1 040	1 114	828	1 240	1 129	−8.21
	中药师（士）	6 443	6 439	6 513	6 769	7 003	7 122	10.54
	小计	53 154	54 385	57 241	59 736	64 721	67 847	27.64
中医药人员占同类人员总数比例	中医类别执业（助理）医师	24.96	25.21	25.37	25.36	25.4	25.33	1.48
	见习中医师	8.61	7.41	7.81	5.73	9.8	10.25	19.05
	中药师（士）	27.68	26.83	26.11	26.04	25.5	24.99	−9.72

（二）中医类医院卫生人员情况

2020 年四川省中医医院卫生人员总数为 69 959 人，占中医类医院卫生人员总数的 14.49%，其中卫生技术人员总数为 59 456 人，占中医类医院卫生技术人员总数的 15.17%。2020 年四川省中医医院卫生人员数较 2015 年增长 38.84%，增幅超过中医类医院（34.32%）和医疗卫生机构全行业（27.71%），其中增长最多的是注册护士、技师（士）和执业（助理）医师，分别增长 48.52%、46.06% 和 43.76%，见习医师数呈负增长（–36.12%）。

2020 年四川省中西医结合医院卫生人员总数为 9 305 人，占医院卫生人员总数的 1.93%，其中卫生技术人员总数为 7 859 人，占医院卫生技术人员总数的 2.01%。2020 年中西医结合医院卫生人员数较 2015 年增长 23.18%，低于中医医院（38.84%）、医院（34.32%）和全行业（27.71%），其中管理人员、技师（士）和其他技术人员增长最多，分别增长 39.71%、35.14% 和 31.60%。见习医师和其他卫生技术人员呈负增长（–83.57% 和 –43.85%）。

2020 年民族医院卫生人员数为 1 815 人，较 2015 年增长 53.55%，见习医师、工勤技能人员和注册护士增长最多，增长率分别为 200.00%、200.00% 和 71.82%。见表 4。

表4 2015—2020年四川省中医类医院卫生人员构成情况　　　　单位：人，%

类别	中医类医院			中医医院			中西医结合医院			民族医院		
	2015年	2020年	增长率	2015年	2020年	增长率	2015年	2020年	增长率	2015年	2020年	增长率
合计	359 411	482 747	34.32	50 387	69 959	38.84	7 554	9 305	23.18	1 182	1 815	53.55
卫生技术人员小计	290 681	391 861	34.81	42 229	59 456	40.79	6 361	7 859	23.55	967	1 479	52.95
执业（助理）医师	93 272	127 073	36.24	14 304	20 563	43.76	2 167	2 829	30.55	446	619	38.79
执业医师	87 934	118 686	34.97	13 512	19 393	43.52	2 093	2 742	31.01	346	460	32.95
注册护士	141 174	201 703	42.88	18 952	28 148	48.52	3 179	4 016	26.33	220	378	71.82
药师（士）	14 402	17 751	23.25	3 017	3 705	22.80	329	395	20.06	46	75	63.04
技师（士）	15 109	20 414	35.11	2 171	3 171	46.06	296	400	35.14	58	83	43.10
检验师（士）	10 064	13 384	32.99	1 477	2 071	40.22	201	242	20.40	31	46	48.39

续表

类别	中医类医院			中医医院			中西医结合医院			民族医院		
	2015年	2020年	增长率	2015年	2020年	增长率	2015年	2020年	增长率	2015年	2020年	增长率
其他卫生技术人员	26 724	24 920	−6.75	3 785	3 869	2.22	390	219	−43.85	197	324	64.47
见习医师	9 736	7 095	−27.13	1 722	1 100	−36.12	207	34	−83.57	31	93	200.00
其他技术人员	12 029	16 468	36.90	1 666	2 393	43.64	250	329	31.60	82	85	3.66
管理人员	20 240	25 210	24.56	2 196	2 561	16.62	340	475	39.71	75	77	2.67
工勤技能人员	36 461	49 208	34.96	4 296	5 549	29.17	603	642	6.47	58	174	200.00

（三）中医类门诊部卫生人员情况

2020 年四川省中医门诊部卫生人员总数为 1303 人，占中医类门诊部卫生人员总数的 7.62%，其中卫生技术人员总数为 836 人，占门诊部卫生技术人员总数的 7.09%。2020 年四川省中医门诊部卫生人员数较 2015 年增长 254.08%，增幅超过中医类门诊部（238.31%），其中增长最多的是管理人员、检验师（士）和技师（士），分别增长 470.83%、400.00% 和 380.00%，见习医师和其他卫生技术人员呈负增长（−61.54% 和 −4.35%）。

2020 年四川省中西医结合门诊部卫生人员总数为 203 人，占门诊部卫生人员总数的 1.19%，其中卫生技术人员总数为 151 人，占门诊部卫生技术人员总数的 1.28%。2020 年中西医结合门诊部卫生人员数较 2015 年增长 54.96%，低于中医门诊部（254.08%）和门诊部（238.31%），其中管理人员、工勤技能人员和注册护士增长最多，分别增长 83.33%、81.82% 和 75.76%。药师（士）、检验师（士）呈负增长（−43.75% 和 −25.00%）。

2015 年无民族医门诊部，2020 年民族门诊部卫生人员数为 6 人，全部为卫生技术人员，其中执业（助理）医师、执业医师、注册护士和药师（士）分别为 3、2、2 和 1 人。见表 5。

表5　2015—2020四川省中医类门诊部卫生人员情况　　　　　　单位：人，%

类别	中医类门诊部			中医门诊部			中西医结合门诊部			民族医门诊部	
	2015年	2020年	增长率	2015年	2020年	增长率	2015年	2020年	增长率	2015年	2020年
合计	5 054	17 098	238.31	368	1303	254.08	131	203	54.96	0	6

续表

类别	中医类门诊部			中医门诊部			中西医结合门诊部			民族医门诊部	
	2015年	2020年	增长率	2015年	2020年	增长率	2015年	2020年	增长率	2015年	2020年
卫生技术人员小计	3 937	11 790	199.47	266	836	214.29	114	151	32.46	0	6
执业（助理）医师	1 784	4 619	158.91	124	507	308.87	61	78	27.87	0	3
执业医师	1 580	4 093	159.05	111	442	298.20	57	69	21.05	0	2
注册护士	1 480	6 144	315.14	53	175	230.19	33	58	75.76	0	2
药师（士）	211	301	42.65	38	86	126.32	16	9	−43.75	0	1
技师（士）	242	525	116.94	5	24	380.00	4	4	0.00	0	0
检验师（士）	168	305	81.55	4	20	400.00	4	3	−25.00	0	0
其他卫生技术人员	220	201	−8.64	46	44	−4.35	0	2	—	0	0
见习医师	50	32	−36.00	26	10	−61.54	0	1	—	0	0
乡村医生和卫生员	0	3	—	0	3	—	0	0	—	0	0
其他技术人员	66	721	992.42	20	51	155.00	0	21	—	0	0
管理人员	222	1 412	536.04	24	137	470.83	6	11	83.33	0	0
工勤技能人员	829	3 172	282.63	58	276	375.86	11	20	81.82	0	0

二、"十三五"期间中医药人才队伍建设情况

（一）改革人才培养模式

"十三五"期间，四川省支持国家、四川省医药相关"双一流"学科建设，通过学科发展带动中医药高质量人才培育。强化校地合作，对接中医药健康服务发展人才需求，培养适宜、稳定的基层中医药服务队伍。强化中医药特色人才建设，打造高水平的中医疫病防治队伍。

1.成都中医药大学"双一流"学科建设情况

成都中医药大学成立于1956年,是全国首批中医药学博士、硕士学位授权点,首批临床医学(硕士、博士)专业学位试点单位。现有国家"双一流"建设学科1个(中药学),国家级重点学科4个(中药学、针灸推拿学、中医五官科学、中医妇科学),ESI全球前1%学科3个(药物学与毒物学、临床医学、化学),四川省"双一流"建设学科2个(中药学、中医学),省部级重点学科44个。

"十三五"以来,新增各类科研项目3 303项,其中国家重点研发计划、国家自然科学基金、国家社会科学基金等国家级项目331项。获得各级各类科技奖励88项,其中省科学技术杰出贡献奖1项,省杰出青年科学技术创新奖1项,省国际科学技术合作奖1项,省科学技术奖一等奖5项、二等奖9项。

为进一步传承、弘扬中医药文化,提高学校非中医药学科教师的中医药理论素养,于2016年启动了"非医学科教师学习中医文化培训班""西医学科教师学习中医知识培训班"。

2.西南医科大学争创国家中医药重点学科情况

西南医科大学始建于1951年,中西医结合临床获批国家中医药管理局"十二五"中医药重点学科。经国家中医药管理局批准的国家临床(中医)重点专科包括脑病科、肾病科、肝病科、耳鼻咽喉科、重症医学科。积极开展对外合作交流,建成了中国—葡语系国家和地区中医药国际合作基地。

3.省级"西学中"人才培训情况

我省建立省级"西学中"人才培训基地,鼓励西医学习中医,允许未接受规范中医教育的非中医类医师通过学习考核后提供中医服务。成都中医药大学附属医院和西南医科大学附属中医医院作为培训基地,依据《关于印发四川省医疗机构西医人员学习中医知识培训大纲的通知》,开设面对全省的"西医人员学习中医知识""'西学中'护理骨干培训班"等培训。

4.区域中医药职业教育情况

"十三五"期间,新增达州市中医药职业学院等中医药人才培育机构,为区域中医药职业教育和基层中医药人才培养提供了基地,为中医药事业、产业、文化传承创新提供专业技术技能人才。

5.全省继续教育情况

举办省级以上中医药继续教育项目1 311项,规范化培养中医医师4 002人、中医药师承人员3 026人,培训中医全科医生2 140人。

(二)优化人才成长途径

着力实施中医药继承性人才培养工程,建设西部中医药高端人才培养基地,制定四川省中医药人才发展"十三五"规划，打造以国医大师、全国名中医、省十大名中医为引领，省中青年名中医、学术技术带头人等骨干支撑的高质量中医药人才发展模式。

1.建设高层次人才培养基地建设情况

成都中医药大学附属医院是国家及四川省重要的中医药高层次人才培养基地，全国中医住院医师规范化培训基地，全国中医护理骨干人才培养基地，主办国家中医药管理局中医药高层次人才培养基地培训项目暨国家级中医药继续教育项目，累计为全国各级医疗机构培养中医药骨干人才上万名。

2.名医传承工作室等人才培养平台情况

"十三五"期间，我省建有省级以上名医传承工作室159个、中医药流派工作室19个，完善确有专长人员考核实施细则，支持中医医院设置中医（专长）医师岗位，举办省级以上中医药继续教育项目1 311项，规范化培养中医医师4 002人、中医药师承人员3 026人。

3.支持院士后备人才团队建设

2020年，经推荐申报、资格审查、专家评审等程序，四川省中医药管理局确定梁繁荣等9人为四川省中医药院士后备人才培养项目培养对象。详见表6。

表6　四川省中医药院士后备人才培养项目培养对象名单

序号	姓　名	工作单位
1	梁繁荣	成都中医药大学
2	彭　成	
3	段俊国	
4	陆　华	
5	赵军宁	省中医药科学院
6	呼永河	中国人民解放军西部战区总医院
7	谢春光	成都中医药大学附属医院
8	耿福能	四川好医生攀西药业有限责任公司
9	杨思进	西南医科大学附属中医医院

4.高层次人才梯队建设

高层次人才梯队包括省十大名中医、省名中医、省中青年名中医等，队伍不断壮大，我省现有国医大师3名、全国名中医3名、省十大名中医30名，高层次人才9 000余名，中医药高级职称人员近万名。

在省级重大人才工程评选中加大对中医药人才的支持力度。我省积极开展四川省中医药管理局学术和技术带头人及后备人选遴选工作，"十三五"期间，通过评审专家对候选人政治思想、专业水平和能力、工作业绩、综合素质等方面的综合评价，经专家评审委员会评审，确定第五批学术和技术带头人84名，后备人选92名；第六批学术和技术带头人80名，后备人选145名；第七批学术和技术带头人150名，后备人选207名。

三、公立中医医院薪酬制度改革情况

2017年1月，国家人力资源和社会保障部、财政部、国家卫生和计划生育委员会、国家中医药管理局四部委联合出台《关于开展公立医院薪酬制度改革试点工作的指导意见》，推动公立医院薪酬制度改革试点工作，贯彻落实"允许医疗卫生机构突破现行事业单位工资调控水平，允许医疗服务收入扣除成本并按规定提取各项基金后主要用于人员奖励"（两个允许）。2017年12月，四部委再次联合出台《关于扩大公立医院薪酬制度改革试点的通知》，要求进一步扩大改革公立医院薪酬制度改革试点范围。2021年7月，四部委联合国家医疗保障局发布《关于深化公立医院薪酬制度改革的指导意见》，指出要充分考虑中医药医务人员收入情况，薪酬制度改革进一步向中医医院倾斜，提高中医药特色优势突出的中医医院薪酬水平。

截至2021年10月底，四川省21个市（州）实施薪酬制度改革公立医院共125家，其中中医类医院（含中医、民族医院和中西医结合医院）26家，占全省中医类医院的7.93%，占薪酬改革公立医院的20.80%。

（一）2020年中医类医院收支情况

26家中医类医院年均总收入为30 622.82万元，以医疗收入为主（81.22%），财政补助收入较少（16.11%），其中人员经费补助收入偏低（744.11万元，占财政补助收入的15.08%，占总收入的2.43%）。医院年均总支出为27 435.45万元，其中人员支出占比为40.23%，财政补助支出用于人员经费的支出占比为24.34%。医院年均收支结余为2 934.93万元。

（二）2020年医务人员薪酬情况

对26家公立中医类医院全部入职本单位时间年满1年，应发收入大于等于四川省最低工资标准（1 780元/月*12月=21 360元）的在岗15 428名医务人员（医、护、药、技、管、工勤）的收入情况进行数据分析。

1.医务人员基本情况

医务人员经济地区以成都平原为主共9 441人（61.19%），医院等级以三级为主共13 307人（86.25%），医院层级以区县级为主共8 686人（56.30%），性别以女性为主共 11 058 人（71.67%），学历以大学本科为主共 7 367 人（47.75%），专业技术职称以初级为主共 7 254 人（47.02%），用工性质以合同制为主共 7 942 人（51.48%），担任职务以一般人员为主共 13 433 人（87.07%），工龄以 6—10 年为主共 4 998 人（32.40%），岗位类型以护士为主共 6 568 人（42.57%），科室类型以内科为主共 3 309 人（21.45%），绩效工资占比大于等于 67.82% 为主共 8 538 人（55.34%），医院人员支出占比小于等于 45% 为主共 13 816 人（89.55%）。详见表 7。

表7 薪酬改革中医医院医务人员基本情况（n=15 428） 单位：人，%

项目	类别	人数	百分比
经济地区	成都平原	9 441	61.19
	川南	2 909	18.86
	川东北	2 476	16.05
	攀西	602	3.90
医院等级	三级	13 307	86.25
	二级	2 121	13.75
医院层级	地市级	6 742	43.70
	区县级	8 686	56.30
性别	男	4 370	28.33
	女	11 058	71.67
学历	博士	124	0.80
	硕士	1 236	8.01
	大学本科	7 367	47.75
	大专	5 160	33.45
	中专	1 119	7.25
	高中及以下	422	2.74
专业技术职称	正高	422	2.73
	副高	1 594	10.33
	中级	4 409	28.58
	初级	7 254	47.02
	无职称	1 749	11.34
用工性质	编制内	6 788	44.00
	合同制	7 942	51.48
	离休返聘	106	0.68
	其他	592	3.84

续表

项目	类别	人数	百分比
担任职务	院领导	186	1.20
	科室领导	1 809	11.73
	一般人员	13 433	87.07
工龄	＜ 3	1 158	7.50
	3—	2 807	18.19
	6—	4 998	32.40
	11—	3 193	20.70
	≥ 21	3 272	21.21
岗位类型	医生	4 946	32.06
	护士	6 568	42.57
	药师	832	5.39
	技师（含其他技术人员）	1 620	10.50
	管理	482	3.13
	工勤	980	6.35
科室分类	内科	3 309	21.45
	外科	2 390	15.49
	儿科	579	3.75
	妇科 / 产科	571	3.70
	其他临床科室	653	4.23
	药剂科	831	5.39
	检验科	524	3.40
科室分类	超声影像科	636	4.12
	其它技术科室	2 468	16.00
	行政后勤科室	2 908	18.85
	中医 / 民族医药科	551	3.57
	特需医疗科（含医美）	8	0.05
绩效占比	＜ 0.678 2	6 890	44.66
	≥ 0.678 2	8 538	55.34
医院人员支出占比	≤ 0.45	13 816	89.55
	＞ 0.45	1 612	10.45

2.薪酬总体现状

2020年中医类医院医务人员年均应发收入为149 312±74 288元。薪酬结构中基本工资占比为23.43%，绩效工资占比为67.82%，津补贴占比为1.12%，其他收入占比为7.63%。其中医生（23.03%）、技师（22.51%）和工勤（21.05%）基本工资占比低于均值（23.43%）。详见表8。

表8 不同岗位医务人员薪酬结构（n=15 428，%） 单位：%

岗位类型	基本工资	绩效工资	津补贴	其他收入
医生	23.03	68.87	1.23	6.87
护士	24.10	67.04	1.11	7.75
药师	25.10	65.40	1.23	8.27
技师	22.51	68.08	0.96	8.45
管理	23.43	67.13	1.05	8.39
工勤	21.05	69.79	0.79	8.37
全体医务人员	23.43	67.82	1.12	7.63

3.薪酬差异情况

广义线性模型分析显示：攀西较成都平原差距最大（-0.38%），二级医院较三级医院差距为-0.15%，区县级较地市级差距为-0.13%，女性较男性差距为-0.06%，高中及以下学历较博士差距最大（-0.23%），院领导较一般人员差距最大（0.72%），20年以上工龄较3年以下差距最大（0.34%），绩效占比中≥67.82%与<67.82%的差距为0.29%，人员支出占比中>45%与≤45%无差距，特需医疗（含医美）较内科差距最大（-0.18%），离休返聘较编制内差距最大（-0.23%），正高职称较无职称差距最大（0.76%），工勤人员较医生差距最大（-0.16%），详见表9。

表9 广义线性模型调整前后中医类医院医务人员薪酬水平 单位：元，%

项目	类别	调整前年人均收入	收入差距	调整后年人均收入	收入差距
经济地区	成都平原*	161 133.70		198 729.90	
	川南	125 204.03	-0.22	175 705.45	-0.12
	川东北	143 563.63	-0.11	177 546.83	-0.11
	攀西	104 042.90	-0.35	122 948.93	-0.38
医院等级	三级*	152 866.78		182 597.46	
	二级	127 006.58	-0.17	154 868.09	-0.15

续表

项目	类别	调整前 年人均收入	收入差距	调整后 年人均收入	收入差距
医院层级	地市级 *	162 250.14		180 260.18	
	区县级	139 268.79	−0.14	157 205.37	−0.13
性别	男 *	173 505.60		173 679.97	
	女	139 750.38	−0.19	163 785.59	−0.06
学历	博士 *	258 897.51		198 815.24	
	硕士	187 282.40	−0.28	174 185.49	−0.12
	大学本科	161 909.00	−0.37	169 081.16	−0.15
	大专	128 592.61	−0.50	161 495.86	−0.19
	中专	121 593.50	−0.53	155 242.53	−0.22
	高中及以下	112 820.48	−0.56	153 576.38	−0.23
专业技术 职称	无职称 *	116 196.76		136 458.00	
	初级	119 198.15	0.03	134 843.89	−0.01
	中级	170 136.07	0.46	150 163.59	0.10
	副高	223 944.50	0.93	181 800.93	0.33
	正高	304 716.07	1.62	240 397.48	0.76
用工 性质	编制内 *	185 009.97		186 845.41	
	合同制	118 701.40	−0.36	169 812.97	−0.09
	离休返聘	153 679.86	−0.17	144 405.70	−0.23
	其他	149 856.22	−0.19	173 867.03	−0.07
担任 职务	一般人员 *	137 898.35		127 680.32	
	科室领导	218 066.00	0.58	159 253.77	0.25
	院领导	304 888.02	1.21	219 264.25	0.72
工龄	＜ 3*	102 249.18		145 700.64	
	3—	122 536.34	0.20	159 420.20	0.09
	6—	139 470.67	0.36	166 968.25	0.15
	11—	159 311.58	0.56	175 850.76	0.21
	≥ 21	194 211.12	0.90	195 724.04	0.34

续表

项目	类别	调整前 年人均收入	收入差距	调整后 年人均收入	收入差距
岗位 类型	医生 *	186 269.57		178 219.23	
	护士	128 359.23	−0.31	166 089.37	−0.07
	药师	132 814.23	−0.29	156 892.74	−0.12
	技师（含其他技术人员）	141 407.44	−0.24	167 024.59	−0.06
	管理	195 971.48	0.05	195 273.02	0.10
	工勤	107 333.36	−0.42	148 897.71	−0.16
科室 分类	内科 *	146 629.46		168 026.99	
	外科	149 014.20	0.02	172 398.41	0.03
	儿科	147 270.61	0.00	169 432.90	0.01
	妇科 / 产科	144 113.04	−0.02	163 140.80	−0.03
	其他临床科室	165 241.72	0.13	168 535.35	0.00
	药剂科	130 947.87	−0.11	169 858.74	0.01
	检验科	168 947.51	0.15	188 662.39	0.12
科室 分类	超声影像科	169 218.83	0.15	180 069.57	0.07
	其它技术科室	152 852.49	0.04	172 867.28	0.03
	行政后勤科室	144 191.04	−0.02	161 839.09	−0.04
	中医 / 民族医药科	152 828.05	0.04	172 432.24	0.03
	特需医疗科（含医美）	131 521.48	−0.10	137 529.59	−0.18
绩效占比	< 0.678 2*	127 462.38		147 598.63	
	≥ 0.678 2	166 943.47	0.31	189 866.93	0.29
人员支出 占比	≤ 0.45*	150 892.36		168 777.13	
	> 0.45	135 763.26	−0.10	168 688.42	0.00

注：* 参考对象收入，收入差距 =（评价对象收入 − 参考对象收入）/ 参考对象收入 × 100%

（三）医务人员薪酬满意度

对 1 047 名中医类医院医务人员的满意度调查显示：医务人员薪酬总体满意率为 67.8%，最高的为薪酬分配透明度，655 人满意（62.5%），最低的为薪酬水平，500 人满意（47.8%）。详见表 10。

表10　中医类医院薪酬各维度满意度及总体满意度（*n*=1 047）　　　　单位：人，%

维度	非常不满意	不满意	一般	满意	非常满意	得分
薪酬水平	30（2.9）	133（12.7）	384（36.7）	344（32.9）	156（14.9）	3.44 ± 0.99
薪酬提升	19（1.8）	89（8.5）	397（37.9）	372（35.5）	170（16.2）	3.56 ± 0.92
总体福利	17（1.6）	71（6.7）	360（34.3）	402（38.3）	197（18.8）	3.66 ± 0.91
薪酬结构	14（1.3）	90（8.5）	362（34.5）	407（38.8）	174（16.6）	3.61 ± 0.91
薪酬管理	13（1.2）	71（6.7）	367（35.0）	408（38.9）	188（17.9）	3.66 ± 0.89
工资收入	22（2.1）	127（12.1）	350（33.4）	386（36.8）	162（15.4）	3.51 ± 0.96
薪酬分配依据	13（1.2）	90（8.5）	376（35.9）	385（36.7）	183（17.4）	3.61 ± 0.91
薪酬分配原则	12（1.1）	59（5.6）	386（36.8）	393（37.5）	197（18.8）	3.67 ± 0.88
薪酬分配指标	11（1.0）	63（6.0）	383（36.5）	397（37.9）	193（18.4）	3.67 ± 0.88
薪酬分配透明度	19（1.8）	63（6.0）	310（29.6）	435（41.5）	220（21.0）	3.74 ± 0.92
薪酬分配方案	13（1.2）	65（6.2）	379（36.1）	394（37.6）	196（18.7）	3.66 ± 0.89
总体满意度	5（0.5）	26（2.5）	306（29.2）	463（44.2）	247（23.6）	39.7 ± 9.29

四、人才队伍建设成效

（一）中医药人才数量逐年增长，服务能力提升得到保障

中医药人才数量逐年增长。中医药人员以中医类别执业（助理）医师为主，"十三五"期间增幅最快，且占同类人员总数比例增加。中医医院卫生人员总数超过医院和医疗卫生机构全行业，卫生技术人员增幅超过卫生人员增幅，尤其是注册护士、技师（士）和执业（助理）医师，卫生服务能力提升得到保障。民族医院得以发展，见习医师、工勤技能人员和注册护士增长最多。中医类门诊部以中医门诊部为主，卫生人员总数增幅超过门诊部全行业，除检验师（士）和技师（士）外，增加最多的为管理人员，说明中医门诊部重视管理工作，有利于扩大中医门诊部的影响力。民族医门诊部实现了"零"的突破，卫生人员全部为卫生技术人员，起步水平高。

县域中医药服务能力提升。无论县域政府办中医医院覆盖率还是二级以上公立综合医院中医科和中药房设置率均超过98%，基本实现全覆盖。基层医疗卫生机构提供中医服务能力强，"十三五"期间，乡镇卫生院中医药服务能力得到改善，与社区卫

生服务中心差距缩小。

（二）高水平学科建设显成效，多模式全方位培养人才

无论是成都中医药大学"双一流"学科，还是西南医科大学的国家中医药重点学科的成功建设，均反映出我省高水平学科建设显成效，为优化人才成长途径提供了坚实基础。成都中医药大学分类别进行"西学中"师资队伍建设。从院校到基地，从师资到卫生人力队伍，全方位实施"西学中"人才培训，加强区域中医药职业教育。开展中医药基层人才培训，中药材种植、中药炮制、中医药健康服务等方面技能人才的培训。

（三）全方位优化人才成长途径，中医药高层次人才梯队形成

通过国家及四川省中医药高层次人才培养基地建设，培养中医药骨干人才。名医传承工作室和中医药流派工作室切实发挥作用。包括中医药院士后备人才、国医大师、全国名中医、省十大名中医、省名中医、省中青年名中医的高层次人才梯队已形成。

（四）公立中医类医院薪酬改革，有利中医人才良性流动

不同经济地区、医院等级、层级、性别、用工性质等因素对薪酬水平的影响差异不大。不同经济地区中，攀西与成都平原差异最大，由于攀西经济和生活消费水平低于成都平原，因此薪酬差异属于合理水平，体现了四川省在中医卫生资源投入的公平性与可及性方面的成效。既往研究显示医院等级越高，层级越高，医务人员薪酬水平越高。本次调查显示不同等级和层级间中医类医院薪酬水平差距均不大，反映出中医类医院薪酬受地域与外部因素影响较小。不同用工性质中，合同制与编制内差异仅为 −0.09%，本文采用的是应发收入，扣除"五险两金"后中医类医院编制内外人员实际收入实现同工同酬。调整后高年资人员（≥ 20 年）收入是低年资人员（< 3 年）的 1.34 倍，与全省 2019 年的水平接近，扣除较长工作年限对基本工资的贡献，高年资和低年资医务人员之间的绩效工资差距更小，表明低年资医生收入得到改善，付出与收入逐渐匹配，有利于稳定低年资医生队伍。

五、存在的问题

（一）卫生人才总体素质不高，中医药服务能力有待提升

卫生人才素质不高。全省中医药卫生技术人员学历总体不高，高层次人才较少，卫生人才在年龄、学历、职称等方面结构失衡较明显，且与全行业还存在一定的差距。中医药基层人才短缺与外流并存，基层中医药服务能力有待规范、提升。缺乏中

医药院士，高层次人才国内、国际影响力有限。

（二）缺乏体系化培养，中西医结合人才影响力不足

目前"西学中"以培训班、继续教育为主，缺乏系统化体系化培养，非中医类医师通过学习考核后提供中医服务的人才培养机制尚不成熟。以管理人员、技师（士）和其他技术人员增长最多的中西医结合医院在中医药行业人才队伍建设作用有限。中西医结合门诊部卫生人员总数增长远低于中医门诊部和门诊部全行业，影响力有限。总体而言，中西医结合人才影响力不足。

（三）公立中医医院薪酬改革进度缓慢

1.薪酬水平偏低结构亟需调整，不利于人才可持续发展

2020年四川省改革中医医院医务人员薪酬水平为149 312元，是2019年全省所有改革公立医院医务人员的0.96倍，是全国城镇非私营单位、卫生和社会工作行业就业人员的1.53倍和1.29倍。根据国际经验，医生的薪酬一般维持在社会平均收入的2—3倍左右。中医主要采用"望闻问切"的经验诊治方法，耗时较长，服务能力提高需要较长时间的经验积累，因此人力支出成本高。现有薪酬水平不符合"高培养成本、高工作强度与压力、高职业风险"的行业特点，薪酬过低容易造成中医人才的流失。

薪酬结构中基本工资占比不足30%，未起到基本保障作用，其中医生基本工资占比低于全部均值，长远来看不利于医院发展的可持续性；绩效工资占比过高，医院将应当承担的风险过多地转移给了医务人员，可能诱导逐利寻租行为，削弱了公立中医医院的公益性；津补贴占比最低，且大部分沿用初旧标准，未体现医疗行业动态变化的特点。广义线性模型调整后，绩效占比≥0.678 2比＜0.678 2的薪酬水平仍高0.29%，显示工资结构的科学性直接决定了薪酬水平的公平性。

2.薪酬内部分配未凸显劳动技术价值差异

医务工作是技术密集型工作，国际上普遍将学历作为医师薪酬测算的重要要素。调整后结果显示博士是高中及以下的1.29倍，高中及以下学历与博士教育收益比为1：1.29，与2007年测算的结果1：2.07有一定差距。建议考虑教育投资收益率测算结果，拉开不同学历间薪酬水平差距，稳定医院高层次医生人才队伍。

受新冠肺炎疫情的影响，医院医疗收入减少，但不同职称和职务的医务人员薪酬差异不大，其中正高是无职称的1.76倍，院领导是一般人员的1.72倍。一线医务人员薪酬未受到较大波及，推测可能与《中央应对新型冠状病毒感染肺炎疫情工作领导小组关于全面落实进一步保护关心爱护医务人员若干措施的通知》（国发明电[2020]5号）通过"提高疫情防治人员薪酬待遇，包括发放临时性工作补助、核增一次性绩效工资总量、落实卫生防疫津贴"的政策保障有关。

不同岗位和科室调整后薪酬水平差异不大，其中医生薪酬分别是护士、药师、技师、管理和工勤人员的1.07、1.14、1.07、0.91、1.20倍。国际上医生的平均薪酬一般为其他医务人员的1.5—2倍。

3.中医医院医务人员总体薪酬满意度较低

本次调查显示四川省中医医院医务人员总体薪酬满意度偏低，低于2020年全省水平，针对中医医院的薪酬制度改革对提高满意度尚未取得显著效果。

六、建议与对策

（一）以增量提质为导向，改革人才培养

以增量提质为导向，加大对中医类别执业（助理）医师的培养和使用。不断推进教学机制改革，优化卫生人才评价体系。建立卫生专业技术人才供需协调机制，大力开发中医与健康养老等新兴和交叉学科急需的综合性人才，为中医药事业、产业、文化传承创新提供专业技术技能人才。

1.不断推进教学机制改革

加强中医药师资队伍建设。进一步加强中医定向医学生的培养和管理，加强高层次中医学人才培养，推进中医学专业学位研究生培养改革。启动实施"卓越医生教育培养计划2.0"，深化协同育人机制，优化人才培养方案，完善教学质量保障体系，不断提高中医药人才培养质量。加强基地管理人员培训，建立学校与相关行业企业共建共享的长效机制。完善以中医临床培养培训基地和基层实践基地为主体的中医全科医学实践培训。

2.优化卫生人才评价体系

进一步深化卫生人才机制体制改革，制定中医药医疗卫生领域人才评价实施细则，进一步优化卫生人才评价体系，落实好"天府名医""首席专家""领军人才""学术技术带头人""突贡中青年专家""临床技能名师""基层卫生拔尖人才""民族地区基层优秀人才"等人才荣誉评价遴选制度中对中医药人才的支持力度。加强中医药高层次人才队伍建设，强化高层次人才国情省情研修，建立省级中医药医疗健康高层次人才引进平台，设立高层次人才引进专项资金，围绕优势重点学科，培养一批国际化、高水平中医药卫生人才，引进一批具有国际影响力的创业领军人才及创新团队从事中医药工作，贯彻实施中医药传承与创新"百千万"人才工程（岐黄工程）——国家中医药领军人才支持计划。深化中医药职称制度改革，优化职称评价标准，注重中医药理论水平和业务能力，实现优质卫生人力资源倍增。

（二）深化薪酬制度改革

1.完善四川省中医医院薪酬制度，加强精细化管理

完善四川省中医医院薪酬制度，提高薪酬水平，优化薪酬结构，稳定中医人才，提高医院服务效率，促进中医药事业的可持续发展。

中医医院加强精细化管理，根据不同岗位和科室所需要的知识、技术、管理等要求，结合责任、风险、工作量等要素设置薪酬体系，确保公平同时，合理拉开岗位和科室差距，实现薪酬价值与岗位科室价值相匹配，充分调动人员工作积极性。

2.加强财政精准补助提高人员支出占比，保障公益性

本次调查显示医疗收入是中医医院主要收入来源。中医医院总体上规模较小，服务价格低廉，创收能力不及综合医院，对财政补助的依赖性较强，完善投入保障机制对其发展尤其重要。医院人员支出占比不足45%，与四川省《关于明确公立医院专用基金计提等管理事项的通知》政策要求省市属公立医院可达到45%（三州50%），专科医院可达到50%（三州55%）有差距。人员支出占比是医院对医务人员劳动价值重视程度的体现，"两个允许"政策为公立医院的收入分配制度打开了突破口，提供了薪酬改革的制度保障。

四川省属于中医资源配置和服务利用中的"高资源、高利用"类型，表明四川省政府对中医药事业发展的重视，百姓对中医药服务的认同。当下应当充分发挥优势，加强财政的精准补助，调整财政补助人员经费占比，以支撑中医医务人员薪酬绝对值的提高，保障中医医院的公益性，满足居民对中医服务日渐多样化的需求。同时重视发挥除工资以外的福利如休假、培训进修、职位晋升等的激励作用。

专论3　四川省中医师承教育发展现状调查报告

耿子扬[1]

摘要： 首先分析了传统中医师承教育的渊源、特点及形式，介绍了与中医师承教育有关的政策和法律法规，梳理了现代中医传承教育的发展进程和形式，研究分析了四川中医师承教育的发展状况，并对四川中医师承教育存在的问题提出了改进建议。

关键词： 四川省　中医师承教育　现状　对策建议

一、传统中医师承教育的渊源、特点、形式

中国古代中医药教育模式大体可分为师承教育模式、学校教育模式、书院讲学模式，其中师承教育是古代医学传承的主要途径。国医大师王琦将传统中医师承教育总结为以"诵、解、别、明、彰"为法，受业师或家传之学熏陶，以多诊识脉、恒于临证为基础，通过揣摩、领悟而积累医学知识的教育过程。中医师承教育是一种具有鲜明特色的中医药人才培养方式，对中医药文化、观点理论、诊疗技术等的传承和发展起到不可替代的作用。

中医师承教育以《黄帝内经》中岐伯、黄帝师生问答为肇始。对中医发展产生深远影响的"师授徒承"例子比比皆是。《史记·扁鹊仓公列传》记载扁鹊曾师承于长桑君，后通过传授生徒创立了齐派医学，史料记载的弟子有子阳、子豹、子同等九人，而西汉初期著名医学家淳于意（仓公）师从公孙光和公乘阳庆，并广收门徒使齐派医学得到广泛传播和进一步分流。《三国志·华佗传》记载华佗因材施教，其弟子吴普、李当之精于方药且有专著，而樊阿长于针灸，亦有独创。东汉"医圣"张仲景所传伤寒学派的代表人物从晋代王叔和、唐代孙思邈到中华人民共和国成立后的刘渡舟、李培生、陈亦人等绵延不绝，并且还传播到海外，尤以日本与韩国为最，金元四大家及温病学派的学术体系也与仲景医学具有不可分割的联系。金、元时期的医学在师徒传承基础上不断产生理论革新并出现大批名医，刘完素的火热论、张从正的攻邪论、李东垣的脾胃论、朱震亨的相火论均在各有师承的基础上自成一家，著名的河间派和易水派传承有序而名医辈出，河间派从刘完素到罗知悌，朱丹溪传于戴思恭、王履等，易水派从张元素到李东垣、王好古，再传于罗天益，乃至张介宾、赵献可，继之为清代名医叶天士等。近代曾盛极一时的新安医学和孟河医学的人才培养及积累的

---

[1] 耿子扬，男，成都中医药大学副教授、博士，研究方向中医文化、中医药与老龄社会。

主要机制也是师承体系和家学体系。

传统中医师承教育对师者要求很高。《医非人人可教论》中阐明有五种人不可为师：一者，学无广，不可为师；二者，学无勤，不可为师；三者，术无专，不可为师；四者，心无诚，不可为师；五者，目无远，不可为师。与此同时，传统中医师承教育因材施教，认为医非人人可学，选择徒弟十分严格。"医者，非仁爱之士，不可托也；非聪明达理，不可任也；非廉洁淳良，不可信也"，只有具备这样条件者方能得到传授。

传统中医师承教育十分重视学生基础知识的积累，注重传统文化经典著作和中医典籍的研读与背诵，以及注重实践中的口传身授和领会入微。中医学具有人文科学属性，中医学与中国传统文化是一体的，历史上所有名医大家都在精通医术的同时有着深厚的中国传统文化功底，因此传统师承教育既注重中医经典的学习，同时也强调对中国传统文化的学习和人文素质的培养。中医学的人文科学属性和中医知识隐性较强的特征决定了传统师承教育是"读书—实践—再读书—再实践"的长期反复过程，其中随师临证是中医传统师承教育的中心环节。老师在临证时能够将多方面知识有机结合，并灵活运用中医辨证思维施治，是其思维和经验充分外露的时候。徒弟在随师临证过程中，耳濡目染，受老师潜移默化的影响，逐渐对老师的思维方式、治病方法心领神会，并逐渐建构起独属于自己的理论和实践体系。

传统中医师承教育分为业师授受、家学相传、私淑遥承等多种实现形式，其中私淑遥承是指"没有得到某人的亲身教授，而又敬仰他的学问并尊之为师、受其影响"的一种传承方式，但主要仍是以"师带徒"方式具体开展起来的业师授受和家学相传形式。在"师带徒"过程中，每一位跟师的徒弟都要从最基本的照看病人、煎汤喂药开始，随着时间与经验积累逐步进入诊疗知识与技术的学习。老师通过对一个个病例的临床辨证、遣方用药等的施治过程，使学生全面掌握中医"望、闻、问、切"的诊断手段，以及对疾病进行辨证施治和正确用药的能力。学生通过跟师临床、个别指导、口传身授以及不断亲身实践，在循序渐进的培养下积累、领悟和成长，在获取医学知识和增长医疗技能的同时继承良好的医德医风。

二、与中医师承教育有关的政策和法律法规

中华人民共和国成立后，中医师承教育的发展过程与国家出台的相关政策和法律法规密切相关。这些政策和法律法规主要包含以下几方面内容。

（一）鼓励和引导各地恢复中医师承教育

1956年4月，卫生部颁布了《关于开展中医带徒弟工作的指示》，就开展中医带徒弟工作的方式、师资、学习对象、学习要求、学习时间和经费等问题做了指示和规

划，促使各级政府部门开始对中医师承教育给予鼓励。

1958 年 2 月，卫生部发出《关于继承老中医学术经验的紧急通知》，要求各地抓紧继承老中医的学术经验。此后，全国各地相继制定了一些规定，大多采取师带徒或配备助手跟老中医学习的办法予以具体落实。

（二）推动中医师承教育的系统发展

1990 年 6 月，人事部、卫生部、国家中医药管理局联合下发了《关于采取紧急措施做好老中医药专家学术经验继承工作的决定》，以继承年事已高的老中医药专家的学术经验和技术专长，防止他们的经验和专长失传。同年 8 月下发了《采取紧急措施做好老中医药专家学术经验继承工作的实施细则》，就指导老师和继承人的条件、培养方法、工作程序、经费等做了明确规定。

1996 年 6 月，人事部、卫生部、国家中医药管理局联合发布了《全国老中医药专家学术经验继承工作管理办法》，后在 2002 年 4 月修订为《全国老中医药专家学术经验继承工作管理暂行规定》，对指导老师和继承人的遴选条件、遴选程序、教学方式、考核与管理、经费等内容作出了规定。

2009 年 5 月，国务院印发《国务院关于扶持和促进中医药事业发展的若干意见》，提出为加强中医药人才队伍建设，应完善中医药师承和继续教育制度。为此，需要总结中医药师承教育经验，制订师承教育标准和相关政策措施，探索不同层次、不同类型的师承教育模式，丰富中医药人才培养方式和途径。

2016 年 2 月，国务院印发《中医药发展战略规划纲要（2016—2030 年）》，提出为扎实推进中医药继承，应强化中医药师承教育。为此，需要建立中医药师承教育培养体系，将师承教育全面融入院校教育、毕业后教育和继续教育。鼓励医疗机构发展师承教育，实现师承教育常态化和制度化。建立传统中医师管理制度。加强名老中医药专家传承工作室建设，吸引、鼓励名老中医药专家和长期服务基层的中医药专家通过师承模式培养多层次的中医药骨干人才。

2016 年 12 月，第十二届全国人大常委会第二十五次会议表决通过了《中华人民共和国中医药法》（简称《中医药法》），于 2017 年 7 月 1 日起开始施行。这是我国第一部全面、系统体现中医药特点的综合性法律，其颁布实施体现了党和国家对中医药事业的高度重视，对中医药行业发展具有里程碑意义，中医药迈入了依法发展的新时代。《中医药法》第三十三条要求在中医药人才培养过程中在院校教育的同时坚持中医药师承教育，二者并重，在政策保障、经费投入、组织管理等方面统筹发展，充分发挥两者在中医药人才培养中的各自优势；第三十五条提出国家发展中医药师承教育，支持有丰富临床经验和技术专长的中医医师、中药专业技术人员在执业、业务活动中带徒授业，传授中医药理论和技术方法，培养中医药专业技术人员；第四十二条明确了省级以上中医药管理部门负责在相应的行政区域内遴选传承项目，并规定了积极开展中医药学术传承活动、培养后继人才、收集整理并妥善保存相关的学术资料是传承人的法定义务。

2017 年 8 月，教育部、国家中医药管理局印发《关于医教协同深化中医药教育改革与发展的指导意见》，意见指出到 2020 年，基本建成院校教育、毕业后教育、继续教育三阶段有机衔接，师承教育贯穿始终的中医药人才培养体系。

2018 年 2 月，国家中医药管理局印发《关于深化中医药师承教育的指导意见》，为逐步建立健全中医药师承教育制度提出了指导意见，指出应构建师承教育与院校教育、毕业后教育和继续教育有机结合，贯穿中医药人才发展全过程的中医药师承教育体系。

（三）中医师承教育体系与医师资格认证规范化管理对接

1999 年 5 月 1 日起施行的《中华人民共和国执业医师法》（简称《执业医师法》）规定以师承方式学习传统医学满三年或者经多年实践医术确有专长的，经县级以上人民政府卫生行政部门确定的传统医学专业组织或者医疗、预防、保健机构考核合格并推荐，可以参加执业医师资格或者执业助理医师资格考试。《执业医师法》在 2022 年 3 月 1 日起施行《中华人民共和国医师法》（简称《医师法》）后废止，但《医师法》中仍保留了相同的前述内容。

2007 年 2 月，卫生部发布了《传统医学师承和确有专长人员医师资格考核考试办法》。师承和确有专长人员取得《传统医学师承出师证书》或《传统医学医术确有专长证书》后，在执业医师指导下，在授予《传统医学师承出师证书》或《传统医学医术确有专长证书》的省（自治区、直辖市）内的医疗机构中试用期满 1 年并考核合格，可以申请参加执业助理医师资格考试。师承和确有专长人员取得执业助理医师执业证书后，在医疗机构中从事传统医学医疗工作满 5 年，可以申请参加执业医师资格考试。

《中医药法》对上述资格管理办法进行了优化。《中医药法》第十五条对以师承方式学习中医或者经多年实践，医术确有专长的人员的资格管理做了特别规定，经过至少 2 名中医医师推荐后方可分类考核，考核合格后即可在注册范围内执业。这是中医准入管理机制的一大创新，让更多有技无证的人得以更便捷地获得中医资格证书。

2017 年 12 月，卫计委公布了《中医医术确有专长人员医师资格考核注册管理暂行办法》。规定以师承方式学习中医或者经多年实践医术确有专长的人员，经省、自治区、直辖市人民政府中医药主管部门组织实践技能及效果考核合格后即可取得《中医（专长）医师执业证书》。通过考核取得《中医（专长）医师执业证书》的人员在考核、注册的执业范围内，可以以个人开业的方式或者在医疗机构内从事中医医疗活动。

三、现代中医传承教育的发展进程和形式

传统中医师承教育虽然有自身独特优势，但也存在难以形成规模、人才评价标准不统一、知识传承囿于家派等劣势。近代以来，为了顺应时代的发展，适应现代社会对人才的需求，中医师承教育不再是传统意义上的"师带徒"模式。有学者将中医师承教育分为传统师承和现代师承两个阶段。现代师承是在对传统师承经验总结的基础上，融会贯通了现代教育理念和知识，突出中医学传承和人才成长规律，形成内容丰富，形式多样的跟师学习为主线的学术传承和人才培养的创新模式。

现代中医师承教育的转型从清末民初时期就已经开始。在西方医学东渐和中国洋务运动影响下，从晚清时起，中医界开始研究发展中医学术和培养中医人才的新方法和新途径，认为必须积极模仿西医学校教育，大力兴办新式的、带有实业教育性质的中医学校，成批量、大规模的培养高水平中医人才，因此至民国时期全国创办起了数十所中医学校或学堂（见表1），各地的中医学术团体也纷纷成立。

1949年中华人民共和成立后，中医师承教育模式和高等院校教育模式同时纳入政府卫生行政部门管理，逐步形成政府主导的现代中医师承教育模式，期间经历了两个大的发展阶段。

表1　近代的中医民间学校（部分）

校名	地点	开办时间	主办者
利济医院学堂	浙江瑞安	1885	陈虬
巴县医学堂	四川重庆	1906	陈裕然
广州医学求益社	广州	1906	罗熙如、黎棣初
嘉定私立中国医药学校	江苏嘉定	1914	朱阆仙
浙江中医专门学校	杭州	1917	傅崇黻
上海中医专门学校	上海	1918	包识生
浙江兰溪中医专门学校	浙江兰溪	1919	王莳堂、张山雷
山西医学传习所	山西太原	1919	山西中医改进研究会
厦门医学传习所	福建厦门	1919	
广东中医药专科学校	广州	1924	卢乃潼
上海女子中医药专门学校	上海	1924	丁甘仁、夏应堂
广东中医学校	广州	1925	
铁樵函授中医学校	上海	1925	恽铁樵

资料来源：甄志亚. 中国医学史 [M]. 北京：人民卫生出版社，2008.

第一个阶段是 1956—1966 年的师带徒运动。建国初期，卫生部确立了"面向工农兵、预防为主、团结中西医、卫生工作与群众运动相结合"四大工作方针，大大提高了中医的积极性。1956 年 2 月 24 日，一篇题为《鼓励中医带徒》的社论发表在《健康报》第一版上，同年 4 月，卫生部发出《关于中医带徒弟工作的指示》及附件《1956—1962 年全国中医带徒弟的规划（草案）》，对中医带徒的目标、方式、师资要求、学习要求、经费等做了具体要求，"师带徒"运动蓬勃开展起来，有效扭转了建国初期中医后继无人的局面，为中医药学的临床经验传承做出了卓越贡献。

第二个阶段是 20 世纪 90 年代至今的高级师承继续教育阶段。自 1990 年起，我国恢复中医药师承教育。除民间个人带徒外，公办师承教育主要有三种形式，即政府举办的高层次人才师承继续教育、中医医疗机构举办的师承教育、高等中医药院校举办的师承教育。其中政府举办的高层次人才师承继续教育与中医医疗机构开办的师承教育是当今中医师承教育的主要形式。

政府举办的高级师承继续教育的内容主要包括为名老中医配备继承人、建设名老中医传承工作室、建设中医学术流派传承工作室、中医临床优秀人才培训等。为抢救老中医药专家的宝贵学术经验，1990 年国家人事部、卫生部、国家中医药管理局作出采取紧急措施做好老中医药专家学术经验继承工作的决定，出台了一系列政策，遴选有丰富学术经验和技术专长的老中医专家为指导老师，选配优秀中青年业务骨干作为他们的学术继承人，召开拜师大会，采取师承方式进行培养。目前已经遴选出了六批次指导老师和传承人（见表 2），正在进行第七批遴选工作。

表2　全国名老中医药专家学术经验传承人遴选情况

类别	第一批	第二批	第三批	第四批	第五批	第六批
开展年度	1990	1995	2003	2008	2012	2017
指导老师人数	461	556	586	530	734	973
传承人人数	496	845	944	1 052	1 465	1 946

2010 年，国家中医药管理局首次批准 181 位中医药专家成立全国名老中医药专家传承工作室，此后每年都批准建立新增的国家级名老中医药专家传承工作室，同时开展了多批次全国基层名老中医药专家传承工作室建设项目。名老中医专家传承工作室建设项目主要是为切实做好名老中医药专家学术思想传承工作，探索建立中医药学术传承和推广应用的有效方法和创新模式，具体工作内容包括总结研究名老中医药专家擅治常见病、疑难病的诊疗经验和学术思想，形成系统的诊疗方案，并推广运用于临床；将名老中医药专家学术经验、学术理论推广应用于中医药理论研究、教材建设及教学中；研究名老中医药专家成才规律及临床资料并形成专著出版。

国家中医药管理局于2012年启动了中医学术流派传承工作室建设项目，以大力推进中医传承与创新，发挥中医学术流派与临床特色优势，加快中医学术流派传承与复兴，培育一批学术影响深远、临床疗效显著、特色优势明显、传人梯队完备、辐射功能强大、资源横向整合的中医学术流派，探索建立中医学术流派传承发展的创新模式，提升中医整体学术与临床水平，开创中医传承发展的新局面。目前，全国已评出首批验收合格的中医学术流派传承工作室共64家（见表3）。

表3 全国首批中医学术流派传承工作室分布情况

省份	流派工作室数量（个）	占比（%）	省份	流派工作室数量（个）	占比（%）
北京	5	7.82	河南	2	3.13
天津	1	1.56	湖北	3	4.69
河北	1	1.56	湖南	4	6.25
山西	2	3.13	广东	3	4.69
内蒙古	1	1.56	广西	2	3.13
辽宁	2	3.13	重庆	1	1.56
吉林	2	3.13	四川	3	4.69
黑龙江	2	3.13	贵州	1	1.56
上海	4	6.25	云南	3	4.69
江苏	5	7.81	西藏	1	1.56
浙江	4	6.25	陕西	2	3.13
安徽	2	3.13	甘肃	2	3.13
福建	2	3.13	宁夏	1	1.56
江西	1	1.56			
山东	2	3.13	合计	64	–

2004年，国家中医药管理局开始实施"中医临床优秀人才研修项目"。该项目对学员的资质要求非常高，必须是本科以上学历、从事临床工作15年以上、年龄在50岁以下、具有主任医师职称，是目前最高层次的高级师承继续教育项目。该项目已顺利开展四批，累积培养了超过1 300名优秀中医临床人才。

高级师承继续教育还体现在中医院等中医医疗机构自办师承教育方面。在国家中医药管理局的号召下，各省市中管局或中医部门也相继推行高级师带徒继续教育行动。广东省中医院在2001年率先恢复"师带徒"，挑选中青年骨干拜该院名老中医为师，同时多方聘请30位全国名老中医为广东省中医院带徒。为了搞好传帮带，规定一批徒弟出师后，马上让他们接着带一批比自身年轻的徒弟，形成连环的"集体带、带集体"模式，使"师带徒"成为可持续发展的保证，有效缓解了名老中医资源严重紧缺、中青年特色临床人才青黄不接的困境。

现代高等中医药院校在培养目标、教材建设、师资培养、教学基地建设等方面的不断完善，基本实现了中医药人才培养的规模化、标准化和教育管理的规范化、制度化，通过与现代教育制度的接轨，推动中医药教育事业不断进步。在此基础上，中医药高等院校教育也在不断融合着师承教育。1999 年，教育部和国家中医药管理局联合印发《关于加强高等中医教育临床教学工作的意见》，开启了在高等中医药院校中的师承式人才培养工作。各院校通过开设研究生传承班、七年制传统班等方式恢复师承教育，如 1999 年广西中医学院开办中医传统班，2002 年广州中医药大学第二临床医学院开办师承教育试点班，2004 年长春中医学院开办研究生师承班，2006 年成都中医药大学开办 7 年制传统班等。在院校教育中借鉴传统师承模式，一定程度上缓解了当前中医高等教育存在的临床实践不足问题，对中医人才培养十分有益。

四、四川中医师承教育的发展状况

（一）四川中医师承教育的相关政策

《中医药法》颁布施行后，四川省中医药管理局 2018 年印发了《四川省中医医术确有专长人员医师资格考核注册管理实施细则（暂行）》，其中明确了以师承方式学习中医的，申请参加医师资格考核需在四川省行政区域内连续跟师学习中医满 5 年，对某些病症的诊疗方法独特、技术安全、疗效明显，并经指导老师评议合格。指导老师应当为主要执业机构注册在四川省行政区域内且具有中医类别医师资格，从事中医临床工作满 15 年以上或者具有中医类副主任医师以上专业技术职务任职资格，且指导老师同时带徒不超过 4 名。该《细则》发布后，已经有两批中医医术确有专长人员的医师资格经考核合格并公示，分别是 2020 年公示的黄廷杲等首批 237 名人员和 2021 年公示的晋良群等 211 名人员，目前正在开展 2022 年度的报名和考核工作。

（二）四川省中医药专家师承教育发展状况

2006 年起四川省在全国率先开展省十大名中医评选活动，到 2021 年已经陆续评选出了三届十大名中医（见表 4），2022 年第四届四川省十大名中医也将完成评选。入选的名医全部建立了工作室，整理归纳临床诊疗经验和学术思想，并培养学术传承人。

四川省名老中医传承人培养工作持续推进。到 2019 年时，全省累计选拔 700 多位师承指导老师，培养继承人近 2 200 位，但与广东、广西为代表的岭南医派以及河南、上海等地相比，川派中医传承人的数量仍然不足，培养效果也有差距。导致这种局面的原因一方面在于中医人才培养周期长、难度大。名老中医的传承人均为高级职称，平时要承担门诊、科研等任务，时间和精力有限，只有核心传承人能够保证学习时间，其他学员只能分时段跟师学习，效果大打折扣，而数量庞大的中医院校在校学生普遍临床经验不足，动手实践能力还需长期培养，并且中医院校课程设计上依旧突出西医，学生中医理论基础不够扎实。另一方面原因在于愿意坐冷板凳当"铁杆中医"的学习者还不多，并且四川地处内陆，支持中医传承的经济条件不如沿海省份，不乏名老中医团队被沿海高校和医院高薪挖走，"孔雀东南飞"的现象屡见不鲜。

表4　四川省十大名中医评选结果

届别	名　单
第一届	王成荣，张世明，陈怀炯，陈绍宏，廖品正，王静安，旦科，吴康衡，李孔定，杨介宾
第二届	冯志荣，艾儒棣，刘方柏，孙同郊，李培，陈天然，胡天成，钟以泽，曹吉勋，熊大经
第三届	王明芳，王明杰，王晓东，李廷谦，杨家林，张毅，张晓云，祝之友，梁繁荣，雷勇

（三）四川省中医流派传承工作室建设情况

四川目前验收合格的中医流派传承工作室有三个，分别为四川文氏外科流派传承工作室、四川李氏杵针流派传承工作室、四川何氏骨科流派传承工作室（见表5）。

表5　四川省中医流派传承工作室

流派	简介	代表性传承人
四川文氏外科流派传承工作室	四川文氏外科流派由清代四川佛家名医天应大和尚创立，并由释灵溪上人形成了本流派的雏形。第三代传承人、川派中医外科名家文琢之教授奠定了文氏外科流派理、法、方、药体系。第四代传承人艾儒棣教授在外科领域提出了"扶正祛邪、重建平衡"等学术见解，坚持突出传统中医外科制剂的继承和发掘，使濒临失传的外科绝技如红升丹、白降丹、黑膏药等得以传承下来	艾儒棣，陈明岭
四川李氏杵针流派传承工作室	李氏祖籍湖北麻城孝感乡，杵针疗法系入川始祖李尔绯少年时候师从如幻真人所学，在川已经16代 杵针疗法的辨证、立法、取穴、布阵，深寓《周易》《阴符》之理、气、象、数且与《内经》《难经》理论水乳相融 杵针疗法的特点是：（1）不用药物，但也不排斥药物；（2）虽属针灸疗法，而不用金针、砭石刺入穴下，故无破皮伤肌之苦，无创痕感染之忧。病者易于接受，妇孺皆无怯惧；（3）取穴精当，易于学习掌握。有病治病，无病强身	李仲愚，钟枢才，钟磊

续表

流派	简介	代表性传承人
四川何氏骨科流派传承工作室	何氏骨科起源于蒙古族传统骨伤科。据《成都满蒙族志》《巴蜀史志》《成都少城史料》记载，何氏骨科由何氏先辈蒙古族特呼尔氏创立，迄今已有三百余年历史。特呼尔氏系蒙古族医武世家，每代均有人在军中担任医官，因随军转战而广泛接触了满、汉文化，逐渐融蒙、满、汉族传统骨伤科及其武学为一体，使何氏骨科不断丰富和发展。第四代传人何仁甫开始吸取西医学长处，临床疗效显著，理法方药自成体系，于20世纪上半叶发展成为四川中医骨科著名学派之一	何天佐

（四）四川省医疗机构的中医师承教育开展情况

四川省中医医疗机构主要有成都中医大学附属医院、四川省中西医结合医院、西南医科大学附属中医医院、四川省骨科医院、四川省第二中医医院（四川省中医研究所）、绵阳市中医医院等。这些医院都实施了依托医院资源的师承教育行动，其中较为典型的如表6所示。

表6　部分四川省医疗机构的中医师承教育行动

医疗机构	中医师承教育行动
成都中医大学附属医院	依托张发荣、陈绍宏、亓鲁光、艾儒棣、钟以泽、张晓云、叶传愚等全国名老中医药专家传承工作室积极开展学术传承活动
四川省骨科医院	2020年6月，四川省骨科医院成立了张世明、虞亚明、沈海等10个名中医药专家传承工作室，并进行了19位该院青年中医药继承人的拜师仪式
四川省中西医结合医院	发布了《中医师承教育管理办法》，鼓励本院医生成为指导老师和继承人
西南医科大学附属中医医院	将医院资源与院校教育密切结合，推动中医师承教育
四川省第二中医医院	2018年11月举行四川省第二中医医院享受国务院特殊津贴的四川省首届十大名中医王成荣老专家的收徒拜师仪式，成都中医药大学张天娥等8名全国优才学员和四川省第二中医医院曹亚芳等8名中青年专家成为其弟子
绵阳市中医医院	医院共有国家级老中医药专家学术经验继承指导老师6人，培育继承人28人；省级老中医药专家学术经验继承指导老师10人，培育继承人36人

（五）四川省院校教育与中医师承教育结合情况

四川省涉及中医药相关专业的院校主要有成都中医药大学、西南医科大学、成都医学院等，这些院校积极推动院校教育与中医师承教育的结合，表7列举了这些院校的一些典型举措。

表7　四川省医药院校推动院校教育与中医师承教育结合的部分举措

院校	部分举措
成都中医药大学	"十三五"期间已搭建了中医药传承发展的基本框架，把老先生、青年教师、学生汇聚起来，老中青合作，形成了中医理论创新发展和中医临床活态传承的高地，架构了中医传承建制与体制，探索了师承教育与院校教育融合发展的新机制。"十四五"期间将建设在全国有影响力的中医学术发展与创新机构，实现传承模式的创新，产出标志性成果，提升中医药人才培养质量
西南医科大学	1959年，西南医科大学开办中医专科班，1977年成立中医系，2001年中医系更名为中西医结合系，2003年再次更名为中西医结合学院 中西医结合学院依托西南医科大学附属中医医院的医疗和教学资源，通过中医学本科生导师制工作，将师承教育覆盖基础和临床教学全过程 中西医结合学院拥有国家名老中医药专家传承工作室8个、四川省十大名中医工作室2个、四川省名中医工作室6个，并为各名中医传承工作室建立了教育教学平台，及时发布中医名家名方、病案集锦，展示工作室学术思想、传承情况、技术特色等信息，做到经验传承教育全程参与、深度介入
成都医学院	2021年6月举行了成都医学院首届中医学专业师承教育拜师仪式，2020级中医学专业45名弟子正式拜入18位师承导师门下

五、四川中医师承教育存在的问题和改进建议

虽然四川省不断加大对中医师承教育的重视程度和投入力度，但仍然存在一些亟待解决的共性问题。第一，师承教育的起点过高。政府或医疗机构开展的师承教育多为高层次精进式教育，往往中高级以上职称的人员才符合学习条件，而他们的临床诊疗思维基本已经定型，导致学习效果存在较大不确定性。第二，师承教育考核体系不完善。目前选拔学生的依据往往是学历、职称、社会身份，学生对导师的了解也主要停留在公开信息层面，导致师生互相不能深入了解。此外，在考评层面也注重结业报告和论文而缺乏对学生临床知识及临床能力的考核。第三，名老中医带徒过程缺乏完整的理论指导，效果不一且难以管理。第四，师承教育传承有余而创新不足，常常囿于门第、流派而偏重一家之言，使学生不能灵活运用各家所长。

师承教育是推动中医学术继承与发展的重要因素，是培养中医人才的重要途径。为完善中医师承教育的培养模式，提出如下改进建议。

第一，师承教育应贯穿中医人才培养全过程而非重点针对高层次中医人才。师承教育是中医人才培养的必经之路，应覆盖中医药院校教育、继续教育、民间中医教育，以不同形式贯穿于每一阶段的学习之中，使跟师学习成为中医临床人员提高业务水平的常态。

第二，中医师承教育应全面充分的融入院校教育。院校教育是中医人才培养的主要途径，师承教育与院校教育在培养目标、教学主体、教学过程上都具有统一性，因此应使师承教育从本科阶段开始就贯穿在院校教育的各个方面。

第三，加强名老中医师承教育的规范和引导，切实保障名家经验的有序流传和积极升华，尤其应注意甄别民间名医，鼓励民间医家经验的继承和发展，取其精华并系统性整理推广。

第四，提倡交流，博采众长。师承教育既要重视各名家和学术流派的传承，也要摒弃门户之见，开展多种形式的名老中医经验交流和学习，开阔学生眼界与思路。

第五，在中医现代化过程中推进中医师承教育。中医师承教育在传承已有经验的同时还应瞄准未来医学发展趋势，通过积极融入中医现代化进程为促进跨学科、复合型、高层次中医人才的培养提供助力。同时，中医师承教育还应积极运用增强现实（AR）、人工智能（AI）、虚拟现实（VR）、数据挖掘等科技手段，多维、动态地呈现名老中医的诊疗思路，使中医师承教育的实现形式更加多样和高效。

专论4 四川省"互联网＋中医药"现况调查与研究

林薇[1] 吴颖敏[2]

摘要： 为助力四川省"互联网＋中医药"建设，本文通过大数据对互联网＋中医药进行热点分析和情感分析，并以自编问卷的形式，开展以互联网＋中医药健康服务和中医药文化传播为主题的横断面研究。调查发现，绝大多数人群更青睐于医患之间的面对面交流，超过半数的人都体验过中医膏药、艾灸、针刺类治疗等，对养生保健美容类的知识较感兴趣；同时希望在互联网上完成看病和取药的一站式服务，得到个性化的治疗、养生和保健方案；最后对互联网＋中医药健康服务的有效性、真实性、保密性和便携性提出了要求。建议完善互联网＋中医药平台建设，提高公众信服力，注重线下中医人才建设，提升中医药服务水平。

关键词： 互联网＋；中医药；情感分析；网络共现

传承创新发展中医药是新时代中国特色社会主义事业的重要内容，是中华民族伟大复兴的大事。党的十八大以来，以习近平同志为核心的党中央把中医药工作摆在更加突出的位置，中医药振兴发展上升为国家战略。《中华人民共和国中医药法》颁布实施，《中共中央国务院关于促进中医药传承创新发展的意见》《关于加快中医药特色发展的若干政策措施》相继印发，坚强的政策保障成为中医药高质量发展的"压舱石"和"助推器"。综合改革包括广泛内容，是落实落细中央精神的载体和举措。当前，我国发展面临的风险挑战明显增多，促进中医药振兴发展，对国家经济社会大局和持续改善民生而言具有深刻意义。

一、互联网+中医药概述

（一）互联网+中医药兴起背景

移动互联网作为全新交互工具的兴起，它对人与人之间交互效率和便捷度的提升，无论是西医还是中医都是共通的。移动互联网与中医的结合某种程度上具备了更多的优势。与西医不同，中医讲究"望、闻、问、切"，对检查设备的依赖程度大大

---

[1] 林薇，西南交通大学概率论与数理统计硕士，成都中医药大学副教授，四川省现场统计学会理事，研究领域为中医药统计模型与应用。

[2] 吴颖敏，博士，成都中医药大学副教授，硕士研究生导师；国家二级创业咨询师、高级大数据分析师、四川省信息学会区块链专委会学术委员、成都卫生经济学会第七届理事会理事，研究领域为卫生决策支持、技术治理。

低于西医。也就是说，中医在线所能提供的资讯和诊疗服务，甚至能够比西医的"轻问诊"还要轻。而这更近一步扫除了在线问诊的障碍。移动互联网与中医的结合，帮助中医药扩展到更多的人群。目前，从投资数量上看，中医O2O、在线问诊、中医连锁获投数量最多。

（二）互联网+中医药发展现状

以互联网＋中医药为关键词进行热词搜索，发现在各个省份排名中，四川省排名靠前（见图1）。四川省是传统中医药大省，一直积极推动中医药强省建设工作。2021年12月31日，四川省获批建设国家中医药改革示范区，是西部唯一获批省份。

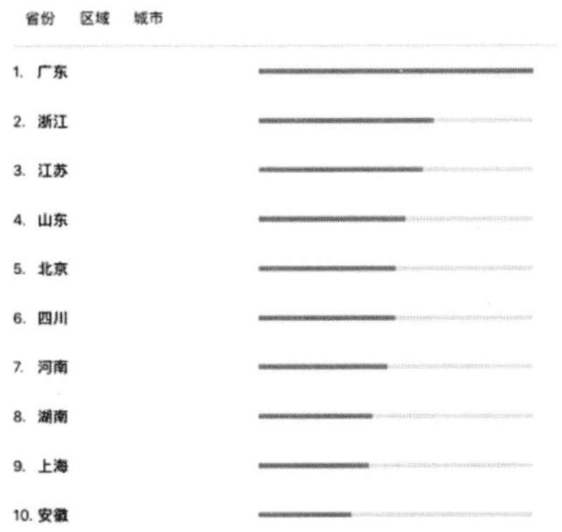

图1　互联网+中医药热词搜索地域分布图

从目前互联网＋中医药领域的发展来看，主要有以下模式：中药材电商、在线问诊、O2O送药、O2O推拿保健，以及通过互联网进行健康管理、中医媒体、中医教育及智能化设备等。传统的中医药产业链遵循种植→生产→销售的发展模式，存在中药材价格暴涨暴跌，以及中医药产品难以追溯其生产来源等问题，而互联网＋中医药全产业链的闭环发展模式，发展为中医药的生产→流通→销售→服务，弥补了传统中医药的产业链空缺，整体朝向以人为核心的方向发展，形成了以患者及医师为中心的产业布局。

随着移动互联网的不断迭代发展，特别是5G时代的到来，应用互联网等信息技术拓展医疗服务空间和内容，构建覆盖诊前、诊中、诊后的线上线下一体化医疗服务模式，中医的医疗服务将发生重大的结构性变化，互联网＋中医药领域技术创新在互联网医院、大数据、人工智能、治未病和中药材数据化方面，从产业化、商业模式创新和投资领域将会爆发增长。

（三）基于大数据对互联网+中医药进行热点分析

关键词的人群属性，是根据百度用户搜索数据，采用数据挖掘方法，对关键词的人群属性进行聚类分析，给出性别比例、年龄分布、兴趣分布等社会属性信息。人群

画像分布图，采用 TGI（目标群体指数）的指标，对 2022 年 3 月以关键词为"互联网＋中医药"进行搜索，其中 TGI（i，j）＝ 100*P（Ai|Bj）/P（Ai）式子里的 A，B 代表两种分类特征。Ai，Bj 分别是 A，B 两种特征的一种可能取值。中医药＋互联网关键词的 TGI，从年龄上看，在小于 19 岁阶段为 120 左右，在 20 岁以上处于 80—120。从性别上看，不论男女，TGI 都在 100 附近。

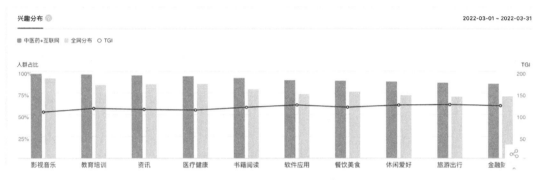

图2 百度指数的兴趣分布图

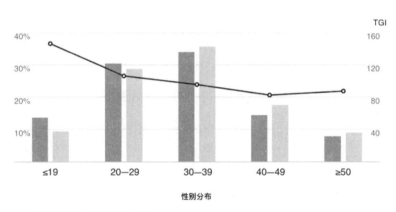

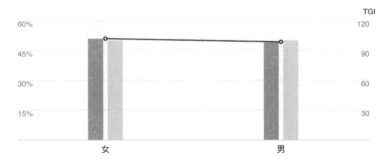

图3 年龄和性别分布

1.词频分析

通过大数据挖掘，获得互联网＋中医药的信息用于分析研究，给市场、社会以从根源上促进中医药与互联网融合的具体性建议；同时，挖掘、分析O2O互联网医疗平台上相关产品的口碑情况来进一步补充建议。

利用Python爬取以"互联网＋中医药"为关键词的搜索结果，通过挖掘各个新闻标题、正文中各类与关键词相关的词语并进行归类和频次统计，可以看出互联网和中医药更具体的融合情况。采用Excel中的排序、筛选、查找等文本比较方法和删除功能，Word文档中的替换功能，Python中jieba分词器对数据进行清洗，剔除不需要的词语，并保存为txt文件。在ROST CM6软件中建立自定义词表和过滤词表，再使用ROST CM6进行分词处理和词频统计，并采用minitagcloud对词频统计结果进行词云可视化，如下图。

图4　互联网+中医药关键词重现

在词频分析的基础上，使用ROST CM6得到互联网＋中医药的语义网络图，分析高频词的相关性，为在线评论研究提供更加精确的分析，并对互联网＋中医药进行情感倾向正负程度进行打分，识别不同极性类别的特征项，通过调用已有的情感词表、程度副词词表做相应处理，获取该条在线评论中每个特征项的权值，最后求和运算，获得整条在线评论文本的情感倾向值，进而判别出情感倾向型。

在词频分析基础上，对"互联网＋中医药"进行社会网络与语义网络相结合的分析能得到高频词之间的相关性，为本文的在线评论研究提供更加精确的分析，排名前20的语义网络图5，排名前10的语义网络图如图6。从共现关系来看，"健康""服务""发展""创业"等共现次数较多，基于互联网和中医药进行创业、提高人群健康素养、促进中医药创新、提高中医药服务水平等，将是医疗产业与互联网融合的未来趋势。

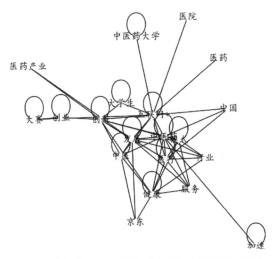

图5　排名前20互联网+中医药的语义网络图　　图6　排名前10互联网+中医药的语义网络图

2.互联网＋中医药产品情感分析

为进一步探究大众对互联网＋中医药的满意度情况，对互联网＋中医药的部分产品进行了情感分析。读取每段评论并依次进行情感值分析，最后生成一个 –1 到 1 之间的值，当值大于 0 时，代表句子的情感极性偏向正面，当值小于 0 时，情感极性偏向负面，越偏向 1 或 –1，表示情绪越偏激，正面评价的分段区间为：一般正面评价（0，0.3]、中度正面评价（0.3，0.6]、高度正面评价（0.6，1]，负面评价的分段区间为：一般负面评价 [–0.3，0）、中度负面评价 [–0.6，–0.3）、高度负面评价 [–1，–0.6）。由下图可以看出，正面评价占比较多，目前互联网＋中医药在大众心中的评价是偏向积极的。

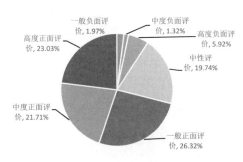

图7　互联网+中医药产品情感图

互联网医疗的商业模式一直备受业界关注。虽然不时有移动医疗公司宣称已经获得稳定且充足的营收，但得到业界广泛认可的成熟商业模式还没有出现。持续性投入仍然是互联网医疗的普遍特征，而互联网中医领域的创业公司是否会延续这一趋势？

基于中医的特征，无论是推拿按摩等保健领域，还是上门问诊等医疗领域，其中所包含的服务属性都更强。这就意味着，每提供一次上门服务都能够获得一笔服务费用。众多互联网中医创业公司的创始人在关于商业模式的构想中，都提到了对大数据的挖掘和利用。但有关具体的利用方式并没有提出太多的新颖之处，大多仍集中在健康档案和健康管理，以及针对特定人群的精准营销方面。此外，受到基本特性的影响，虽然大多数互联网中医创业公司以解决小病为主，面向更广泛的人群，但这导致由此产生的需求并不是刚需，而且也让大多数公司很难找到明确的对应人群。

二、实证调查

为进一步了解当前互联网＋中医药的现状，分析其存在问题并提出相关建议，在四川省范围内随机就互联网＋中医药健康服务部分和中医药文化传播进行了一次调研。现将有关情况报告如下：

（一）问卷情况

该问卷分为三大板块：人口学部分，中医药健康服务部分和中医药文化传播部分。人口学部分：由性别、年龄（采用最新的 WHO 的划分方法）、居住地（四川范围内）、文化程度、家庭人年均收入和职业组成。中医药健康服务和中医药文化传播都分为四个部分，分别是：了解程度、对其的态度、兴趣点 / 顾虑点和具体行为。

在中医药健康服务部分和中医药文化传播部分中的了解程度和对其的态度方面，均采取五点计分。可得到：中医药健康服务总分（对中医药健康服务的了解情况分数＋对中医药健康服务的态度分），中医药文化传播总分（对中医药文化的了解分＋对中医药文化的态度分）。分数越高，表示对于互联网＋中医药越了解越认可，反之对其越不了解越不认可。

发放问卷 350 份，回收 347 份，有效问卷 340 份，问卷有效率为 97.1%。问卷结构清晰，问卷的克隆巴赫系数为 0.849，信度相当好。效度检验中显著性小于 0.01，说明适合做因子分析，KMO 值为 0.812，大于 0.8，效度相当高。

（二）调查对象的人口学信息

该调查问卷的调查对象 34.7% 为男性，65.3% 为女性。其中大部分居住地为成都，占比 36.6%。

该问卷的填写人中，青年人（18—44 岁）最多，占比 78.22%。其次是中年人（45—59 岁），占比 13.86%。青少年（12—17 岁）、年轻老人（60—74 岁）、真正老人（75—89 岁）分别占比 5.28%、1.65%、0.99%。

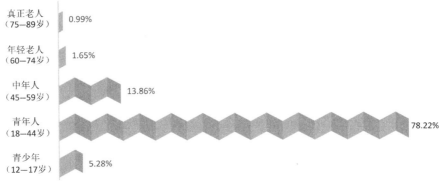

图8　问卷数据年龄分布

该问卷的填写人的文化水平大多是本科／大专，占比76.24%，其次是在硕士及以上，占比12.21%，最少的是高中、中专及以下的，占比11.55%。

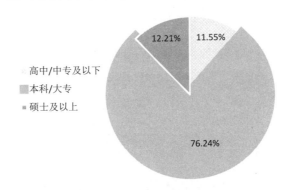

图9　文化水平分布情况

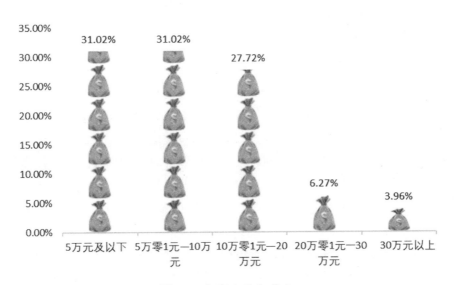

图10　家庭人均年收入

问卷填写人的家庭人年均收入大多集中在 20 万元及以下，占比 89.8%。5 万元及以下的占比 31.02%，五万零 1 元—10 万元的占比 31.02%，10 万零 1 元—20 万元的占比 27.72%。20 万零 1 元—30 万元的占比 6.27%，30 万元以上的占比 3.96%。

问卷填写人中，大多数学生和企业单位职员，分别占比 37.95% 和 27.72%。除此之外，个体经营者、自由职业和事业单位职员也比较多，分别占比 11.22% 和 13.86%。政府职员、军人占比仅 1.32%，离退休人员占比 2.97%，其他职业占比 4.95%。

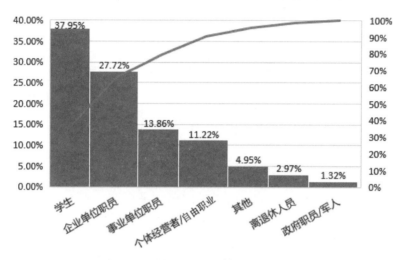

图11　职业情况

（三）中医药健康服务和中医药文化传播情况调查情况

在中医药健康服务部分和中医药文化传播部分中的兴趣点/顾虑点和具体行为上，均采取多选的方式为全面了解情况。

人们对于互联网＋中医药健康服务的结合，更加倾向于双向交流沟通的形式，医患之间、病患之间和医生之间。也有不少人认为多向的交流，例如论坛形式是很重要的。较少的人认为单向的交流方式，例如通过浏览网页的方式，是互联网＋中医药健康服务的交流方式中重要的方式。这可能是因为双向交流沟通的形式指向了有针对性的反馈，互联网＋中医药健康服务结合以双向信息交流沟通方式为主，无论是从患者层面还是从医生层面提出的问题或现状都能够得到针对性的回答，可以提高信息回收效率；而多向的交流虽然针对性较弱，但有知识普及的性质，且同双向交流一样具有相对的权威性；而单向的信息交流沟通，如浏览网页的形式而言，则目的模糊且信息内容鱼龙混杂，难辨真假。

大部分人对于能在互联网上完成看病和取药的整个过程都充满了兴趣，需要的是一种一站式的服务，能够挂号，之后能得到中医的咨询和初步的一个诊断，并能够根据网上医生开具的药方或自己现实生活中看病的药房实现中药材的买卖，甚至是代煎及代煎后的配送。当今时代人们普遍生活节奏快，智能工具便捷，通过互联网完成从看病到取药的相对完整的中医咨询病症过程能够有效节约人们的时间，满足人们快速、便捷、高效的要求，同时减小人们因为看病麻烦、看病事多、煎药难操作等原因选择不去看病的几率。

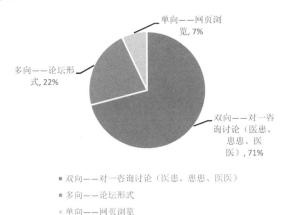

图12 中医健康服务与互联网结合信息交流沟通方式倾向

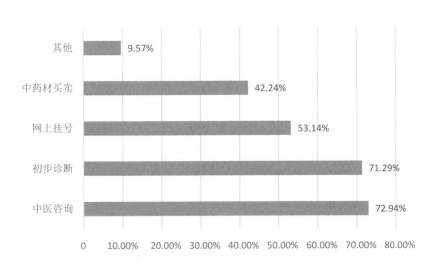

图13 感兴趣的互联网+中医药功能

过半的人都对互联网＋中医药健康服务的有效性、真实性、保密性和便携性提出了要求。有效性和真实性指向了互联网＋中医药健康服务的可靠性，想要人们相信互联网＋中医药健康服务，选择应用该服务，其内容必须安全可靠，能够满足人们看病问诊的基本需求，与线下中医咨询功能一致。保密性是用户在体验互联网服务的硬性需求，首先，用户的基本资料如姓名、身份证号、电话号码等隐私信息必须保证不被流出；其次用户咨询的病症和情况也需要得到保护。隐私权已经成为当今时代人人关注的基本权利之一。便捷性是互联网＋中医药健康服务的突出特色，用户选择线上问诊主要原因之一就在于互联网工具可以帮助他们在短时间内解决身体疑症。

超过一半的人对我们所提到的改进方面都表示了赞同，意味着中医药健康服务与互联网结合的时候，需要保证这些方面。比如74.59%的人都认为需要加强网络监管力度，避免虚假网络信息的流传，需要国家网络部门保证中医药健康服务在网络上的权威性，这是因为互联网时代信息审核门槛降低，网络信息鱼龙混杂，真假难辨；中医

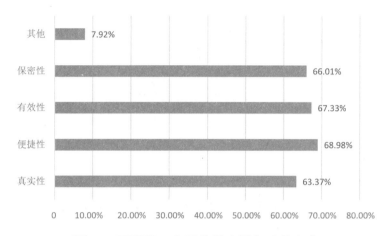

图14 互联网＋中医药健康服务改善内容

药健康服务在信息内容上要求高，虚假信息不仅破坏互联网＋中医健康服务平台的口碑和名声，更会降低用户体验，无法做好中医知识普及，严重甚至伤害用户健康。64.69%的受访人群认为中医中强调的辨证论治也是人们所需要的，人们也希望得到个性化的治疗、养生和保健方案。每个人都拥有着自己特殊的体质，个性化的方案可以针对个体不同情况提出保健、养生方向，还可以普及相关中医知识，帮助防范未然，治未病。

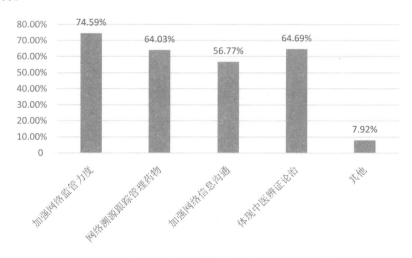

图15 互联网＋中医药健康服务改善建议选择

首选就医方式上，较多的人在出现身体不适后会选择网络挂号，医院现场就诊或自己根据经验或药品说明自行买药服用。线下就诊给予患者更多的安全感，患者可以跟医生面对面交谈病情，医生可以根据患者现场情况做针对性的进一步检查。除此之外，由于病情的不同，所需要的仪器也有无需检查和需要检查、需要用 A 类仪器检查和需要用 B 类仪器检查等区分，这是线上问诊无法直接做到的事。自行购买药品实质是一种节约时间和精力的便利性行为，同时也需要病情较轻的前提，我国自营药房诸多，可售卖多种无需处方即可购买的药物，人们可以凭借自身的经验寻求安全感来减轻病痛带来的焦虑。

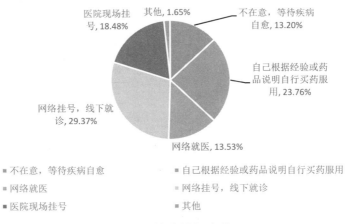

图16 首选就医方式

在中医健康服务这方面，超过半数的人都尝试过中药汤药和中成药，也有较多的人体验过中医膏药、艾灸、针刺类治疗。体验过推拿和拔罐的人相对较少。体验过针刀或是其他服务的最少。中药汤药和中成药在中医药健康服务中最便捷的服务方式之一；而膏药、艾灸和针刺类治疗是中医药健康服务最为普及的特色服务之一；推拿、拔罐和针刀服务可能涉及人体的不同穴位，用户在体验时可能感到恐惧因而减少体验次数。

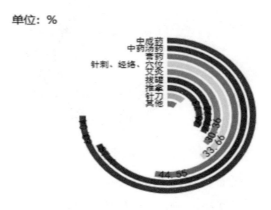

图17 体验或了解过的中医药健康服务

人们对养生保健美容类的知识是最感兴趣的，同时也对中医药的经典理论或相关知识也非常感兴趣。而在疾病案例和政策新闻这些方面，也有不少人希望能够从网络上获取相关知识。"治未病"理念无论是在健康上还是在社会生活的方方面面都有贯彻，养生保健美容和中医药理论与知识的习得是"治未病"的体现之一，同时也代表着当今人们对健康状态的关注力度的提高。

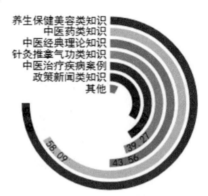

单位：%

养生保健美容类知识
中医药类知识
中医经典理论知识
针灸推拿气功类知识
中医治疗疾病案例
政策新闻类知识
其他

58.09　39.27　43.56

图18　最想获得的中医药知识

由下图可以看出，人们对中药的相关知识也还是比较感兴趣的，包括了中药的方方面面，当然更多的是偏向中药的运用方面。偏向了解中药如何运用可能有两个原因，一方面对中药运用知识的了解可以帮助人们了解到中药的服用前提，如何处理及服用方式；另一方面对知识的了解可以提高人们对未知药物知识的把握感，从而获得相对安全感，提高中药在人们心中的治病地位。

单位：%

中药材之间的配伍禁忌
各种中药材药理作用
各种中药材服用方法
易混淆中药材辨析
根据症状简单为自己配药
如何分辨中药材品质
道地中药材产地
其他

51.49　44.88　55.04　37.95

图19　感兴趣的中医药知识

对于中医药文化在互联网背景下的传播推动方式选择上，受访人群多数选择了完善中医药文化传播机制、丰富中医药为文化传播的内容与形式、加强互联网信息媒介建设和实现中医类传统书籍的电子化，这同时指出了目前中医药健康服务出现的问题，如传播形式传统老套不够创新、传播结构和机制不够完善、中医药文化平台建设少、中医药文化宣传与互联网时代相对脱节和没有关注到文化宣传媒介如电子书等工具。

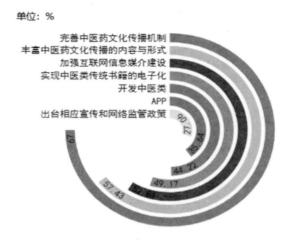

图20 中医药文化在互联网背景下的传播推动方式选择

受访人群赞同本调查列出的互联网在中医药文化传播上的功能，仅有少数人支持虚假消息泛滥带来的中医药文化的伤害的可能性，这可能是因为目前虚假信息管理得当，人们对互联网平台产生初步信任的原因。

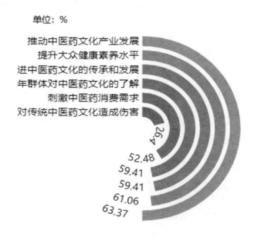

图21 互联网在中医药文化传播方面的作用

受访人群在网络上浏览到的中医药相关资讯一般为养生保健美容类、中医药类知识和针灸推拿气功类知识。这三类知识紧贴人们的日常生活。其中，养生保健美容类了解占比居多，为57.1%。

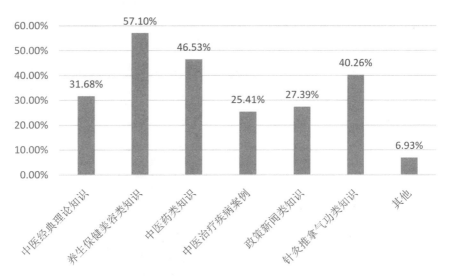

图22 网络浏览资讯内容

（四）互联网+中医药、中医药健康服务、中医药文化传播的影响因素分析

结构方程模型（Structural Equation Modeling，SEM）的起源最早可以追溯到20世纪20年代Sewll Wright提出的路径分析概念。结构方程模型在发展过程中较大的突破在于引入了潜在变量的概念，是社会学、经济学和心理学等多种学科共同发展的成果。以中医药健康服务、中医药文化传播等为潜在变量，并使用AMOS23.0对资料进行最大似然估计（Maximum Likelihood Estimation，MLS），得到结构方程模型结果路径图如图23所示。

该模型配适度较为良好。通过分析显示，中医药健康服务和中医药文化传播对于互联网+中医药，即互联网对中医药的传播影响程度较为接近，没有太大的差异。受访人群的中医药健康服务态度对中医药健康服务影响作用最大；人们对通过互联网了解中医药文化的态度对中医药文化传播影响作用最大。兴趣点对有中医药健康服务和中医药文化传播的影响作用次之。现阶段互联网上中医药相关的知识质量参差不齐，非中医药专业人难以辨识其真伪性；甚至有的营销号打着"中医药"的口号，对普罗大众行诈骗之举。

三、结论与建议

中医的产生依赖于中国传统文化，中华民族认识生命、尊重生命、理解生命、珍爱生命的思想和文化体系，形成了璀璨的中医文化，中医治病医人的根本一直流传未息。中医药整体观念认为，人体的生命活动是机体在内外环境的作用下，由多种因素相互作用而维持的一种动态的相对平衡过程。而健康则是人体阴阳维持相对平衡的状态，即"阴平阳秘"。中医通过"望闻问切"，以外测内，作为临床诊疗的依据，构成中医因人、因事、因地的个体化诊疗体系，这是中医很大的一个优势，也必将是现代临床医学发展的潮流。

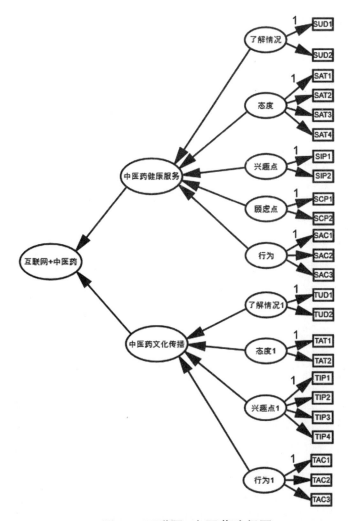

图23　互联网+中医药路径图

互联网医疗是相对新兴的事物，市场接受和认可需要一定的过程。尤其是在这个过程中还涉及在线问诊、多点执业、处方药销售等诸多政策管制。经过几年的努力，诸如春雨医生、挂号网、好大夫、丁香园、趣医网等不仅获得了亿级的用户规模，而且也获得了亿级的融资规模。这些公司实际上已经完成了非常好的市场教育工作，大大提高了社会各方面对互联网医疗的认可程度，这在某种程度上降低了互联网中医创业的门槛。

（一）提高中医在医疗保障体系中的地位与作用

中医在几千年的发展中形成了很多具有自身特点的中医特色临床诊疗技术，中医特色优势技术临床疗效确切、预防保健作用独特、治疗方式灵活、费用比较低廉，特别是随着健康观念变化和医学模式转变，中医越来越显示出独特优势，随着国家逐步对中医发展支持力度的加大，这种优势体现得愈加明显。中医药特色技术在医保服务体系中有着重要地位并发挥着重要作用，且存在很大的社会需求。但是在当前，中医院特色技术推广政策、疾病谱的变化、生活节奏的变化等诸多因素的影响下，中医药特色技术不能充分发挥其作用，尤其是医保体系中中医药特色技术管理上存在的不利于特色技术发展的因素，极大地限制了中医药特色技术作用的发挥。

（二）注重线下中医人才建设，提升中医服务水平

无论互联网＋中医多么有前景，要提高其竞争力，人才和技术才是其核心竞争力，作为一个新兴的市场，薄弱的技术实力和匮乏的人力资源依然是制约其发展的短板。加强中医人才培养，提升中医平台服务水平，应从以下几个角度着手：盘活中医人才资源，加大中医人才交流和协作；国家加大对中医机构人员的培训力度，通过规范的培训计划实现人才结构的优化，加大人才质量的提升力度；构建"社会资本""中医院"及"中医院校"之间的协作平台，提供人才保障，完善管理制度，相辅相成，相得益彰。

（三）完善互联网+中医药平台建设，提高公众信服力

信誉是医疗平台生存之本，互联网＋中医药真正成为受大众认可的就医平台依然需要一个漫长的过程，要赢得群众信任，关键环节就是要完善自身建设，树立牢固信誉。因此，建议有关部门加强对互联网上中医药内容的筛查，加大对于各类中医药相关营销号和公众号的监督，严防借助"中医药"名号的传销和诈骗行为等；在互联网和中医药服务平台之间建立长效运行机制和管理制度，积极引导中医院和中医院校和平台之间的有机结合，注重人才培养，实施品牌发展战略，向高科技含量的医疗连锁集团发展，树立社会的良好信誉，积累经验以实现长足发展。

专论5　四川省民族医药发展现状调查报告

周　晶[1]

摘要： 民族医药是我国几千年传统文化的结晶，是中华文明的瑰宝，长期以来为人们的健康事业发挥着重要作用。四川省的藏、彝、羌等民族医药具有悠久的历史和广泛的群众基础，民族医药文化源远流长、底蕴深厚。本报告从民族医药服务能力、民族医药科研水平、民族药资源利用与保护、民族医药产业化发展四个方面介绍四川省民族医药发展现状，进而提出四川省民族医药发展过程中仍存在的问题及可行建议。本研究对四川省民族医药发展情况的梳理，将为政府和企事业单位的决策提供一定依据。

关键词： 四川省；民族医药；发展

一、民族医药服务能力

（一）民族医医院数量的增长与医院等级的提升

2011年以来，民族地区民族医医院从29所增至42所，在职人员数、编制床位数、开放床位数、年门诊人次、年业务总收入分别由769人、1 119张、607张、629 445人次、5 596.73万元增至1 766人、3 098张、1 788张、712 710人次、19 816.6万元。三州1 103个乡镇卫生院、32个社区卫生服务中心中，77.33%的乡镇卫生院和46.8%的社区卫生服务中心设有中医民族医科（室）。基层医疗卫生机构中医民族医服务量占卫生服务总量的比例达到37%。2017年4月凉山州彝医医院在凉山州中西医结合医院增挂牌子成立，这是四川的第一家彝医医院。除此之外，凉山州还新设立了9所县级中彝医医院。这些医院的设立填补了彝区无中医（民族医）医院的空白。甘孜州、阿坝州藏医院已建成国家重点民族医医院。24所藏医院基础条件得到显著改善，17所民族医院完成了等级评审工作。见表1。

[1]周晶，副教授，主要研究领域为少数民族经济、民族医药产业，作为副主编出版专著2部，发表学术论文数十篇，参与多项国家级、省部级课题研究。

表1　四川省民族地区代表性民族医医院情况

序号	机构名称	卫生机构类别	医院等级（级）	医院等级（等）
1	阿坝州藏医院	藏医医院	二级	甲等
2	松潘县中藏医院	藏医医院	二级	乙等
3	壤塘县藏医院	藏医医院	二级	乙等
4	阿坝县藏医院	藏医医院	二级	甲等
5	若尔盖县藏医院	藏医医院	二级	甲等
6	若尔盖县第二藏医院	藏医医院	未定级	未定
7	红原县藏医院	藏医医院	二级	乙等
8	甘孜藏族自治州藏医院	藏医医院	二级	甲等
9	丹巴县中藏医院	藏医医院	未定级	未定
10	九龙县民族医院	藏医医院	未定级	未定
11	雅江县中藏医院	藏医医院	未定级	未定
12	炉霍县中藏医医院	藏医医院	二级	乙等
13	甘孜县中藏医院	藏医医院	二级	甲等
14	新龙县中藏医院	藏医医院	未定级	未定
15	德格县藏医药研究所附属藏医院	藏医医院	二级	乙等
16	白玉县藏医院	藏医医院	二级	甲等
17	石渠县藏医院	藏医医院	二级	乙等
18	色达县中藏医院	藏医医院	二级	乙等
19	理塘县藏医院	藏医医院	未定级	未定
20	巴塘县中藏医院	藏医医院	二级	甲等
21	乡城县藏医院	藏医医院	二级	甲等
22	稻城县中藏医院	藏医医院	二级	乙等
23	得荣县中藏医院	藏医医院	未定级	未定
24	木里县中藏医院	藏医医院	未定级	未定
25	普格县中彝医院	其他民族医医院	未定级	未定
26	布拖县中彝医院	其他民族医医院	未定级	未定
27	金阳县中彝医院	其他民族医医院	未定级	未定
28	昭觉县中彝医院	其他民族医医院	未定级	未定
29	喜德县中彝医院	其他民族医医院	未定级	未定
30	越西县中彝医医院	其他民族医医院	未定级	未定
31	甘洛县中彝医院	其他民族医医院	未定级	未定
32	美姑县中彝医院	其他民族医医院	未定级	未定
33	雷波县中彝医院	其他民族医医院	未定级	未定
34	北川羌族自治县中羌医医院	其他民族医医院	二级	甲等

（统计数据截至2019年10月）

（二）民族医院重点专科的建设

截至 2019 年底，四川省民族地区共建成重点专科 177 个，其中：国家级 7 个、省级 43 个、州级重点专科 127 个，新增国家级 6 个、省级 33 个、州级重点专科 92 个。

甘孜州藏医院现有三个国家级重点专科：内风湿关节炎、糖尿病、胃病专科；两个省级重点专科：药浴专科和老年病专科；两个州级重点专科：肝胆专科和心脑血管专科。截止 2019 年底，甘孜州 18 个民族医医院中，省级临床重点专科个数为 8 个，市（州）级临床重点专科个数为 21 个，详见表 2。

表2　四川省甘孜州民族医医院重点专科建设情况（2019年）　单位：个

医院名称	国家级临床重点专科数	省级临床重点专科数	市（州）级临床重点专科数	合计
康定市民族医院	0	0	2	2
泸定县民族医院	0	0	2	2
丹巴县中藏医医院	0	0	2	2
九龙县民族医院	0	0	2	2
雅江县中藏医院	0	0	2	2
道孚县中藏医院	0	1	0	1
炉霍县藏医院	0	1	1	2
甘孜县中藏医院	0	1	1	2
新龙县中藏医院	0	0	2	2
德格县藏医院	0	1	1	2
白玉县藏医院	0	1	1	2
石渠县藏医院	0	1	1	2
色达县藏医院	0	0	1	1
理塘县藏医院	0	0	0	0
巴塘县中藏医院	0	1	1	2
乡城县藏医院	0	1	0	1
稻城县中藏医院	0	0	0	0
得荣县中藏医院	0	0	2	2

阿坝州藏医院发挥藏医药特色优势，近年重点突出脾胃、外治、药浴专科建设，建成国家级重点专科 2 个、省级专科 2 个。设有中医药管理局重点专科"胃病专科"，省中医药管理局重点专科治未病健康工程建设项目"治未病·藏药浴中心"，州卫生健康委重点专科"肝胆专科""外治专科""心脑血管专科""风湿专

科""肿瘤专科"等 8 个特色专科。

北川县中羌医医院有 1 个省级重点专科：骨伤科；3 个市级重点专科：针灸科、老年病科和疼痛科。骨伤科是北川县非物质文化遗产，科室以冯氏骨科为底蕴，重视专科领域特色疗法，诊疗经验以及师承具有价值的方药。

（三）民族医药适宜技术的推广

1.藏医特色技术

甘孜、阿坝两州位于康藏地区，具有独具特色的"康巴文化"，经过 1 000 多年的发展，已经形成具有地域特色的医药学术思想、理论体系、治疗方法、用药特点。甘孜州是南派藏医药的发祥地，仅著名的国家文物重点保护单位——德格印经院就藏有 60 余部、1 200 余种藏医木刻版和手抄本，有些版本为世界罕见，独家珍藏，还拥有大量流传于民间的藏医验方、单方。甘孜州南派藏医药现已被国务院认定为国家级"非物质文化遗产"。传统医药适宜技术各具特色，极大地丰富了中医药内涵。藏医治病的方法多种多样，包括饮食、起居、内服药物、外治等四个方面。其中外治法是指用器械或外用药物治疗身体疾病的一种方法，包括有按摩、擦身、火灸与艾灸、拔罐、敷（热敷与冷敷）、汤药熏、穿刺、药水浴等多种方法。

2.彝医特色技术

彝医不仅重视治疗疾病，同时也强调预防疾病。养生和预防是彝医的一个重要组成部分。彝医在治疗上有内治法和外治法。内治法主要靠口服，剂型有汤剂、丸剂、散剂、酊剂。外治法包括外包、外敷、烧火、熏蒸、洗浴、割治、针刺、拔罐、推拿按摩等。彝药主要包括植物药、动物药、矿物、化学、自然土及水。彝医治疗注重实践，注重疗效，不死守一方。彝医的特色疗法在古籍中内容颇丰，被后世整理归纳为"五技""十术""卜二法"，其中又可按作用方式不同分为药物疗法以及器具疗法，其中器具疗法最具特点。

3.羌医特色技术

羌族常见疾病以跌打损伤，骨折为主。骨科的特色疗法主要是"骨科推拿手法"，即羌医采用多种手法和治法对患者体表的不同部位进行检查和治疗。其主要优势在于见效快、疗效高、运用方便，羌医特色推拿手法配合药物治疗寰枢关节旋转脱位、火石病、梨状肌综合征、骶髂关节紊乱症、第三腰椎横突综合症、坐骨神经痛等羌医骨科病。藏、彝、羌医的特色技术具体内容见表3。

目前，民族地区已建成县级民族医药适宜技术基地 33 个。筛选推广 20 项民族医药适宜技术，已累计培训民族地区医疗机构人员 2 344 人次，服务病员达 30 988 人次。其中，筛选推广 9 项藏医适宜技术、7 项彝医适宜技术、3 项羌医适宜技术、1 项苗医适宜技术，具体内容见表4。

表3　藏、彝、羌医特色技术列表

类别	内容
藏医特色技术	脉诊法、尿诊法、小儿耳脉诊断法、孕期乳汁诊断法、放血法、灸法、擦涂外敷法、药浴法、穿刺法、蒸汽疗法、藏医罨疗法、藏医浣肠法、藏医导剂疗法、骨折、脱臼康复疗法、铁棒槌泡酒、藏医"霍儿灭杂"疗法、刮痧肘窝内
彝医特色技术	药物疗法（药物敷治法、药物擦治法、药物烧治法、药物熏蒸法、药物洗浴法等）、器具疗法（刮治法、针刺放血法、割治法、捆治法挑治法、取治法等）
羌医特色技术	骨科推拿、羊皮疗法、艾灸疗法、熏蒸疗法、打通杆、刮痧、"雏鸡接骨法"配合"七·七活络灵"外用药酒、"痛风散"

表4　20项民族医药适宜技术推广

类别	内容
藏医适宜技术	1.藏医其麦散塞鼻熏疗法治疗鼻炎；2.藏医放血疗法治疗痛风病；3.藏医金针疗法治疗隆性头痛；4.藏医金属灸法治疗寒性关节病；5.藏医外敷疗法治疗刚巴（脉管炎）病；6.藏药（蒸）浴治疗寒痹；7.藏医艾灸疗法治疗坐骨神经疼痛；8.藏医放血疗法治疗慢性鼻窦炎；9.藏医药油敷疗法治疗胸痹
彝医适宜技术	1.彝医烟熏法治疗牙痛；2.彝医拔吸术治疗颈腰椎病；3.彝医挑刺法治疗脾胃病；4.彝医火疗法治疗风寒湿性关节痛；5.彝医滚蛋疗法治疗小儿外感高热；6.彝医火草灸治疗原发性痛经；7.青刺尖及果渣外敷法治疗感染性皮肤病
羌医适宜技术	1.羌医雏鸡接骨法治疗骨折；2.羌医祖传手法结合绒塔尔王骨痛膏治疗膝石病（退行性膝关节病）；3.羌医外敷疗法治疗慢性结肠炎
苗医适宜技术	苗医膝痛散外敷疗法治疗膝关节骨性关节炎、半月板损伤和滑囊炎

（四）藏药制剂的研发

由表5可知，截至2019年，四川省民族地区取得《医疗机构制剂许可证》并有藏药制剂批准文号的有12家藏医机构，共1 460个藏药制剂批准文号，其中阿坝州有439个批准文号、甘孜州有892个批准文号、凉山州有129个批准文号。见表5。

表5　藏药医院制剂获批准文号情况

地区	藏医院	医院制剂品种文号数/个
阿坝州	阿坝州藏医院	186
	红原县藏医院	65
	若尔盖县藏医院	160
	阿坝县藏医院	28

续表

地区	藏医院	医院制剂品种文号数 / 个
甘孜州	甘孜州藏医院	195
	乡城县藏医院	132
	色达县藏医院	83
	理塘县藏医院	112
	德格县藏医院	135
	白玉县藏医院	121
	得荣县藏医院	114
凉山州	木里藏族自治县中藏医院	129
	共计	1 460

制剂品种数为824个，90%以上为丸剂、散剂。824个藏药医院制剂品种处方中使用中药材、民族药材及饮片共计818种。其中有标准收载的中药材、民族药材及饮片品种约386个，占总数的47.2%；无标准收载的中药材、民族药材及饮片432个，占总数52.8%。涉及的药材及饮片标准主要为国家标准：《中国药典》2010年版一部和增补本；《卫生部药品标准》藏药第一册、蒙药分册、维药分册、中药材第一册；地方标准：藏药标准（西藏、青海、四川、甘肃、云南、新疆卫生局编1979）、《四川省中药材标准》2010年版、《四川省藏药材标准》2014年版、《西藏自治区藏药材标准》第一册及第二册等（见图1）。

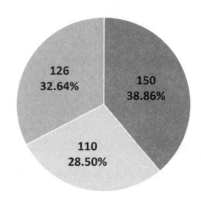

126
32.64%

150
38.86%

110
28.50%

■ 《中国药典》2010年版一部及增补本

■ 《卫生部药品标准》（藏药、蒙药、维药、中药材）

■ 地方标准

图1　使用各级标准的中药材（饮片）品种数及比例

二、民族医药科研水平

（一）民族医药古籍文献发掘与整理

近十余年来，四川省民族医药古典医籍的发掘和整理取得了显著成绩。

1.藏医药文献

近几十年，四川省已对省内藏族古籍文献进行了初步收集整理及出版工作。四川省甘孜州德格印经院作为全国重点文物保护单位，已整理出了德格印经院典籍目录。成都中医药大学从 20 世纪 70 年代起，就开展了德格印经院藏医药文献收集整理工作。四川民族研究所也胶印出版了手抄本《苯教大藏经》等古籍文献资料。这些珍贵的藏文古典经卷，除包含有大量的原始宗教内容外，还涉及天文、地理、医学、历算、工艺等传统学科的诸多领域，堪称研究藏族古老文化的知识宝库。在四川藏区藏医药典籍文献中，除了有专门记载医案、药方的医药书之外，还有专门介绍药物炮制方面的典籍，如《水银洗炼法的笔记》《巴桑姆酥油丸炼法》等。另外，由于藏医世家历代相传及名老藏医"师带徒"等历史原因，部分藏医药古籍文献资料，先后为私人珍藏，例如：国内著名藏医专家旦科就收集了12 种不同版本、保存较为完好的《四部医典》。同时，还有大量的藏医验方、单方在民间流传。四川省拥有丰厚的藏医药古籍文献资料，从而使四川藏医药具有明显优势，四川藏医药已初步建立了医疗、教学、科研体系。近年来，在国家中医药管理局和四川省中医药管理局的大力支持下，四川对藏医古籍如《四部医典》《晶珠本草》及德格印经院藏医典籍进行了系统的发掘、整理工作。已陆续整理出《四部医典》《属释释难》《嘎马格乃医学选集》《米旁医学选集》《四部医典注释》《藏医尿诊脉诊注释》《藏医临床杂记》《药物配方精华》《钦则医学选集》《长寿珠鬘·母子合璧》《藏医药诊二元药诀》《德格八邦天文星算》等藏医医学典籍。

2.彝医药文献

作为全国最大的彝族聚居区，四川凉山彝族自治州较系统地保留了传统彝族文化，并拥有极为丰富的彝族医药文献资源。四川省彝族医药文献整理和科研成绩显著。到目前为止，已经从文献搜集、实地调查两个方面开展挖掘整理工作，收集了大量历史和现实的有关资料，经过整理，先后出版了《彝族医药》《彝族医药史》《彝族植物药》《彝族动物药》《中国彝学》等一大批彝族历史文化和民族医药专著。

3.羌医药文献

羌族是中国历史最悠久的古老民族之一，尽管没有文字，但利用其语言，同样创造并流传了具有羌族传统文化和民族特色的羌医药。从上世纪 70 年代开始，成都中医药大学等单位在国家中医药管理局立项支持下，大量开展了羌族医药发掘提高工作，出版了全国第一部羌族医药专著《羌族医药》，填补了我国羌族医药研究的空白。后来，四川省中医药管理局又陆续整理出版了《羌医外治法》《羌医验方精要》《羌药志》等羌医药文献。

（二）民族医药科学研究成果

2019 年甘孜州和凉山州民族医药课题立项数分别为 16 个和 8 个，民族医药科技成果及获奖分别 8 项和 4 项，民族医药发明专利分别 27 项和 1 项。甘孜州和凉山州现各有 3 个民族医药科研机构。北川县民族医药课题立项 4 个。甘孜州藏药新药"然降多吉胶囊"获得国药新药证书和生产批准文号，填补了我省无藏药新药的空白；编撰完成《甘孜州常用藏药材标准汇编》《甘孜州常用藏药材习用指导手册》《甘孜州常用藏药制剂质量控制标准》；承担整理的《国家中医药管理局民族医药文献整理丛书 1-9 卷（司徒医算文集）》荣获 2019 年中国民族医药协会民族医药著作三等奖，《四川省民族医药文献及特色诊疗技术的系统挖掘与传承应用示范》获得四川省科学技术进步二等奖。凉山州西昌学院的"凉山彝药活性成分研究"获凉山州科技进步奖三等奖。

成都中医药大学民族医药学院自 2007 年以来承担了国家 973、国家重点研发计划项目、国家社会科学重大项目、国家自然科学基金、国家社会科学基金等国家级项目 35 项，教育部霍英东基金、教育部博士点基金、国家中医药管理局课题等省部级项目 30 余项。获得四川省科技进步特等奖，中国民族医药学会奖一等奖，四川省高等教育成果一等奖，获得国家发明专利授权 30 余项。公开发表科技论文 200 多篇，其中 SCI 文章 30 余篇。先后参与研发了 8 个民族药新药，并与许多国内知名中藏药企业建立了科研合作和人才培养的紧密联系。

三、民族药资源利用与保护

四川拥有丰富的民族药资源，例如在甘孜州境内常见的大宗药材有冬虫夏草、秦艽、天麻、羌活、大黄、赤芍、麻黄、雪莲花等，其中"打箭炉虫草"闻名中外。不仅甘孜州生物药材种类丰富，阿坝州也素有"天然药库"之称。在阿坝州境内，除了川贝母、虫草、红豆杉、红景天、党参等道地名贵药材资源丰富，还大量存在羌活、秦艽、大黄等大宗药材。刀党是古代上贡朝廷的佳品，松贝、当归、红毛五加等道地药材也自古闻名。

（一）甘孜藏族自治州民族药资源分布情况

甘孜藏族自治州北部地区的石渠、色达、德格等县，平均海拔 4 000 m 以上，几乎没有森林，灌木也很矮小，仅分布着比较单一的高寒草甸植被。中部地区的甘孜、新龙、炉霍、道孚、雅江、康定等县，主要为丘原与高山峡谷地区的过渡地带：海拔 4 400—4 800 m 的地区，是雪莲、虫草、贝母等重要药材分布区；海拔 3 800—4 200 m 的地区，林草相间，以森林为主，是甘孜州重要的中藏药产地；海拔 3 000—3 800 m 的地区，由较宽的河谷组成，是甘孜州主要的林地及农耕地。东南与西部边沿，属横断山脉北段，高山深谷纵列，峡谷幽深。东部地区的泸定、丹巴等县，是全州海拔最低的地区，也是海拔相对高差最大的地区，河谷地带盛产亚热带植物石斛、棕榈等；而高山顶部又出产虫草、雪莲等高原植物，是全州重要的药用植物分布区。根据历次调查结果统计，全州共有：药用真菌 77 种，药用高等植物（包括地衣类）2 158 种，药用动物 143 种。常见药材品种主要包括：冬虫夏草、川贝母、羌活、秦艽、黄芪、大黄、天麻、藁本、独活、甘松、红景天、赤芍、雪上一支蒿、雪莲花、重楼、手掌参、钮子七、珠子参、翼首草等。

（二）阿坝藏族羌族自治州民族药资源分布情况

阿坝藏族羌族自治州海拔 2 500—4 000 m 的地区是名贵药材的主要分布区；低于 2 500 m 的低山，分布有适应低海拔条件的"三木"药材等；高于 5 000 m 的极高山，仅有雪莲等少数极地生物存在。全州分为东南部高山峡谷区、中部山原区、西北部高原区三大区域。东南部高山峡谷区包括金川、小金、汶川、理县、茂县、南坪等县，分布有川赤芍、珠子七、重楼、红景天、红豆杉、红毛五加皮等药用植物。中部山原区包括马尔康、松潘、黑水、壤塘等县，多为高海拔的山原地带，分布有甘松、掌叶大黄、暗紫贝母、瓦布贝母、独一味、胡黄连、党参等药用植物。西北部高原区包括阿坝、若尔盖、红原等县，分布有冬虫夏草、暗紫贝母、甘肃贝母、红景天、秦艽、雪茶、马勃、羌活等药用植物。根据历次调查结果统计，全州共有中藏药资源 165 科 559 属 1 960 余种。常年外销的品种有冬虫夏草、川贝母、党参、大黄、羌活、秦艽、当归、甘松、黄芪、川木香、麝香、鹿茸等。

（三）凉山彝族自治州民族药资源分布情况

凉山彝族自治州的海拔在 2 800—4 600 m，分为高山及亚高山的阳坡地带，常绿阔叶林的阴坡、半阴坡或阳坡沟谷地带，亚热带针叶林的中山和亚高山地带，阴暗针叶林亚高山地带，高山灌木杜鹃林的阳坡、阴坡地带等。高山草甸主要分布在海拔 3 500 m 以上的木里县北部和盐源县东北部的高山地区，系森林或灌木被破坏后形成的次生草地。根据历次调查结果统计，全州共有资源品种 4 471 种，隶属 266 科。其中植物药 4 403 种，隶属 228 科；动物药 62 种，隶属 38 科；矿物药 6 种。

近年来，四川省加快了中藏药材的人工种植基地建设，已建立了冬虫夏草培植、川贝母野生抚育，以及大黄、秦艽、沙棘、翼首草等特色民族药材种植基地十余个。如四川新荷花中药饮片有限公司的松潘川贝母基地通过了 GAP 认证，建成了国家基本药物所需中药材种子种苗基地 50 亩，年产暗紫贝母种苗 1 亿株以上。康定恩威川贝母公司取得了高原上中藏药材的第一个中药材新品种证书"川贝 1 号"。遴选 50 种主流藏药材品种进行质量标准示范研究，提高质量标准。在甘孜州、阿坝州、凉山州等地开展藏药、羌药、彝药等特色民族民间药的挖掘整理、保存与繁育、利用研究，增加民族药特色示范基地建设中彝药、羌药示范基地建设。

四、民族医药产业化水平

（一）整体发展水平

四川省民族成药生产企业有 6 家：九寨沟天然药业集团有限责任公司、四川好医生攀西药业有限责任公司、四川诺迪康威光制药有限公司、四川宇妥藏药药业有限责任公司、四川康定金珠制药有限责任公司、西藏藏药集团股份有限公司（成都）。其他还有生产民族药和从事民族药相关产业的企业 20 余家，形成了高校、科研院所、企业为一体的全国一流的科研团队。具有以独一味（藏药）、苦荞（彝药）、赶黄草（苗药）、沙棘（藏药）、红毛五加（羌药）、俄色（藏药）等为核心的系列产业链。拥有独一味丸、小金丸、智托洁白片、肝苏胶囊、心达康胶囊等多个民族药生产品种，全省民族成药及其周边健康产品产值达 10 亿。近年来，出现了一批具有较高科技含量的民族药制剂及新药，如三勒浆口服液、心达康胶囊、冰黄肤乐软膏、五味沙棘含片、肝苏胶囊、智托洁白片、三味龙胆花片、五味麝香丸、然降多吉胶囊等。见表 6、表 7。

表6　生产企业民族药品种

生产企业	品种名称
九寨沟天然药业集团有限责任公司	五味麝香丸
四川宇妥藏药药业有限责任公司	三味龙胆花片、智托洁白片
四川好医生攀西药业有限责任公司	复方大红袍止血片、康复新液
四川诺迪康威光制药有限公司	诺迪康胶囊、十味蒂达胶囊
西藏藏药集团股份有限公司（成都）	十味龙胆花颗粒、十味龙胆花胶囊、六味能消胶囊、独一味颗粒、八味獐牙菜胶囊、红景天口服液
四川康定金珠制药有限责任公司	然降多吉胶囊

表7　四川省民族药产业的发展举例

类别	内容
四川省民族药大品种	心达康药片、三勒浆、肝苏胶囊、独一味颗粒
特色资源食品	青娜油软胶囊、雪城俄色茶、红毛五加、赶黄草
知名藏医院制剂	頁萨德喜丸、然降多吉丸、亚玛众青丸、二十五味珍珠丸
开展民族药种植的企业	四川新荷花中药饮片股份有限公司、成都恩威药业有限公司、四川九峰天然药业股份有限公司、四川阿坝天贝生物有限责任公司、茂县羌寨农副土特产品开发有限公司

（二）代表性企业

四川省藏药产业过去一直发展缓慢，近年来随着四川省政府和管理机构对民族药产业的发展支持，藏药生产企业逐步发展壮大。改革开放以前，四川省拥有阿坝州制药厂和甘孜州制药厂两家藏药公司，国企改制后，分别更名为九寨沟天然药业集团有限责任公司和四川金珠药业集团股份有限公司，两家公司产品均以中成药为主。目前，宇妥藏药股份有限公司作为省内独有的一家正常运营的藏药生产企业，始终以科技研发为中心，强化公司规范化治理和高质量团队打造，不断提高自身发展能力，以增强四川省民族医药产业发展驱动力。宇妥藏药股份有限公司公司占地100亩，厂房建筑面积8 000平方米，拥有5条通过国家新版GMP认证的生产线。获批肝苏胶囊、三味龙胆花片、智托洁白片等3个国药准字产品，其中后两个为全国独家剂型藏药，以及一个国食健字保健品（索乐玛胶囊），年产值近亿元。

五、问题与建议

（一）存在的问题

通过对四川省民族医药发展现状展开调查，发现目前仍存在以下问题：

1.民族医医疗服务能力有待提升

各县级藏、彝、羌医药机构服务单元专科（专病）特色优势发挥不足，民族医药文化和特色专科建设较为滞后。民族医院的成果转换技术较为欠缺。民族医药诊疗项目定价不明确，项目开展收费定价困难。民族医医疗服务不成体系，民族医药人才缺乏，人才结构不合理。

2.民族医药制剂资源开发力度不够

一是与青海、甘肃和西藏相比，四川省民族医药产业化发展进程相对迟缓。院内制剂生产车间设备落后、生产规模小、申请注册批号难，导致许多疗效优异的制剂无法进入市场，丰富的民族医药资源没有起到对民族地区地方经济发展的支撑作用。二是藏药制剂未纳入全省医保报销目录范围。目前，全省共有藏药制剂800余种，取得制剂批准文号1 400多个，这些制剂均未列入全省医保药品报销目录范围，这就导致统筹地区外的患者不能享受到优质价廉的藏医药服务，影响了整个藏医药产业的发展。三是藏药制剂缺乏科研技术支撑，导致藏药制剂药品申报国药准字号难度大。民族地区藏药制剂虽多，但有国药准字批号的很少。

3.民族药资源保护与合理利用不足

冬虫夏草、川贝母、羌活、独一味等重点品种缺乏保护，药材无序采挖现象严重，重要药材资源受到破坏。适宜药材种植面积虽较大，但道地大宗药材种植少，无产量优势，缺乏规模化生产意识，中药材规模化、规范化种植基地少，企业市场开拓能力不强，基地效益差。

4.民族药产业发展创新能力缺乏

民族医药产业链不完整，规模化、专业化、品牌化的龙头企业亟待培养。民族医药创新能力不足，与西藏、青海等地相比，四川省民族地区民族医药产业竞争力弱。由于缺乏资金、人才、技术，对民族医药基础研究不够深入，缺乏相应的技术标准，造成科研基础薄弱，新药品种数很少，产品技术附加值低，大多数产品有剂量大，服用不方便等多种问题。

（二）建议

1.提升民族医医疗服务能力

继续加强基础建设和投入，加强省、市、县、乡等服务机构建设。推动甘孜、阿坝州藏医院达到三级民族医医院标准。推进市级和县级民族医医院建设，80%以上县级民族医医院达到二级民族医医院标准。全面提升民族地区市、县两级民族医医疗机构服务能力，加强标准化、规范化建设。不断完善民族地区的乡镇卫生院和社区卫生服务中心设立民族医科（室），配备一定数量民族医人员，遴选推广一批民族医药适宜技术，建成一批民族医药特色服务示范点，全面提升民族医药服务水平，进一步提升基层民族医服务能力，不断满足群众健康需求。

推进国家和省级少数民族医药重点专科（专病）建设，按照"一地一策、一院一策"的原则，结合当地常见病、多发病特点和医院专家技术优势，建设特色科室、打造重点专科、完善服务功能、提升办院实力。借鉴其它藏区民族省经验做法，整理编纂民族医疗服务项目和将取得院内制剂批号的制剂均纳入全省医保药品目录支付范围，将取得藏药制剂批准文号和国药准字号的藏药及藏药制剂全部纳入医保甲类药物的报销范围之内。

2.加强民族医药科研创新

民族医药科研工作与医药院校相结合，在制药企业建立科研开发中心，重点开发特色优势药品。引进民族医药专业技术和人才，将从事民族医药的科研人员和企业经营者送入医学院校进行培训。发挥四川省藏医药的优势，组建藏医药研究队伍，重点加强对临床常见病、多发病、慢性病的藏医药预防保健研究及重大疾病的联合攻关。完成重点专科的建设任务和科研教学成果的申报。

建立野生藏药材资源和珍稀濒危藏药材资源数据库。推进民族医药科学、临床实践、基础理论和文献整理研究，建立省民族医药文献数据库。根据民族医药优势的诊治经验，与地方产业合作，开发民族药产品。如优势较突出的药浴、肝胆、胃肠、风湿专科（专病）等，形成专病、专药，促进成果转化。组织力量做好民族医药理论体系的挖掘和整理工作，加快制定民族医、民族药认定标准。

3.做好民族医药资源保护开发

完成民族地区药物资源的整理、筛选和评价，加强民族药资源保护利用。配合相关部门做好野生药材自然保护区、品种的原生地保护以及珍稀、濒危、贵重和市场需求量大的药材品种野生抚育及种植生产基地工作，重点打造一批药材种植资源保护区和药用野生动植物种养基地。

尽快完成民族药资源普查，摸清藏、羌、彝、苗药材的资源情况，制定民族地区中药材产业发展规划。科学规划布局和指导民族地区药材种植，争取在各地培育1个规范化标准化生产基地，打造品牌产品，发挥示范效应。

4.推动民族医药产业发展

探索建立民族医药知识产权保护制度，加大民族医药申遗工作，推动民族医药文化的创造性转化和创新性发展。积极开展民族医药的新药研究和质量标准研究，推动民族医药药食两用品种的筛选，支持符合条件的藏药获得国药准字号批准。组建民族药研发团队，遴选特色优势药用植物，实现产业化生产，支持民族药制剂的研发申报和临床应用，力争在5年内研发1—2个疗效好、市场前景好、有比较优势的新药。

调整民族药产业和产品的结构，加强企业管理，树立品牌开发战略，扶优助强。优选生产技术档次较高、管理水平较好、有很大发展潜力的几个龙头企业进行改造，形成规模化的企业集团，使其具有国内乃至国际竞争力。针对民族医药业发展的短板，通过设立藏医药发展专项资金，积极扶持民族地区的医药企业，促进民族医药企业发展壮大，并积极推荐有实力的外地医药企业与本地企业合作，进一步壮大产业实力。

参考文献

[1] 俞佳，张丹，赖先荣，等．四川省民族医药古籍文献的相关研究 [J]. 中国民族民间医药，2017，26（1）：31-34.

[2] 周娟，伍丕娥，姜卫东，等．四川省民族药质量标准现状调研及分析 [J]. 中国药事，2015，29（12）：1236-1244.

[3] 张雨欣，刘川，古锐，等．产业链视角下四川省民族药产业的发展及展望 [J]. 中药与临床，2015，6（2）：106-109.

[4] 谢婷，王子寿，赵卫权，等．四川省医疗机构制剂发展现状及对策探讨 [J]. 中国药房，2014，25（45）：4232-4235.

[5] 田兴军．四川省民族医药特色技术应用与开发 [A]. 2014 中国传统医药国际健康服务高峰论坛论文集 [C].2014：14-17.

专论6 四川省中药材种植业现状调查报告

马云桐[1] 钟芙蓉[2] 柯汶佳[3]

摘要： 本文梳理了中药材生产相关政策支撑，分析了中药材种植行业产业链，对四川省中药材种植行业现状进行了深入研究，并分析了四川省中药材种植行业发展趋势，梳理了存在的问题，并提出了相应对策建议。

关键词： 四川省 中药材种植 现状

四川省地处我国青藏高原向东部平原的过渡地带，横跨青藏高原、云贵高原、秦巴山地与横断山脉四大地貌区，得天独厚的地理气候孕育了丰富的药用动植物资源，是优良的动植物种质资源库，是具有西南特色的生物基因和遗传多样性保存中心；是全国乃至世界生物物种最丰富的地区之一，是我国最大的中药材产地之一，享有"中医之乡，中药之库"的美誉。

中医药是四川独具特色的重要健康服务资源和乡村振兴的经济资源，加快四川中医药健康服务，对于保基层、促就业、强服务、播文化等方面具有重要意义。四川省委省政府历来高度重视中医药产业发展，制定了"四向拓展，全域开放"的发展战略，将中药材产业作为7个千亿级产业之一优先发展，将"川药"产业列为十大优势特色产业之一予以重点推进。已经制定的相关的发展规划，为四川中医药产业的发展指明了方向。

一、中药材生产相关政策支撑

（一）国家颁布的相关政策

2015年4月，我国第一个关于中药材保护和发展的国家级规划——《中药材保护和发展规划（2015—2020年）》颁布，计划实施优质中药材生产工程，建设濒危稀缺中药材种植养殖基地、大宗优质中药材生产基地、中药材良种繁育基地，发展中药材产区经济。

2016年2月，国务院印发《中医药发展战略规划纲要（2016—2030年）》，要求实施野生中药材资源保护工程，制定中药材主产区种植区域规划，推进中药材规范化

[1] 马云桐，博士，教授，硕博士研究生导师，国家中药种质资源库/药用植物园主任；世界中医药联合会道地药材多维评价专委会常务理事。主要从事中药品质、资源开发利用及中药产业发展规划等方面的研究。
[2] 钟芙蓉，2020级中药资源学博士研究生，主要从事道地药材品质形成机理的研究。
[3] 柯汶佳，2020级中药资源学硕士研究生，主要从事道地中药生产品质调控相关技术的研究。

种植养殖，加强中药资源保护利用，促进中药材种植养殖业绿色发展。

2016 年 12 月，《中华人民共和国中医药法》发布，其中第二十二条指出"国家鼓励发展中药材规范化种植养殖，严格管理农药、肥料等农业投入品的使用，禁止在中药材种植过程中使用剧毒、高毒农药，支持中药材良种繁育，提高中药材质量"。第二十三条指出"国家建立道地中药材评价体系，支持道地中药材品种选育，扶持道地中药材生产基地建设，加强道地中药材生产基地生态环境保护，鼓励采取地理标志产品保护等措施保护道地中药材"。

2018 年 12 月，农业农村部等三部委制定《全国道地药材生产基地建设规划（2018—2025）》，规划指出发展道地药材是促进资源保护和环境友好的迫切需要，要求深入开展道地药材野生资源保护、优良品种选育、生态种植等基础研究，保障野生资源永续利用和药材的优质生产。

2019 年 10 月，《中共中央国务院关于促进中医药传承创新发展的意见》发布，提出"推行中药材生态种植、野生抚育和仿生栽培"，以及要"规划道地药材基地建设，切实把中医药这一祖先留给我们的宝贵财富继承好、发展好、利用好"。

2020 年 10 月，国家药品监督管理局药品审评中心发布了《中药新药用药材质量控制研究技术指导原则（试行）》，明确提出"药材是中药新药研发和生产的源头，其质量是影响中药新药安全、有效和质量可控的关键因素。为完善中药制剂质量控制体系，加强药品质量的可追溯性，为中药制剂提供安全有效、质量稳定的药材，基于全过程质量控制和风险管控的理念，针对药材生产的关键环节和关键质控点，制定本技术指导原则"。该指导原则主要包括药材基原与药用部位、产地、种植养殖、采收与产地加工、包装与贮藏及质量标准等内容，旨在为中药新药用药材的质量控制研究提供参考。

2021 年 1 月，国务院印发《关于加快中医药特色发展的若干政策措施》，提出"实施道地中药材提升工程"，第十八条中提出"实施道地中药材提升工程。加强道地药材良种繁育基地和生产基地建设"。

2021 年 12 月，四川获批建设国家中医药综合改革示范区，为西部唯一省份。

2022 年 3 月，国家药监局、农业农村部、国家林草局和国家中医药局联合发布了《中药材生产质量管理规范》的公告。第四十七条提出"企业应当根据原植物生长发育习性和对环境条件的要求等制定种植技术规程"，包括种植制度、基础设施、土地整理、繁殖方法、田间管理、病虫草害防治以及肥料、农药的施用要求等。新版《中药材生产质量管理规范》是中药材种植生产与质量管理的新法规，是中药材行业的重大利好，是中药材高质量发展的及时雨。

上述纲领性文件的颁布实施，为中医药事业的发展营造良好的市场环境，为中药材种植业的发展指明了方向。

（二）四川省各厅委局发布的规划或政策

2017 年 4 月，四川省人民政府颁布《四川省贯彻中医药发展战略规划纲要（2016—2030）实施方案》，川府发〔2017〕27 号。

2017 年 5 月，四川省人民政府颁布《四川省人民政府办公厅关于印发四川省中医药大健康产业"十三五"发展规划的通知》，川办发〔2017〕41 号。

2017 年 6 月，四川省人民政府颁布《四川省人民政府办公厅关于贯彻落实"十三五"国家食品和药品安全规划的通知》，川办发〔2017〕114 号。

2019 年 7 月，四川省中医药管理局颁布《四川省中药材产业发展规划（2018—2025）》，川中医药强省办发〔2019〕6 号。

2019 年 11 月，四川省人民政府颁布了《四川省人民政府关于推进健康四川行动的实施意见》，川府发〔2019〕27 号。

2020 年 4 月，四川省药品监督管理局等 11 部门颁布《川产道地药材全产业链管理规范及质量标准提升示范工程工作方案》，川药监发〔2020〕69 号。

2021 年，四川省委省政府召开全省中医药传承创新发展大会，出台《关于促进中医药传承创新发展的实施意见》《四川省中医药强省建设行动方案（2021—2025年）》等一系列文件。同年 12 月 15 日，四川省人民政府办公厅又印发《四川省"十四五"中医药高质量发展规划》，坚持"1+3+4+8"总体布局，以深化供给侧结构性改革为主线，走好内涵式与外延式发展并重的路子。

2021 年 12 月，四川被批准成为 7 个国家中医药综合改革示范区建设单位之一，为全国中医药传承创新发展"破难题、探新路、作示范"。"三位一体"推进新时代中医药强省建设，一系列政策、措施的出台，为中医药产业发展提供良好机遇。

2022 年 4 月 7 日，为进一步加强对中医药工作的组织领导，统筹推进国家中医药综合改革示范区和中医药强省建设，省委、省政府决定成立四川省推进国家中医药综合改革示范区和中医药强省建设工作领导小组。"领导小组"的成立，将有力推进国家中医药综合改革示范区和中医药强省建设，有效激发中医药发展活力，推出一批具有标志性、引领性的改革成果，切实把示范区建设成为中医药事业产业文化"三位一体"创新发展的策源区，中医中药协同发展的样板区，区域协调、共建共享的领先区。通过努力，到 2025 年四川中医药整体实力和发展质量全国领先，中医药传承创新能力和文化软实力全国领先，中医药服务水平、全产业链发展及保障能力全国领先，成为全国中医药高质量发展排头兵。

二、中药材种植行业产业链分析

中药产业链自上而下可以分为中药农业、中药工业和中药商业三个环节。中药产业的上游是中药农业，即中药的种植（养殖）和供应；中游即中药工业，包括中药（含饮片）的制造和生产等；下游是中药商业，即中药饮片和中成药的销售和经营终端，包括线上和线下的平台、医疗机构和药店等。此外，中药材种植产业上游环节依托化学农药、肥料及土壤处理、园艺等产品或服务，经过育苗、种植、生产管理、采收与粗加工等环节，向下游环节的中药饮片加工、中成药制造、保健食品研发制造等提供原料，并最终为中医医院、药材市场等消费终端提供产品。因此，中药种植行业为"中药生产第一车间"，是中医药产业发展的物质基础，规范、保护和发展中药材种植业，为推动中医药产业链各环节深度融合发展奠定基础。中药全产业链关系见图1。

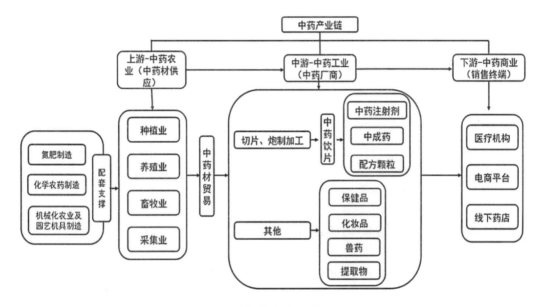

图1 中药全产业链图

（一）中药材种植业上游行业分析

1.专属肥料

肥料制造行业为中药材种植行业提供肥料，包括有机肥和化肥，以满足中药材种植过程对肥料的需求。

2.农药制造

农药制造行业为中药材种植行业提供化学农药杀虫剂、除草剂、相关菌剂等产品。无残留或低残留农药的研制是当前亟待解决的问题。

3.机械化农业及园艺机具制造

机械化农业及园艺机具制造行业为中药材种植行业提供用于土壤处理、中药材种植田间管理、中药材采收及加工的相关机械。该行业的良好发展既可提升目前的生产效率，亦是智慧中药农业未来发展的基础。

（二）中药材种植业中、下游行业分析

1.中药工业

主要将经过产地加工后的中药材按规范炮制成中药饮片（含配方颗粒）以及利用中药饮片或中药材制成中成药和提取物。中药饮片是中药产业链中最重要的一环，可以直接向下游医疗机构出售用于临床使用，也可以加工成中成药、中药注射剂及中药配方颗粒等再出售。新医改也许会给这个略显老态的行业注入新的生机，即将出台的《国家基本药物目录》中将收录约263个中药品种，占总药物数目的45%左右，相应的消费拉动效应将利好中成药企业。

2.中药商业

主要涉及中药的销售终端，主要包括三大终端市场：第一终端市场（省、市级公立医院、县级公立医院）、第二终端市场（零售药店）和第三终端市场（城市社区卫生中心市场、乡镇卫生院市场等）。

3.中药服务业

随着健康中国事业的发展、人口老龄化叠加慢性病普及，民众对于治未病的需求愈发增强，中医药作为日常健康管理的重要途径愈加受到关注。

三、四川省中药材种植概况

（一）四川省道地药材品种概况

四川省有史料记载的道地药材有86种。具体见表1。

表1　四川省道地药材名录

巴豆	白及	白芍	白芷	半夏
补骨脂	柴胡	蟾蜍	陈皮	川贝母
川赤芍	川楝子	川明参	川木通	川木香
川牛膝	川射干	川乌	川芎	川续断
重楼	大黄	丹参	党参	冬虫夏草
独活	杜仲	佛手	附子	甘松
赶黄草	干姜	藁本	葛根	钩藤
狗脊	骨碎补	海金沙	何首乌	红花
厚朴	虎杖	花椒	黄柏	黄精
黄连	黄芪	姜黄	金果榄	金钱草

续表

金银花	桔梗	菊花	灵芝	麦冬
密蒙花	魔芋	牡丹皮	羌活	秦艽
秦皮	山茱萸	麝香	升麻	石菖蒲
石斛	使君子	天冬	天花粉	天麻
天南星	通草	土茯苓	乌梅	吴茱萸
五倍子	仙茅	益母草	银耳	淫羊藿
鱼腥草	郁金	泽泻	栀子	枳壳
猪苓				

（二）四川省中药材产值、产量和面积概况

四川省共 21 个市（州），近四年中药材种植面积、产量和产值概况见表 2。

表2 四川省近四年中药材种植面积、产量和产值概况

年份	种植面积（万亩）	产量（万吨）	产值（亿元）
2017	306.87	102.06	173.27
2018	349.31	155.95	175.59
2019	380.3	174.00	212.30
2020	449.04	288.15	259.50

2020 年种植总面积为 449.04 万亩，有川芎、川贝母、附子等道地药材共 86 种，地标品种 31 种、重点发展品种 67 种，常用中药材 312 种，占全国 86%。《四川省"十四五"中医药高质量发展规划》中预期我省到 2025 年中药材种植面积维持在 800 万亩左右。目前各市州单品种种植面积上万亩的有 53 种，川芎、川贝母、川麦冬、川白芷、川黄连等道地药材的人工种植面积居全国前列。全省种植排名前三的为巴中市、绵阳市及达州市，其中巴中市种植面积最多，占全省的 16.9%；排名最后的为攀枝花市，种植面积为 1.41 万亩，仅占全省的 0.3%。

据不完全统计，2020 年四川省中药材种植基地及合作社 24 813 家，已建立 4 个中药资源动态监测平台；形成川药信息网、川药数据库等中药材信息监测服务平台，启动了全国首个中药材溯源系统建设；成功搭建中医药发展服务中心等产业技术服务平台。

将四川省种植的中药材划分为四个种类，分别为林下药材、木本药材、高原（草原）珍稀植物药材和人工驯养动物药材。截至 2020 年，据统计，从品种上显示林下药材品种最多，共 51 种，占所有品种的 48%；后面依次为木本药材、高原（草原）珍稀

植物药材及人工驯养动物药。从种植面积数据显示，高原（草原）珍稀植物药材种植的面积最多，为 33 133 257 亩，占所有药材种植总面积的 88%；人工驯养动物药所占面积最少，仅有 217 093 亩。所有品种的药材中种植面积前三的品种为虫草、羌活及川贝母，均为高原（草原）珍稀植物药材，且后两者为道地药材；林下种植中药材种植面积排名前三的为大黄、黄连及重楼；人工驯养动物药材中以蛇类为主，眼镜蛇、蟾蜍和乌梢蛇为主要的饲养品种；木本药材种植面积前三的主要为著名的"三木药材"厚朴、杜仲和黄柏，三者均为道地药材。

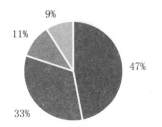

图2　四川省不同类型中药材种植数量

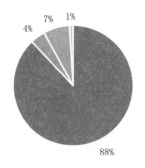

图3　四川省不同类型中药材种植面积

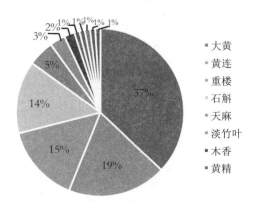

图4　林下种植中药材种植面积

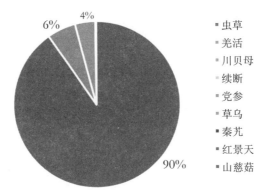

图5　高原（草原）珍稀植物药材种植面积

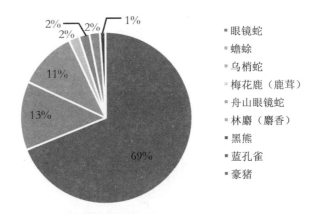

图6　人工驯养动物药材种植面积

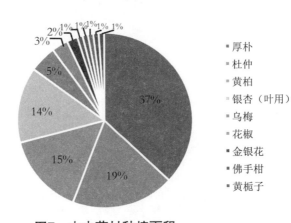

图7　木本药材种植面积

（数据来源：省林草局、协会综合监测）

1. 2020年中药材种植情况

2020年全省中药材种植基地及合作社24 813家，种植面积449.04万亩，排名前十的为巴中市、绵阳市、达州市、广元市、乐山市、南充市、雅安市、泸州市、宜宾市、成都市。具体见图8。

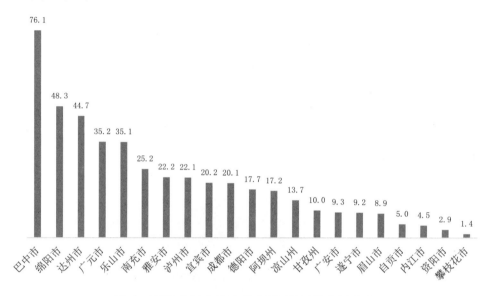

图8 四川省各市州中药材种植面积（万亩）
（数据来源：农业农村厅、协会综合监测）

2. 2020年中药材产量情况

2020年全省中药材产量288.15万吨，排名前十的为巴中市、广元市、乐山市、南充市、绵阳市、达州市、宜宾市、成都市、泸州市、凉山州。具体见图9。

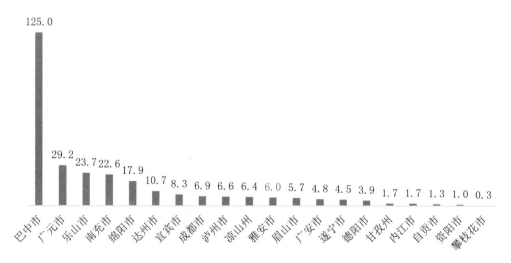

图9 四川省各市州中药材产量情况（万吨）
（数据来源：农业农村厅、协会综合监测）

3.2020年中药材产值情况

2020年全省中药材产值259.5亿元，排名前十的为巴中市、绵阳市、广元市、南充市、达州市、成都市、乐山市、广安市、德阳市、眉山市。具体见图10。

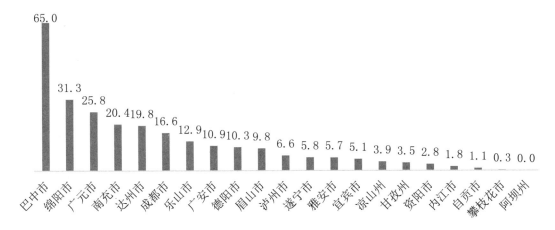

图10　四川省各市州中药材产值情况（亿元）

（数据来源：农业农村厅、协会综合监测）

（三）2020年四川省中药材、中成药国际贸易情况

2020年中药工业出口总额2.14亿人民币，与2020年同比减少5.19%；其中中药饮片出口1.43亿人民币，与2020年同比减少19.05%；中成药出口0.71亿人民币，与去年同比增长44.51%。

出口主要品种：当归、三七（田七）、党参、黄连、菊花、冬虫夏草、贝母、川芎、半夏、白芍、天麻、黄芪、大黄、籽黄、白术、地黄、槐米、杜仲、茯苓、枸杞、沙参、青蒿、甘草、黄芩、矿物性药材、动物性药材等。

中药材出口主要国家：朝鲜、马尔代夫、日本、韩国、泰国、马来西亚、美国、德国、新加坡、越南、意大利、埃及、马达加斯加、新西兰、巴西等。

（以上数据来源：海关、协会综合监测）

（四）目前四川省中药材主要种植企业概况

1.中江县产投农业科技有限公司

川北道地中药材交易中心暨产业扶贫（中药材）创新型服务平台由中江县产投农业科技有限公司运营。该公司由国有全额投资四川成德产城实业有限公司、神龙医药、德本投资公司共同出资1 000万元成立的农业科技型服务企业，主要为中药材种植、初加工、检验检测、仓储物流和电子商务服务，现已正式投入使用。

该中心按照现代化加工、生产、仓储、物流，实行中药材产销对接，建有中药材初加工场地 3 685 m²，阳光房 1 200 m²，晾干分级区 2 000 m²，质检中心 600 m²，标准冷藏仓储中心 4 856.53 m²。预计年实现加工仓储中药材静态 5 000 吨，动态 20 000 吨。

2.四川苍药中药材有限公司

公司成立于 2017 年，是由返乡创业明星蒋先直创办的中药材企业。公司注册资本 1 000 万元，地址位于广元市苍溪县歧坪镇南阳乡三井园区，主要从事中药材种植、研发、收购、初加工和销售；公司现有员工 24 人，其中专业技术人才 13 人，季节性用工 200 余人。公司下属苍溪县齐原中药材专业合作社成立于 2014 年。公司与中科院成都生物研究所、四川农业大学和成都中医药大学等科研院所建立了长期合作关系，致力于白及产业的健康发展；公司与九州通集团下属"四川九州通"达成战略合作协议，公司是广元市中药材产业协会常务理事单位，先后被评为四川省经济和信息化厅"重点培育基地"，四川省科技厅"重点扶贫示范基地"，商务部国际贸易经济合作研究信用评级与认证中心"信用认证企业"和"栏目合作伙伴"，中国药材市场官网"全国特色中药材种植基地"，四川省中医药产业推进小组"三个一批"并命名为重点基地，并选入广元市第六批院士（专家）工作站孵化单位，以及"苍溪县中药材种植科普示范基地""省级龙头企业"。

3.四川逢春医药集团有限公司

公司是一家集科研、生产销售、种植、养殖、林业、项目投资为一体的现代化大型企业。全资子公司，参股公司共二十七家企业，工业用地 900 亩，工业建筑面积 20 万余平方米，GAP 种植用地、林业、养殖用地共 23 万余亩；并已建成亚洲最大，世界闻名的林麝、马麝养殖基地。2020 年初，四川逢春制药控股四川升和药业有限公司及其旗下两家全资子公司。

4.四川天草润东生物科技有限公司

公司成立于 2021 年 5 月 26 日，位于内江市东兴区红牌路 668 号，是内江人和国有资产经营有限责任公司与内江市农业科学院合作的合资公司，合资公司注册资本为 3 000 万元人民币，内江人和国资公司认缴出资 2 700 万元，占注册资本的 90%，内江市农科院授权的内江市黄金树农林科技有限公司以技术入股认缴出资 300 万元人民币，占注册资本的 10%，公司全面参与东兴区天冬产业发展工作，打造中国天冬之乡。目前，天冬、黄精、枳壳、铁皮石斛等 10 余种中药材种植规模近 8 万亩，实现总产值 3 亿元。其中天冬栽种面积 1 万余亩，建成天冬种苗繁育工厂，缓解天冬种苗快速繁殖"卡脖子"问题。

公司主营业务有：技术服务、技术开发、技术咨询、技术交流、技术转让、技术推广；软件开发；医学研究和试验发展；健康咨询服务（不含诊疗服务）；初级农产品收购；食用农产品初加工；非食用林产品初加工；农作物栽培服务；非主要农作物种子生产；生物基材料技术研发；生物基材料销售；生物质能技术服务；农业科学研究和试验发展（除依法须经批准的项目外，凭营业执照依法自主开展经营活动）。

（五）近3—5年四川省中药饮片加工业和中药流通行业相关资料和数据

具体见表3和表4。

表3　近4年四川省中药饮片加工业资产及营业相关数据

年份	资产总计（亿元）	同比增长（%）	营业收入（亿元）	同比增长（%）	利润总额（亿元）	同比增长（%）
2018	155.2	—	242.8	—	8	—
2019	173.8	12	269.5	11	14.8	84.8
2020	177.9	2.4	261.5	−3	15	1.4
2021	189.2	6.4	300.7	15	18.6	24

表4　近5年四川省中药流通行业销售数据

年份	销售额（亿元）	同比增长（%）
2017	369.9	5
2018	345	−6.7
2019	420.8	22
2020	454.9	8.1
2021	529.9	16.5

四、四川省中药材种植行业现状

（一）2020年四川省中药材种植、产量、产值情况

1.四川省各市州中药材生产情况

具体数据见表5。

表5　四川省各市州中药材生产情况

市（州）	面积（万亩）	产量（万吨）	产值（亿元）
全省	449.04	288.15	259.5
成都市	20.06	6.89	16.54
自贡市	5	1.25	1.07
攀枝花市	1.41	0.33	0.33
泸州市	22.11	6.62	6.61
德阳市	17.7	3.88	10.31

续表

市（州）	面积（万亩）	产量（万吨）	产值（亿元）
绵阳市	48.27	17.87	31.3
广元市	35.16	29.21	25.81
遂宁市	9.2	4.47	5.77
内江市	4.51	1.67	1.83
乐山市	35.1	23.74	12.89
南充市	25.20	22.60	20.40
宜宾市	20.18	8.31	5.10
广安市	9.33	4.82	10.91
达州市	44.72	10.73	19.81
巴中市	76.10	125.00	65.00
雅安市	22.24	6.03	5.73
眉山市	8.88	5.71	9.75
资阳市	2.93	0.96	2.84
阿坝州	17.20	—	0.00
甘孜州	10.01	1.69	3.45
凉山州	13.73	6.39	3.93

（数据来源：农业农村厅、协会综合监测）

2.四川省林草中药材品种生产情况

具体数据见表6。

表6　四川省林草中药材品种生产情况统计表

序号	品种	全省面积（亩）	全省产量（吨、干重）	全省产值（万元）	是否道地药材
1	杜仲	521 273.7	68 075.80	78 896.94	是
2	黄柏	417 422.21	2 144 570.89	49 636.17 061	是
3	厚朴	1 045 041.00	109 172.55	60 776.72	是
4	乌梅	145 511.00	7068	5151.52	是
5	银杏叶	396 159.39	47 595.09	26 092.82	否
6	辛夷	4 130	93.5	76	否
7	红豆杉	18 191.25	1 026.9	9 501.6	否
8	金银花	43 096	1 315	14 612	是

续表

序号	品种	全省面积（亩）	全省产量（吨、干重）	全省产值（万元）	是否道地药材
9	枳壳	18 192	2 769.1	5 239.06	是
10	佛手	9 164	3 243.8	9 070.29	是
11	白果	800	5	2.5	否
12	佛手	23 974	11 852	7 085.6	是
13	无花果	1 020	100	400	否
14	吴茱萸	5 840	476.76	4 052.46	是
15	木瓜	16 568	2 152	2 582.3	否
16	连翘	740	0	0	否
17	黄栀子	19 194	994	494.4	否
18	栀子	7 553	366.3	688.8	是
19	澳洲茶树	800.00	0	0	否
20	金钱柳	370	23.31	198.135	否
21	木姜叶柯	700	6	300	否
22	白茶	1 200	0	0	否
23	栀子花	1 000	0	0	否
24	花椒	90 789	1 407.2	17 345.28	是
25	枸杞	500	0	0	否
26	皂角	300	0	0	否
27	化香树果	5 000	800	640	否
28	芸香木	213	0	0	否
29	川贝母	1 310 166	5.35	639.1	是
30	羌活	1 839 218	260.11	1 566.33	是
31	红景天	1 900	3.2	77	否
32	党参	17 221	2 309.6	4 257	是
33	独一味	712	0	409.6	否
34	续断	24 552.2	3 979	6 505	是
35	药菊	179	0	0	否
36	冬虫夏草	29 932 229	11.392	82 450.02	是
37	赤药	117	0	0	否
38	草乌	3 120	1 500	1 500	否
39	秦艽	2 993	2 760	1 000	是

续表

序号	品种	全省面积（亩）	全省产量（吨、干重）	全省产值（万元）	是否道地药材
40	山慈菇	850	0	0	否
41	黄连	157 237.3	6 908.32	50 025.03	是
42	茯苓	19 100	12 010	9 621.25	否
43	石斛	68 851	2 656	26 604.5	是
44	大黄	756 076	12 054.52	13 612.89	是
45	黄精	37 037.68	20 865.48	35 294.47 是	是
46	半夏	3 748	490.5	1 806	是
47	重楼	116 337.4	11 218.73	66 251.12	是
48	天麻	62 608	26 534.28	73 965.68	是
49	木香	47 050	6 040	3 931	是
50	丹参	6 000	6 000	4 800	是
51	桔梗	2 105	2 000	4 000	是
52	牛膝	16 650	5 260	4 142.4	是
53	砂仁	19 650	3 062.4	6 067.4	否
54	白及	21 129.9	3 904.15	11 144.45	是
55	川芎	445	40.55	178.5	是
56	黄芩	60	0	0	否
57	金丝皇菊	90	1.7	27.2	否
58	白芷	230	46.62	91.63	是
59	紫苏	80	60	15	否
60	药用牡丹	30	0	0	否
61	竹节参	20			否
62	淡竹叶	50 200	970	879	否
63	黄花	200	3	15	否
64	绞股蓝	1 675	0	1 675	否
65	仙茅	2 000	0	145 377.1	是
66	芍药	20 201.1	7 003.5	5 339.5	否
67	菊花	100	0	0	是
68	金花葵	133	2 000	1 520	否
69	射干	1 000	0	2 850	是
70	当归	13 620	2 405.5	3 705.23	否

续表

序号	品种	全省面积（亩）	全省产量（吨、干重）	全省产值（万元）	是否道地药材
71	柴胡	34 075	1 518.9	5 562.14	是
72	魔芋	4 257	1 200	720	是
73	山药	260	20	22	否
74	附子	330	0	0	是
75	何首乌	120	100	90	是
76	羌活	126.94	10	28	是
77	波棱瓜	2 832	70	2 520	否
78	香根芹	50	30	2	否
79	秦艽	10	1	5	是
80	前胡	18 800	2 420	3 300	否
81	乌药	5 000	625	1 875	否
82	淫羊藿	12 000	200	1 200	是
83	藁本	400	120	120	是
84	白术	20 100	19 760	6 670	否
85	竹根	2	0.5	16	否
86	毛慈菇	105.9	53.95	515.8	否
87	玄参	699	457.5	172.75	否
88	云木香	3 211	805.5	645	否
89	山桐子	18	9	5.4	否
90	蒲公英	483.95	91	10.1	否
91	马兰	898	76	44	否

（数据来源：省林草局、协会综合监测）

3.四川省林下种植中药材品种生产情况

具体数据见表7。

表7 四川省林草中药材品种生产情况统计表（林下药材）

序号	品种	全省面积（亩）	面积排名	全省产量（吨，干重）	产量排名	全省产值（万元）	产值排名	是否道地药材
1	大黄	756 076	1	12 054.52	4	13 612.89	6	是
2	黄连	157 237.3	2	69 0832	8	50 025.03	3	是
3	重楼	116 337.4	3	11 218.73	6	66 614.72	2	是

续表

序号	品种	全省面积（亩）	面积排名	全省产量（吨，干重）	产量排名	全省产值（万元）	产值排名	是否道地药材
4	石斛	68 851	4	2 656	14	26 604.5	5	是
5	天麻	62 608	5	26 534.28	1	73 965.68	1	是
6	黄精	51 625.68	6	20 985.48	2	38 084.07	4	是
7	淡竹叶	50 200	7	970	22	3 469.65	19	否
8	木香	47 050	8	6 040	9	3 931	17	是
9	柴胡	34 075	9	1 518.9	20	5 562.14	11	是
10	砂仁	31 430	10	4 022.4	12	6 287.4	10	否
11	白芨	21 639.9	11	3 914.15	13	11 247.25	7	是
12	芍药	21 051.1	12	7 003.5	7	5 339.5	12	否
13	白术	20 100	13	19 760	3	6 670	9	否
14	茯苓	19 100	14	12 010	5	9 621.25	8	否
15	前胡	18 800	15	2 420	15	3 300	20	否
16	党参	17 121	16	2 304.6	17	4 227	14	是
17	牛膝	16 650	17	5 260	11	4 142.4	15	是
18	当归	13 620	18	2 405.5	16	3 705.23	18	否
19	淫羊藿	12 000	19	200	29	1 200	27	是
20	丹参	6 000	20	6 000	10	4 800	13	是
21	乌药	5 000	21	625	25	1 875	25	否
22	魔芋	4 257	22	1 200	21	720	28	是
23	半夏	3 748	23	490.5	26	2 262.15	23	是
24	云木香	3 211	24	805.5	23	645	29	否
25	波棱瓜	2 832	25	70	34	2 520	22	否
26	桔梗	2 105	26	2 000	18	4 000	16	是
27	穿心莲	2 000	27	800	24	470	31	否
28	仙茅	2 000	28	0	47	0	47	是
29	草果	1 200	29	0	47	0	47	否
30	绞股蓝	1 000	30	220	28	2 200	24	否
31	射干	1 000	31	0	47	2 850	21	是
32	马兰	898	32	76	33	44	37	否
33	玄参	699	33	457.5	27	172.75	33	否
34	赶黄草	540	34	0	47	0	47	是

续表

序号	品种	全省面积（亩）	面积排名	全省产量（吨，干重）	产量排名	全省产值（万元）	产值排名	是否道地药材
35	蒲公英	483.95	35	91	32	10.1	44	否
36	川芎	445	36	40.55	38	178.5	32	是
37	藁本	400	37	120	30	120	34	是
38	附子	330	38	0	47	0	47	是
39	山药	260	39	20	40	22	40	否
40	白芷	230	40	46.62	37	91.63	35	是
41	黄花	200	41	3	43	15	42	否
42	金花葵	133	42	2 000	19	1 520	26	否
43	何首乌	130	43	100	31	90	36	是
44	毛茨菇	1 059	44	53.95	36	515.8	30	否
45	菊花	100	45	0	47	0	47	是
46	金丝皇菊	90	46	1.7	44	27.2	39	否
47	紫苏	80	47	60	35	15	43	否
48	黄芩	60	48	0	47	0	47	否
49	香根芹	50	49	30	39	2	47	否
50	药用牡丹	30	50	0	47	0	47	否
51	竹节参	20	51	0	47	0	47	否
52	山桐子	18	52	9	42	5.4	45	否
53	竹根	2	53	0.5	46	16	41	否

（数据来源：省林草局、协会综合监测）

4.四川省高原、草原珍稀植物药材生产情况

具体数据见表8。

表8　四川省高原、草原珍稀植物药材生产情况统计表

序号	品种	全省面积（亩）	面积排名	全省产量（吨，干重）	产量排名	全省产值（万元）	产值排名	是否道地药材
1	羌活	1 839 218	1	260.11	4	1 566.33	2	是
2	川贝母	1 310 166	2	5.35	5	639.1	5	是
3	续断	24 552.2	3	3 979	1	6 505	1	是
4	草乌	3 120	4	1 500	3	1 500	3	否
5	秦艽	2 993	5	2 760	2	1 000	4	是

续表

序号	品种	全省面积（亩）	面积排名	全省产量（吨，干重）	产量排名	全省产值（万元）	产值排名	是否道地药材
6	红景天	2 460	6	3.2	6	77	7	否
7	山慈菇	850	7	0	7	0	8	否
8	独一味	712	8	0	7	409.6	6	否
9	药菊	179	9	0	7	0	8	否
10	赤芍	117	10	0	7	0	8	否

（数据来源：省林草局、协会综合监测）

5.四川省木本药材生产情况

具体数据见表9。

表9　四川省木本药材生产情况统计表

序号	品种	全省面积（亩）	面积排名	全省产量（吨，干重）	产量排名	全省产值（万元）	产值排名	是否道地药材
1	厚朴	1 044 291	1	109 169	1	60 768	2	是
2	杜仲	522 273	2	68 203	2	79 168	1	是
3	黄柏	418 422	3	45 863	4	50 089	3	是
4	银杏（叶用）	396 159	4	47 595	3	26 092	4	否
5	乌梅	145 511	5	7 068	6	5 151	10	是
6	金银花	43 096	6	1 315	11	14 612	5	是
7	黄栀子	29 982	7	2 711	9	2 264	13	否
8	佛手柑	23 974	8	11 852	5	7 085	8	否
9	枳壳	18 192	9	2 769	8	5 239	9	否
10	红豆杉	18 191	10	1 026	12	9 501	6	否
11	木瓜	16 568	11	2 152	10	2 582	12	否
12	佛手	9 864	12	3 275	7	9 095	7	是
13	栀子	7 553	13	366	15	688	14	是
14	吴茱萸	5 840	14	476	14	4 052	11	是
15	化香果树	5 000	15	800	13	640	15	否
16	辛夷	4 130	16	93.5	17	76	19	否
17	白茶	1 200	17	0	21	0	21	否
18	无花果	1 020	18	100	16	400	16	否

续表

序号	品种	全省面积（亩）	面积排名	全省产量（吨，干重）	产量排名	全省产值（万元）	产值排名	是否道地药材
19	栀子花	1 000	19	0	21	0	21	否
20	银杏（果用）	800	20	5	20	2.5	20	否
21	澳洲茶树	800	21	0	21	0	21	否
22	连翘	740	22	0	21	0	21	否
23	木姜叶柯	700	23	6	19	300	17	否
24	枸杞	500	24	0	21	0	21	否
25	金钱柳	370	25	23.31	18	198	18	否
26	皂角	300	26	0	21	0	21	否
27	芸香木	213	27	0	21	0	21	否

6.四川省人工驯养动物药材生产情况

具体数据见表10。

表10　四川省人工驯养动物药材生产情况统计表

序号	品种	全省数量（只/头）	数量排名	全省产量（克）	产量排名	全省产值（万元）	产值排名	是否道地药材
1	眼镜蛇	150 000	1	20	9	100	6	否
2	蟾蜍	28 500	2	28 0 200	7	12.04	9	是
3	乌梢蛇	22 800	3	7 500 000	2	995	5	否
4	梅花鹿（鹿茸）	5 032	4	3 499 170	4	500 184	1	否
5	舟山眼镜蛇	5 000	5	5 000 000	3	50	7	否
6	林麝（麝香）	4 149	6	49 470	8	3 927.2	2	是
7	黑熊	1 212	7	9 350 000	1	1 926.8	4	否
8	蓝孔雀	300	8	300 000	6	15	8	否
9	豪猪	100	9	525 600	5	2 820	3	否
10	金钱白花蛇	0	10	0	10	0	10	否

（二）四川省中药材种植（养殖）基地建设情况

四川省已建成3 300公顷中药材种子种苗繁育基地，建设有11个生产基地、1个双流保种基地和1个种子种苗检测中心，能对100多种品种进行繁育，覆盖18种大品种中药材。据统计，四川省已有16个品种、24个中药材种（养殖）基地通过GAP认

107

证。具体见表11。

表11　四川省通过GAP认证的中药品种及种植基地地址

品种	种植基地地址	品种	种植基地地址
美洲大蠊	西昌市安宁镇马坪坝村	天麻	平武县高村乡福寿村、阔达藏族乡仙坪村、木皮藏族乡金丰村、南坝镇建筑村、坝子乡轿子坪村、高村乡代坝村
鱼腥草	雅安市严桥镇严桥村、新和村；什邡市回澜镇龙桥村、广汉市西高镇金光村	厚朴	都江堰市中兴镇两河村
麦冬	绵阳市三台县花园镇营城村；绵阳市三台县老马乡；三台县花园镇涪城村	郁金、莪术	成都市双流县金桥镇舟渡村
川贝母	阿坝州松潘县水晶乡寒盼村、茂县松萍沟乡岩窝寨村	益母草	凉山州冕宁县宏模乡新阳村
附子	凉山州布拖县西溪河区火烈乡、补洛乡、乐安乡；绵阳市江油市彰明镇；北川羌族自治县漩坪乡烧坊村（乌药坪）；江油市太平镇	白芍	中江县集凤镇石垭子村、银冯村、高屋村
丹参	中江县石泉乡西眉山村、林家沟村、坭宾寺村	金银花	成都市大邑县出江镇香桂村、出源村
川芎	川芎坝区药材基地：彭州市敖平镇兴泉村；彭州市葛仙山镇群柏村、百顺村；川芎中山苓种基地：汶川县水磨镇灯草坪村	桔梗	广安市乔家镇南山村、花园镇苏麻沟村、朝阳乡高井圈村、通江县龙凤乡环山村
半夏	甘肃省西和县石堡乡张刘村、十里乡板桥村	白芷	遂宁市船山区永兴镇、新桥镇；射洪县柳树镇，蓬溪县红江镇

（三）四川省中药材产值产量

截至2020年不完全统计显示，我省中草药产量256万吨，其中木本药材240.41万吨（含三木药材232.18万吨），高原（草原）珍稀植物药材1.08万吨，林下种植中药材15.91万吨，其中黄柏、厚朴、杜仲、银杏、天麻、黄精、白术、大黄、茯苓、佛手柑、重楼全省产量均在万吨以上，占全省的97%。白及、黄连、川明参、天麻、川芎、麦冬、金银花、重楼、柴胡、附子、桔梗、栀子、川牛膝、石斛、当归、泽泻、丹参、白芷18种中药材产值达到106.05亿元，占全省中药材总产值的61.22%，为四川省大品种中药材。白及、黄连、川明参、天麻、川芎产值均超过10亿元，分别占中药材产业总产值的11.04%、10.11%、6.55%、6.23%、5.82%。目前，高经济价值、强地域选择性使中药材产业成为乡村振兴的"明星"产业，逐步成长为四川省主要农产品，成为农民增收的重要来源，中药材的产量基本稳定。

（四）中药材进出口分析

据海关统计，2018—2020 年我国中药材（含中式成药）出口额和出口量分别为 72.7 亿元、81.2 亿元、83.6 亿，12.8 万吨、13.3 万吨、14.4 万吨。2021 年 1—9 月，我国向境外出口中药材 43.95 亿元，同比下降 6.9%，出口数量 9.17 万吨，同比下降 3.6%。2021 年前三个季度，我国中药材出口的前十大市场（按出口额计算）为日本、中国香港、韩国、越南、中国台湾、马来西亚、美国、泰国、德国、新加坡。据不完全统计数据显示 2020 年四川省出口中药材 1.22 亿元，部分统计中药材中出口量最多的为党参，出口率为出口的中药材占生产的中药材产量的比率，其中川芎的出口率最高，天麻的出口率最低（见表 12）。

表12　四川省部分出口中药材统计

名称	产量（吨）	出口量（吨）	出口率（%）
天麻	26 534.28	2.764	0.010 417
杜仲	68 075.80	84.56	0.124 214
白术	19 760	33.289	0.168 467
大黄	12 054.52	28.714	0.238 201
茯苓	12 010	24.573	0.204 604
黄连	6 908.32	12.126	0.175 527
当归	2 405.5	69.463	2.887 674
党参	2 309.6	168.196	7.282 473
半夏	490.5	81.9	16.697 25
川芎	40.55	18.574	45.805 18
冬虫夏草	11.392	0.272	2.387 64

（数据来源：海关总署统计，成都海关、协会综合监测）

五、四川省中药材种植行业发展趋势

（一）农药化肥管理严格化

2020 年四川省林草局组织编制的《四川省林草中药种植技术指导意见》明确指出了以下禁止的种植、加工方式：禁止不合理使用除草剂、杀虫剂和杀菌剂等化学农药，禁止使用在中药材上限用的农药，禁止使用壮根灵、膨大素等生长调节剂。中药材初加工过程中，禁止使用有毒、有害物质用于防霉、防腐、防蛀虫，禁止采取硫磺熏蒸的方式加工药材，禁止一切染色增重、漂白、掺杂使假等行为，确保中药材质量。

（二）中药源头可追溯体系建立

"十四五"规划指出制定中药材追溯标准，推进中药材溯源试点建设，加强中药材源头管理，完善中药材流通行业规范。目前以成都中医药大学为技术依托，初步建立了中药材生产溯源技术体系。

（三）资源利用和保护并进

加强川产道地药材种质资源和原产地保护，支持珍稀濒危中药材人工繁育，开展野生变家种攻关，突破优质中药材种植（养殖）关键技术，建设高质量种子种苗繁育基地。以第四次全国中药资源普查为契机，着力打造四川省中药材种子种苗繁育基地和国家中药种子资源库，为四川中药资源的利用和保护提供物质保障。

（四）提升中药材产业集约化水平

支持新建、改造规范化中药材种植基地，加快培育以中药材为主导的现代农业园区。推广生态种植和仿野生栽培，鼓励按照年限、季节和药用部位采收中药材，推进中药材产地初加工标准化发展，提升药材净制及干燥技术，鼓励各地建设区域性精深加工中心。

六、存在的问题与建议

（一）存在的主要问题

1.种源（种子、种苗）问题

四川省有道地药材 86 种，但良种选育严重滞后，中药材良种繁育水平较低，栽培药材良种推广率不足 10%，基本以"自繁自育自用"为主；种源不纯，种子混杂，种质退化等问题较为普遍，如川牛膝，目前种质混乱，严重影响中医临床的安全与有效；品种选育、良种繁育等科研、生产工作起步晚，至今进展缓慢；片面追求产量，出现杂交、多倍体、太空育种等，使得产量提高而质量堪忧的情况；经营方面，中药材种子种苗经营不规范，专门从事中药材种子种苗的公司为数不多；质量方面，缺乏完善的质量标准，也没有规范包装；监管方面，至今中药材尚未出台种子种苗法，管理体系与规章制度建设等不完善。建议加快中药材种子种苗法颁布，加强中药材种子种苗的生产经营管理，加强品种选育等科研工作，加强种子种苗的质量标准及其监管体系。

2.种养殖生产问题

生产技术落后，重产量轻质量。中药材种植过程管理当前处于较低水平，片面追求产量，然而质量监管与评价尚缺乏科学方法，因此近几年滥用化肥、农药、状根灵等生长调节剂现象较为普遍，如麦冬、白术、党参、牛膝等药材十分严重，导致中医临床量效受到极大影响；病虫害及连作障碍严重，专用农药缺乏，施药不规范等情况普遍存在。种植年限不足所致药材质量不佳问题突出。近几年中药行业组织、各地方也制定了不少种植规范、标准，但执行力度差，任重道远。建议加强规范化生产，加强生产过程的监督管理，引导仿野生、生态种植等高品质生产。

3.采收加工问题

采收加工随意性较大，部分野生如连翘、女贞子等药材抢青问题，产地清洗、加工条件落后，加工不规范不及时，储存技术仍然较为原始，导致中药材品质下降。传统加工技术萎缩，产地不规范切片问题普遍。随着农村劳动力结构、数量的变化，使得野生采集成本提高，存在促使部分药材在选育阶段将药材采收窗口期延长，引入不同物种，导致种源不纯现象。建议产地规范化加工，提高机械化水平。

4.无序引种问题

历代医家历来十分强调中药材产地的重要性，特定物种所在生态环境造就了特殊的功效。明代伟大的药学家李时珍在《本草纲目》中写道："动植形生，因地舛性。春秋节变，感气殊动；离其本土，则质同而效异。"不同区域气候生态等差别极大，因此通过道地来综合控制中药材质量具有悠久的历史，同时具有其独特的科学内涵。然而近几年随着经济利益的驱动，药材的种植呈现了无序引种的现象，如高人力成本向低人力成本地区转移，高海拔区域生长的药材逐步向低海拔区域转移，低温区域向高温区域转移等，缺乏逆境、胁迫等作用，导致药材形似而质差。建议加强道地药材生产基地建设，推进农业农村部《全国道地药材生产基地建设规划》落实。

5.质量控制问题

中药材质量控制监管主要采用《中国药典》《四川省中药材标准》和炮制规范的二级强制标准，但都是合格性标准，生产上"就着标准生产药材"现象普遍，出现了"高合格率而低品质"的情况，指标性成分不能全面反映药材品质问题突出。其余品质分级标准如商务部行业标准、中华中医药学会团体标准等商品规格等级标准因非强制身份而采纳较少。低价采购等政策也使得中药材优质优价推进困难。建议执行中药材优质优价。

6.产业信息问题

目前全省中药材种植面积、产量、供给量、需求量等信息尚无法精确统计，导致相关数据缺失，靠市场经济自主调节，价格波动较大，加之中药材部分产区产量集中的品种易垄断，不少资本进入药材领域，导致供求关系更加复杂。此外，中药材流通过程信息不明，出现质量问题较难追溯原因。建议加强建设生产信息服务平台，搭建全国性道地药材生产信息采集网络，提供全面、准确、及时的中药材生产信息及趋势预测，促进产需有效衔接，防止生产大起大落和价格暴涨暴跌。另可运用互联网和大数据等技术，搭建道地药材信息化追溯平台，实现对道地药材生产投入品质、生产过程、流通过程进行全程追溯，规范生产经营行为。

7.种植中药材品种同植化问题

目前我省中药材种植趋向于市场对药材赋予的价值，当某个中药材品种价格处于高点，部分药农会也会跟随市场盲目跟风种植，直接问题一是这部分高价值药材的产能急剧放大，扰乱市场价格趋势；二是盲目的跟风种植欠缺经验，导致市场大规模出现不合格品药材；三是其他相对价格平稳或下跌的药材市场存量出现缺口。

（二）建议

1.健全我省道地药材支柱产业，大力发展道地药材

加大宣传力度，提升中药道地药材产业影响力，通过举办论坛、电视、网络、新闻媒体等多方位、多角度宣传中药道地药材，不断提高道地药材知名度。凝聚全省科研—企业之力，仔细调研，发展四川省特色道地药材，并形成产业化发展。

2.建立和健全道地药材良种苗木繁育基地，提高良种覆盖率

要加强资源保护、人工驯化、仿野生种植等方面的研究，加强对濒危稀缺道地药材种植资源的保护。一是建设濒危道地药材生产基地开展野生资源保护和抚育，加强野生抚育与人工种植驯化技术研究。二是建设道地药材良种苗木繁育基地，分品种分区域集成道地药材种植种苗繁育技术规范，开展道地药材提纯复壮，扩大繁育和展示示范，加快建设一批标准高、规模大、质量优的道地药材种子种苗繁育基地，提高道地药材供种供苗能力。

3.建立和健全道地药材加工储藏集散基地，更好的拓展市场

鼓励中药企业在产地建设集粗加工储藏和集散中心为一体的加工基地。一是提高道地药材产地加工能力建设，在继承与研究道地药材传统加工技艺基础上，制定道地药材产地技术规范，建设清洁、规范、安全、高效的现代化药材加工基地，提高药材质量。二是提高道地药材产地储藏能力建设，加快道地药材生产基地产地储藏设施设备建设，要用低温冷冻干燥、节能干燥、无硫处理、气调储藏等新技术。提升药材保鲜能力，最大程度保持药效。

4.建立和健全道地药材标准化种植示范基地，确保产品质量

依托龙头企业、农民合作社等新型经营主体，构建"龙头企业＋合作社（种植大户）＋基地"的生产经营模式，按照统一规划、合理布局、集中连片的原则，加强基础设施建设，配套水肥一体设施，建成高标准道地药材生产基地。突出道地特色和产品

特性，与特色农产品优势区建设规划相衔接，打造一批种植规模化、设施现代化、生产标准化的道地药材特色生产示范基地，培育一批道地药材优势品牌。

5.建立和健全道地药材标准体系，推进标准化生产

根据中医临床和中药企业提出的药材品质要求，积极与四川大学、成都中医药大学、四川农业大学、四川省中医药科学院、华西医院等行业组织及相关单位进行合作，研究制定道地药材从种植管理到加工销售等各个环节的技术标准，并推动企业、专业合作社以及种植大户按标生产、规范管理，推进道地药材全程标准化生产。

6.建立健全道地药材检验检疫、产品研发体系，提高市场认可度

建立一批第三方中药检验服务中心，统一检验能力与标准，服务全区药材种植、流通、加工企业和终端，弥补企业检验能力的不足，保证质量，提高市场认可度；成立药材专项检疫部门，为进出口药材资源与产品做好服务保障；与科研院校对接一批有药物研发能力的实验室，帮助道地药材实现产品转化，降低企业成本，提高我省道地药材产品附加值。

7.加强组织领导，将发展道地药材纳入各级政府重点工作中

明确牵头单位，落实具体责任，加大宣传力度，加强监督考核，切实推动发展。成立专业协会，加强对中药材产业发展的指导和管理，统筹解决中药产业发展的问题，建立和完善多元化、多渠道的投入机制。

专论7　四川省中药饮片加工行业研究报告

黄勤挽[1]　　董兆威[2]　　田茂颖[2]　　王茜[2]　　覃小妍[2]　　杨鹭[3]　　包宇辰[3]
付琴文[3]　　田青青[3]　　付玥[4]

摘要：中药饮片加工行业的健康发展，不仅决定着整个中药行业的发展进程，同时对促进中医药事业的发展也有着重要影响。本研究分别从行业概述、行业表现、产品和服务以及竞争格局四个方面描述了中药饮片加工行业的整体市场现状，分析了影响行业发展的主要因素，并对行业的发展前景进行预测，为优化产业结构、提高行业的国际竞争力提供理论支持和数据支持。

关键词：中药饮片；加工行业；行业报告

一、本行业概述

（一）行业定义

中药饮片加工行业，是指将来源于植物类、动物类及矿物类的中药材进行加工制备成中药饮片的生产行业。

（二）主要活动

该行业主要包括以下活动：将各种中药材经过加工、炮制，制成中药饮片；其他提取中药的加工。

（三）竞争行业

2710– 化学药品原药制造

化学药品原药制造行业提供加工药品制剂所需的原料药生产。

2720– 化学药品制剂制造

化学药品制剂制造行业制造直接用于人体疾病防治、诊断的化学药品制剂。

---

[1] 黄勤挽，中药学博士，教授，主要从事中药炮制学研究，中华中医药学会中药炮制分会副主任委员，非物质文化遗产省级代表性传承人，全国中药特色技术传承人才。
[2] 董兆威、田茂颖、王茜、覃小妍，2020级硕士研究生，主要从事中药炮制学研究。
[3] 杨鹭、包宇辰、付琴文、田青青，2021级硕士研究生，主要从事中药炮制学研究。
[4] 付玥，2021级硕士研究生，主要从事中药药性评价研究。

2740– 中成药制造

中成药制造行业加工生产直接用于人体疾病防治的传统药。

2760– 生物、生化制品的制造

生物、生化制品的制造行业主要包含利用生物技术生产生物化学药品、基因工程药物的生产活动。

二、行业表现

（一）概要

四川中药饮片在全国中药饮片生产和销售中占有至关重要的地位，其饮片工业总产值多年来一直居于全国第二、三位。截至 2020 年 12 月末，全省规模以上中药饮片企业 138 户，比 2019 年增加 3 户；中药饮片企业营业收入 261.5 亿元，同比增长 5%，占全省医药工业比重 18.8%，相比去年高 0.6 个百分点，利润总额 15 亿元，同比增长 15.4%，出口总额 1.43 亿元，同比减少 19.05%；虽然行业销售收入和利润总额在逐步增长，但行业内大规模企业数量仍较少。随着行业发展成熟，未来小规模企业将逐渐从市场淘汰，竞争力强的企业市场份额将不断扩大，行业市场集中度将提高。国家高度重视中药饮片加工行业，并将继续推出新的行业标准和规范来增强行业在全球市场的竞争力。

（二）外部驱动因素

中药饮片加工行业的外部驱动因素主要包括以下内容。

上游行业：中药饮片行业与上游中药材种植行业和养殖行业密切相关，中药材的资源储备、产量、价格等变化，对中药饮片行业有着直接影响。中药饮片加工的成本很大程度上取决于原材料费用。近年来，原材料成本的提高带动了行业产品价格的上升，这在一定程度上阻碍了行业需求和发展。

下游行业：中药饮片加工行业产品主要用于医院、药店及中成药厂。因此，行业发展情况与下游市场的需求息息相关。其中医院是最主要的药品购买渠道。随着医疗卫生系统的不断改革发展，药店和药厂也逐渐成为重要的药品购买渠道，带来了广阔的市场需求。此外，随着国民健康意识的提高，中药饮片还越来越多的应用于保健品市场、药膳、化妆品、药用足浴等大健康领域。部分药食同源饮片直接进入商场超市及餐饮业。中药饮片下游用途广泛、应用行业多、终端消费渠道多。

法律法规：法律法规和政策要求对中药饮片加工行业的发展有很大影响，尤其是在行业产品的生产和流通方面。中药饮片行业是我国传统中药产业，享受国家重点保护，并且禁止外商投资，不受外资冲击。中药饮片也不在药品降价范围内，不取消药品加成。国家空前重视中医药的发展，出台了多项帮扶政策。

居民收入：随着收入的提高，人们对健康生活及疾病预防也越来越重视。思想观念的转变加大了产品需求，促进了行业的发展。

技术：现代技术的发展促进了行业产品的大批量、规模化生产，提高了产品质量，确保用药安全有效。新型干燥技术及新型设备的出现极大促进了行业发展。

作为传统饮片的补充，一些特殊形式的产品出现，如中药配方颗粒、超微饮片、纳米饮片等，为中药饮片行业注入了新的活力。

（三）行业发展情况

2009—2020 年，四川饮片工业总产值逐年增加，规模以上中药饮片加工企业主营业务总收入从 2009 年的 60.17 亿元增加至 2020 年的 261.5 亿元，年平均增长率达到 27.8%。虽然目前四川中药饮片企业的规模提升较小，但对饮片的质量要求均较高，有面向全国发展、将企业做大做强的基础和条件。见图1。

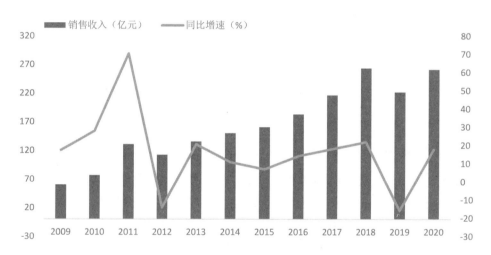

图1　2009—2020年中药饮片行业加工销售收入

资料来源：四川省医药行业协会

1.国内表观消费量

2009—2020 年，四川饮片工业总产值逐年增加。2020 年我省药品销售总额 1 096.3 亿元，占全国销售总额 4.5%。其中，中药饮片销售 25 亿元，占我省药品销售总额的 2.3%，占全国中药饮片销售总额的 4.51%，居全国第 10 位。目前行业的进出口交易不太景气，因此销售收入与行业的国内消费需求密切相关。近年来，我国逐渐步入了老龄化社会，对医疗保健产品的需求不断增加。医疗系统的改革及社会保障系统的完善大大提高了药品的销量。此外，居民健康意识也在不断提高，促进了产品国内消费需求的增长。

2.对外贸易

2020年中药出口总额2.14亿元，与去年同比减少5.19％；其中中药饮片出口额1.43亿元，与去年同比减少19.05％；中成药出口额0.71亿元，与去年同比增长44.51％。虽然目前行业内有很多小型企业，但是其缺乏完善的设备与技术，产品质量不高，尚不适合出口，因此行业产品主要输入国内市场，行业整体出口水平不高，2020年行业出口额与去年同比减少5.19％。

（四）未来前景预测

1.国内表观消费量

未来5年，四川中药饮片加工行业营业收入大趋势仍将稳步发展，预计复合增长率将会在13.5％，到2025年行业营业收入将达到405.5亿元。未来，中国老龄化逐渐加快，社会老年人疾病用药及医疗保健需求进一步提高，全民养生热潮应势而起。中药饮片作为一种经过加工炮制的中药材，可以更好地储存和保护中药材的药性，临床用药更加方便和安全，加上全民对健康养生需求的释放，对健康理念的深入，以及国家对相关医疗制度的不断改善，都将极大促进催生中药饮片的市场容量发展，预测在未来5年，行业的省内表观消费量将保持13.6％的复合增长率。见图2。

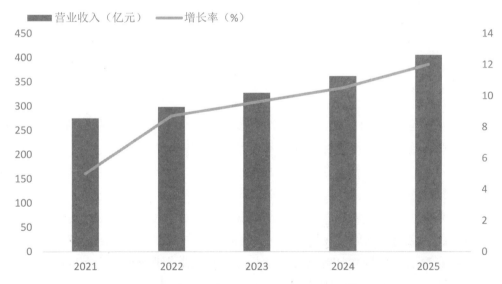

图2　2021—2025年四川省中药饮片行业营业情况预测
资料来源：2020年四川省中医药产业发展情况汇编

2.对外贸易

2021—2025年，四川中药饮片加工行业出口额的年均复合增长率为0.4％，随着中草药、针灸等各种中西医结合疗法的蓬勃兴起，中药饮片逐渐被认知和接受，中药饮片使用的普及面也越来越广。且长期来看，中药饮片具备的副作用小、配方灵活、治病调养相结合等特点，这些特点伴随着人们健康生活理念的不断深化，将极大地促进海外市场对传统中药饮片的需求。但是，现目前出口增长速度仍低于省内表观消费量增速。

预计未来 5 年，四川省中药饮片加工行业出口额占四川行业收入的比重将维持在 0.2% ~ 0.6% 之间。中药饮片加工行业进口额将继续保持低速稳定增长，年均复合增长率为 0.2%。

（五）生命周期

四川的中药饮片加工行业现仍处于低速成长期。预计 2021—2025 年间，行业增加值年均复合增长率为 15.1%。

2021 年，我国如期实现了第一个百年奋斗目标，在中华大地上全面建成了小康社会，历史性地解决了绝对贫困问题，如期迈进了全面建成社会主义现代化强国的第二个百年奋斗目标。全面建成小康社会的实现，促使人民的生活水平不断提高，人民对高质量生活高度重视，因此对于该行业的需求也逐渐升高。另国家监管部门也对行业发展高度重视，不断推出新的行业标准法规来提高产品质量。多方面原因促使整个行业的市场化发展越来越好。行业的营业渠道包括医院、诊所和药店等。现为了顺应时代，较多行业企业也开通了网店，采取网上售卖，方便客户购买，拓展了行业营业渠道。

三、产品和服务

（一）下游行业

中药饮片产业链下游包括中药饮片消费场所与消费终端，消费场所主要是中医院、连锁药店、连锁超市和诊所，消费终端是中药饮片消费者。

1. 饮片零售行业。该行业包含了中药材、中成药、中药饮片、中药制剂等专门零售店，还有大型零售商场，经营中药饮片的零售活动。

2. 医院行业。该行业主要指各类医院的药房，其诊治医生会向前去就医的患者提供各种药物，包括中药饮片，该行业中，中医医院是中药饮片的重要下游销售渠道。

3. 大健康食品、保健食品等行业。该行业主要指生产保健中药饮片的企业，通过对中药材原材料的收购加工，制成保健品，主要销售渠道在商场、超市等。

（二）上游行业

上游产品是具有农产品属性的中药材，其品质受气候、采集时间、采收方法等因素影响严重，产量及品质不稳定导致价格波动较大，定价权随着价格的波动而转移。

植物类中药材的种植培育，采收并经过简单的产地加工，按饮片类型的不同进行不同的炮制加工，形成能够供消费者购买的一定规格的饮片。此种方式可以促进中药材，特别是稀缺中药材的可持续发展，为中药饮片加工等行业提供充足的原材料。

建立珍稀濒危动物的养殖所，如麝香、鹿茸等药材的原动物，采取此种方式既能够保护濒危动物，也能够提供一定的珍稀药材，保证此类中药材的正常供应。

（三）主要产品及服务

传统饮片方面，中药饮片工业不断发展壮大，在全国发展空间大。四川中药饮片在全国生产和销售中占有举足轻重的地位，拥有中药饮片品种近百种，川产道地种类包括毒性中药饮片、发酵类中药饮片等，在全国有较大优势，同时拥有全国第一家中药饮片 GMP 认证工厂，在全国行业内具有较大的影响力。

特色产品方面，四川省拥有全国中药配方颗粒六家试点企业之一，是西部地区唯一的试点。配方颗粒是用符合炮制规范的传统中药饮片作为原料，经现代制药技术提取、浓缩、分离、干燥、制粒、包装精制而成的纯中药产品系列。它具有原中药饮片的全部特征，能够满足医师进行辨证论治，随证加减，药性强、药效高，同时又具有不需要煎煮、直接冲服、服用量少、作用迅速、成份完全、疗效确切、安全卫生、携带保存方便、易于调制和适合工业化生产等许多优点。国家为规范中药配方颗粒的管理，由国家药监局等部委牵头中药配方颗粒的试点工作，四川省有多个试点单位参与。通过将中药配方颗粒纳入中药饮片质量监管范畴，增加了配方颗粒使用的安全性、合理性及规范性。

（四）需求驱动因素

一是政策引导。在 2021 年 1 月 22 日，国务院颁布了《关于加快中医药特色发展若干政策措施》，对促进中药产业发展相关内容的进一步细化，通过七大方面二十八条措施，涵盖了中药审评审批、研制创新、安全性研究、质量源头管理、生产全过程质量控制、上市后监管、品种保护、中药的法规标准体系、技术支撑体系、人才队伍、监管科学、国际合作等内容。

四川省委省政府历来高度重视中医药工作。2021 年 1 月 27 日，省委、省政府高规格召开全省中医药传承创新发展大会。省委省政府还出台《关于促进中医药传承创新发展的实施意见》《中医药强省建设行动方案（2021—2025 年）》等政策文件，将中医药传承创新发展工作纳入市（州）政府绩效考核，激发各地中医药形成了竞相发展态势。四川中医药基本形成事业、产业、文化三位一体传承发展的良好局面。

二是消费者认知。作为我国卫生事业的重要组成部分，中医药在防治疑难杂症、缓解"看病难、看病贵"等方面发挥着重要作用。消费者对于中药的认知很大程度上决定行业的产品需求，如今人们健康意识提高、在日常生活中越来越多人选择中医药相关的养生保健产品。

三是人口老龄化。随着我国人口逐渐老龄化，慢性病发病比例也在逐步提高，《2019 年国人健康报告》中提到，我国的亚健康人群占比高达 70%，处于疾病状态的人群占比达到 15%，其中慢性病死亡人数约占总死亡人数的 86.6%。在亚健康人群庞大、医疗资源匮乏的形势之下，"单一救治"的传统医疗已无法满足人们多元化的健康需求。在此背景下，"防—治—养一体化"的大健康产业应运而生。而中医药则是大健康领域，不可或缺的重要一环。《中医药发展战略规划纲要（2016—2030 年）》提出"人口老龄化进程加快，迫切需要继承、发展、利用好中医药"。

四是医保覆盖率。2021 年 8 月 4 日，四川省医疗保障局印发《四川省医疗保障支持中医药发展若干政策》（以下简称《政策》）。《政策》提出，支持将中医药机构纳入医保定点范围，支持将中医药服务项目纳入医保范围，同时四川将推进中医药服务医保支付方式和中医药服务价格改革。《政策》除了将创新性中医诊疗项目加快纳入医保范围外，还支持中医医疗机构牵头组建紧密型县域医共体，在总额预算上予以倾斜，同时探索开展中成药带量采购。

同时，根据国家《医疗机构医疗保障定点管理暂行办法》等相关规定，综合考虑参保人中医医疗需求和区域医疗卫生资源配置等情况，四川要求及时将符合条件的中医医疗机构，尤其是基层中医医疗机构，纳入医保定点范围。这对中医药产业需求驱动具有重大且深远的影响。

（五）主要市场

1. 市场规模

四川中药资源优势显著，有川贝母、川芎、附子等道地药材 86 种，道地药材品种数量全国第一。2009—2020 年，四川饮片工业总产值逐年增加，规模以上中药饮片加工业主营业务收入从 60.17 亿元增加至 261.5 亿元，年平均增长率达 27.8%。但 2020 年全省中药饮片总产值不到 300 亿元，缺乏类似于吉林人参、云南三七的单品"大品种"，过亿的单品饮片也寥寥无几，造成四川中药饮片产业规模难以快速提升。因此，加强川药品牌打造，精心培育具有代表性的川药饮片大品种是当前亟待解决的关键问题。到 2030 年，力争培育 30 个以上产值超亿元饮片大品种。见图 3。

2020 年四川省规模以上中药饮片企业 138 户，中成药企业 92 户；其中，中药饮片企业营业收入 261.5 亿元，同比增长 5%，占全省医药工业比重 18.8%，相比去年高 0.6 个百分点，利润总额 15 亿元，同比增长 15.4%，出口总额 1.43 亿元，同比减少 19.05；中成药企业营业收入 259.6 亿元，同比下降 5.5%，占全省医药工业比重 18.7%，相比去年减少 2.5 个百分点，利润总额 31.4 亿元，同比下降 12%，出口总额 0.71 亿元，同比增长 44.39%。见图 4。

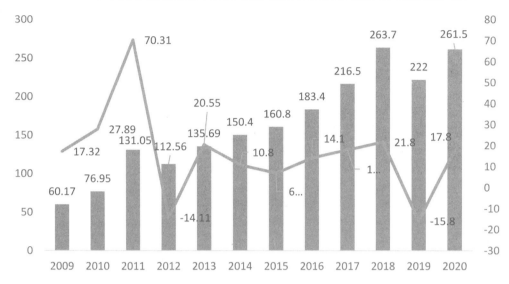

图3　2009—2020年四川规模以上中药饮片加工业主营业务收入统计表

资料来源：四川省中药工业高质量发展对策建议

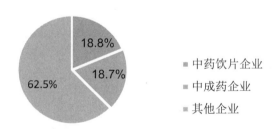

图4　四川省中医药工业占比

资料来源：四川省中药工业高质量发展对策建议

2.消费市场

医院、诊所、药店是中药饮片主要消费市场。受饮片质量监管趋严、医院中药饮片加成、中医馆增加加大竞争等因素影响，中药饮片在零售药店终端的增速有所下滑。

从中药饮片产品类型来看，目前在城市零售药店终端最热销的中药饮片类别是补虚药，独占"半壁江山"，紧接着是止血药，占据 15% 的市场份额。随着社会老龄化速度加快及全民对健康养生需求的释放，补虚药的市场不断扩容。见图 5。

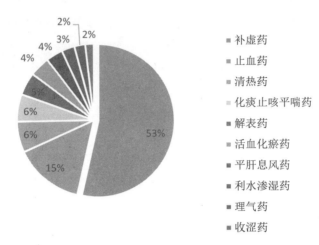

补虚药
止血药
清热药
化痰止咳平喘药
解表药
活血化瘀药
平肝息风药
利水渗湿药
理气药
收涩药

图5 零售药店中药饮片大类销量

资料来源：全球与中国市场中药饮片前景预测及投资可行性分析报告

（六）国际贸易

2020年我国中药材及饮片加工行业出口额为9.84亿美元，四川省中药材及饮片加工行业累计出口额为0.31亿美元，累计出口金额相较去年下降了5.46%，出口主要品种有当归、三七（田七）、党参、黄连、菊花、冬虫夏草、贝母、川芎、半夏、白芍、天麻、黄芪、大黄、籽黄、白术、地黄、槐米、杜仲、茯苓、枸杞、沙参、青蒿、甘草、黄芩、矿物性药材、动物性药材等。2020年，该行业的出口市场主要为日本、马来西亚、新加坡、泰国、韩国、越南等多个国家和中国台湾、中国香港等地区。见图6。

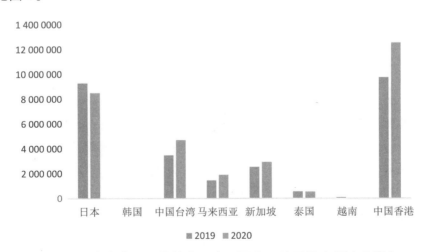

图6 四川省中药材及饮片主要出口国家、地区及金额（美元）

资料来源：2020年四川省中医药产业发展情况汇编

（七）地区分布

2019 年全国中药饮片加工市场主要集中在吉林、辽宁、四川等省份。在地区分布方面，吉林、辽宁因具有天然的资源优势领先，四川则凭借同样较为充足的中医药材资源和研发优势紧随其后。通过相关数据可知，吉林省和辽宁省为我国中药饮片主要销售市场，占比均达到 12%。四川省同样步步紧跟，占比达到 11%。见图 8。

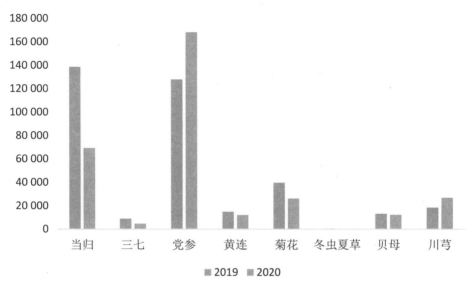

图7　四川省中药材及饮片累计出口数量（千克）

资料来源：2020年四川省中医药产业发展情况汇编

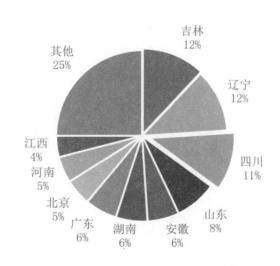

图8　2019年中国中药饮片行业分地区结构

资料来源：国家统计局前瞻产业研究院整理

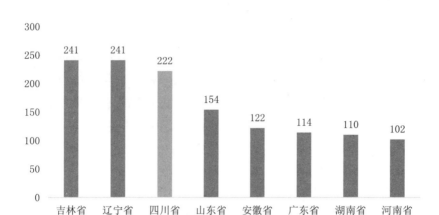

图9　2019年规模以上企业中药饮片加工收入情况（亿元）

资料来源：国家统计局 前瞻产业研究院整理

2020年，四川省中药饮片销售额为25亿元，占四川省药品销售总额的2.3%，占全国中药饮片销售总额的4.51%。四川省主要生产黄连、川芎以及薄叶乌头。

四、竞争格局

（一）市场集中度

四川省中药饮片加工行业集中度处于较低水平。截止至2020年，四川省中药饮片加工行业的企业共计92家，其中总营业收入为261.5亿元，较2019年增加5%；利润总额为15亿元，较2019年增加15.4%；资产总计177.9亿元。其中收入排名前五家企业分别为四川金岁方药业有限公司、四川金方生物医药科技有限公司、四川圣上大健康药业有限公司、四川省景弘制药有限公司、四川元安药业有限公司，五家企业的市场份额合计为28.03%。然而近年来，中药饮片加工业遭遇困境，营收和利润增速均急剧下降，某些小型中药饮片加工企业受影响较大，盈利出现负增长，但大型中药饮片加工企业受影响不大。近年来，国家药品监管部门要求行业内企业获取《药品生产质量管理规范》认证，并鼓励行业企业兼并收购，预计未来小规模公司将被淘汰或者被大型公司收购。因此，未来省内中药饮片加工行业市场集中度将逐步提高。见表1。

表1　部分厂商市场份额

主要企业（集团）	2020年（亿元）
四川金岁方药业有限公司	18.7
四川金方生物医药科技有限公司	16.6
四川圣上大健康药业有限公司	15.4
四川省景弘制药有限公司	12.0
四川元安药业有限公司	10.6

资料来源：四川省统计局、四川省药理学学会综合监测

（二）关键成功要素

四川省中药资源优势显著，拥有四个全国第一。中药资源蕴藏量全国第一，第四次全国中药资源普查数据显示，四川省现有中药资源7290种，是全国重要的中药材主产区之一；常用中药材品种数全国第一，全国常用中药材有363种，四川有312种，占全国的86%；道地药材品种数量全国第一，四川有川芎、川贝母、附子等道地药材共86种，其中国家地理标志保护的中药材产品31个；国家GAP认证数量全国第一，已有16个品种、24个中药材基地通过国家中药材生产质量管理规范（GAP）认证。四川省审定的中药材新品种数量居全国前列，主要包括灵芝、附子、天麻、川芎、红花等45个新品种。

四川省中药材产业发展态势良好。药材种植质量和规模发展平稳，2017年全省人工种植中药材面积约637万亩，其中三木药材及林下种植药材331万亩。单品种种植面积上万亩的有53种，川芎、川贝母、川麦冬、川白芷等道地药材的人工种植面积居全国第一。中药材年产量102万吨，年总产值达173亿元，其中产值超过千万元的品种31种。

省内政策支持。省政府印发《四川省贯彻中医药发展战略规划纲要（2016—2030年）实施方案》《四川省中医药大健康产业"十三五"发展规划》，省中医药局会同省经信委等11个部门印发了《关于贯彻落实国家中药材保护和发展规划（2015—2020年）的实施意见》，2018年12月四川省人民政府办公厅印发了《关于开展"三个一批"建设推动中医药产业高质量发展的意见》，系列政策措施的出台为四川省中药材产业高质量发展提供了强有力的政策支持和保障。

（三）发展阻力

缺乏创新能力，科技含量有待提高。中药产业创新体系不完善，基础研究薄弱；中药材质量参差不齐，影响临床治疗效果；传统中药炮制技术逐渐失传，中药炮制加工工艺不严格，影响了药物疗效和临床用药安全。中药配方颗粒、中医相关适用技术未纳入医保报销范畴，一定程度上制约了饮片加工行业的发展。好药材—好饮片—好药品—好市场的全产业链尚待进一步整合，产业模式有待升级提高（如麦冬、川芎、姜黄等）；省内已有一些创新中药饮片在研发过程中，但数量较少，品种较单一，对产业链的拉动有限。

企业负担重。产品再注册收取费用高，一个企业如有50余个品种，再注册费用可达百万元以上，不利于参与企业竞争。2020版药典部分新要求将对中药企业发展有不利影响。企业财力人力投入巨大，表现为：设备价格高、人员要求高、后期维护成本高。仪器均为进口设备，产能非常有限，所有中药饮片企业配备齐全很难，后期耗材用量极大，费用极高。

大部分的道地药材如麦冬、川芎、泽泻等产地相对固定，反复种植传统药材很长时间，遵循传统种植、采集、炮制方法，按 2020 版药典标准，将大面积出现无合格药材的情况。

（四）竞争维度

中药饮片加工行业企业主要在以下方面开展竞争。

价格：中药饮片加工行业内的企业竞争主要集中于饮片价格。近年来，由于自然灾害，进口渠道等因素的影响，中药饮片原药材价格上升，导致行业内产品的价格也随之上升。企业间竞争加剧，相同质量的产品间存在价格参差的情况。

产品质量：优质优价是消费者选择药品的重要标准，也是推动中药饮片加工行业企业间竞争的关键因素。

产品差异化：随着社会经济的发展，科学技术的更迭和人们生活水平的提高，近年来行业内的产品呈百花齐放的趋势。根据消费者需求的不同，行业内企业也推出了各式各样不同效果的产品。

销售渠道：多数行业产品通过医院、诊所、中成药企业等进行批发销售，通过药店进行零售销售。其他销售渠道（网店）也在快速发展，给了消费者更多的选择。

（五）进入壁垒

2019 年 10 月国务院发布《关于促进中医药传承创新发展的意见》，提出加快修订《中华人民共和国药典》中药标准（一部），由国务院药品监督管理部门会同中医药主管部门组织专家承担有关工作，建立最严谨标准。健全中药饮片标准体系，制定实施全国中药饮片炮制规范。改善市场竞争环境，促进中药饮片优质优价。这极大地提高了中药饮片加工行业进入壁垒。

2020 年 5 月国家药监局专门印发了《中药饮片专项整治工作方案》，进行全国中药饮片专项检查。5 月 12 日，国家药监局召开电视电话会议，要求各级药品监管部门按照"四个最严"要求，落实好属地监管责任，认真检查中药饮片生产经营使用单位，坚决查处违法违规行为；各中药饮片生产经营使用单位以及中药材市场要落实好主体责任，对照新修订《药品管理法》、药品生产质量管理规范、药品经营质量管理规范全面自查和整改，清源固优，不断提高中药饮片质量。

值得注意的是，《中华人民共和国药典》2020 年版也对中药饮片做出了更严格的限制。

（六）全球化水平

省内中药饮片加工企业的全球化水平依旧维持在一个较低水平。但是部分企业生产的优质饮片在国际市场赢得了较好的声誉和知名度。截至 2020 年，四川省内中药材出口日本、韩国等 21 个国家和地区，金额达 2.57 亿元。但是，由于该行业的产品能够满足大部分国内消费水平，只有部分饮片需要进口，进口额度占国内表观消费量的比重非常低。

五、重点企业

（一）四川新荷花中药饮片股份有限公司

四川新荷花中药饮片股份有限公司成立于 2001 年，是全国首家通过药品生产质量管理规范（GMP）认证的中药饮片生产企业，首批国家高新技术企业，国家级农业产业化经营重点企业，拥有中药炮制国家地方联合工程中心，并于 2009 年 11 月成为国内首家中药饮片炮制国家工程研究中心，公司董事长江云先生还担任中国中药协会中药饮片分会理事长和中国医药保健品进出口商会中药饮片分会理事长。

公司奉行"人品如荷、药质似金"的经营理念，将中药饮片的质量视为公司发展的核心要素，产品销往全国优秀的中医院、中医诊所、连锁药店和中成药工厂，还出口到东南亚等国家和地区。经过长期不懈努力，现已在全国饮片行业率先实现饮片生产规模化、饮片检测现代化、饮片工艺规范化和饮片包装规格化，被广大媒体誉为"规范中药饮片生产的领头羊"，已经成为全国知名的品牌饮片，"新荷花"还被评为"中国驰名商标"，成为全国饮片行业产生的第一个"中国驰名商标"。

2015 年 5 月，"新荷花检测中心"通过 CNAS 评审，成为国家认可实验室。按照国际实验室认可合作组织（ILAC）签订的国际多边互认协议，新荷花检测中心出具的中药饮片检测报告可得到国际上 70 余个国家和地区的认可。

（二）四川新绿色药业科技发展有限公司

四川新绿色药业科技发展有限公司（简称新绿色药业）成立于 2009 年，其前身为四川绿色药业科技发展有限公司，是全国中药配方颗粒六家试点企业之一（西部地区唯一一家），主要从事以中药配方颗粒为主，涵盖中药饮片、多种中药剂型及中药大健康产品的研发、生产和经营业务。历经十余年发展，新绿色药业已成长为"高新技术企业"、"农业产业化国家重点龙头企业"（2000 年至今）、国家级"火炬计划"企业，是四川省中医药首批"三个一批"重点建设项目中的重点企业，拥有国家级科研平台 2 个、省级 3 个。

公司成立了科研中心，历经数十年，研发了 780 余味中药配方颗粒，使中药的使用更加精确、方便、洁净，更加适宜于现代社会的生活方式和生活节奏。目前，四川新绿色药业科研中心被认定为"国家中管局重点研究室""四川省工程技术研究中心""四川省工程实验室""四川省企业技术中心"。为提升中药配方颗粒发药的便捷性、高效性、安全性、精准性，破除国外对中医药没有质量标准的诟病，周厚成董事长以超前思维，于 2002 年开启"中药配方颗粒发药机"（智能中药房）的研发之路，历经十余年，累计投入研发经费 2 亿多元，不断更新迭代，连续研发成功了六代发药机产品，实现了中医医院的数字化革命。2014 年，由四川省科技厅组织陈可冀、李连达、李乐民院士组成的鉴定委员会，联合鉴定认为新绿色药业建立了可量化的质量管理指标体系，形成国内首个中药配方颗粒全产业链质量管理和控制体系；配方机构思巧妙、设计新颖、技术先进，具有创新性，整体技术居于国内领先、国际先进水平。

（三）四川省中药饮片有限责任公司

四川省中药饮片有限责任公司创立于 2002 年，秉承"制良心饮片、熬温心中药"的使命，全力发展道地基地、制造优质饮片、延伸煎药服务，积极打造中药饮片领域一站式服务平台，孕育出"好人堂"这一核心品牌。公司遵循"道地区，道地药"的理念，在全国 220 余种中药材原产地建立超过 10 万亩的无公害种植基地，对药材进行从选地、播种、田间管理、采收加工等全程品质把控与质量追溯，严格杜绝中药材重金属超标、农药残留等问题，从源头上确保了药材道地、品质上乘。

公司将药品质量视为企业的命脉，"以质量求生存，以品质求发展"，搭建国内同行业先进的质量检测中心，通过国家 CNAS 实验室认可，配备液质联用仪、气质联用仪、电感耦合质谱仪、高效液相色谱、气相色谱、原子吸收仪、PCR 仪、荧光检测器等高端检测设备。严格按照《中国药典》《四川省中药材标准》《四川省中药饮片炮制规范》等标准，对所经营的药材及饮片产品，开展有效成分含量、浸出物、重金属、农残、二氧化硫、DNA 等项目的全面检测，严格确保产品的优质与安全。公司是全国首批、西部首家生产并推广定量小包装饮片的中药企业，小包装极大程度地减少了因储存不善、计量不准、二次污染等问题造成的药效损失，广受市场用户好评。目前，公司生产小包装饮片近 1 400 种、8 000 多个规格，饮片品规数量、产品质量均处于行业领先水平，全面满足各级医疗机构中医临床用药需求。

为解决全草、花、叶类 40 余种传统饮片在储存、运输及调剂、使用过程因流动性较差、体积庞大而造成的困扰，公司深入研究并开发定量压制中药饮片系列产品，建立四川省"压制"炮制技术标准，在不添加任何辅料的情况下，独家采用定量压制技术将全草、花、叶类中药压制生产为形状规则、重量精准的固定形状，解决了花、叶、全草等质地蓬松类中药饮片自古以来在仓储、运输、使用过程的极大不便性，同时延长了药品有效期，大大提升其煎煮效率及疗效，从根本上促进了传统中药饮片生产的技术进步。

此外，公司还拥有一支以博士、硕士为骨干的专职科研队伍，与北京大学药学院、四川省中医药科学院、西南交通大学、成都中医药大学、四川农业大学等高校科研院所建立了长期稳定的产学研合作平台。截至目前，共承担国家"中药标准化""互联网＋中药代煎配送"等各级科研项目 32 项，获四川省科技进步二等奖 1

项，取得国家发明或实用新型专利近 40 项。公司深度感知社会责任，首创现代化智能药房，全面采用信息智能科技，一切以患者需求为中心，开展中药饮片代煎配送服务。截至目前，已经与 60 余家医疗单位达成合作，在全国范围开展"温心药、送上门"服务，每日为千余名患者送去好人堂最美好的健康祝福。从根本上改变了传统中药饮片煎煮使用的不便性，用最规范的生产技术、最优质的中药产品，引领中药产业健康发展。

六、经营环境

（一）资本密集度

中药饮片加工行业的劳动力成本包括工资、行政管理费用及研发费用。随着自动化加工设备的大力发展，中药饮片行业资本密集度逐渐提升。

（二）技术/体系

随着工业化生产的兴起，中药饮片生产模式的变革与生产技术的创新是中药饮片行业可持续发展的必由之路。当今时代，互联网＋、大数据、人工智能技术等的应用越来越普遍，中药饮片产业供应链的进一步整合必将在信息化、智能化、数字化、标准化的产业进程中实现并快速发展。因此，大力发展道地药材，建立道地药材基地，构建区域性、规范化、过程程序可控的饮片重点培育基地，在现有生产技术的基础上，进行进一步对仪器的智能化改造，建立中药饮片质量保障体系。

（三）行业波动性

近年来，中药饮片发展十分迅速，医药工业对其需求急剧上升。2020 年中药饮片销售 25 亿元，占我省药品销售总额的 2.3%，占全国中药饮片销售总额的 4.51%。据统计 2020 年四川省 138 家中药饮片企业 1 月营业收入 261.5 亿元，利润 15 亿元，较去年月末增长 15.4%，资产总计 177.9 亿元。

同时，政府产业政策为中药饮片行业的发展创造了宽松的政策环境。政府出台多项政策鼓励中药企业优势资源整合，建设现代中药产业制造基地、物流基地，打造一批中药生产、流通企业。但产品的市场培育还需进一步加强，产品的下游产业拉动不足，好药材—好饮片—好药品—好市场的全产业链尚待进一步整合，产业模式有待升级提高。

（四）政策法规

2016 年为加强四川省中药饮片监督管理，推动四川省中医药产业创新升级，四川省食品药品监管局印发《四川省中药饮片标准制定工作管理办法》，规定中药饮片应遵循中医药传统理论、为中医临床服务，包括：具有四川地方炮制特色的中药饮片及炮制方法；具有中医用药特点的中药饮片及炮制方法；中药饮片应当符合《药品管理法》及有关法规、规章、标准的规定，对人体安全、有效。还明确规定四川省局组织管理全省中药饮片标准制定工作，负责建立四川省中药饮片标准评价与审批制度，承担标准审查、批准、发布等工作。四川省食品药品检验检测院承担标准复核工作，指导标准起草工作。四川省各市（州）食品药品监管局承担辖区内监督管理工作。

2019年四川省药品监督管理局按照《国家药品监督局关于发布省级中药饮片炮制规范修订的技术指导原则的通告》，对《四川省中药饮片炮制规范》（2015年版）等进行了自查。经研究，决定停止执行不适合继续收载的内容（停止执行百合粉等19个饮片规格），对部分内容进行勘误（含丹参等10个品种）。

2020年2月，四川省药监局发布《关于进一步支持医药产业高质量发展的若干措施（征求意见稿）意见的公告》，就进一步支持医药产业高质量发展提出20条促进措施，大力促进中药饮片传承创新。支持中药企业联合科研院所在传承的基础上，开展中药饮片质量提升研究，大力推进川产道地药材全产业管理规范及质量标准提升示范工程工作，制定川药标准、提高川药质量，培育川药品牌。支持企业开展川产道地的药材的多元转化，逐步形成川产道地药材的种植、加工的企业产业化集群。将中药饮片质量控制关口前移，引导川产道地药材主产区开展规范化产地初加工。探索以川产道地药材品种为主的中药饮片委托生产试点，开展净制、切制中药饮片品种的委托生产。

（五）行业扶持

近年来，为促进中药传承创新发展，中国政府部门采取各种措施、发布多项政策来健全中药饮片标准体系，促进中药饮片优质优价，鼓励中药饮片加工行业现代化发展。支持龙头企业发展，健全行业发展生态。

2018年12月，四川省印发《关于开展"三个一批"建设推动中医药产业高质量发展的意见》，四川将扶持一批重点企业，建设中医药产业市场运营平台，加快组建省中医药大健康产业投资有限责任公司，充分发挥省级中医药产业市场运营平台引领带动作用。加快创新平台建设，鼓励企业建立创新研发中心，加快中药特色饮片研究开发，重点开发以川药为主要原料的中药饮片。

扶持一批重点产品，根据临床需求与疗效，按国家部署探索建立完善基本医疗保险药品目录动态调整机制，支持符合条件的药品按规定优先纳入我省医保报销目录，在药品招标采购等方面优先纳入集中采购目录并体现优质优价，动态调整价格。

2020年1月起，四川省基本医疗保险、工伤保险和生育保险将全面执行《国家基本医疗保险、工伤保险和生育保险药品目录》，892个中药饮片纳入四川医保支付范围。

专论8　四川省中成药制造业分析报告

张忠辉[1]　董浜贤[2]　余绍权[3]　邱胜[4]

摘要：本文详细梳理了当前相关政策和中成药制造业基本情况，从政策、药材、科研技术、市场规模、工业基础等方面分析了四川省中成药制造业发展优势，列举了四川省部分代表性中成药企业、产品，指出了四川省中药大品种、大企业培育不足，企业户数多但头部企业少，中成药研发和技能型人才缺乏等问题，并提出了相应建议。

关键词：四川省　中成药制造业　分析　建议

一、相关政策

当前，新医改的深入和医保控费系列政策出台，促使药品临床价值的回归，也推动医药产业变革进一步深化。过去支撑医药产业快速发展的关键动力，已经不再是产业发展的主要驱动力。医药产业迈向高质量发展，创新驱动、品质和效率提升成为行业新的驱动力。

2011—2016年，全国中成药生产企业产品销售收入从3 186亿元增长至6 697亿元，年均复合增速高达16.02%。2017—2018年，因部分不合规企业被依法取缔，叠加注射剂实施医保控费，行业收入总量出现萎缩。此外，由于中成药的临床试验时间较长，药效又受到质疑，从2016年以来中药新药上市的速度也开始下降。随着行业整顿以及近年来利好政策加持，行业慢慢回到了正轨上。2019年之后，中药相关利好政策陆续出台，中药行业迎来了政策红利期。

从医药行业现有政策来看，医改之下，行业整体承压，各子行业影响各有不同。医保控费、两票制、取消以药养医、控制药占比、辅助用药重点监控、限制使用中药注射剂等政策对中药行业短期之内产生一定负面影响，不过短期负面影响已经得到较为充分的消化。表1、表2列举了近年国家和四川省出台的中医药行业政策。

---

[1] 张忠辉，高级工程师，四川省医药行业协会党支部书记、副会长，主要从事医药经济管理研究。
[2] 董浜贤，四川省医药行业协会秘书长，四川师范大学经济与管理学院客座教授。
[3] 余绍权，四川省医药行业协会副秘书长，四川师范大学经济与管理学院客座教授。
[4] 邱胜，四川省医药行业协会信息（政策）部副部长，本报告执笔人，主要从事医药行业经济运行情况分析工作。

表1　近年来国家出台中医药行业政策

日期	政策名称	内容提要
2022年3月	《"十四五"中医药发展规划》	对"十四五"时期中医药工作重点任务进行了部署，包括建设优质高效中医药服务体系，提升中医药健康服务能力，建设高素质中医药人才队伍，建设高水平中医药传承保护与科技创新体系，推动中药产业高质量发展，发展中医药健康服务业，推动中医药文化繁荣发展，加快中医药开放发展，深化中医药领域改革以及强化中医药发展支撑保障
2022年1月	《"十四五"医药工业发展规划》	新一轮技术变革和跨界融合加快。围绕新机制、新靶点药物的基础研究和转化应用不断取得突破，生物医药与新一代信息技术深度融合，以基因治疗、细胞治疗、合成生物技术、双功能抗体等为代表的新一代生物技术日渐成熟，为医药工业抢抓新一轮科技革命和产业变革机遇提供了广阔空间
2021年12月	《关于医保支持中医药传承创新发展的指导意见》	提出将"中医药机构纳入医保定点""按规定将符合条件的中药饮片、中成药、医疗机构中药制剂等纳入医保药品目录"及"推进中医医保支付方式改革"的纲领性建议
2021年9月	《"十四五"全民医疗保障规划》	明确提出了支持中医药传承创新发展，强化中医药在疾病预防治疗中的作用，推广中医治未病干预方案；鼓励商业健康保险发展；支持将符合条件的中医医疗服务项目按规定纳入医保支付范围
2021年7月	《"十四五"优质高效医疗卫生服务体系建设实施方案》	建设30个左右国家中医药传承创新中心，重点提升中医药基础研究、优势病种诊疗、高层次人才培养、中医药装备和中药新药研发、科技成果转化等能力，打造医产学研用紧密结合的中医药传承创新高地；建设35个左右、覆盖所有省份的国家中医疫病防治基地，提高中医药在新发突发传染病等重大公共卫生事件发生时的第一时间快速反应参与救治能力和危急重症患者集中收治能力，带动提升区域内中医疫病防治能力
2021年6月	《进一步加强综合医院中医药工作推动中西医协同发展的意见》	进一步完善中西医协同相关制度，加强综合医院中医临床科室设置和中药房设置，创新中西医协作医疗模式等指导意见
2021年5月	《关于支持国家中医药服务出口基地高质量发展若干措施的通知》	着力完善发展环境，形成部门政策合力，支持国家中医药服务出口基地大力发展中医药服务贸易，推动中医药服务走向世界
2021年4月	《推进妇幼健康领域中医药工作实施方案（2021—2025年）》	到2025年，妇幼健康领域中医药服务能力明显增强，中医药服务覆盖妇女儿童全生命周期，中医药服务的氛围更加浓厚，广大妇女儿童健康需求得到更好满足

续表

日期	政策名称	内容提要
2021年2月	《关于加快中医药特色发展若干政策措施的通知》	从人才、产业、资金、发展环境等多个方面提出 28 条举措，为中医药高质量特色发展保驾护航，为老百姓方便看中医、放心用中药固本培元
2021年2月	《关于结束中药配方颗粒试点工作的公告》	规范中药配方颗粒的生产，引导产业健康发展，更好地满足中医临床需求
2020年12月	《中医药康复服务能力提升工程实施方案（2021—2025年）》	提出到 2025 年，依托现有资源布局建设一批中医康复中心，三级中医医院和二级中医医院设置康复（医学）科的比例分别达到 85%、70%，康复医院全部设置传统康复治疗室，鼓励其他提供康复服务的医疗机构普遍能够提供中医药康复服务
2019年10月	《关于促进中医药传承创新发展的意见》	提出要健全中医药服务体系，发挥中医药在维护和促进人民健康中的独特作用，大力推动中药质量提升和产业高质量发展，加强中医药人才队伍建设，促进中医药传承与开放创新发展，改革完善中医药管理体制机制
2019年7月	《关于在医疗联合体建设中切实加强中医药工作的通知》	提出要推进中医医院牵头组建多种形式的医联体，切实提升中医药服务能力，提高基层中医药服务可及性和水平
2019年3月	《关于开展中医药服务出口基地建设工作的通知》	指出以 2025 年完成全国中医药服务出口基地布局为发展目标，积极扩大中医药服务出口，培育中医药服务新业态新模式，加快中医药服务商品化进程，培育市场主体激发活力，鼓励投资合作，搭建公共服务平台
2018年12月	《全国道地药材生产基地建设规划（2018—2025年）》	提出到 2020 年建立道地药材标准化生产体系，到 2025 年健全道地药材资源保护与监测体系
2017年12月	《关于推进中医药健康服务与互联网融合发展的指导意见》	提出到 2020 年，中医药健康服务与互联网融合发展迈上新台阶，产业链逐步形成，实现人人基本享有中医药服务；到 2030 年，以中医药理论为指导、互联网为依托、融入现代健康管理理念的中医药健康服务模式形成并加快发展
2016年11月	《医药工业发展规划指南》	提出中药质量提升计划。实施中药振兴发展工程，支持中药饮片、中药基本药物、中药注射剂等重点产品质量提升；制定和提升中药大品种的生产质量控制标准和产品标准，建设中药材全过程追溯体系
2016年10月	《"健康中国 2030"规划纲要》	作为今后 15 年推进健康中国建设的行动纲领，提出了一系列振兴中医药发展、服务健康中国建设的任务和举措，其中包括实施中医临床优势培育工程，提高中医药服务能力；实施中医治未病健康工程，发展中医养生保健治未病服务；实施中医药传承创新工程，推进中医药继承创新

续表

日期	政策名称	内容提要
2016年3月	《关于促进医药产业健康发展的指导意见》	指出要推进中医药现代化。引导中药、民族药企业种植（养殖）、加工一体化；加强中医药对外文化交流，提高国际社会认知度，增强中药国际标准制定话语权，推动天然药物、中成药等产品出口
2016年2月	《中医药发展战略规划纲要（2016—2030年）》	把中医药发展上升为国家战略，对新时期推进中医药事业发展作出系统部署，明确了今后一个时期中医药发展的重点任务。提出到2020年，实现人人基本享有中医药服务，中医药产业现代化水平显著提高，中药工业总产值占医药工业总产值30%以上；到2030年，中医药治理体系和治理能力现代化水平显著提升，中医药服务领域实现全覆盖，中医药健康服务能力显著增强，在治未病中的主导作用、在重大疾病治疗中的协同作用、在疾病康复中的核心作用得到充分发挥

表2　近年来四川省出台中医药行业政策

日期	政策名称	内容提要
2021年12月	《四川省"十四五"中医药高质量发展规划》	从主要指标来看，《规划》提出到2025年，中医医院350所，二级以上公立中医医院中医类别执业（助理）医师比例60%，0—3岁儿童中医药健康管理服务率90%，中药材种植面积800万亩，产业链综合产值年均增速11.5%。《规划》提出要加大优质中医药服务供给，一是加快构建优质高效中医药服务体系，二是强化中医药特色优势，三是完善中西医结合制度，四是提升民族医药服务能力
2021年1月	《四川省中医药强省建设行动方案（2021—2025年）》	到2025年，中医药服务体系更加健全，综合服务能力全面提升，中医药应急救援能力显著提高，全面推进新时代中医药强省建设
2020年4月	《关于印发川产道地药材全产业链管理规范及质量标准提升示范工程工作方案的通知》	该《工作方案》涉及的川产道地药材标准建设具体有十项内容，简称为"三标准、五规范、二体系"。具体而言，三标准为：种子种苗标准、药材及饮片标准、商品规格等级标准；五规范为：良种繁育技术规范、种植与养殖技术规范、采收及产地初加工技术规范、产地趁鲜加工与炮制一体化技术规范和包装贮藏运输技术规范；二体系则为：质量追溯体系和备案与监管体系。通过示范工程，将会有力推动四川中药材资源保护利用，提升中药质量标准，全面提升川产道地药材全产业链发展水平，助力健康四川战略实施和全面建成小康社会

续表

日期	政策名称	内容提要
2018 年 12 月	《关于开展"三个一批"建设推动中医药产业高质量发展的意见》	该意见明确我省将以打造"龙头企业、拳头产品、优质基地"为目标，形成龙头企业带动、特色产品支撑、优质药材保障的"川药"现代产业体系典范，引领推动我省中医药产业高质量发展。力争到 2020 年，新增 5 种以上在全国市场占有率达到前三位的中药饮片产品；1—2 个中成药单品种销售达到 10 亿元以上，3—4 个中成药单品种销售达到 5 亿元以上；培育四川名牌产品 5 个以上
2017 年 5 月	《关于印发四川省中医药大健康产业"十三五"发展规划的通知》	力争到 2020 年中药材产值实现 200 亿元，中药工业及健康衍生品生产制造业实现主营业务收入 1800 亿元，跃居全国第二。二级以上中医医院设置或明确"治未病"科。鼓励社会资本建设一批具有中医特色的康复医院、康养机构。力争新增 3 个以上川产道地药材地理标志。建设中医药健康服务发展示范县、以川产道地药材为核心的中药材保护和发展示范县。促发展：建可持续、多元化、特色化的中药材产区经济。保健康：发展中医药养生保健服务。树品牌：力争新增 3 个以上川产道地药材地理标志
2017 年 5 月	《关于印发四川省贯彻中医药发展战略规划纲要（2016—2030 年）实施方案的通知》	发展中医药，中药资源是根本，对于中药资源保护与利用方面，包括中药材规范化、规模化、产业化种植（养殖）基地的建设，四川要重点推进 20—30 种川产道地和特色优势药材基地建设；对于中医药事业和产业发展人才方面，要建立完善西医学习中医制度，鼓励西医离职学习中医。该方案鼓励社会资本参与，是四川推动中医药事业和产业发展的重要举措
2016 年 9 月	《关于印发四川省中医药健康服务发展规划（2016—2020 年）的通知》	到 2020 年，全省基本建立具有四川特色的中医药健康服务体系，实现人人基本享有中医药服务；建成以公立医疗服务为主体，社会办中医服务为补充，县级全覆盖的中医药健康服务格局，基层中医服务量达到 45%；中药工业总产值占医药工业总产值比例达到 50% 左右

二、中成药制造业基本情况

（一）我国中成药制造业发展基本情况

2020 年新冠肺炎疫情的突发让各行业发展受限，其中中成药也难以避免，或多或少的受其影响，让近年来中成药本就处于下滑的趋势雪上加霜。根据国家统计局数据显示，2011—2016 年，中成药生产企业产品销售收入从 3 186 亿元增长至 6 697 亿元，年均复合增速高达 16.02%。2016 年我国中成药制造业实现主营业务收入 6 697 亿元，为截至目前历史最高水平，此后陷入负增长；2017 年主营业务收入 5 736 亿元；2018

年，主营业务收入 4 655 亿元，利润总额 641 亿元；2019 年主营业务收入 4 587 亿元，利润总额 593.2 亿元；2020 全年中成药营收 4 414 亿元，下降 3%，全年利润 619 亿元，增长 4.3%。2020 年，中成药产业规模仅相当于 2016 年的 65.9%。造成这一局面的因素是多方面的。一是中药产业集中度低，中成药品质不稳定，临床价值不凸显，临床定位不清晰；二是近年来随着我国经济从高速增长转向高质量发展，对于中成药制造业在产品质量、生产合规及环保方面的要求持续提升；三是新冠肺炎疫情肆虐全球，受疫情影响，全国医疗机构门诊量大幅下跌，由于中医门诊量的萎缩，直接导致饮片和中成药的临床用量的大幅下跌。

2021 年党中央和国务院高度重视中医药发展，国务院及有关部门相继针对中医药出台一系列政策措施，加上中医药在疫情中卓越不凡的表现，中成药制造业在近几年来负增长首次出现了转折，进入前所未有的历史发展机遇期。根据国家统计局、工信部公开数据显示，2021 年全国共有 1561 家中成药生产企业，322 家处于亏损状态，盈亏比例达到 3.8：1，对外出口交货值 43.2 亿元，同比去年下降 7.5 个百分点，在医药制造业出口交货总值中占比 0.9 个百分点；营业收入全年共计 4 862.2 亿元，同比增长 11.9 个百分点，在医药制造业营业收入总和中占比 14.7 个百分点；利润总额 755.2 亿元，同比增长 23.3 个百分点，与上年相比可以说是飞跃般提升（上年增长 4.33%），在医药制造业利润总额中占 10.8 个百分点；资产总计 8 838.2 亿元，同比增长 6.2 个百分点，在医药制造业资产总额中占 17.9 个百分点。

2017—2021年我国中成药产量统计情况

单位：万吨

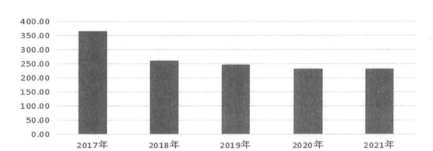

图1 2017—2021年我国中成药产量统计情况

数据来源：统计局

总体分析，2021 年与 2020 年数据相比较有明显的转好趋势，一是得益于党和政府对中医药的高度重视，二是各部委对中医药产业出台的政策落地和实施，三是人民生活水平的提高以及中医药知识的普及让大家更加注重中医药，四是中医药在疫情中可圈可点的表现。

2020 年中药新药临床试验 IND 数量达到 37 个，中药新药上市 NDA 数量达到 8 个，相较于 2019 年的 17 个中药新药临床试验 IND 和 3 个中药新药上市数有明显增加。而在我国医保目录中中成药数量中，2021 年甲类中成药达 246 个，较 2017 年增加了 54 个（增长 28.13%）。见图 2。

图2　2011—2022年中药新药临床试验IND和上市NDA统计情况（个）

数据来源：国务院、药监局

在 2021 年，中医药出现了崛起势头。据数据统计，2021 年共有 12 款中药成功获批，这一数据超过了过去五年的总和，创历史之最。据不完全统计，2021 年至今创新型中药获批数量达到 11 个，获批新药品种在疾病治疗领域分布丰富，涵盖呼吸、神经、消化等多个领域。国家大力推广中医药的传承与创新，创新中药无论是申报注册还是获批数量，皆创下今年新高。此外，中医药在疫情防治中发挥重要作用，有助提升市场对其用药有效性、安全性的认知。

（二）四川省中成药制造业发展基本情况

"十三五"时期，在党中央、国务院坚强领导下，省委、省政府坚持把中医药工作摆在重要位置来抓，大力推动中医药事业、产业、文化"三位一体"发展，全省中医药服务能力显著提升、产业发展提质增速、人才队伍逐步壮大、科研能力持续增强、对外交流不断扩大，特别是在应对新冠肺炎疫情的大战大考中有力彰显了中医药力量。

四川省共有 146 家中成药生产企业，拥有中药制剂与中成药批文超 2 000 余个，位列全国第六。据不完全统计，2017 年全国医保目录中新增中药独家品种 165 个，其中四川省独家品种有 12 个，四川省近 60 种中成药收录在国家基本药物目录中，占中成药基本药物的 58.8%，近 17 个中成药品种全年销售额过亿元。

截至"十三五"时期末（2020 年），规模以上中成药企业 88 家，资产总计 414.1 亿元，同比增长 6.8%，营业收入 280.3 亿元，占全国 6.5%，同比增长 6.7%，利润总额 41.2 亿元，同比增长 32.5%。

据四川省医药行业协会整理数据显示，"十四五"时期第一年（2021年），四川省规模以上中成药企业90户，占规模以上中药工业企业的38.1%，占规模以上医药工业企业的15.1%。资产总计414.1亿元，同比增长6.8%，占规模以上中药工业企业资产的68.6%，占规模以上医药工业总资产的20.3%。2021年，营业收入280.3亿元，同比增长6.7%，占中药工业营业收入的48.2%，占医药工业营业收入的16.9%。利润总额41.2亿元，同比增长32.5%，占中药工业利润总额的69%，占医药工业利润总额的18.5%。见表3。

表3 2021年四川省规模以上中成药企业发展情况

指标	2021年	同比增减	占中药工业比重	占医药工业比重
企业户数	90户	—	38.1%	15.1%
资产总计	414.1亿元	6.8%	68.6%	20.3%
营业收入	280.3亿元	6.7%	48.2%	16.9%
利润总额	41.2亿元	32.5%	69%	18.5%

数据来源：四川省统计局、四川省医药行业协会

总体来看，2021年四川省中成药各项经济指标均保持增长，省委、省政府将中医药产业列为"5+1"现代产业体系的重要内容，加快推动了由中医药大省向中医药强省转变。在《四川省"十四五"中医药高质量发展规划》和《四川省国民经济和社会发展第十四个五年规划和二〇三五年远景目标纲要》中提出，要实现全面建成新时代中医药强省，中西医药相互补充、协调发展，中医药管理体系健全，领导机制完善，特色和优势充分发挥，全方位全周期维护人民群众生命安全和身体健康，充分满足全川人民美好生活需要，基本实现治理体系和治理能力现代化，建成内陆中医药开放发展的桥头堡，中医药服务能力、产业竞争力、文化软实力全国领先，为健康四川建设和推进治蜀兴川再上新台阶作出新的更大贡献。

根据工信部2014、2015年快报统计数据显示：2014年四川省中药工业实现主营业务收入507.96亿元，同比增长9.33%，占全省医药工业50.47%，占全国比重7.01%，排全国第三（排前二位的分别是吉林省1 221.53亿元、山东省537.32亿元）。其中，中成药完成357.91亿元，同比增长9.27%，排全国第四（前三位分别是吉林省1 058.30亿元，山东省414.01亿元，江西省410.88亿元）。2015年四川省中药工业实现产值586.24亿元，同比增长8.49%；实现主营业务收入536.04亿元，同比增长5.6%，占全省医药工业49.2%；排全国第三（排前二位的分别是吉林省1 374.34亿元、山东省599.89亿元）。其中，中成药完成375.28亿元，同比增长4.85%，排全国第四（前三位分别是吉林省1 207.59亿元、山东省469.33亿元、江西省442.39亿元）。2016年四川省中药工业产值达620余亿元，居全国第三，在医药制造业中占据着绝对优势，促

进了四川省工业经济的发展。

十二五时期末我省医药工业主营业务收入 1 089.01 亿元（不含医疗器械及设备制造），排名全国第八，中药工业主营业务收入 536.04 亿元，排名全国第三。十三五时期末，我省医药工业营业收入 1 372.3 亿元（不含医疗器械及设备制造），中药工业 521.1 亿元。据四川省统计局最新数据显示，2021 年四川省医药工业营业收入 1 550.4 亿元（不含医疗器械及设备制造），中药工业营业收入 581 亿元。见表4。

表4　四川省医药工业、中药工业主营业务收入情况

时间	医药工业		中药工业		中药工业营业收入占医药工业的比例（%）
	营业收入（亿元）	同比增加（%）	营业收入（亿元）	同比增加（%）	
十二五末	1 089.01	—	536.04	—	49.2
十三五末	1 372.3	26	521.1	−2.9	38.0
十四五（2021 年末）	1 550.4	12.9	581	11.5	37.5

数据来源：四川省统计局、四川省医药行业协会

从几个时期来看，十二五末四川省中药工业在医药工业中占据半壁江山，这与国家中药工业发展趋势也相吻合，并且在全国中药工业排名进入前三，这个时期处于中药工业的高峰时期，正如前面数据提到的 2016 年我国中成药迎来前所未有的高峰，此后开始中药工业趋势向下。十三五时期，四川省中药工业在医药工业中占比份额减少，在大环境的影响下，四川省中药工业营收小幅下降。近年来中医药的不凡表现和一系列政策的出台使四川省医药工业发展趋势出现反转，相比于十三五末，中药工业进入更好的发展时期。

三、四川省中成药制造业发展优势

（一）政策优势

近年来，四川顺应了国家加强对中医药发展的政策支持力度，发布了一系列政策支持中医药发展，进一步推动了中成药产业发展。省委、省政府成立了推进中医药强省建设工作领导小组和中医药产业发展推进小组，制定中医药健康服务、中医药健康产业发展等规划，全力加强中医药强省建设，为我省中医药发展创造了发展机遇。

中医药发展已上升为国家战略，我省高度重视中医药发展工作，率先修订发布《四川省中医药条例》（第五版），出台《关于促进中医药传承创新发展的实施意见》《四川省中医药强省建设行动方案（2021—2025 年）》等系列文件，将中医药传

承创新发展工作纳入对市（州）政府的绩效考核，并高规格召开全省中医药传承创新发展大会。"一带一路"建设、成渝地区双城经济圈建设、西部大开发、乡村振兴等系列重大战略在川叠加交汇，为建设新时代中医药强省创造了更好条件。

（二）药材优势

四川省地理位置介于东经92°21'—108°12'和北纬26°03'—34°19'之间，位于中国西南腹地，地处长江上游，东西长1 075公里，南北宽921公里，区域表现差异显著，东部冬暖、春旱、夏热、秋雨、多云雾、少日照、生长季长，西部则寒冷、冬长、基本无夏、日照充足、降水集中、干雨季分明，气候垂直变化大，气候类型多，有利于农、林、牧综合发展。得天独厚的地理气候孕育了丰富的动植物中药资源，拥有宝贵的优良动植物种质资源库和基因资源库，是全国乃至世界生物物种最丰富的地区之一，享有"中医之乡，中药之库"的美誉。

我省现有中药资源7 290种，是全国重要的中药材主产区之一；常用中药材品种数全国第一，全国常用中药材有363种，四川有312种，占全国的86%；道地药材品种数量全国第一，四川有川芎、川贝母、川牛膝、川明参、附子等道地药材共86种，其中国家地理标志保护的中药材产品31个；川产珍稀名贵药材有麝香、冬虫夏草、川黄连、川贝母、石斛、熊胆、天麻等。大宗川产道地药材有川麦冬、川泽泻、川白芍、川白芷、川牛膝、川郁金、川黄柏、川芎、附子、川木香、川大黄、川枳壳、川杜仲、川厚朴、巴豆、使君子、明党参等；国家GAP认证数量全国第一，已有16个品种、24个中药材基地通过国家中药材生产质量管理规范（GAP）认证。我省审定的中药材新品种数量居全国前列，主要包括灵芝、附子、天麻、川芎、红花等45个新品种。国际上植物提取物需求量较大的绿茶提取物，我省原料资源丰富，在蒲江、雅安、乐山、绵阳都有大面积种植。

（三）科研技术优势

四川省是参与全国中药产业科研开发的重要省份，有西南医科大学、成都中医药大学、四川省中医药科学院、四川省中医高等专科学院、四川农业大学、四川省农科院、四川省林科院等科研院所提供的技术创新支持，其中成都中医药大学是国家首批"双一流"学科中药学建设高校，拥有全国首批中医药省部共建西南特色中药资源国家重点实验室，以及世界规模最大、行业领先、西部地区唯一的中药种质资源保存和研究中心——国家中药种质资源库（成都），科研实力雄厚。

（四）市场需求优势

四川省全省常住人口共8 367.5万人，全省常住人口总量位居全国第五位，占全国人口比重5.93%。其中2020年四川60岁及以上人口1 816.4万人，总量列山东、江苏之后排第三位；65岁及以上人口为1 416.8万人，仅次于山东，位于全国第二。四川65岁及以上人口占常住人口的比重为16.93%，已进入深度老龄化阶段。当前，对健康需求较大的中老年人人口规模巨大，中医药大健康市场规模可观，中成药制造业发展规模也会随之扩大。

（五）工业基础优势

近年来，得力于省委省政府重视中医药产业，各省级部门相继出台一系列政策措施，不论是在监管和政策支持上都加快推动了四川省中医药产业的高质量发展。目前四川省中成药工业基础实力得到完善，更有新绿色、好医生、成一制药、康弘、地奥、太极四川、华神科技、华润（雅安）三九、新荷花等多家知名头部中成药工业企业，四川省已打造成较为完善的从原材料到中成药产业链的中医药强省。

四、四川省部分中成药企业、产品、大品种销售情况及中成药企业营收TOP20

（一）四川省中成药知名企业

四川省中成药知名企业见表5。

表5 四川省中成药知名企业简介

序号	企业名称	简介
1	四川好医生药业有限责任公司	集科、工、贸为一体，以药业为核心的"大健康"产业全面发展的大型企业集团。集团业务分布在医药工业、医药商业、医疗服务、医药研发、中药材种养殖基地、农产品精深加工、日化工业、体育文化八大版块，是工信部"中国医药工业百强企业""中国中药制药百强"，好医生商标是"中国驰名商标"。在布拖县建立了附子种植加工基地，为当地农户增收做出了积极贡献，董事长耿福能在全国脱贫攻坚表彰大会上获得个人先进称号
2	成都地奥集团	具有现代化科技、大生产、质量安全检测、高新技术产品、营销网络优势，现有科技人员1 780人，博士及博士后24人、硕士140余人，先后被授予全国创新型企业、国家实施火炬计划先进高新技术企业、全国百强高新技术企业、全国中药行业优秀企业、全国重点高新技术企业称号，被列为国家中成药重点企业、国家知识产权示范创建单位、"863"高技术成果转化基地
3	四川新绿色药业科技发展有限公司	全国中药配方颗粒六家试点企业之一（西部地区唯一一家），主要从事以中药配方颗粒为主，"高新技术企业"、"农业产业化国家重点龙头企业"（2000年至今）、国家级"火炬计划"企业，是四川省中医药首批"三个一批"重点建设项目中的重点企业

续表

序号	企业名称	简介
4	成都华神科技集团股份有限公司	拥有合剂、片剂、颗粒剂、灸剂、原料药等多个剂型，多样化的品种、品规，具有较强的市场占有力。拥有27个注册品种，其中5个产品入选《国家基本药物目录》，15个产品入选《国家基本医疗保险、工伤保险和生育保险药品目录》，15个品种被《中国药典》2020版收录，部分产品远销东南亚、欧美等地区
5	四川绿叶制药股份有限公司	一家具有悠久中成药生产历史的制药企业，公司产品"风湿液"曾获"中国中药名牌产品""国家中药保护品种""高新技术产品"等多项殊荣。胃力康颗粒是由公司独家研制的高新技术产品、第五届和第六届四川省名牌产品、国家重点新产品、国家保密品种
6	成都第一制药有限公司	公司以科技为先导，打造企业创新驱动力，获得了多项科研成果与专利，特别是具有独家知识产权的莨菪系列和益母草产品，其科研、技术水平在国内领先，获得首届国家科学大会奖、国家发明二等奖和三等奖、星火计划奖、四川省科技进步一等奖等40余项国家、省、市级奖项，被列入四川省战略性新兴产业项目，并建立了四川省博士后创新实践基地
7	百裕制药	公司产品资源丰富，其中拳头产品——银杏内酯注射液拥有十余项发明专利。先后获得了国家重大专项、四川省重点示范项目等殊荣
8	雅安三九药业有限公司	现有中药注射剂品种13个，中成药品种数10个。参麦、参附、红花等6个注射剂品种可用于静脉注射，有2 ml、5 ml、10 ml、20 ml、50 ml、100 ml多种规格，已形成抗厥脱、热症、心血管、妇科等四大中药注射剂品种体系，获22项专利，参附注射液和调脂片获发明专利，调脂片为国家三类新药。现有国家中药保护品种3个，全国中医院急诊必备品种3个，是全国中药品种获国家保护和必备中成药目录最多的厂家
9	四川逢春药业	逢春制药在打造具有国内一流研发实力，极具生产规模和特色的中西药及羌、藏民族药产业道路上，迈出了坚实的步伐。目前，旗下制药企业拥有发明专利57项，取得新药生产批准文号3个，拥有药品生产批文371个。
10	四川美大康药业股份有限公司	公司目前是一家集现代化中药、生物医药、化学合成药、原料药、营养保健食品为一体，具有独立研发、生产、经营能力的现代化制药企业集团，并形成以药材种植、饮片生产及运用在线检测技术的现代中药数字化提取为中药原料体系，以中药现代化制剂技术为中心的构建成现代中药产业链

（二）省内部分知名中成药产品

省内部分知名中成药产品见表 6。

表6 四川省内部分知名中成药产品简介

序号	产品名称	生产企业	简介
1	康复新液	好医生药业集团	康复新液及相关研究先后获得"华夏科技一等奖""李时珍医药创新奖""四川省科学技术进步一等奖""四川省专利二等奖""健康中国总评榜年度质量表现奖""中国家庭常备肠胃药品牌""中国健康产业临床最信赖品牌""中国药品零售市场最具魅力品牌""中国药店店员推荐率最高品牌"等多项荣誉，彰显中药产品品牌的榜样力量。连续四年"中药大品种科技竞争力"排行榜消化领域第一名
2	银杏内酯注射液	成都百裕制药股份有限公司	在临床医学上可广泛用于治疗缺血性脑卒中，是目前国际唯一含有高纯度白果内酯的银杏类制剂，明确成分达到100%，有效成分达99%，是一个真正意义上的现代化创新中药注射剂，具有国际化里程碑式的意义
3	益母草注射液	成都第一制药	独家产品益母草注射液于1963年开始基础研究，1971年上市，在剖宫产及顺产都能降低产后出血发生率，也有促进泌乳和子宫复旧的功效
4	当飞利肝宁胶囊	四川美大康药业股份有限公司	独特药味当药与经典组份水飞蓟的组合；目前SFDA唯一批准以肝脾CT比值评价治疗脂肪肝的抗炎保肝药。中成药临床应用指南推荐品种；独家医保发明专利药品；国家药典指导用药
5	参附注射液	华润雅安三九药业	独家品种参附注射液，进入《新型冠状病毒感染诊疗方案》，受到推荐使用。并获得了中国专利优秀奖
6	地奥心血康胶囊	成都地奥制药集团有限公司	地奥心血康胶囊为国家二类中药新药，先后获国家科技进步三等奖、科学院科技进步一等奖、四川省科技进步一等奖，收载于中国药典2000年版、2005年版和2010年版正式中成药品种，1994年和2010年两次遴选为国家基本药物。至2011年地奥心血康胶囊累计服用患者达数亿人次
7	三七通舒胶囊	成都华神科技集团股份有限公司	2003年获批上市，是从三七药材中提取的有效部位制剂，是最新一代的三七制剂，具有活血化瘀、活络通脉的功效，主要用于心脑血管栓塞性疾病的预防和治疗，对缺血性脑卒中疗效显著
8	舒肝解郁胶囊	四川济生堂药业有限公司	舒肝解郁胶囊的诞生，是传统医学在精神领域的一次大胆的询证医学探索，作为国内首个完成系统评价的抗抑郁中药，经过十年大量临床研究与应用的反复验证，广泛应用于临床多个领域，并得到了专业医师的信赖与患者的认可

续表

序号	产品名称	生产企业	简介
9	松龄血脉康胶囊	成都康弘制药有限公司	松龄血脉康胶囊是康弘公司投入大量心血，经过多年摸索，独家研究开发出的治疗和预防心脑血管疾病的纯天然中药制剂。1996年初获得国家卫生部批准的三类中药新药证书及生产批文（96）卫药准字Z-10号，并于1998年11月获得国家五部委颁发的《国家重点新产品证书》，且是2000—2004年《国家基本医疗保险药品目录》甲类品种
10	地榆升白片	成都地奥制药集团天府药业股份有限公司	"地榆升白片"荣获多项国家发明专利、循证医学证据支持的中成药，用于预防和治疗白细胞下降，疗效确切、安全。有改善机体免疫功能作用，同时对化疗、放疗所致的重度骨髓抑制性疾病也有明显效果，而且该药安全可靠、经济实用，无明显毒副作用，值得应用。产品疗效好、副作用低、市场前景良好，为企业创造了良好的经济和社会效益

（三）2020年四川省中成药销售额5 000万元以上单品种

2020年四川省中成药销售额5 000万元以上单品种情况见表7。

表7　2020年四川省中成药销售额5 000万元以上单品种情况

排序	产品名称	生产企业	品种销售额（万元）
1	康复新液	四川好医生攀西药业有限责任公司	76 302
2	银杏内酯注射液	成都百裕制药股份有限公司	72 960
3	抗病毒颗粒	四川光大制药有限公司	45 752
4	洁尔阴洗液	四川恩威制药有限公司	39 197
5	感冒清热颗粒	国药集团宜宾制药有限责任公司	38 783
6	地奥心血康胶囊	成都地奥制药集团有限公司	37 417
7	三七通舒胶囊	成都华神科技集团股份有限公司	35 731
8	舒肝解郁胶囊	四川济生堂药业有限公司	35 591
9	松龄血脉康胶囊	成都康弘制药有限公司	35 239
10	地榆升白片	成都地奥制药集团天府药业股份有限公司	29 757
11	小儿解表颗粒	好医生药业集团有限公司	20 583
12	益母草注射液	成都第一制药有限公司	20 473
13	参附注射液	华润三九（雅安）药业有限公司	18 544
14	黄芪颗粒	四川百利药业有限责任公司	18 544
15	抗感颗粒	四川好医生攀西药业有限责任公司	18 544

续表

排序	产品名称	生产企业	品种销售额（万元）
16	复方板蓝根颗粒	四川逢春制药有限公司	16 732
17	地奥心血康软胶囊	成都地奥制药集团有限公司	15 343
18	桑姜感冒胶囊	好医生药业集团有限公司	13 708
19	小金丸	成都永康制药有限公司	13 199
20	地奥心血康	四川源基制药有限公司	12 576
21	当飞利肝宁胶囊	四川美大康药业股份有限公司	11 529
22	回生口服液	成都地奥制药集团天府药业股份有限公司	9 723
23	参麦注射液	四川升和药业股份有限公司	9 090
24	银翘解毒颗粒	四川逢春制药有限公司	8 874
25	心元胶囊	吉泰安（四川）药业有限公司	8 412
26	胆舒胶囊	四川济生堂药业有限公司	7 980
27	一清胶囊	成都康弘制药有限公司	7 745
28	夏枯草片	四川森科制药有限公司	7 738
29	脂必泰胶囊	成都地奥九泓制药厂	7 481
30	鼻渊舒口服液	成都华神科技集团股份有限公司	6 631
31	生脉注射液	华润三九（雅安）药业有限公司	6 171
32	足光散	成都九芝堂金鼎药业有限公司	6 120
33	五酯胶囊	四川禾正制药有限责任公司	5 667
34	除湿止痒软膏	四川德峰药业有限公司	5 437
35	玄麦甘桔颗粒	国药集团宜宾制药有限责任公司	5 125

（四）2021年四川省中成药企业营收前20情况

2021 年四川省中成药企业营收前 20 情况见表 8。

表8　2021年四川省中成药企业营收前20情况

序号	单位名称	营业收入（亿元）	增长率（%）	地区
1	四川新绿色药业科技发展有限公司	31.16	24.2	成都
2	四川中方制药有限公司	15.61	21.3	广元
3	四川旭阳药业有限责任公司	14.78	14.9	自贡
4	成都第一制药有限公司	13.14	25.8	成都

续表

5	四川好医生攀西药业有限责任公司	12.18	10.5	凉山
6	国药集团宜宾制药有限责任公司	12.02	17.7	宜宾
7	成都地奥制药集团有限公司	11.62	21.5	成都
8	四川依科制药有限公司	10.06	1	德阳
9	四川逢春制药有限公司	8.88	11.2	德阳
10	四川绿叶制药股份有限公司	6.83	49.6	成都
11	四川子仁制药有限公司	6.79	16.5	德阳
12	四川济生堂药业有限公司	6.36	20.2	成都
13	太极集团四川南充制药有限公司	6.1	20	南充
14	成都康弘制药有限公司	5.37	19.2	成都
15	四川代代为本农业科技有限公司	5.32	61.8	德阳
16	邛崃天银制药有限公司	5.24	41.4	成都
17	成都地奥集团天府药业股份有限公司	4.77	8.8	达州
18	四川广元蓉成制药有限公司	4.57	14.4	广元
19	四川金山禅心制药有限公司	4.45	10.4	广元
20	四川森科制药有限公司	4.42	0.1	德阳

五、主要问题

（一）中药大品种、大企业培育不足

品种多但重磅名牌少。我省药材资源丰富，中药独家和保护产品较多，但缺乏能带动全产业链发展、影响力大的大品种、大品牌，未能形成类似于吉林人参、云南三七有影响力的大品种。黄精、川芎、丹参、麦冬、天麻、石斛、杜仲、赶黄草等道地药材在大健康领域的潜力还有待于进一步挖掘。

（二）企业户数多但头部企业少

虽然有100余家中成药企业，不少企业在某些领域具有一定优势与实力，但缺少具有全国影响力的领军企业。作为中药饮片生产、销售大省，四川中药饮片生产加工企业182家，销售规模能上亿元的60家，上15亿的仅14家。保健品领域企业44家，但产值上亿元的只有5家，全行业产值规模仅为30亿元。植物提取物生产厂家虽然有70余家，但规模较大的提取物厂家不多，大多数生产厂家规模不大，软硬件设施条件有限，缺乏优势产品。受国家中药提取物监管政策影响，业务均在萎缩，甚至

停产。

（三）中成药研发和技能型人才缺乏

我省具有四川大学、成都中医药大学、四川省中医药科学院等从事中药产业科教单位近 50 家，是全国首批中药现代化产业基地，拥有全国第一批中医药行业国家重点实验室，培养了全国第一个中医药学本科、硕士、博士、博士后，目前培养的中药本科、研究生、博士生人数全国最多。然而，四川省中医药领域长期缺乏自有院士、长江学者、杰青等领军人才，优青人员数量不超过 5 位，国医大师、岐黄学者等均在 10 位以内，这与全国中医药行业高速繁荣的现状严重不匹配，而在省内，中医药人才在天府人才战略等的比例、话语权也较弱，这均导致我省中药产业创新的动力严重乏力。同时，虽然我省高学历的毕业生较多，但眼高手低，面向生产实际的实用性人才少，技能型中药人才缺乏。

六、建议

（一）强化中药工业"源头"质量建设

贯彻新发展理念，聚焦川药"源头"品质，与乡村振兴战略等结合，强化药材资源优势，加强宣传交流。打造区域综合性或单品种药材种子种苗、驯化繁育基地，培育专业化中药种业公司。加快川贝母、麦冬、美洲大蠊等特定药材品种的标准化、机械化、自动化、智能化的种植养殖基地建设，建立中药工业全产业链溯源体系的发展模式，实现药材种植基地可持续发展。

1. 优化区域布局。根据我省中药材产业发展现状，突出道地药材特色及中药材基地建设，结合第四次全国中药资源普查的结果与已有《四川省中药材产业发展规划（2018—2025 年）》中的前期规划，科学制定更详细、更可靠、接地气的川产道地药材种植区划，做到"一区一策""一县一品"。

2. 出台制定产地趁鲜加工政策。由省级政府职能部门联合科研单位、企业，遴选产地趁鲜切制品种，制定产地趁鲜加工指导原则，允许中药饮片生产企业采购符合条件的产地趁鲜加工中药材。

3. 全力打造"川十味"。重塑"川药"金字招牌。明确在优势主产区选择优势品种的原则。从 86 种川产道地药材中遴选出 10 种"市场需要""持续性高""道地性强""前景良好"的重点品种进行重点开发，重塑"川药"金字招牌。如川芎、麦冬、川贝母、附子、丹参、白芷、泽泻、姜黄、川牛膝、麝香等。

4. 积极落实《川产道地药材全产业链管理规范及质量标准提升示范工程工作方案》，对省内主要川产道地药材或适宜种养殖的药材开展系统研究，以提升川药品质。

（二）加强中药大品种大企业培育提升行动

强化大品种大企业的打造，拓宽川产中药大品牌，加快中药资源优势向产业优势转化，大力培育我省中成药大品种大企业。充分利用 MAH 制度，高效整合我省中成药批准文号、产能资源。坚持中西医结合、中西药并重，制定药品集中采购招标支持政策，针对公立医疗机构药品采购的指标考核，中药类药品经费占比开支不低于药品总费用的 30%。加大医疗机构中药制剂的开发与调剂使用，建立区域医疗机构制剂平台，出台有利于企业与医疗机构制剂合作转化的政策。改革大品种大企业培育机制，设立以单品种销售额、企业规模等为评价指标的"揭榜挂帅"项目；鼓励优质特色中医药企业兼并重组、企业上市等举措，政府加大政策和资金倾斜力度，加快推进大品种和大企业的培育。

（三）引进与培育新时代中药高层次人才

围绕我省中药工业发展的时代需求，对标"顶尖人才引领、高端人才集聚、优质项目汇聚"的发展目标，大力引进和培育中药产业特色人才、高层次人才。以"赛马夺标"制即企业规模、营业收入等设计目标，选拔与评价人才，汇聚中药企业领军人才。出台省市县联动的中药行业领军人才的资金奖补、购房许可、子女读书等倾斜政策，调整我省中药高层次人才区域不平衡问题，实现引培一个人才、带动一个企业、促进一个产业发展的效果。政府出台专项补贴等政策，鼓励我省企业人员攻读中药类的硕士、博士研究生等，吸引人才乐于到我省中药行业就业创业。开展高层次中药人才的一流大学、党校等培养交流活动，以新时代"药工"精神，定期举办中药技艺传承创新大赛培养中药高层次技工人才等。

专论9　四川省中药流通行业现状调查报告

蒋桂华[1]　连艳[2]　尹显梅[3]　王耀登[4]　李若诗[5]

摘要：本文分析了中药流通行业环境，从中药农业、中药工业、中药流通终端市场研究了中药流通行业产业链，并深入分析了四川省中药流通行业现状，发现当前四川省中药饮片资源优势显著、中成药出口量态势向好，药品批发企业集中度持续提高、药品零售企业全年销售运行良好，医药物流企业服务能力提升、推进供应链协同发展，预测了四川省中药流通行业未来发展趋势，分析了中药流通行业存在的问题，并提出相应对策建议。

关键词：四川省　中药流通　现状　对策

一、四川省中药流通行业发展概述

医药流通是指主要流通商品为药品及医疗器材的批量销售业务。医药流通企业通过提供充足的仓储空间、专业的医药管理人员、覆盖广泛的物流和医药销售渠道，在与上下游的买卖交易中获取利润差，以此支付在医药产品流通环节所产生的仓储费、管理费、物流费、销售费，并获得适量的利润。中国医药流通行业的发展受到中国经济体制变迁的影响，在不同的经济体制下呈现出不同的发展格局。

一直以来，四川是全国中药材生产、流通的重要基地。占地142亩、建筑面积达20万平方米的成都荷花池中药材专业市场是全国17个国家级大型中药材专业市场之一，是西南地区中药材的品牌市场，该市场在成都市经济发展中发挥着重要作用。该市场自搬迁至成都国际商贸城后，实现了产业升级，2009年交易额达到80亿元。2010年7月，商务部批准成都荷花池中药材市场编制成都中药材价格指数，该指数是四川第一个国家级的价格指数，对指导中药材行业生产、采购具有重要意义。

本报告对四川省流通行业进行了简要概述，为中药材流通行业企业经营者提供参

［1］蒋桂华，教授、博士生导师，四川省中医药管理局学术带头人，中国商品学会副会长，中国民族医药学会大数据与人工智能分会副会长，国家药品监督管理局中成药质量评价重点实验室学术委员会委员。研究方向为中藏药品质评价与资源开发。

［2］连艳，在读博士研究生，高级实验师，主要从事中药资源与开发研究。

［3］尹显梅，师资博士后，主要从事中药资源与开发研究。

［4］王耀登，在读博士研究生，主管中药师，重庆市中西医结合学会委员，中华中医药学会中药鉴定分会青年委员。主要从事中药资源与质量控制研究。

［5］李若诗，在读博士研究生，主要从事中药品质与资源研究。

考依据。

二、中药流通行业环境分析

为了加强药品监督管理，保障药品质量，保障人体用药安全，国家构建了严格的法律法规体系规范医药流通行业的市场秩序，如《中华人民共和国药品管理法》《中华人民共和国药品管理法实施条例》，以及对药品经营企业实行经营许可证管理制度，对医药流通企业实施 GSP 认证制度。

近年来，党和国家高度重视中医药事业发展，出台了多项关于支持、鼓励、规范中药材行业的相关政策文件，对于加强中药材生产流通全过程的质量监督管理、保障中药材质量安全等方面指明方向。

2015 年 12 月，国务院办公厅印发《关于加快推进重要产品追溯体系建设的意见》（国办发〔2015〕95 号），对药品等产品追溯体系建设明确了坚持政府引导与市场化运作相结合，发挥企业主体作用，调动各方面积极性的基本原则。国家食品药品监督管理总局修改了《药品经营质量管理规范》，落实药品经营企业追溯管理责任，强化企业主体意识，促进建设来源可查、去向可追、责任可究的药品全链条追溯体系。

2016 年 3 月，国务院办公厅发布《关于促进医药产业健康发展的指导意见》，就目前面临的自主创新能力不强、产业结构不合理、市场秩序不规范等问题提出指导，明确需要建立现代医药流通体系，推动大型企业建设遍及城乡的药品流通配送网络，提高基层和边远地区药品供应保障能力。

2016 年 12 月，商务部发布《全国药品流通行业发展规划（2016—2020 年）》，鼓励药品流通企业优化资源配置、优化企业质量、优化流通渠道、优化药品供应以及优化行业水平，推动我国药品流通进一步健康完善发展。在此条件下，积极搭建第三方药品电子交易平台，有利于最大化减少流通环节，降低医药费用，实现健康医药流通循环。

2017 年 1 月 9 日，原国家卫计委发布的《关于在公立医疗机构药品采购推行"两票制"的实施意见（试行）》，明确综合医改试点省（区、市）和公立医院改革试点城市要率先推行"两票制"，鼓励其他地区执行"两票制"。国家版"两票制"指的是：药品生产企业到流通企业开一次发票，流通企业到医疗机构开一次发票。"两票制"的到来，伴随着营改增和金税三期等其他政策的实施，使得药品流通行业的运营更加规范、透明。药品流通市场格局、渠道布局及供应链关系都发生了较大的变化，行业渠道向终端下沉明显，医药流通行业规模效应逐渐凸显，全国性和区域性龙头企业销售增速普遍高于行业平均水平，行业集中度进一步提高。

2017 年 1 月，国务院办公厅发布《关于进一步改革完善药品生产流通使用政策的若干意见》，在药品流通环节中重点整顿流通秩序，完善流通体制。明确培育大型现代药品流通骨干企业；落实药品分类采购政策，降低药品虚高价格；加强药品购销合同管理。

2019 年 1 月，国务院办公厅印发《国家组织药品集中采购和使用试点方案》（国办发〔2019〕2 号）指出国家组织药品集中采购和使用试点，实现药价明显降低，减轻患者药费负担；降低企业交易成本，净化流通环境；探索完善药品集中采购机制和以市场为主导的药品价格形成机制。由于医疗改革的重点是挤掉药品中虚高的水分，国家集中采购、国家医保管控的加强、医联体的推进和重点监控药品目录的执行，药品流通次数减少，多采用医院和药企直接结算货款，药企和商业公司直接结算配送费用的方式，从而减少流通费用，全年药品销售额增速出现了逐步放缓的趋向，但提高了药品的采购量。

近几年，医药行业政策不断推陈出新，《药品管理法》《疫苗法》修订，从药物一致性评价到药品集中带量采购，以及医保支付改革、国家医保谈判药品"双通道"等政策的实施，均对药品流通行业发展产生深远影响。行业积极响应国家政策，顺应宏观发展趋势，在复杂多变的环境中积极探索创新发展路径，加速行业销售模式转变和流通渠道重构，行业的转型升级将持续深化。未来强强联合、资源互补型的兼并重组将成为行业主流，药品流通行业集中度仍然有提升空间；我国药品零售业态结构、竞争方式等将加速改变，特药（DTP）药房、慢病药房等专业特色药房及智慧药房不断涌现；医药供应链与互联网深度融合，信息技术的智慧化逐渐凸显，全方位、多层次、广布局、深覆盖的现代医药供应链体系正在建立；作为一种互联网时代下新兴的药品消费途径，医药电商经历了多年的快速增长，据统计仅 2019 年与中药相关的公众号、微信群、抖音号多达 7 200 个，与中药材相关则达 1 100 个。通过微信群、QQ 群、抖音短视频交流行业信息，甚至发布中药材供求信息已成为行业信息交流主要方式。从目前的发展趋势来看，医药电商的市场规模仍然保持着强劲的增长态势。

2021 年是实施"十四五"规划、开启全面建设社会主义现代化国家新征程的第一年，药品流通行业进入重要转折期，将呈现全新的高质量发展新阶段。中国医药商业协会与社会科学文献出版社发布的《药品流通蓝皮书：中国药品流通行业发展报告（2021）》指出，近年来，随着一系列医改政策和药品集中带量采购政策的推进，《"健康中国 2030"规划纲要》的逐步落地，以及互联网技术、AI 技术、区块链技术等应用推广，药品流通行业的新模式、新业态、新技术不断涌现，医药供应链服务模式不断面临变革及新挑战，医药物流配送服务也面临终端用户不断多样化、个性化的需求。

部分资料来源：智研咨询

三、四川省中药流通行业产业链分析

（一）中药流通产业链总体介绍

中药流通产业链自上而下可以分为三个环节：上游的中药农业，即中药的种植（养殖）和供应，所产生的中药经粗加工等处理流通至中游的中药工业，即中药饮片、中成药、中医药保健品等中药产品的生产加工过程，在经过仓储物流至下游的中药商业，即中药饮片和中成药的销售和经营终端（见图1）。近年来由于国际经济环境复杂严峻，国内经济稳中有变，药品流通行业发展增速有所放缓。但在相关政策的规划扶持下，伴随大健康理念的增强、人民生活水平的提高、人口老龄化程度日益加深，药品流通市场规模仍然持续增长。促进医药流通市场的发展以及消费渠道的多样化，可以降低中药行业的流通成本，使消费者能以更低廉的价格消费各类医药产品。

我国是仅次于美国的全球第二大制药市场，数据显示，我国中医药制造市场从2016年到2020年，年均复合增长率为3.7%，即从637亿元增至737亿元。2020年全国药品销售总额24 148.9亿元。其中，中成药销售3 413.9亿元，销售占比13.4%；中药饮片销售555.7亿元，销售占比2.28%。2020年，全国注册网上药店693家，药品零售线上销售额为1 512亿元，增长率为59.12%，其中，中成药占26.38%，中药饮片占6.73%，保健品占9.24%。

进出口贸易方面，通过口岸数据和调研，对76种进口类药材数据统计分析发现，2010—2019年，国内中药材进口量年均增长3.23%，由于2020年受新冠肺炎疫情影响，中药材进口量下降28.07%，约为10.18万吨，是近15年来最低。相关数据显示，四川省2020年中药工业出口总额2.14亿人民币，与去年同比减少5.19%；其中中药饮片出口1.43亿人民币，与去年同比减少19.05%；中成药出口0.71亿人民币，与去年同比增长44.51%。

中药材物流基地建设方面，据统计，2020年底已评审通过基地82家，基地仓储总面积330.5万平方米，可储存药材359.3万吨，并配套建设432个初加工基地，投资总额共约126亿元，已完成超过80%的目标任务。预计再过1—2年，将基本完成中药材物流基地建设总体规划目标。

以上数据来源：海关、协会综合监测、米内网、省政府网站

（二）中药农业

中药农业主要依托于化学农药、肥料及土壤处理、园艺等产品或服务，经过育苗、种植、生产管理、采收与粗加工等环节，向下游环节提供原料，是"中药生产第一车间"，是中医药产业发展的物质基础。中药资源主要分三大类：药用植物、药用动物、药用矿物。中药农业的产业组织形态经过多年的探索实践，通过订单生产实现

原料药的精准生产对接，压缩了传统药材市场交易份额，同时也降低采购成本，逐渐形成"企业＋合作社＋基地＋农户"的相对稳定的产业模式。川产道地药材品种数量全国第一，有川芎、川贝母、附子等道地药材共86种，其中国家地理标志保护的中药材产品31个。省内多家知名中药企业，如好医生药业、新绿色、雅安三九、新荷花等，在道地产区建立了定制药园、药材基地，开展标准化、规范化中药材种植。

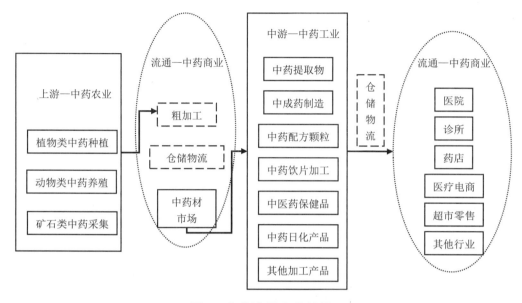

图1　中药流通产业链图

据统计，截至2022年，全省中药材种植面积达850万亩，规模以上中药企业营收581亿元，建成24个药材规范化种植科技示范区，16个品种、24个基地通过国家GAP认证，均居全国第一，单品种种植面积上万亩的有53种，川芎、川贝母、川麦冬、川白芷、川黄连等道地药材的人工种植面积居全国前列。受新冠肺炎疫情影响，2020年中医诊疗人次减少，中药材需求量和产量有所下降。2021年，中医药在抗击新冠肺炎疫情中起到了重要作用，中药材的需求量也随之增长。中药材天地网数据显示，2021年的中药材价格综合200指数构成品种中，有115个品种价格出现上涨，29个品种价格出现下跌，56个品种的价格出现走平。涨价品种超过一半，其中包括泽泻、白芷、乌梅、陈皮、麦冬、川芎、木瓜、射干、薄荷、蒲公英、淫羊藿、川贝母、黄连等，降价品种包括广藿香、豆蔻、八角茴香、夏枯草、金银花、鱼腥草、重楼等。四川省中药材主要出口21个国家和地区，主要出口品种有当归、三七（田七）、党参、黄连、菊花、冬虫夏草、贝母、川芎、半夏、白芍、天麻、黄芪、大黄、籽黄、白术、地黄、槐米、杜仲、茯苓、枸杞、沙参、青蒿、甘草、黄芩、矿物性药材、动物性药材等。（数据来源：海关、协会综合监测、2020年四川省中医药产业发展情况汇编）

（三）中药工业

2020 年全省规模以上中药饮片企业、中成药企业共 227 户，中药工业营业收入达 520.8 亿元，占全省医药工业比重 35.3%。其中包括产值 10 亿以上的康复新液，产值 5 亿以上的中成药大品种 3 个、产值 1 亿元以上中成药大品种 21 个、5 000 万元以上中成药大品种 36 个，培育茯苓、党参、川贝母、川芎等重点单品饮片。

《2020 年中国医药工业经济运行报告》数据显示，2020 年中药饮片加工市场规模达 1 782 亿元，较往年下降 8.6%。中药饮片是我国中药产业三大支柱之一，也是中成药的重要原料，是中药产业链中最重要的一环，可以直接向下游医疗机构出售用于临床使用，也可以加工成中成药、中药注射剂等再出售。此外，在传统饮片的基础上采用现代化手段提取主要成分、浓缩和制粒炮制的新型中药饮片，如中药配方颗粒、中药超微饮片、中药破壁饮片、中药粉剂等也逐步发展。中成药具备标本兼治、毒副作用少等特点，在治疗慢性病上有着明显优势，主要产品按照诊疗范围分为清热解毒类、妇科类、心血管系统类、补益类药品。但在中药产业主体的中成药制造业，连续几年在医药工业各子领域中增速垫底，发展势头呈现相对弱势。我国中成药 2020 全年营收 4 414 亿元，较往年下降 3%，全年利润 619 亿元，增长 4.3%。

2023 年 1 月，国家医疗保障局、人力资源社会保障部发布了《国家基本医疗保险、工伤保险和生育保险药品目录（2022 年）》，收载西药和中成药共 2 967 种，其中西药 1 586 种，中成药 1 381 种，另外，还有基金可以支付的中药饮片 892 种。近年来，国务院相继发布了《中药材保护和发展规划（2015—2020 年）》（国办发〔2015〕27 号）、《中医药发展战略规划纲要（2016—2030 年）》（国发〔2016〕15 号）《"健康中国 2030"规划纲要》，这一系列文件规范了我国药品研究、开发与生产的秩序，将为中药材及相关产业集聚发展带来良好市场前景。四川省委省政府也相继出台《关于促进中医药传承创新发展的实施意见》《中医药强省建设行动方案（2021—2025 年）》等政策文件，将中医药传承创新发展工作纳入对市（州）政府绩效考核，激发各地中医药形成了竞相发展态势，并在成都、资阳、眉山、泸州等地建有天府中药城、天府国际生物城等各具特色的中医药产业园区，为中医药工业全域拓展提供良好产业发展氛围。（数据来源：四川省人民政府网站）

（四）中药流通终端市场

中药商业是国家医疗卫生事业和健康产业的重要组成部分，是关系人民健康和生命安全的重要行业。2020 年四川省药品销售总额 1 096.3 亿元，占全国销售总额 4.5%。其中，中成药 146.9 亿元，占我省药品销售总额的 13.4%，占全国中成药销售总额的 4.3%。中药饮片销售 25 亿元，占我省药品销售总额的 2.3%，占全国中药饮片销售总额的 4.51%。我国药品终端市场主要涉及中药的三大终端：第一终端市场（省、市公立医院市场、县级公立医院市场）、第二终端市场（零售药店）和第三终端市场（城市社区卫生中心市场、乡镇卫生院市场等）。据统计，2021 年我国三大终端药品销售额达 17 747 亿元，同比增长 8.0%。从实现药品销售的三大终端的销售额分布来看，2021 年公立医院终端市场份额最大，占比为 63.5%，零售药店终端为 26.9%，公立基层医疗终端为 9.6%。

随着健康中国事业的发展，国内居民消费水平的提高，大健康理念持续增强，人口老龄化程度日益加深以及慢性病普及，人民的保健意识不断提高，对中药理论的认可不断深入，中医药作为日常健康管理的重要途径愈加受到关注，对推动中药行业的发展起到积极作用。从国内医药市场的表现来看，在医药卫生体制进一步改革之下，药品流通行业已经呈现出了快速转型的趋势。为了加强医药供应链协同发展，同时创新药品零售与服务模式，行业销售额整体保持平稳局面。从医药消费来看，零售药店和品牌中药的行业集中度将持续提升，量价齐升的空间更大。从医药流通的渠道来看，批发环节和零售环节受到相关政策影响，药品批发企业集中度有所提高。同时因为中药流通行业整合进一步加快，且受到新冠肺炎疫情的影响，中药商业的模式也随之发生转型和升级，包括物流服务规模化、标准化及专业化发展，医药电商全方位发展，零售药店转型升级等。（数据来源：米内网，以上统计数据未包含"民营医院、私人诊所、村卫生室"）

四、四川省中药流通行业现状及分析

随着医药卫生体制改革不断深化，药品流通行业加快转型升级步伐，行业销售总额稳中有升，集约化程度继续提高，持续保持稳中向好态势。在新发展格局下，药品批发企业优化网络结构将进一步加快，零售药店健康服务功能将得到积极拓展，现代智慧医药供应链新体系将会持续完善，药品流通行业向高质量发展转变态势更加明显。

（一）我省中药饮片、中成药流通情况分析

截至 2020 年 12 月末，全省规模以上中药饮片企业 138 户，比 2019 年增加 3 户；中成药企业 92 户，比 2019 年增加 3 户；其中，中药饮片企业营业收入 261.5 亿元，同比增长 5%，占全省医药工业比重 18.8%，相比去年高 0.6 个百分点，利润总额 15 亿元，同比增长 15.4%，出口总额 1.43 亿元，同比减少 19.05%；中成药企业营业收入 259.6 亿元，同比下降 5.5%，占全省医药工业比重 18.7%，相比去年减少 2.5 个百分点，利润总额 31.4 亿元，同比下降 12%，出口总额 0.71 亿元，同比增长 44.39%。

（1）2020 年我省药品销售总额 1 096.3 亿元，占全国销售总额 4.5%。其中，中成药 146.9 亿元，占我省药品销售总额的 13.4%，占全国中成药销售总额的 4.3%。中药

饮片销售 25 亿元，占我省药品销售总额的 2.3%，占全国中药饮片销售总额的 4.51%。

（2）据统计，2020 年我省限额以上中药批发和零售企业 97 家，期末从业人员共计 5 077 人，营业收入 100.4 亿元，资产总计 80 亿元，商品批发总额 101.7 亿元，商品零售总额 9.2 亿元，商品销售总额 110.9 亿元。

其中，中药批发 82 家，占比 84.5%；期末从业人员 4 558 人，占比 89.8%；营业收入 96.2 亿元，占比 95.8%；资产总计 78.1 亿元，占比 97.6%；商品批发额 101.3 亿元，占比 99.6%；商品零售额 5.2 亿元，占比 56.5%；商品销售额 106.4 亿元，占比 95.9%。

中药零售 15 家，占比 15.5%；期末从业人员 519 人，占比 10.2%；营业收入 4.2 亿元，占比 4.2%；资产总计 1.7 亿元，占比 2.4%；商品批发额 0.4 亿元，占比 0.4%；商品零售额 4.1 亿元，占比 43.5%；商品销售额 4.5 亿元，占比 4.1%。

（数据来源：统计局，协会综合监测）

表1　2020年四川省中药批发企业主营业务收入进入全国前100的名单（数据来源：商务部）

企业名称	全省排名	国内排名	主营业务收入（亿元）
四川科伦医药贸易集团有限公司	1	17	141.5
四川合纵药易购医药股份有限公司	2	44	27.3
四川金仁医药集团有限公司	3	53	24.7
四川本草堂药业有限公司	4	65	18.9
四川贝尔康医药有限公司	5	66	18.8
四川粤通医药有限公司	6	70	17

表2　2020年四川省中药零售企业销售总额进入全国前100的名单（数据来源：商务部）

企业名称	全省排名	国内排名	销售总额（亿元）
成都泉源堂大药房连锁股份有限公司	1	29	12.6
四川杏林医药连锁有限责任公司	2	45	7.4
四川圣杰药业有限公司	3	68	4
四川遂宁全泰堂药业有限公司	4	70	3.9
四川巴中怡和药业连锁有限责任公司	5	84	2.9
宜宾天天康大药房零售连锁有限责任公司	6	87	2.6
绵阳科伦大药房连锁有限公司	7	88	2.5
四川德仁堂药业连锁有限公司	8	96	2
四川荣县泰康大药房连锁药业有限公司	9	99	1.8

2020 年四川省中药材、中成药国际贸易情况：2020 年中药工业出口总额 2.14 亿人民币，与去年同比减少 5.19%。其中中药饮片出口 1.43 亿人民币，与去年同比减少 19.05%；中成药出口 0.71 亿人民币，与去年同比增长 44.51%。出口主要品种：当归、三七（田七）、党参、黄连、菊花、冬虫夏草、贝母、川芎、半夏、白芍、天麻、黄芪、大黄、籽黄、白术、地黄、槐米、杜仲、茯苓、枸杞、沙参、青蒿、甘草、黄芩、矿物性药材、动物性药材等。中药材出口主要国家：朝鲜、马尔代夫、日本、韩国、泰国、马来西亚、美国、德国、新加坡、越南、意大利、埃及、马达加斯加、新西兰、巴西等。（数据来源：海关、协会综合监测）

（二）我省中药饮片、中成药流通特点分析

1.中药饮片资源优势显著，中成药出口量态势向好

2020 年我省药品销售总额 1 096.3 亿元，占全国销售总额 4.5%。中成药销售总额远高于中药饮片，而中药饮片在全国药品销售总额占比高于中成药，说明我省中药饮片资源优势显著。此外，中成药在应对新冠肺炎疫情发挥了巨大作用，获得了全球更多的关注和认可，中药工业出口中药饮片有所减少，中成药出口同比增长了 44.51%，可见中成药出口量态势持续向好。

2.药品批发企业集中度持续提高，药品零售企业全年销售运行良好

从市场占有率看，药品批发企业集中度有所提高。从销售增速看，大型药品批发企业销售增速放缓。2020 年出现新冠肺炎疫情的特殊形势，加快培养了公众线上问诊、购药习惯，在线医疗咨询需求显著增长。公立医院也纷纷加入互联网医院建设。医药电商营销新模式在助力疫情防控、保障公众健康、促进全渠道经营与服务方面发挥了积极作用，成为行业销售不容忽视的新的增长点。疫情期间，药店成为百姓购买防疫所需医疗防护物资和相关药品的重要场所。药品零售企业积极探索专业化、数字化、智能化转型路径，提升服务能力，建立专业药房，提供健康咨询等特色药学服务。

3.医药物流企业提升服务能力，推进供应链协同发展

目前，中药产业链流通环节的批发企业正处于提升行业集中度与发展转型的关键时期，以进一步提升行业集中度，发挥母公司与子公司各自的价值优势，同时从原有的单链线式多环节调整为同一平台多边化的商业模式，能解决上下游信息不对称的问题，并兼顾到了各个利益主体，最重要的是改变了以往单靠赚取进销差价的盈利模式，可以依靠流通环节强大的信息系统来挖掘大数据带来的增值服务，譬如为下游终端提供一体化的品类管理系统解决方案，为上游药厂提供从外包到销售等一站式服务，为上下游企业提供信贷与融资服务，利用平台上积累的资金流开展各种投资行为等，药品流通企业及专业医药物流企业在物流自动化和信息化技术应用方面的能力逐步提升。在新政策及新市场的驱动下，医药物流企业不断提升自身竞争力，打造以供

应链协同发展为主线、以高质量发展为目标的综合实力已成为行业共识。

（三）四川省中药流通企业基本情况

1.全省主营业务排名前三的批发企业

四川科伦医药贸易有限公司，于 1998 年 11 月成立。公司经营范围包括批发中药材、中成药、中药饮片、化学原料药等，是数百家国内外著名制药企业的四川总经销商或一级经销商。公司销售网络健全，旗下子公司遍布四川 21 个市州，子公司成都科伦大药房连锁有限公司（直营）、四川康贝大药房连锁有限公司（加盟）管理药店5 000 余家。同时，依托科伦集团强大的综合实力和优势资源，科伦医贸已实现对四川省 95% 二甲以上医院的覆盖，并通过"直属子公司为主、核心合作商业为补充"的网络辐射，成功打造了集药品集中配送、医院纯销、基层医疗机构配送为一体的医疗机构销售网络。

在物流体系和物流中心建设上，科伦医贸已建成四川全域配送的药械及冷链药品直配体系，同时具备药品和医疗器械第三方物流服务资质，拥有 143 000 平方米常温库及阴凉库、3 500 平方米冷藏冷冻库，配备了自动化托盘立库、箱式立库、货到人拣选及出库分拣系统，运用智能化储运管理系统，可满足 6 万 SKU 拆零、84 万件货品存储及日均 8 万件、高峰时期 12 万件货品出入库作业。是我国西南地区乃至全国现代化医药物流的标杆项目。

作为西南地区最大的医药公司，科伦医贸木兰物流基地的建成在医药行业创造了多个新纪录，通过多渠道配送、密集存储、多种拆零拣选策略、Miniload 系统应用等对"医药物流中心"进行了重新定义。

四川合纵药易购医药股份有限公司，成立于 2007 年，总部位于四川省成都市。公司于 2021 年 1 月 27 日正式登陆深交所 A 股资本市场，成为国内首家上市的医药产业互联网企业。合纵药易购是一家布局全国市场的数智医药大健康生态型企业，公司以创新技术为驱动，以全渠道供应链为基石，主营业务涵盖医药新零售、医药 B2B 电商、数智化赋能、医药批发、医药公共服务、医药供应链、智能仓储物流、互联网医疗、医药健康金融、大健康管理等众多板块。

四川金仁医药有限公司，成立于 2004 年 12 月，是一家集药品批发、配送、电子商务为一体的大型医药物流企业集团。公司座落于成都市医药商贸繁华地带，物流仓储占地面积 10 000 平方米，品规数达上万个。经营范围涵盖生化药品、中药材、中药饮片、生物制品（不含预防性生物制品）、中成药、化学药制剂、抗生素制剂、化学原料药、抗生素原料药、预包装食品等。拥有药淘齐网上电商平台等系统、现代仓储管理系统 WMS，有自己的物流体系，全国范围内配送时效处于一流水平，具备完整、可持续、互补的产供销为一体的产业链，全国 100 家商业平台优势资源互补、渠道信息共享。

2.全省主营业务排名前三的零售企业

成都泉源堂大药房连锁股份有限公司，是一家以连锁零售、互联网、保险作为核心业务的医药流通企业，其历史最早可追溯到1902年川西名医李希臣开设的泉源堂医馆。作为国内首批"医药电商"的代表，泉源堂荣获国家电子商务示范企业，并以数据和技术作为驱动，快速发展成为国内领先的医药健康数字化零售平台。目前，泉源堂通过对B2C、O2O及互联网医疗三大聚焦业务的贯通，从线上流量平台全覆盖、线下泉源堂智慧药房重点辐射、供应链数字化升级、互联网医院建设、金牌药学服务团队打造、健康管理全服务等多个维度切入，打造出泉源堂智慧药房"小店面，大品类，高频次，好服务"的新商业模式。泉源堂以精益化数据运营为核心运营要领，实现医药流通的全渠道建设，通过与自营的健康险医保体系资源联动，打造完整的用户家庭健康用药闭环生态。

四川杏林医药连锁有限责任公司，成立于2001年8月，成为四川同行中首批率先通过GSP认证的药品零售连锁企业，公司在东大街67号投资创办了成都市首家民营"中医馆"，公司共经营药品、医疗器械、保健品及相关健康产品1万多种，现有员工近千人，已发展成为在成都市及省内部分地级城市拥有近100家下属直营门店，并迅速往周边城市覆盖的大型医药零售连锁企业。

四川圣杰药业有限公司，成立于2001年，是一家集药品生产、批发、零售连锁为一体的现代化大型民营企业。公司总部及门店员工1 000余人，直营门店240家，门店覆盖成都5个主城区，泸州四县三区、宜宾、内江、自贡主城区。

五、四川省中药流通行业未来发展趋势

（一）政策实施推动中药产业发展

党的十八大以来，党中央、国务院高度重视中医药事业发展，先后出台了一系列推进中医药事业发展的重要政策和措施。中医药事业迎来了"天时、地利、人和"的大好局面，进入前所未有的历史发展机遇期，中药产业迎来难得的历史契机。目前我国的中医药事业发展正处于能力提升推进期、健康服务拓展期、参与医改攻坚期和政策机制完善期。随着"健康中国"战略的深入推进，人民群众对健康美好生活需求的提升，对于中医药高质量发展也有了更高的期盼；中医药作为中国原创科技、文化与产业的交汇点，"一带一路"倡议对于中医药走出去提出了更迫切的需求。

（二）企业更注重品牌发展

企业形象是企业经营理念、企业诚信等在产业上的综合反映。集中技术、人才、

资金发展有特色的大品种，已成为一批领军型企业中长期发展的战略重点。目前，销售额超亿元的中成药品种数已大大增加，已有一批企业的商标被誉为省内"著名商标"和国内"驰名商标"。

（三）新型医药销售模式为药品流通带来新的发展

随着互联网发展，在信息技术的赋能下，药品销售渠道不断趋于互联网化，药品零售业态结构、竞争方式等也将加速改变。在零售药店连锁化趋势下，药企、医院开始谋求新渠道，医药互联网的发展为药品流通带来新的发展。医药流通中，端到端供应链服务能力和第三方物流服务水平决定药品流通企业竞争力。随着企业内部数据的持续积累和外部数据源的增加，在传统物流的基础上逐步实现物流企业采购、销售、服务的数字化、在线化，将医药供应链上下游各环节的数据在互联网技术、AI 等技术的支持下连接起来，培育供需高效协同的平台型服务体系，实现供应链全程可视化、可追溯，构建高效协同的生产流通一体化新生态。

（四）中药材助力乡村振兴

高经济价值、强地域选择性使中药材产业成为乡村振兴的"明星"产业，逐步成长为四川省主要农产品，成为农民增收的重要来源。另一方面，过去许多中药靠野生资源，人工种植技术发展较为缓慢，更多的农民投入到中药产业中来，加大人工种植力度，将解决部分中药资源稀缺的问题，弥补部分中药市场供不应求、价格攀升的问题。

（五）药食同源品种成为增长主力

随着中药饮片监管力度不断加强，越来越多的企业开始转型布局药食同源类产品，将一些滋补类药材用于食品、保健品，从而刺激此类销量不断增加。同时，养生意识的增强也直接刺激了药食同源产品的消费。

六、中药流通行业存在的问题与建议

（一）存在的问题

1.产业信息问题

目前全省中药材种植面积、产量、供给量、需求量等信息尚无法精确统计，导致相关数据缺失，靠市场经济自主调节，价格波动较大，加之中药材部分产区产量集中的品种易垄断，不少资本进入药材领域，导致供求关系更加复杂。此外，中药材流通过程信息不明，出现质量问题较难追溯原因。

2.出口创销问题

虽然中医药已传播到世界上 183 个国家和地区，获得了世界卫生组织（WHO）在全球的大力推广，推广的国家地区人口约占全球总人口的 80%，约 40 亿人接受过中医药治疗。但是，毕竟中医药在不少国家中尚未成为主流医学，导致中药（包括饮片，中成药及中药提取物）出口量占全球药物市场份额不到 50%。

3.中医药健康产业发展不充分

中医药产业为多部门管理，统筹协调难度大，顶层设计不完善，没有形成中医与中药、传统中药与现代健康产业融合发展机制，影响产业发展。包括中医医疗机构、中药企业、中药产品在内的四川中医药品牌，在全国影响力大的不多。

4.中药材等级标准不完善

一直以来，国家及有关部门高度重视和支持中药材商品规格等级标准相关工作，2015 年国务院发布的《中药材保护和发展规划（2015—2020 年）》中明确提出"完善常用中药材商品规格等级"；2016 年，中华中医药学会发布了《中药材商品规格等级标准编制通则》，并于 2016—2018 年先后发布了 226 项中药材商品规格等级标准。但这是在符合《中华人民共和国药典》中药材标准的基础上，根据中药材品质和品相制定的规格等级标准，标准的性质属于推荐性标准，而非强制性标准，在市场上的应用还不够广泛。调研发现，成都市荷花池药材市场部分药商还不了解该标准，实际应用中，部分药商还是采用市场自行形成的规格等级，一般分为统货和选货，中药材规格等级主要靠约定俗成和经验判断。在中药材上下游产业链上，以中药材商品规格为引导的定价机制不完善。尤其是医疗机构等应用端没有统一的等级和优质标准，优质难以界定，优价难以实现。

5.中药材仓储物流体系尚未健全

仅有少数大型药品流通企业建立现代化的药品物流中心，其他药品流通企业仍主要采用传统的物流方式，药品流通成本较高。电子商务、网上销售、供应链管理等现代营销方式处于起步阶段，基于"互联网＋"的新业态、新模式处于探索阶段，专业化的第三方药品物流配送发展较慢，药品流通企业参与医院药事服务能力亟待进一步提高。企业定位趋同化、产品同质化、经营传统化问题突出，药品供应链管理和信息化水平不高。中药材流通缺乏现代仓储设施，流通机制和流通方式落后。

6.中药产业利润连年下跌

从行业利润来看，经历了与营收规模类似的变化。2015 年以前，中药产业，尤其是中成药制造行业平均利润率多数年份高于行业平均水平，2015 年后逐渐下降，开始低于行业平均水平。2019 年中药产业（中成药＋中药饮片）利润率为 11.60%，较上年同期下跌 8.10%。2020 年中药产业营收及利润业绩欠佳，全年利润 744 亿元，较上年下降 1.5%。尤其是中药饮片加工业遭遇困境，营收和利润增速均急剧下降。2019

年我国中药饮片加工业主营收入为 1 933 亿元，较上年同期负增长 4.5%，是整个医药工业里唯一出现下降的领域；2020 中药饮片加工业全年营收 1 782 亿元，进一步下降 8.6%。

（二）建议

1.加强生产信息服务平台建设

搭建全国性道地药材生产信息采集网络，提供全面、准确、及时的中药材生产信息及趋势预测，促进产需有效衔接，防止生产大起大落和价格暴涨暴跌。另可运用互联网和大数据等技术，搭建道地药材信息化追溯平台，实现对道地药材生产投入、生产过程、流通过程进行全程追溯，规范生产经营行为。

2.“引进来”与“走出去”相结合，提升行业开放水平

提升行业利用外资质量。一是吸引境外药品流通企业按照有关政策扩大境内投资，参与国内兼并重组。二是鼓励国内企业与全球领先的跨国企业成立合资公司，学习借鉴国外同行先进的企业管理理念和经验，全方位优化经营模式、管理方式和技术手段，提升自有品牌质量和核心竞争力。

3.完善中药材和中药饮片管理规范，放开跨省流通规则

建议细化统一中药饮片标准，在一定程度上提高对相关法律法规的可操作性，从根本上提高中药饮片质量。规范对中药材和饮片的流通管理。建议允许中药饮片地方性品种可跨省用外省标准生产；加强对中药材和饮片的包装管理并作出进一步规定，中药材产地初加工后进行特定包装时和中药饮片包装时需要注明执行标准，避免因各地各法造成混淆和误用，并在日常监督检查中对适用包装标注的执行标准进行检验。建立畅通的地方标准信息共享体系，加强对流通中药材及饮片监管力度。

4.健全我省道地药材支柱产业，大力发展道地药材

加大宣传力度，提升中药道地药材产业影响力，通过举办论坛、电视、网络、新闻媒体等多方位、多角度宣传中药道地药材，不断提高道地药材知名度。建立和健全道地药材良种苗木繁育基地，提高良种覆盖率。要加强资源保护、人工驯化、仿野生种植等方面的研究，加强对濒危稀缺道地药材种植资源的保护。一是建设濒危道地药材生产基地，开展野生资源保护和抚育，加强野生抚育与人工种植驯化技术研究。二是建设道地药材良种苗木繁育基地，分品种分区域集成道地药材种植种苗繁育技术规范，开展道地药材提纯复壮，扩大繁育和展示示范，加快建设一批标准高、规模大、质量优的道地药材种子种苗繁育基地，提高道地药材供种供苗能力。建立和健全道地药材加工储藏集散基地，更好地拓展市场。鼓励中药企业在产地建设集粗加工储藏和集散中心为一体的加工基地。一是提高道地药材产地加工能力建设，在继承与研究道地药材传统加工技艺基础上，制定道地药材产地技术规范，建设清洁、规范、安全、

高效的现代化药材加工基地，提高药材质量。二是提高道地药材产地储藏能力建设，加快道地药材生产基地产地储藏设施设备建设，要用低温冷冻干燥、节能干燥、无硫处理、气调储藏等新技术。提升药材保鲜能力，最大程度保持药效。

5.加强行业基础建设，提高行业服务能力

完善行业标准体系。一是指导药品流通行业协会提升行业标准的科学性、先进性和前瞻性，进一步健全行业管理和服务标准规范。二是建立药品流通编码规则或电子数据交互规范，逐步实现药品高效流转和全程可追溯。三是制订零售药店分级管理制度，开展零售药店经营服务能力分级评定。四是制订常用中药材商品规格等级标准和中药材包装、仓储、养护、追溯等相关标准。五是通过开展标准宣传培训、标识使用许可、执行情况监督等工作，引导药品流通企业贯彻行业标准。

6.强化市场需求导向，推动中药产品升级

与化学药和生物制品相比，中药剂型和制剂工艺技术明显落后，药品携带和使用不便的问题比较普遍。当前的技术审评要求缺乏灵活性，未能充分体现基于风险和科学的决策理念，不利于中药制剂改良创新。建议加快修订中药改良型新药研究相关指导原则，根据产品特点、适用人群、干预目的、疾病严重程度等情况，合理确定技术要求。对风险较低、药用物质基础变化不大，但能显著提高患者用药顺应性、便利性和剂量准确性，以及为提高制剂稳定性的改剂型，可豁免临床试验。以降低毒副作用和安全风险为目标的改良，可采用耐受性试验支持注册申请。对药用物质明确的中成药，可采用体外溶出对比和生物等效性试验支持注册申请。允许申请人综合运用改良型新药的多条申请路径，运用适宜技术对已上市中药进行生产工艺、剂型和主治功效的系统创新，充分体现改良型新药的临床应用优势，提升中药产品品质，迎合市场需求，切实提高中药产品利润。

专论 10　四川省中医药养生保健发展报告

夏丽娜[1]　　吴凯[2]　　邓婷婷[3]　　聂开迪[4]　　齐路明[5]　　汪杰[6]　　刘楠楠[7]

摘要： 本报告从四川省中医药养生保健发展概况、发展环境、发展分析及发展对策四个方面，结合四川省中医养生保健行业发展的大量调研数据，对四川省中医药养生保健发展现状进行评价分析。结合省内重点地区、重点企业，对四川省中医药养生保健发展的自然条件、政策机遇、经济社会环境、市场需求等方面做了翔实的数据对比和分析，并就四川省中医药养生保健行业未来的发展指出针对性对策。

关键词： 四川省；中医药养生保健；发展分析；对策建议

一、四川省中医药养生保健发展概况

（一）四川省中医药养生保健的发展历程

中医药养生保健根植于中国传统的中医药文化，它是指在系统的中医药理论指导下，通过各种方法达到延年益寿、调节身体、治疗疾病目的的养生保健活动。传统的中医药养生文化孕育了中医养生学，中医养生内容博大，既有精深的疾病疗愈理论，也有丰富的文化内涵。随着经济社会的发展和生活水平的提高，中医养生保健越来越受到人们的重视。近年来，随着人们生活水平的提高和健康意识的增强，人们对健康养生的消费需求日益旺盛，中医养生保健服务行业也正是在这样的市场需求下得以迅速发展、兴起。

1982 年，我国首次提出了中医药保健政策，卫生部、教育部、国家体委印发了

[1] 夏丽娜，二级教授，博士，博士生导师，全国名老中医学术经验继承人，四川省学术与技术带头人，四川省中管局学术与技术带头人，世界中医药学会联合会抗衰老专委会副会长。研究领域：中医养生理论及应用。

[2] 吴凯，讲师，硕士，四川省中医药学会会员，四川省中医药学会营养与食疗专业委员会委员。研究领域：中医养生理论。

[3] 邓婷婷，副教授，硕士，四川省中医药管理局学术和技术带头人后备人才，世界中医药联合会治未病分会常务理事。研究领域：中医养生养老护理。

[4] 聂开迪，讲师，在读博士，中国中医药信息学会全科医学分会理事，四川省中医药学会营养与食疗专委会委员。研究领域：中医养生理论及应用。

[5] 齐路明，博士后，助理研究员，世界中联亚健康委员会理事。研究领域：中医养生理论及应用。

[6] 汪杰，主治医师；在读博士；世界中医药学会联合会亚健康专委会理事，四川省中医药学会营养与食疗专委会青年委员。研究领域：中医养生理论及应用。

[7] 刘楠楠，医师，在读博士，世界中医药学会联合会亚健康专委会理事，四川省中医药学会营养与食疗专委会青年委员。研究领域：中医养生理论及应用。

《关于在中医院校体育课中增加保健体育内容的意见》，明确指出传统的中医健身手段如引导术、五禽戏、八段锦、太极拳、气功等对人们的身体起到保健作用；2001年，国家中医药管理局发布的《关于印发中医药事业"十五"计划的通知》（国中医药发〔2001〕56号）中提出，"积极发挥中医药在养生保健、康复、药膳食疗等方面的作用"以及"注重对亚健康状态、养生康复等领域的前瞻性应用研究"等规划要求；2007年，全国中医药工作会议上，吴仪副总理首次把开展中医"治未病"工作提上议程，"治未病"其内涵主要被解释为"无病先防、已病早治、既病防变"三个要素，是被认为最具有中医药特色的预防保健服务体系。中医药保健工作以"治未病"的形式开始进入到各家各户，并逐渐发展起来。

四川被誉为"中医之乡、中药之库"，千百年来，巴蜀大地孕育了代代名医，各种因地因时的中医养生保健方法应运而生，简便易行，行之有效。党的十一届三中全会后，四川中医药事业进入恢复时期。四川省认真学习贯彻《关于认真贯彻党的中医政策，解决中医队伍后继乏人问题的报告》（中发〔1978〕56号），开展了对老中医、老药工、老草药医、民族医及其带徒情况的调查和建卡工作；1980年8月，四川省召开中医和中西医结合工作会议，提出抓紧继承和总结名老中医学术经验、大力培养中医药人才、积极发展医教研基地3项工作要求，在四川省委、省政府坚强领导下，在各级党委政府的高度重视及支持下，四川中医药事业进入到振兴发展时期；2006年，中共四川省委、省人民政府召开全省中医药发展大会，印发《关于加快中医药发展的决定》（川委发〔2006〕22号），确定了建设中医药强省的总体目标；2008年在"5·12"汶川大地震中，中医药大显身手，为救治伤员、防控疾病和伤员康复作出了杰出贡献；四川省委省政府积极秉持把四川本地的传统医学保护好、传承好、发展好、利用好的使命，推动传统医学纳入本省的卫生与健康服务体系，积极开展传统医药领域的交流与合作，深入挖掘传统医学宝库中蕴含的健康促进方面的精髓，努力实现其创造性转化、创新性发展，放大中医药和其他传统医学的优势，融合现代先进科学技术，使之与现代健康理念相融相通，服务于全省社会大众健康。

（二）四川省中医药养生保健的发展现状

目前，中国健康养生市场规模已经超过万亿元，市场巨大。养生保健产品的发展来势凶猛，我国养生保健市场规模已经成为了全球第二大养生保健市场。作为"中医之乡、中药之库"的四川，中医药养生保健市场规模巨大，但是中医药养生保健行业的发展距离国际的水平还是有一定的差距，因此还需要不断地推进。截至2020年，四川中药工业及健康衍生品生产制造业实现主营业务收入1000多亿元，位居全国前列；在保障基本健康服务全覆盖的基础上，构建起特色鲜明、布局合理、创新发展的中医药健康服务发展格局；在二级以上中医医院及具备条件的综合医院、妇幼保健院设置或明确"治未病"科，多个全省示范性中医药养生保健服务机构逐步建立，三级中医医院均设置康复门诊、功能治疗区和独立病房，二级中医医院均设置或明确康复科，一批具有中医特色的康复医院、康养机构逐步建立。但是，省内中医养生保健服务体系建设尚处于初级阶段，中医养生保健市场规模不断扩大，为我省中医药养生保健行业未来发展打下良好的基础。

目前，该行业也存在着服务不够规范、标准缺失等问题。四川作为中医药大省，中医药观念深入人心，但是广大民众对中医药养生保健科学的方法了解不够、把握不够准确，对中医药养生保健常用基本方法掌握程度较低，中医药养生保健服务在快速发展的同时，还存在着诸多问题：如开展中医养生保健服务的非医疗机构监管主体缺位；养生保健方法宣传不科学；标准规范缺失；准入门槛较低；从业人员专业素质参差不齐等。近几年，国家、地方中医药管理部门已经认识到中医药养生保健行业发展的诸多问题，就行业标准、从业人员资质等进行研究，打算或正在实施相关的行业服务规范，为中医药养生保健行业未来大发展铺平道路。[1]

二、四川省中医药养生保健发展环境

（一）良好的政策机遇

近几年，国家出台多项关于支持中医药事业发展的政策和规划纲要，为中医药事业传承创新奠定了良好的发展基础。各项政策、规划都包含了中医药养生保健相关方面，为中医药养生保健行业发展指明了方向。2016年，国务院印发《中医药发展战略规划纲要（2016—2030年）》[2]，明确指出要加快中医养生保健服务体系建设，研究制定促进中医养生保健服务发展的政策措施，支持社会力量举办中医养生保健机构，积极提升中医养生保健服务能力，推广融入中医治未病理念的健康工作和生活方式；同年，国家中医药管理局下发《关于促进中医养生保健服务发展的指导意见》[3]，意见指出要积极加强规划引导，促进中医养生保健服务科学发展；强化机构建设，促进服务场所和管理规范化；明确服务内容，规范中医养生保健服务行为；加强队伍建设，提高中医养生保健服务能力；创新服务模式，丰富中医养生保健服务内涵；推动行业自律，加强中医养生保健服务监管；加强组织领导，保障中医养生保健服务健康发展等九条意见，为中医药养生保健行业发展奠定良好的基础。

[1]陈建章、何志强、吴淑娥、邹来勇、万军、包奇昌，《中医养生保健服务行业调研报告》，中医药管理杂志，2021年1月第29卷第2期，第46页。
[2]国务院关于印发《中医药发展战略规划纲要（2016–2030年）》的通知[J]，中华人民共和国国务院公报，2016（08）。
[3]国家中医药管理局《关于促进中医养生保健服务发展的指导意见》，国中医药医政发〔2016〕1号。

四川中医药文化底蕴深厚，为实施中医药强省战略，四川省委、四川省人民政府出台多项中医药事业发展政策和法规，各项政策、法规都明确要大力发挥中医药在人体养生保健中的独特优势，为四川中医药养生保健行业发展注入动力。2020 年 4 月，中共四川省委办公厅印发《关于促进中医药传承创新发展的实施意见》[1]，意见指出要积极推进中医药健康服务业发展，加强中医药养生保健服务机构建设，大力发展中医药养生保健；支持将具有长期传统食用习惯、属于食药物质目录内品种且尚无食品安全国家标准的川产道地药材，按程序纳入地方特色食品管理，鼓励开展药膳、食疗等研究、开发和利用；创作一批文化创意产品，开发中医药保健品、化妆品、保健器械等商品。2020 年 9 月，四川省人民政府办公厅印发《四川省创建全国医养结合示范省实施方案》[2]，要求积极推进中医药医养服务，鼓励设立以中医药健康养老为主的护理院、疗养院，推动中医优质资源下沉，推进"药养""食养"等中医药特色养生养老服务，推动医养旅游协同发展，开发阳光康养、森林康养、中医康养、乡村康养等康养旅游系列产品，打造"医疗＋旅游""疗养＋旅游""养老＋旅游"相结合的医养旅游新模式，打造四川医养康养品牌。2021 年 1 月，四川省人民政府办公厅印发《四川省中医药强省建设行动方案（2021—2025 年）》[3]，方案指出要大力发展中医药养生保健服务和中医药健康旅游，争创国家中医药健康旅游示范区 1—2 个，建成省级中医药健康旅游示范基地 15 个、示范项目 20 个。2021 年 12 月，四川省人民政府办公厅印发《四川省"十四五"中医药高质量发展规划》[4]，《规划》明确推动中医医院与养老机构双向合作，支持基层医疗机构拓展社区和居家中医药健康养老服务，创新老年人中医药特色健康管理，开发多元化多层次的中医药健康管理服务包。

（二）平稳健康的经济环境

1.经济的快速增长

四川省经济增速保持较好态势，2021 年四川省生产总值（GDP）53 850.79 亿元，比 2020 年增长 8.2%，2020 年和 2021 年两年平均增长 6.0%。其中，第三产业增加值 28 287.55 亿元，比 2020 年增长 8.9%，2020 年和 2021 两年平均增长 6.1%。新时期，四川经济实力再上新台阶，成为全国第六个、西部第一个 GDP 超过 5 万亿元的省份，四川作为全国经济大省、西部龙头的地位更加突出。此外，四川服务业保持较快增长，第三产业增加值比上年增长 8.9%；固定资产投资平稳增长，2021 年四川全社会固

［1］中共四川省委四川省人民政府关于促进中医药传承创新发展的实施意见，川委发〔2020〕7 号。
［2］四川省人民政府办公厅关于印发《四川省创建全国医养结合示范省实施方案》的通知，川办发〔2020〕57 号。
［3］四川省人民政府办公厅关于印发《四川省中医药强省建设行动方案（2021——2025 年）》的通知，川办发〔2021〕4 号。
［4］四川省人民政府办公厅关于印发《四川省"十四五"中医药高质量发展规划》的通知，川办发〔2021〕78 号。

定资产投资比上年增长 10.1%，两年平均增长 10.0%，为四川新时期中医药养生保健行业的发展奠定了扎实的经济基础。

2.四川省居民人均可支配收入增长

2021 年，四川省居民人均可支配收入 29 080 元，较上年增长 9.6%。其中，城镇居民人均可支配收入 41 444 元，较上年增长 8.3%；农村居民人均可支配收入 17 575 元，较上年增长 10.3%。城镇居民人均可支配收入突破 4 万元大关，农村居民人均可支配收入 17 575 元，较上年增长 10.3%，人民群众用于养生、保健支出持续增加。见图 1。

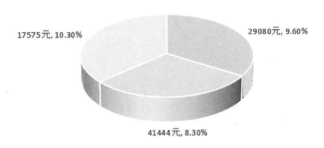

17575元，10.30%　29080元，9.60%

41444元，8.30%

■ 居民人均可支配收入　■ 城镇居民人均可支配收入　■ 农村居民人均可支配收入

图1　四川省居民人均可支配收入情况

3.四川省中医药产业投资快速增长

近几年，四川持续加强中医药全产业链发展，推进中医药强省建设。省中医药管理局与省国资委、四川商投集团紧密协作，推动筹建成立了四川省中医药大健康产业投资集团有限责任公司，积极打造中医药大健康产业融合平台。大力推进中医药健康旅游事业发展，加强全省中医药健康旅游总体规划布局，提出构建特色鲜明、布局合理、创新发展的"一核四区"中医药健康产业发展格局。

4.四川省居民消费快速升级

2021 年，全省居民年人均消费支出 21 518 元，较上年增长 8.8%，增幅较上年上升 6.5 个百分点，两年平均增长 5.5%。城镇居民人均消费支出 26 971 元，增长 7.3%，其中：服务性消费支出（不含自有住房折算租金，下同）8 530 元，增长 15.7%；农村居民人均消费支出 16 444 元，增长 10.0%，其中服务性消费支出 4 404 元，增长 15.4%，中医药养生保健产品市场需求持续高涨。见图 2。

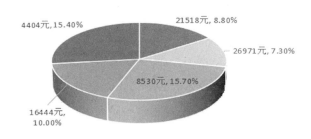

4404元,15.40%　　21518元,8.80%
26971元,7.30%
8530元,15.70%
16444元,10.00%

- 居民年人均消费支出　　■ 城镇居民人均消费
- 城镇居民人均服务性消费　　■ 农村居民人均消费
- 农村居民人均服务性消费

图2　四川省居民消费指数情况

（三）中医药悠久的历史和广泛的群众基础

1.悠久的中医药传统文化，具备成熟的理论体系和实践经验

传统中医药学是中华民族灿烂文化的重要组成部分。它产生于过去，带有深深的历史印迹，是中华民族传统文化所孕育出来的医药科学，渗透着浓浓的中华民族文化的精神。闫兴丽认为，从古至今，中医中药以其独特的疗效和治疗方法，在疾病疗愈过程中发挥了比较优势，形成了具有中国传统哲学思辨的传统医学理论体系，是中国人民的财富，也是世界医学的瑰宝[1]。

2.中医药天然的养生保健属性，深受人民群众青睐

中医药养生保健通过各种方法颐养生命、增强体质、预防疾病，它重在整体性和系统性，作为纯天然疗法，中医药在延年益寿、养生保健方面与西医相比有明显的优势，如今中医药养生保健随着人们的生活水平和社会的发展变化而变化，在疾病治疗和预防方面努力造福人民，受到人们的青睐。

3.中医药健康管理具有独特的优势

中医药诊疗可全面分析疾病的环境因素，了解患者生活习惯，在防治的过程中，可以给予患者正确指导，使其养成良好生活习惯，并结合个体差异与病变特点，使用天然成分的药物进行调整。"治未病"是中医的重要分支，是中医药学的核心理念之一，也是中医预防保健的重要理论基础和准则，这种健康维护理念的变化与中医治未病的主导思想息息相关。随着人们健康生活的意识回归，中医养生已经成为席卷社会的时尚风潮。

4.社会对中医药养生保健产业的刚性需求强烈

21世纪以来，现代生活节奏加快，环境污染越来越严重，人们的健康状况也越来

---

［1］闫兴丽，《中国传统文化的传承与中医药人才的培养》，弘扬中华文化与推进中医药发展理论研讨会暨中医影响世界论坛第二次会议论文，2009年，第62-65页。

越糟糕，人们逐渐开始关注健康，对中医养生保健的需求越来越强烈，强烈要求全面提升生活品质和生命质量，于是中医药养生保健顺应需求，并运用于更广、更深的领域，例如：中医按摩、刮痧、针灸、耳部全息疗法、足部全息疗法等，越来越多的人对中医养生的认识更加深刻。

三、四川省中医药养生保健发展分析

（一）产业分析

1.四川省中医药养生保健产业发展分析，以攀枝花地区康养产业发展为例

攀枝花地处四川最南端，是全国唯一以花命名的城市，享有"花是一座城，城是一朵花"的美誉。其一年四季鲜果不断，且在气候方面也有着夏季长，四季不明确的特点。科学研究曾证明，气候与人体健康和寿命有一定关系，而气候适宜，不冷不热的情况下，最利于长寿。因此凭借气候优势，攀枝花成为了发展康养产业的新选择。作为全国首批健康城市试点城市之一，攀枝花地区借助独特的自然条件，充分发挥中医"治未病"在养生保健方面的优势，将中医药深度融入预防保健、健康文化、全民健身等专项行动，积极拓展中医药"治未病"服务领域，进一步加强对老年人、儿童等重点人群中医药健康服务管理，不断加大"四川省治未病中心攀西分中心"建设力度，有力提升全市居民健康素养水平。目前，攀枝花市、县级中医医院均开设康复科、"治未病"科，各级综合医院和基层医疗机构均能开展中医药"治未病"服务。

为更好地满足人民群众对中医药的需求，助推地方经济发展，进一步融入、支撑中医药强省建设，攀枝花市人民政府携手四川省中医药管理局，共同签署推进攀枝花市中医药高质量发展战略合作备忘录。双方围绕健全中医药服务体系、提升中医药服务能力、加强中医药人才队伍建设、推进中医药产业高质量发展、弘扬中医药文化、提升中医药科技创新能力、加强中医药对外交流合作等方面加强合作，推动攀枝花中医药全面融入成渝地区双城经济圈建设，不断探索符合攀枝花经济社会特点的中医药养生保健发展模式，促进攀枝花中医药事业、产业、文化高质量发展，积极建设四川省中医医疗区域中心、重大疾病中医药防治（协作）中心，创建全国基层中医药工作示范单位，开创攀枝花中医药健康产业发展新局面。

2.四川省中医药养生保健产业规范与支持分析

2012年6月，四川省人民政府就出台了《关于扶持和促进中医药事业发展的实施意见》[1]，意见指出要积极发展中医药预防保健服务，充分发挥中医药预防保健特色优势，大力开展中医药预防保健服务；各级中医医院应设立"治未病"科室，提供中医药预防保健服务，综合医院中医科、社区卫生服务中心和乡镇卫生院均应积极开

---

[1] 四川省人民政府《关于扶持和促进中医药事业发展的实施意见》，川府发[2012]25号，2012年6月。

展"治未病"工作；加强公共卫生机构中医药工作，各级疾控、卫生监督执法、妇幼保健、健康教育机构均应配置中医药专业技术人员，提供中医药技术指导和服务；各级传染病医院设置中医科室，开展中医药防治传染病工作；意见还指出要加强中医医疗、保健、养生和医疗安全监管，规范中医药服务，严格中医药执法监督，严厉打击假冒中医名义非法行医、发布虚假违法中医药广告以及制售假伪劣中药的行为。

2016 年 1 月，国家中医药管理局出台《关于促进中医养生保健服务发展的指导意见》[1]，意见明确要加强对中医养生保健服务的规划引导，促进科学发展；促进服务场所和管理规范化，明确服务内容，规范中医养生保健服务行为，提高中医药养生保健服务能力。意见给各个省、市、自治区中医药养生保健服务发展提供了规范性的指导意见。2017 年 5 月，四川省人民政府办公厅印发《四川省中医药大健康产业"十三五"发展规划》[2]，明确要发展中医药养生保健服务，大力开展中医特色健康体检和健康管理，加快制定中医养生保健服务类规范和标准，以及中医健康干预方案或指南（服务包），鼓励发展与健康管理服务相关的多样化商业健康保险产品，为我省中医药养生保健服务行业规范、健康发展奠定了良好的技术支持和发展基础。

3.乡村振兴背景下的四川中医药养生保健发展

乡村振兴，产业振兴是物质基础。要坚持质量兴农、效益优先，以农业供给侧结构性改革为主线，念好"优、绿、特、强、新、实"六字经，加快转变农业发展方式，构建现代农业产业体系、生产体系、经营体系，推动乡村产业振兴。在产业振兴过程中，我省可充分发挥中医药特色优势，加强省内优势旅游资源和中医药特色养生保健资源的挖掘和整合，在乡村开辟中医药旅游、养老、康养等多样化健康服务，促进医养结合，努力打造一批以中医药健康和养生宜居为主题的特色乡村，实现四川省中医药事业和乡村旅游产业融合发展，大力推动四川乡村振兴事业发展。

（二）市场分析

1.四川省中医药养生保健市场前景及需求分析

随着四川省内居民消费的快速升级，人民群众对健康的需求逐步提高，这充分说明省内中医药养生保健品市场可能比中药市场还要大，人们的生活方式在不断发生改变，治病从预防入手，所以对中医药营养保健服务的需求也越来越大，有需求就有市场。

---

［1］国家中医药管理局《关于促进中医养生保健服务发展的指导意见》，国中医药医政发〔2016〕1 号，2016 年 1 月。
［2］四川省人民政府办公厅印发《四川省中医药大健康产业"十三五"发展规划》，川办发〔2017〕41 号，2017 年 5 月。

表1　2021—2026年中药保健品市场规模预测

年份	市场规模（亿元）
2021 年	1 153
2022 年	1 257
2023 年	1 370
2024 年	1 493
2025 年	1 623
2026 年	1 855

四川中医药大健康产业具备良好发展基础，也适逢机遇。四川省中药材资源优势明显，拥有中药资源蕴藏量、中药材品种数量、道地药材品种数量、国家 GAP 认证数量、道地药材人工种植面积等 5 个全国第一，享有"中医之乡，中药之库"的美誉。据统计，四川省现有中药资源 7 280 余种、道地药材 86 种、常用中药材 312 种，人工种植中药材面积超过 670 万亩，24 个中药材 GAP 基地[1]。

目前，省内医疗服务水平逐年上升，中医药大健康产业也迎来了良好的发展时机，呈现出国际市场前景广阔、国内消费需求增长的良好态势。省内中医药保健品的开发，应选择社会需求量大的产品，如具有增强免疫力、抗衰老、减肥等功效的产品；选择有市场但处于初级开发阶段的优质原料；选择方便、安全、易被市场所接受的剂型，如袋泡茶剂、中药饮料、饼干等。此外，中医药保健食品今后的核心价值应是产品的科技含量。相关企业应重视保健品的应用与基础研究，进一步提高其产品的科技含量和质量水平，使高科技含量的新产品成为主流。中医药保健品的研发可借鉴现代药物的研发手段，着重进行功能可靠性、功效物质、功能机制、功能特色的研究等，走出低层次的价格战、广告战，转向高层次的技术战、服务战，缔造中医药健康产品品牌，以满足大众对中医药健康服务的需求。

2.健康养生需求拉动未来新商机

现在生活压力过于大，有许多人处于亚健康状态，中国人口基数庞大，给中医药养生保健带来了无限商机。第七次人口普查统计四川常住人口 83 674 866 人，占全国人口比例 5.93%。与 2010 年第六次人口普查结果相比，四川常住人口数量增加 3 256 666 人[2]；四川 0—14 岁人口占全省人口的 16.10%，15—59 岁人口占 62.19%，60 岁及以上人口占 21.71%，其中 65 岁及以上人口占 16.93%[3]（见图 3）。一直以来，中年人是亚健康的高发人群，目前，四川省已经进入深度老龄化时代，中医药养生保健正适合这两大人群的需要，再加上四川蓬勃发展的经济和巨大的市场潜力，必将为中医养生带来巨大的商机。因此，我省中医养生保健发展前景非常广阔，将为研

[1]《四川医药：立足大健康产业 聚力高质量发展》，四川经济网，2020-11-16。
[2]《四川省第七次全国人口普查公报（第一号）全省人口情况》，四川省情，2021-06-10，第 37 页。
[3]《四川省第七次全国人口普查公报（第四号）人口年龄构成情况》，四川省情，2021-6-10，第 40 页。

究、生产、营销单位带来一个广阔的发展空间。

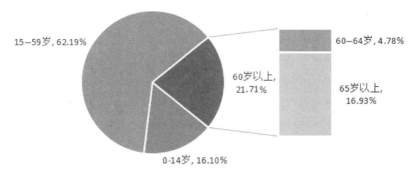

图3　四川省常住人口年龄比例

（三）服务分析

1.四川省中医药养生保健服务需求日益增加

随着四川省各阶段教育普及，大众文化素养的提高以及中医药影响力的提升，中医药养生保健的观念已经深入到民众心中，各级中医药管理部门也积极宣传中医药养生保健知识，人民群众对于中医药养生保健相关服务的需求正在快速上升。刘新民、刘晓刚指出中医药保健服务可以根据人们的身体情况给予相应的保健支持，而且中医药的疗效优势明显，价格亲民，市场前景广阔，对于大城市而言，居民的中医药保健服务需求逐渐向多元化、多层次的方向发展[1]。四川是中医药大省，人民对中医药养生保健服务的需求一直保持强烈的意愿，对于助推中医药养生保健行业发展有利好的一面。

2.四川省中医药保健服务体系亟需构建完善

目前，省内中医药养生保健行业发展速度快，市场规模也在不断增大，但是，由于中医药养生保健服务的技术门槛低，行业专业化程度较低，提供服务也不够规范，至今还未形成比较成熟的养生保健服务体系。近几年，中医药发展机遇良好，养生保健市场前景广阔，亟需省内相关部门对行业经营内容和服务要求提供标准，以推动中医药养生保健服务走向正轨，形成健全的服务体系。

3.四川省中医药养生保健服务从业人员素质参差不齐

近五年，四川省中医药健康养生保健服务行业得到了较快发展，从业人员不断增加，但其素养参差不齐，有的甚至不能满足行业市场发展的需求。为了适应行业的迅速发展，部分机构在挑选应聘人员时门槛较低，在确定好工作人员之后对其进行简单培训，虽然培训可以使工作人员了解相应的知识以及技能，但是并未达到专业的程度。从事中医养生保健服务行业需要具备一定的中医理论基础和相应的中医养生操作

[1] 刘新民、刘晓刚，《中医健康养生保健发展现状及存在的问题研究》，财富时代，2021-6-25，第 123 页。

手法。因此，满足以上两条的中医药养生保健人才目前依旧比较缺乏。目前我们国家大多数身份从事中医药养生保健行业人才学历水平较低，在获得行业执业资格也存在标准不一的问题，大多数都没有执业证书，从而造成了中医养生服务人员的上岗、行业秩序比较混乱[1]。此外，医学院校中医健康养生保健服务人才培养都是近几年刚刚起步，对于专业技能的把握和运用还有待提升。

4.四川省中医药养生保健服务监管水平有待提升

对于中医药健康养生保健行业而言，省内各级管理部门都有相应的管理办法或措施，各级管理部门之间可能存在衔接不够，沟通协调不够。目前来看，省内中医药养生保健行业还没有系统科学的市场准入制度，各级媒体的宣传、社会服务机构有时候监督效果不是很理想，也对该行业的进一步发展造成了阻碍。此外，与之相应的法律法规并不完善，相关部门只能按照与之相关的文件或者纲要采取相应的监管，加之监管内容有限，监管范围不大，致使监管力度较弱。[2]

四、四川省中医药养生保健行业发展对策

（一）制定四川省中医药养生保健行业发展规范

结合本省实际，制定中医药养生保健行业发展规范，对中医药养生保健的服务内容、服务要求、服务人员素质、服务场所设置、服务内容创新、行业自律做出明确的规定，要明确中医养生保健服务人员应当具有中医养生保健类相关专业背景或者取得保健调理师等中医养生保健类职业资格或者接受过较为系统的中医养生保健专业培训，遵守卫生健康和中医药相关法律法规，遵守职业道德。鼓励中医医师在完成所在医疗机构工作任务的前提下，在中医养生保健机构提供保健咨询和调理等服务。加强对中医养生保健服务的经营场所的服务环境、服务区域划分、设施设备、文化建设等方面的基本要求；积极引导社会力量举办规范的中医养生保健机构，鼓励集团化发展或连锁化经营。鼓励中医养生保健行业社会组织在中医养生保健服务质量、服务费用、服务内容、培训指导、信誉维护等方面发挥自律作用，建立中医养生保健机构及其人员诚信经营和不良执业记录制度，为四川省中医药养生保健行业发展保驾护航。

（二）提升基层中医药服务能力

加大资金投入，加快省内基层中医院建设力度，以医疗联合体组建为契机，加强基层中医药服务网络建设，形成以基层中医院为主体，县、区、乡镇卫生院中医馆为成员单位的中医药发展联合体，有效盘活中医发展资源。组织中医专家对乡镇卫生院

---

[1]徐喆、黄雪华、秦天一、王紫微、赵贤注、张志国，《中医养生保健服务体系发展的现状探讨》，第17卷第9期·总第305期2019年5月·上半月刊，第45页。
[2]刘新民、刘晓刚，《中医健康养生保健发展现状及存在的问题研究》，财富时代，2021-06-25，第124页。

和卫生室的医务人员进行中医适宜技术培训，丰富基层医生临床经验，加深乡村医生专业理论，有效提升全县中医药服务能力，使基层民众不出村户即可受益。

（三）加大中医药养生人才培养力度

制定优惠政策招考聘用中医临床紧缺人才和中医养生保健中医药技术技能人才，加快培养具有中医药知识和技能的健康服务从业人员进度。选派基层中医骨干进修学习，聘请退休老中医到社区、乡镇卫生院中医馆指导坐诊，通过多层次、多形式人才、技术支持，提升中医养生人才服务水平。四川省的成都中医药大学拥有全国高等中医药本科院校首批开设的中医养生学专业，本专业通过强化中医人文素质培养，加强中医经典研读，加强中医思维训练，加强养生实践能力，培养既有较强临床能力，又有扎实养生学功底的复合型中医药养生人才。2022年，首届中医养生学学子将毕业，届时将会向四川中医药养生保健行业的规范发展和产业支持注入新的力量。

（四）大力发展中医药健康养老服务

发展中医药特色养老机构。鼓励新建以中医药健康养老为主的护理院、疗养院，促进中医药与养老服务结合。开展老年病、慢性病防治和康复护理，为老年人就医提供优先优惠服务。进一步发挥中医药健康管理在基本公共卫生服务项目实施中的独特优势，积极推进面向老年人的中医药健康管理服务项目；鼓励中医医师积极参与家庭医生签约服务，为老年人提供个性化中医药服务；加强老年人养生保健行为干预和健康指导。加快二级及以上中医医院老年医学科建设，加强中医药健康养老服务能力、人才培养能力、技术推广能力建设，提升老年人常见病多发病的中医药服务能力和水平；加强各省级中医治未病中心中医药老年健康服务能力建设，制订相关标准规范，培训推广中医适宜技术，提升中医药特色服务能力。积极宣传适宜老年人的中医养生保健知识、技术和方法，推动优质中医药服务进社区、进农村、进家庭。积极开展中医健康体检、健康评估、健康干预以及药膳食疗科普等活动，推广太极拳、八段锦、五禽戏等中医传统运动项目。

（五）开展中医药综合预防保健服务

积极发挥中医药在治未病，养身保健方面的作用。开展中医体质量化辨识与调养指导、健康咨询、健康干预等。面向市民积极推广推拿、针灸、刮痧、贴敷、小儿捏脊、饮食起居等中医健康指导特色服务。开展养生保健"六进"（进乡村、进社区、进家庭、进机关、进学校、进企业）活动。举办中医药文化养生大讲堂，向广大群众普及中医药文化养生知识，传授中医养生保健技能。免费提供中医体质辨识、提供个体养生保健方案等一系列活动，使居民体会中医养生保健的博大精深并使之受益终身，让中医药养生保健深入人心。

专论 11　四川省中医药健康旅游发展研究报告

沙莎[1]　林薇[2]

摘要：如何抓住民众日益多元化多层次的健康需求，推进全省中医药旅游产业的升级发展，实现中医药资源与旅游资源的有效耦合，是目前亟待解决的问题。本文拟从学术理论与产业实践两方面对中医药健康旅游进行剖析。首先，是目前亟待解决的问题。本文对中医药健康旅游的概念及内涵进行界定；其次，基于文献数据，分析我国中医药健康旅游的理论研究现状；再次，以四川省中医药健康旅游发展为例，分析四川省中医药健康旅游发展的基础条件、产业现状，针对问题提出相应策略，以期对推动全省发展中医药健康旅游起到借鉴作用。

关键词：中医药；健康旅游；发展研究

当前，民众对健康的关注被提升到一个全新的高度，与健康相关的产业倍受民众依赖和认可，中医药健康旅游逐渐成为人们恢复健康状态和生命质量提升的一种途径。中医药健康旅游融入了中国几千年传统医药积淀的精髓和理念，能有效满足民众日益多元化的健康需求，成为贯彻实施健康中国战略的有效手段之一。为加快推动中医药健康旅游的发展，国家相继出台了系列政策法规，为医疗卫生改革、健康服务和旅游业实现高质量发展指明了方向。

一、中医药健康旅游的起源和概念

在中医的四季养生中提出，阳春三月，登高远眺，以畅生气，游赏花木，以畅其情。据记载，旅游在古代被中医药界当作一种怡情养性、调畅情志、去病防疾、颐养天年的休闲方式。秦汉至唐宋时期，帝王将相和官宦之家就出现了以养生为目的的温泉和避暑养生旅游。古人常在温泉中放入各类中药材，以期达到延年益寿的目的。

在现代研究中，王景明等在 2000 年首次提出中医药旅游这一概念，认为中医药健康旅游是一种集旅游与中医药为一体的交融性产业，是旅游业扩展与中医药延伸的融合之物。此后，陆续有学者提出了中医药文化养生旅游、中医药文化旅游、生态型中医药旅游、中医养生旅游、中医药专项旅游等概念。2014 年，国务院在《关于促进

---

[1] 沙莎，副教授，旅游管理博士，杜肯大学访问学者，世界中联国际健康旅游专委会常务理事，中华中医药学学会健康管理分会委员，中国森林康养专家智库成员，主研健康旅游、积极老龄化政策，主持国家和部省级课题 20 项。
[2] 林薇，西南交通大学概率论与数理统计硕士，成都中医药大学副教授，四川省现场统计学会理事，研究领域为中医药统计模型与应用。

旅游业改革发展的若干意见》文件中首次提出中医药健康旅游的概念。而后，中医药健康旅游的概念引起了学界的广泛关注。张群指出中医药健康旅游是一种以中医药为载体的旅游项目，集中医药与旅游为一体的中医药专项旅游活动。田广增则认为中医药健康旅游是一种以各种药材观赏、购买和使用、医疗和健身方法为基本形式且建立在中医药深厚文化积淀和理论基础上的旅游活动。孙永平、刘丹等人指出中医药健康旅游是一种依托中医药文化内涵进行的各项旅游活动。李梦瑶等认为中医药健康旅游集中医药文化与旅游产业为一体，能满足民众健康养生旅游需求，也能在旅游过程中体会传统中医药文化魅力。为此，《四川省中医药健康旅游示范基地规范与评价》标准对中医药健康旅游（Health tourism of traditional Chinese Medicine）、中医药健康旅游基地（Health tourist base of traditional Chinese Medicine）、中医药健康旅游示范基地（Health tourist demonstration base of traditional Chinese Medicine）进行了统一界定。指出中医药健康旅游是依托中医药资源，以促进健康为目的，开展观赏、游览、休憩、疗养、养生、度假、文化体验等，兼有传承弘扬中医药文化的旅游活动。结合学者观点，本研究将中医药健康旅游定义为，一种依托于中医药与旅游等相关资源而开展的以康复保健为体验目的专项旅游活动。

二、中医药健康旅游的理论研究

本文拟从文献发表数量、发表时间、发表期刊以及研究范围进行分析，梳理学者对我国中医药健康旅游理论研究的发展历程、前沿热点和未来趋势，揭示我国中医药健康旅游研究的关注领域和研究热点，为学者提供参考。文献来源见图1。

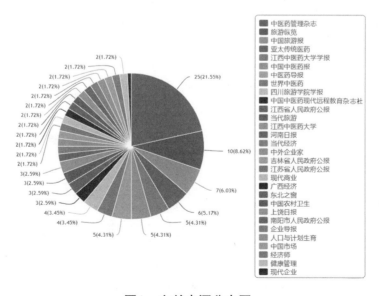

图1 文献来源分布图

（一）年度发文数量

本文以"中医药健康旅游"和"中医药健康旅游产业"为关键词在中国知网进行搜索，检索近十年的文献（2003—2022 年），共得到 276 篇相关论文，其中期刊类 228 篇，学位论文 14 篇，会议论文 7 篇，报纸类论文 27 篇。期刊类论文来源分布如图 1 所示。期刊发文占文献总量的 83%。其次为报纸类论文，揭示出学界对中医药健康旅游的理论研究深度还不足，现有文献主要集中于近些年国家或地区对中医药健康旅游的政策文本分析及政治报道，理论深度还有空间可探。

表 1 中，2006 年至 2022 年，相关中医药健康旅游研究的期刊年代发文量大致分为三个阶段。第一阶段为研究起步期（2003—2013 年），2003 至 2013 年累计发表学术论文 70 篇，此阶段学者对中医药健康旅游建立了一定的认知与关注，论文数量虽相对较少，但仍在不断增加。第二阶段为研究上升期（2014—2017 年），自 2013 年国务院颁布实施《关于促进健康服务业发展的若干意见》以及 2015 年原国家旅游局和国家中医药管理局联合下发了《关于促进中医药健康旅游发展的指导意见》，提出要发挥我国中医药旅游资源的优势，大力整合中医药特色养生保健资源，推进旅游与中医药的融

表 1　中医药健康旅游研究年度发文量统计表

阶段	发文年代	发表数量	阶段特点
起步期	2006	1	发文数量较少 对中医药健康旅游建立了一定认知
	2007	1	
	2008	3	
	2009	3	
	2010	10	
	2011	17	
	2012	16	
	2013	19	
上升期	2014	6	发文数量增多，学者研究成果较多 发文数量呈现出直线上升趋势
	2015	16	
	2016	29	
	2017	43	
平稳期	2018	41	学者研究相对聚焦研究成果 发文数量的增长态势相对平稳
	2019	40	
回落期	2020	30	学者的研究相对回落 发文成果较少
	2021	21	
	2022	2	

合发展。此时期，论文数量激增，引起学者对中医药健康旅游的较多关注，论文发表数量共计 94 篇，尤其在 2017 年，学者对于中医药健康旅游的研究出现一个高点，发文量达到 43 篇。第三阶段为研究平稳期（2018—2019 年），论文增长数量趋于缓慢，学者对中医药健康旅游的研究开始出现细分领域，2 年累计发文 81 篇。第四阶段为研究回落期（2020—2022 年），此时期，学者对中医药健康旅游的研究较之前三个阶段有一定回落，其间，累计发文 53 篇。

2014—2022 年，中医药健康旅游研究期刊具体的文献年度分布数量详见图 2。

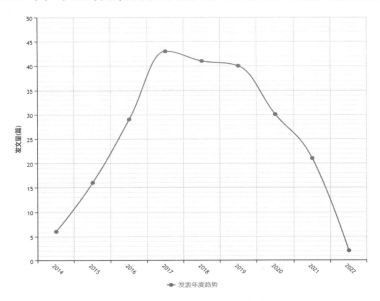

图2　中医药健康旅游研究期刊文献年度分布（2014—2022年）

（二）发文机构

表 2 可见，发文机构中，发文数量较多的研究机构主要为高等教育院校，尤其高等中医药院校发文数量占比较多，原因为高等中医院校是关注和贯彻中医药健康旅游研究与人才培养的主阵地，各地高等中医院校都较为关注本省中医药健康旅游资源的产业发展和理论研究。

表2　中医药健康旅游研究领域发文机构分布情况

发文机构	发文数量	发文机构	发文数量
江西中医药大学	51	广东省惠州日报社	9
北京中医药大学	31	河北经贸大学	9
南京中医药大学	15	中南林业科技大学	9
广西中医药大学	15	云南中医学院	9
海南大学	14	河南大学	9

续表

发文机构	发文数量	发文机构	发文数量
三亚学院	14	国家中医药管理局	8
安徽中医药高等专科学校	14	云南财经大学	8
成都中医药大学	14	陕西省人民政府	8
广西大学	13	江西财经大学	8
云南师范大学	13	国务院办公厅	8
广西师范大学	13	成都理工大学	8
长春中医药大学	11	山东中医药大学	8
河南中医药大学	11	河南省人民政府办公厅	7
广州中医药大学	11	湖北科技学院	7
湖南中医药大学	11	曲阜师范大学	7
湖北中医药大学	10	云南中医药大学	7
桂林理工大学	10	云南大学	7
中国中医科学院	10	国家旅游局	6
西北师范大学	10	浙江工商大学	6
安徽中医药大学	10	山东省人民政府	6

（三）主题热点

在中医药健康旅游研究领域内，某一关键词出现频率的高低可以有效代表该领域研究热度的高低，高频关键词能反映当下中医药健康旅游研究领域内的热点。对本文对搜集到的276篇文献按照论文研究内容主题热点进行分类，得到该领域相关文献的主要主题共现矩阵分布图（图3）和主题年度交叉分析图（图4）。

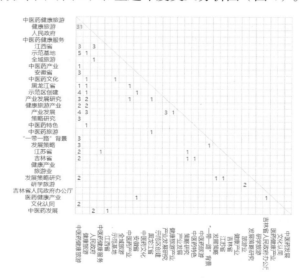

图3　中医药健康旅游主要主题共现矩阵分布图

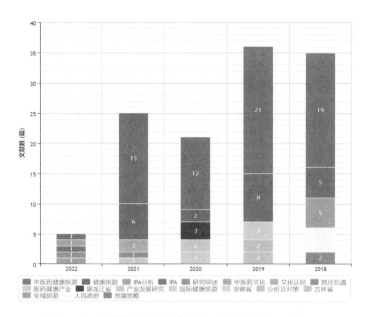

图4 中医药健康旅游主要主题年度交叉分析图

学界对该领域研究的主要主题分布在中医药健康旅游、健康旅游、人民政府、示范基地、中医药健康服务、全域旅游、江西省、中医药产业、产业发展研究、产业发展、健康旅游产业、示范区创建、黑龙江省、安徽省、中医药文化、中医药旅游、旅游业、"一带一路"背景、中医药特色、发展策略等方面。其中，研究主要主题排名第一的为"中医药健康旅游"，共有108篇。

对本文对搜集到的276篇文献按照论文研究内容主题热点进行分类，得到该研究领域文献次要主题共现矩阵分布图（图5）和次要主题年度交叉分析图（图6）。学界研究的次要主题分布在：中医药健康旅游、中医药文化、旅游业、中医药旅游、中医药产业、中医药健康服务、中医药资源、健康旅游、中医养生保健、中医药服务贸易、中医医疗机构、国家旅游局、中医药健康服务业、国家中医药管理局、商业健康保险、中医药服务、中医医院、中医医疗服务、健康旅游产业、乡村旅游等方面，详见图5和图6。其中，研究次要主题排名第一的仍为"中医药健康旅游"，共有90篇。

上述数据说明，学者研究的关注点多集中于研究中医药健康旅游概念本身，并以此为拓展，研究逐渐关注文化融合、发展基础、类型划分、产业发展、需求分析、资源开发、发展策略等方面。研究主题丰富，热点突出，各研究热点之间存在着较为明显的关联性。不难看出，当前学者较为关心我国中医药健康旅游的发展现状和应用前景，实践研究多于理论研究，鲜有中医药资源对旅游者健康作用机制的理论研究，总体而言，中医药健康旅游的研究学理深度不够，仍需鼓励学者不断开展学理探索。

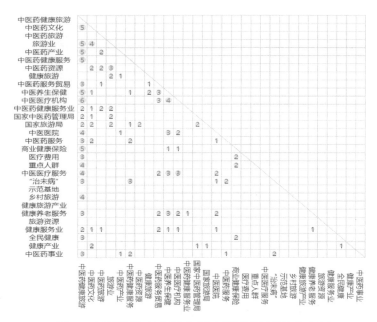

图5 中医药健康旅游次要主题共现矩阵分布图

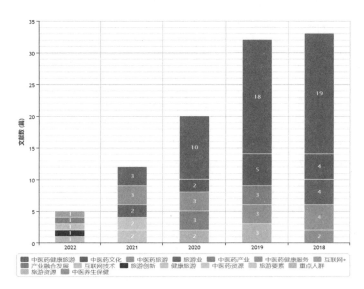

图6 中医药健康旅游次要主题年度交叉分析图

（四）学科分布

本文对搜集到的276篇文献按照学科分布，构建中医药健康旅游文献研究的学科分布图，中医药健康旅游研究在学科领域研究中出现的频率越高，即证明受该学科对中医药健康旅游的关注度程度越高。图7中，关注该领域研究排名第一的学科是旅游学，其次是中医学，第三的是贸易经济。

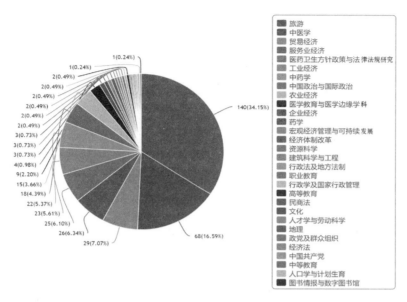

图7　中医药健康旅游文献研究的学科分布图

（五）研究层次

对 276 篇文献构建中医药健康旅游的研究层次图（图 8），结果可知，现有研究成果多为应用研究，且关注的研究层次为中医药健康旅游的资源开发、行业研究、工程与项目管理和行业应用对策等方面；然而对中医药健康旅游的学科教育教学、技术研究、政策研究、基础研究方面关注较少，仍有研究空间。

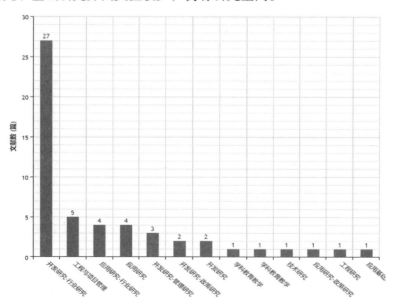

图8　中医药健康旅游研究层次图

三、四川省发展中医药健康旅游的条件和基础

四川省健康旅游资源富集、类型多样，具有开展健康旅游得天独厚的优势。四川也是人口大省，中医药健康旅游市场潜力巨大，依托地域空间资源，诸如，森林、草原、牧场、乡村、温泉等地质地貌所形成的环境优势，孕育了四川中医药健康旅游发展的空间。根据四川省中医药健康旅游发展格局的资源分布特点，本文逐一分析全省各片区发展中医药健康旅游的地域特征、文化特色和资源优势。

（一）资源优势

1.成都平原中医药健康旅游核心区

成都平原中医药健康旅游核心区范围主要以成都为核心，由德阳、绵阳、乐山、眉山、遂宁和雅安组成，主要发展中医药健康旅游高端服务业与新业态。成都平原位于岷江和沱江上游，地理位置优越，根据气象相关资料显示，年平均气温在17℃左右，片区降水丰富，空气优良，无霜期高达260余天，光、热、水基本同季，片区内部气候资源宜人，海拔大多在1 000—3 000米之间，片区内地势平坦。由于四川地区独特的地形、海拔、气候及水土条件，利于某些名贵药材的生长，如虫草、雪莲花等。该区域的中药蕴藏和产量都居全国之冠，故有"中药之库"之称。

成都平原中医药健康旅游核心区拥有世界上最完善的药材交易基础。荷花池中药材市场是我国西部地区最大的药材市场之一，是全球最大的中药材批发和销售中心。成都核心区医疗资源丰富优质，三甲医院20余家，诸如最著名、规模最大的综合性单点医院四川大学华西医院等。该区域还拥有5家三甲中医院，各中医医疗机构均设有针灸推拿、按摩等科室，世界双一流学科的高校成都中医药大学是我国建立最早的中医高等院校。成都核心区医学资源优势明显，医疗费用低廉，成为开展中医药健康旅游的首选之地。该区域已建成枣子巷中医药文化特色街区，成为一条以中医文化为特色的产业街区。此外，成都平原区域拥有成绵乐高铁、成绵乐高速公路等铁路、公路交通线，拥有成都双流国际机场、天府国际机场和绵阳南郊机场等民航机场交通线，交通优势较为明显。

成都市拥有花水湾温泉、青城山豪生温泉等景区；都江堰市深度挖掘道家养生文化和道地中药材资源，打造道家养生体验、中医养生、医药保健、医疗美容产业，发展山地运动和以个性化健康检测评估、健康管理、疗养康复等为主的康养旅游服务产业，已建成具有国际影响力的健康养生中心。

该区域内的绵阳地区拥有四川首批以中医药为主题的旅游景区药王谷和罗浮山温泉，泉水中已鉴定含有大量对人体代谢有益的微量元素，具有良好的保健功能，能增进人体血液循环，调节人体免疫系统，促进新陈代谢，是我国唯一经过国家卫生部门

鉴定的温泉。该区域由于多民族的聚居，藏族、彝族和羌族医药文化积累使其医药养生知识更加丰富。

该区域内的峨眉山，每年吸引着大量国内外游客前来，也由此衍生出一批与养生相关的项目，例如，素食养生馆、禅茶养生馆等。此外，峨眉山修建武术培训基地，游客可参观武术表演，也可亲身学习，体验养生健体文化，乐在其中。乐山大佛是中国最大的一尊石刻造像，已列入世界文化遗产名录。

此外，雅安天全县利用当地中医药资源，依托陈氏中医骨科医院，发展中医康养产业。结合中医特色启动了中医康养旅游综合体建设，全力创建省级中医药健康旅游示范基地和川西骨伤医养中心。

2.川南中医药健康旅游发展区

川南中医药健康旅游发展区由泸州、内江、自贡、宜宾组成。该区域兼有盆中丘陵、盆周山地的地貌类型，气候较为温和，日照充足，雨量丰富，四季分明，植物生长自然条件较为适宜。川南地区蕴藏有丰富的森林资源和旅游资源，例如，著名的佛宝森林公园，树种保存完善，种类丰富，成为四川省生物资源基因宝库。该区域还有奇特的丹霞地貌、穿窟地质地貌、山林、湖泊、湿地遍布各处。宜宾长宁县曾获中国生态养生旅游目的地，中国人居环境范例奖。自贡有"千年盐都"之称，中医药健康旅游资源丰富，例如，盐卤康养旅游，盐卤水中含 40 余种对人体有益的矿物质元素，能改善睡眠、放松身心，有效满足游客养生需求。区域内还包括盐文化特色的地方饮食文化活动。此外，自贡市的飞龙峡生态景区、宜宾市的七星山、尧坝古镇、黄河湖水库等景区为中医药健康旅游提供了适宜的自然环境。

3.川东北中医药健康旅游发展区

该区域位于青藏高原和四川盆地的过渡地带，区域内包括南充市、广元市、巴中市，受巴山地质地貌的影响，其地形较为复杂。该区域气温较为平均，全年舒适日数达 200 多天，夏季温度适宜，有华夏中央空调之美称。全区森林覆盖率达 100%，是重要的生态屏障。该区也是全国重要的中药材主产区之一，主要种植杜仲、柴胡、金银花等 25 种中药材，中药材加工面积占全国的 10%，此类中药材的质量均名列全国同类产品质量之首。广元旺苍县是杜仲重要的生产基地，也生产天麻、萼贝、川贝等中草药。区域内拥有国家级地质公园、国家级风景名胜区、国家级自然保护区和国家级森林公园，是全国风景区数量最多，分布最密集的地区之一。广元市还拥有"中国温泉之乡"的称号，有鹿亭溪医疗矿泉水川北温泉、盘龙温泉等。广元市朝天区已建成曾家山国家中医药健康旅游示范基地、慢运动疗养基地、曾家山中医养生馆、康养医院和康养型民宿 20 余家。

巴山区域盛产天然的山珍，常见的有真菌菇类、坚果类等，该地区的木耳产量居全国首位，此类食物富含多种氨基酸、维生素及微量元素，对人体的健康有益，例如，巴中市盛产银耳和茶叶，享有"中国银耳之乡""中国富硒茶之乡"等美誉。

4.攀西中医药健康旅游发展区

攀西中医药健康旅游发展区主要包括攀枝花市、凉山州，该区域依托凉山彝医药、摩梭医药文化和攀枝花阳光康养，建设以安宁河谷为主体的攀西中医药健康旅游发展区。该区域地处青藏高原东部的横断山系中段，全区90%的面积皆为山地，由于海拔较高，日照时间较长，较为干燥，昼夜温差较大，四季不太分明，垂直区域气候差异显著。

攀枝花市米易河谷地区冬季较为温暖，适宜冬季旅游。安宁河属典型的地堑谷，经过长年的流水侵蚀堆积，在河谷两边形成宽阔的河滩，流域东部有螺髻山、龙帚山，西部有磨盘山、牦牛山，风景秀丽、气候温和。雅砻江水能资源富集，原始森林比重大，树种优良丰富，主要有云杉、冷杉、白桦等。该地区药材资源丰富，既有茯苓、党参、当归等植物药材，也有熊胆、麝香牛黄、鹿茸、穿山甲等动物药材；彝医的著作也流传甚广。如《此母都齐》《斯色毕特依》《彝族医经》《彝族医药史》等著作。彝医有自己特殊的治疗手段，例如，常选用某些药物，固定于人体特定部位，利用药物的特殊气味来防病治病。此外，彝族的糯米酒营养丰富、甘甜芳醇，可补阴虚、补气血、补脾气、美容养颜、温补正气，是彝族饮食文化中有代表性的食品。

攀枝花市年日照时长均达2 500个小时，冬季气候干燥、温暖、少雨，因此，享有"太阳城"的美誉。攀枝花市的日照时间虽然长，但紫外线辐射却比西藏、海南等地的辐射要低，体感温度20—23℃，是人体最适宜的温度，较为适合进行日光浴。同时，西昌市四季如春，也有着"小春城"的美誉。

该区域地热资源丰富，以低温热水型资源为主，中低温温泉露点密集，据统计有70多个规模较小、水温也较低，常在50—60℃，且水中钙、镁阳离子的含量较高，其中的红格温，被称为"攀西名泉"。该区域也是全国少有的氡气矿泉，能达到全国医疗矿泉的标准，对风湿病、关节炎、皮肤病、气喘等病症有显著疗效。当地在温泉聚集点处建造了众多温泉小镇、度假村等旅游景点，例如，红格温泉旅游度假区、公益海温泉度假村、灵山温泉小镇、竹核温泉度假村、螺髻山温泉度假区等。

5.川西北民族医药特色旅游发展区

川西北民族医药特色旅游发展区包括汶川、茂县、北川等区域。该区域拥有大量高品质的旅游资源，地势较高，气候差异变化多样，夏季温度维持在16℃左右，成为四川知名的避暑胜地。该区域是四川省温泉资源富集地区，泉水属于淡矿化水，矿属于医疗保健矿，含有丰富的微量元素，属于典型的医疗矿泉，医疗保健功能显著。例如，古尔沟温泉、日底寨温泉、海螺沟温泉、二道桥温泉、榆林宫温泉等温泉项目。古尔沟温泉是四川省内唯一具有洗浴饮用医疗保健等多种功能于一体的天然矿泉，享有"仙山瑶池"灵水神泉之美誉。丰富的温泉资源能带给游客高品质的康疗体验。

　　该区域南方河谷地带具有丰富的药用资源，已查明的药用植物达 800 余种，且蕴藏量庞大，盛产名贵药材。其中，理塘黄芪被誉为全国上等药材。此外，石渠、色达盛产的著名中药材雪莲花广为人知。中国南派藏医学擅长药物学，精于草药鉴别，著有《晶珠本草》等著作。阿坝藏族羌族自治州被世界旅游专家誉为世界生态旅游最佳目的地。长期以来，该区域以"藏羌阿坝，生态家园"作为发展目标，区域内可入药的动植物类型丰富，羌族人民就地取材，潜心琢磨，保留下了众多羌族独有的中医治疗方法和独具匠心的具有羌医特点的医疗机构。诸如，茂县羌医药研究所、汶川羌医骨伤科医院、中国羌医药博物馆等。该区域南派藏医药和羌医药资源优势明显，长期以来，为游客提供了川西北民族医药旅游的健康体验。

（二）国家政策支持

　　随着我国老龄化进程加速、居民物质生活水平提高和疾病谱的改变，人民群众对多层次、多样化的旅游产品和健康服务需求越来越高，作为健康服务业和旅游业融合发展的新业态"健康旅游"已纳入我国发展战略。中共中央、国务院印发了《"健康中国 2030"规划纲要》，为切实推动中医药健康旅游的发展，国务院等相关部门先后出台了系列支持文件，为中医药产业与旅游产业的融合发展提供了政策支撑。具体文件详见表 3。

表3　国家层面出台的相关文件

序号	年代	部门	文件名称
1	2009	国务院	《关于扶持和促进中医药事业发展的若干意见》
2	2009	国家中医药管理局	《中医医院中医药文化建设指南》
3	2011	国家中医药管理局	《关于加强中医药文化建设的指导意见》
4	2012	国家中医药管理局	《中医药文化建设"十二五"规划》
5	2013	国务院	《国务院关于促进健康服务业发展的若干意见》
6	2015	国家中医药管理局	《完善中医药政策体系建设规划（2015—2020 年）》
7	2015	国家中医药管理局 国家旅游局	《关于促进中医药健康旅游发展的指导意见》
8	2015	国务院办公厅	《中医药健康服务发展规划（2015—2020 年）》
9	2015	国务院办公厅	《关于进一步促进旅游投资和消费的若干意见》
10	2016	国务院	《中医药发展战略规划纲要（2016—2030 年）》
11	2016	中共中央、国务院	《"健康中国 2030"规划纲要》

四、四川省发展中医药健康旅游的概况

近年来，四川省委、省政府将中医药工作摆在全省经济社会发展全局更加突出的位置谋划部署，中医药产业纳入现代工业"5+1"、现代农业"10+3"、现代服务业"4+6"体系建设，全面开启中医药新时代强省建设新征程。发展中医药健康旅游不仅是四川适应新形势国内旅游市场激烈竞争格局的迫切需要，更是实现四川旅游产业供给侧改革，促进中医药产业发展双赢的新举措。

（一）做好顶层设计，整体谋篇布局

四川省委充分发挥四川中医药、文旅资源的优势，推进文旅与中医药产业转型发展、创新发展、跨越发展，激发市场活力，构建了四川省中医药健康旅游产业体系，打造四川中医药健康旅游品牌，满足人民群众多层次多样化中医药健康旅游服务需求，为建设文化强省、旅游强省和"健康四川"做出更大的贡献。四川省编制了《四川省中医药健康养生旅游总体规划》《四川省康养旅游发展规划（2015—2025）》等规划，依据资源分布和发展基础，构建了四川特色鲜明、布局合理、创新发展的"一核四区"中医药健康旅游发展格局。

"一核"是指以成都为核心，构建由德阳、绵阳、乐山、眉山、遂宁和雅安组成创新发展核，主要发展中医药健康旅游高端服务业与新业态。"四区"分别为：依托优质医疗资源，由泸州、内江、自贡、宜宾组成的川南中医药健康旅游发展区；依托生态森林康养、特色文化资源，由南充、广元、巴中组成的川东北中医药健康旅游发展区；依托凉山彝医药、摩梭医药文化和攀枝花阳光康养，建设以安宁河谷为主体的攀西中医药健康旅游发展区；依托康巴藏区南派医药、汶川—茂县—北川羌医药的文化内涵和原生态自然资源，建设以藏羌地区为主体的川西北民族医药特色旅游发展区。

为贯彻落实"一核四区"的中医药健康旅游发展格局，2019年，四川省中医药管理局和四川省文化旅游厅又颁发了《关于加快四川省中医药健康旅游发展的实施意见》（川中医药发〔2019〕6号），提出构建一个核心（成都），两大区域（川南和三州地区），三大中心（青城山、峨眉山和攀西旅游区），四大板块（产业文化旅游板块、中医健康养生旅游板块、民族医药生态旅游板块、中药资源科考旅游板块），五条精品线路（"阿坝藏羌医药文化与健康养生探寻""甘孜藏医药文化与健康养生探寻""攀西彝族、摩梭医药文化与健康养生探寻""中医药与佛教、彭祖长寿文化体验""中医药与道教养生文化体验"）的全域四川中医药健康养生旅游框架。

实施意见还提出，鼓励景区、企业单位、医疗保健机构等市场主体，大力开发中医药观光旅游、中医药特色医疗旅游、中医药疗养康复旅游、中医药美容保健旅游等；指导都江堰建设国家级中医药健康旅游示范区；建设一批主题鲜明、业态集聚和旅游服务功能完备的中医药健康旅游产业园区；加快中医药健康餐饮开发，打造一批中医药药膳餐饮连锁企业。

（二）突出以干带支，打造中医药健康旅游示范基地

四川省高度重视健康服务业与旅游业的双向融合发展，在《四川省中医药健康养生旅游总体规划》中提出，到 2025 年，力争建设国家中医药健康旅游示范区 2—3 个，国家（省）级中医药健康旅游示范基地 20 个，国家（省）级中医药健康旅游示范项目 30 个。2019 年，四川省获批国家中医药健康旅游示范区 1 个，国家中医药健康旅游示范基地创建单位 3 个。详见表 4。

表4　四川省获批国家中医药健康旅游示范区和示范基地名单

名称	申报单位
国家中医药健康旅游示范区	都江堰
国家中医药健康旅游示范基地创建单位	四川千草康养文化产业园
	龙泉健康科技旅游示范中心
	四川花城本草健康产业国际博览园

四川省中医药管理局和省文旅厅按照《四川省中医药健康旅游示范基地规范与评价》《四川省中医药健康旅游示范基地管理办法》《四川省中医药健康旅游示范基地、示范项目申报与认定工作的通知》（川中医药办发〔2019〕34 号），2018 年至 2021 年期间，共认定了 26 家四川省中医药健康旅游示范基地，认定了 16 家四川省中医药健康旅游示范项目。详见表 5 和表 6。

文件《关于加快四川省中医药健康旅游发展的实施意见》提出，对创建成功并经认定的国家级中医药健康旅游示范园区（基地）给予最高 1 000 万元奖补；对中医药健康旅游项目成功创建为国家 AAAAA 级景区、国家级度假区的，每个给予所在县（市、区）政府 500 万元一次性奖补；对中医药健康旅游项目成功创建国家生态旅游示范区的，每个给予所在县（市、区）政府 300 万元一次性奖补。

表5　四川省中医药健康旅游示范基地名单

市（州）	名　称	申　报　单　位	年份
成都市	宝山旅游景区	四川宝山旅游有限责任公司	2018
成都市	新义水乡康养中心	成都新义水乡健康管理有限公司	
绵阳市	药王谷景区	绵阳市药王谷旅游发展有限公司	
雅安市	大园包中药材种植园	宝兴大熊猫文化旅游发展有限责任公司	
眉山市	中国洪雅·峨眉半山七里坪	四川洪雅七里坪半山旅游开发有限公司	
成都市	天府红谷·耕读桃源	四川瑞景康禾旅游开发有限公司	2019
广元市	中国·苍溪药文化博览园	四川金瑞中药材有限公司	
南充市	醋文化博览园	四川保宁醋有限公司	
宜宾市	蜀南花海中医药健康旅游示范基地	长宁县和乐观光农业开发有限公司	
凉山州	凯地里拉中医药健康旅游示范基地	四川凯地里拉有限责任公司	
成都市	枣子巷中医药康养文化基地	成都力金新文旅有限公司	2020
成都市	孙思邈中医药康养文化庄园	都江堰紫薇三医堂诊所有限公司	
成都市	四川孺子牛中医药康养旅游园	四川孺子牛生态农业开发有限公司	
遂宁市	大英药香康养园	大英县现代农业园区管理委员会	
广安市	岳池羊山中医药养心谷	四川羊山旅游开发有限公司	
雅安市	川西药谷·禾茂田园	芦山县大伯生态农庄发展有限责任公司	
成都市	花水湾中医药旅游康养中心	四川花水湾温泉第一村有限公司	2021
成都市	"芳华桂城"中医药养生庄园	成都方华园农业专业合作社	
成都市	国际石斛研发中心	四川干邦亚农业科技有限公司	
泸州市	张坝桂圆林养生文化旅游景区	泸州市江阳区张坝桂圆林旅游区投资管理有限公司	
广元市	昭化药博园	四川五房本草旅游发展有限公司	
南充市	桥亭中医康养旅游基地	阆中市和美乡村旅游发展有限公司	
眉山市	彭祖养生文化休闲谷	眉山市环球世纪会展旅游开发有限公司彭山分公司	
达州市	达川乌梅山中医药康养中心	达州市达川区南风文化发展有限公司	
阿坝州	九寨沟国际医养度假区	九寨沟宏义投资有限公司	
凉山州	会理仙人湖中医药生态旅游区	四川省润锦红色旅游文化开发有限公司	

表6　四川省中医药健康旅游示范项目名单

市（州）	名　称	申报单位	年份
成都市	孙思邈康养文化小镇	都江堰道逸酒店管理有限公司	2019
	玉皇养生谷中医药健康旅游示范项目	四川玉皇养生谷旅游开发有限公司	
	芙蓉文创系列四川旅游特色纪念化妆品技术研发	成都市中草药研究所	
	心道天堂中医药健康旅游示范项目	四川心道天堂生态农业发展有限公司	
	中医养生文化与旅游项目	四川至道堂中医药科技有限公司	
绵阳市	北川羌医药健康旅游综合体建设项目	北川羌族自治县中羌医医院	
遂宁市	健康养生、桑葚、金银花采摘体验养生基地	四川滋宁中药饮片有限公司	
达州市	宣汉百里峡中药材博览园	宣汉百里峡中药材有限公司	
雅安市	二郎山喇叭河旅游景区中医药健康旅游示范项目	天全县二郎山生态旅游开发有限公司	
阿坝州	九寨沟现代生态休闲农业产业园区	四川川玖集团有限公司	
成都市	都江堰问花村中医药特色养生花海	都江堰伊甸园农业有限公司	2020
	隐秀尚庭酒店中医药养生院子	成都市隐秀尚庭酒店	
绵阳市	江油中医药养生文化产业园	四川壹原草生物科技有限公司	
南充市	四川九威阁药博园中医药健康旅游项目	四川九威阁中药饮片有限公司	
眉山市	新渔生物中医药历史文化馆	四川新渔现代生物技术有限公司	
达州市	宣汉巴山大峡谷中医药康养旅游中心	宣汉县巴山大峡谷旅游开发有限公司	

（三）对位市场需求，扩大产品供给

近年来，四川省不断强化全省中医药健康旅游的品牌创建，精准对位市场需求，丰富产品供给。利用前期调研数据，本文绘制了四川中医药健康旅游消费者画像图（图 10）和消费者关注点词云图（图 11），词云图中字体越大，说明该因素越重要。

图10　四川中医药健康旅游消费者画像图　图11　消费者对四川中医药健康旅游关注点词云图

图中可见，四川中医药健康旅游的消费主体以中年女性游客为主，出游形式以家庭为主，学历多集中于本科以上学历。消费者对四川中医药健康旅游关注较多的因素依次为"景区、门票、风景、路、空气、体验项目"，感受评价最多的词云依次为"可以""好""很好"。结果可知，四川省在发展中医药健康旅游方面取得了一定成绩，也获得了消费者的高度认可。

全省通过鼓励景区、企业单位、医疗保健机构等市场主体，有效发挥中医药资源优势，针对消费者的不同需求，大力开发了中医药观光旅游、中医药文化体验旅游、中医药养生体验旅游、中医药特色医疗旅游、中医药疗养康复旅游、中医药美容保健旅游、中医药会展节庆旅游、中医药购物旅游、传统医疗体育旅游以及中医药科普教育等旅游产品；建成了一批特色鲜明、优势明显的中医药健康旅游景区、旅游名街名镇、旅游综合体。例如，攀西阳光康养旅游、秦巴地区森林饮食养生康养旅游区、雅安、乐山森林康养茶道养生度假区、都江堰－青城山道教养生文化康养旅游和若干温泉康养旅游片区，形成了有一定规模且具代表性的复合型健康旅游产品。此外，全省积极引导社会资本投入中医药健康旅游产业的发展，促进文化旅游资源与中医药资源有效结合。

（四）打造节庆活动，提升经典品牌

四川省支持各地举办中医药健康旅游节庆活动，分期分批地推出"全省重点中医药健康旅游节庆名录"。一是培育和打造四川中医药健康旅游节会品牌，积极组织中医药健康旅游企事业单位参加各类交易会、博览会、学术论坛等，搭建了一批对交流合作与产业发展平台，提升了四川中医药健康旅游影响力。2019年，广安岳池县举办了首届中医药健康旅游节，利用文化交流和旅游营销平台，加大中医药健康旅游宣传力度，顺应了群众健康养生的需求，不断扩大四川中医药特色文化旅游在国内和国际上的影响力，让中医药健康旅游成为四川省文旅经济发展的创新产业。二是全省强化示范引领，鼓励具备条件的县、市、区创建以中医养生保健服务为核心，融中药材种植、中医医疗、中医药健康养老为一体的综合服务区。鼓励符合条件的企业单位建设国家级和省级的中医药健康旅游示范基地和示范项目。三是四川省收集整理川籍名医名著古籍，深入开展对川籍名医学术思想与经验的整理研究，打造全国出土医学文献文物研究、中医古籍整理研究的中心，积极支持体现四川特色中医药项目国家、省级非遗目录。四是加强四川省中医药博物馆、省中药饮片有限责任公司中医药标本馆、西南医科大学附属中医医院博物馆等文化内涵打造，鼓励有基础的中医医疗机构、中医药院校、企业博物馆创建国家级和省级中医药（民族医药）文化宣传教育基地和爱国主义教育基地，开展中医药健康研学和科技旅游。

（五）培育市场主体，推动产业园区建设

四川省指导各地依托当地药材资源、制造产业、医疗服务、科技研发等优势，以中医药健康旅游产业为统筹，推动产业集聚发展，延伸产业链，建设了一批主题鲜明、业态集聚和旅游服务功能完备的中医药健康旅游产业园区。一是鼓励实施园区景观化工程，完善旅游功能，加快发展药、酒、果、茶等相关的中医药健康衍生品开发。二是全省积极支持中医药健康旅游景点在旅游、商务、食品、卫生等多领域申报创建品牌，坚持名企、名品、名牌、名区联动发展，鼓励企业开展品牌营销，鼓励地理标志产品的申请与道地药材的认证；在制备工艺、临床用途及包装等多方面申请国内外专利。三是以名优名牌产品、著名商标生产企业为核心和支点，将企业品牌和区域品牌相结合，构建品牌优势产业和知名龙头企业。四是加快中医药健康餐饮开发，支持花椒（藤椒）药用成分和药用机理研究，结合川芎、虫草、川贝母、雅连、天麻等川产道地药材，培育系列特色药膳品牌，打造一批中医药药膳餐饮连锁企业。五是促进住宿与中医药健康服务项目结合，打造一批中医药文化特色主题酒店。

（六）创新商品开发，打造经典线路

四川省为适应广大消费者对中医药健康旅游的需求，一是加强对中医药健康旅游工作的指导，四川省引导推动旅游与中医药健康产业的融合发展，积极做好中医药保健品、中医药化妆品、中医保健器械等旅游商品的开发生产，打造了一批中医药健康旅游商品生产基地，引入知名文创企业和优秀文创团队，以市场化方式运作开发文化资源，推动中医药健康旅游与广播影视、新闻出版、动漫游戏、演艺娱乐等融合发展，创作一批中医药健康旅游文化创意产品。二是分批发布了中医药健康旅游精品线路，鼓励和支持省内各地结合中医药健康旅游景区、小镇、旅游综合体、示范基地等，深度挖掘四川历史名医文化和养生文化，开展濒危中药材保护和利用，推出辛夷、芍药、百合、菊花、丹参等季节性赏花活动和中药温泉疗养，打造中医药健康旅游精品线路。三是强化省内产品跨区域整合，鼓励旅行社设计推出一批跨区域的中医药健康旅游主题线路。

综上可见，四川省在抓政策供给、项目建设、错位发展、示范引领上下功夫，通过制定相关政策，扩大了中医药健康旅游产品供给，打造提升了中医药健康旅游品牌，推进了中医药健康旅游产业园区的建立，培育了中医药健康旅游市场主体。

五、四川中医药健康旅游发展中的问题

（一）中医药健康旅游理论研究不足，研究成果较少

当前，中医药健康旅游的理论研究滞后于产业发展，仍缺乏对现象本质的归纳与对产业实践问题的理论总结，因此，理论在指导和解决现实发展中的问题显得较为薄弱。以本文在第一部分中的理论研究现状结果为例，四川省对中医药健康旅游的理论学术研究大有空间可为。截至 2022 年 2 月，在全国已发表的中医药健康旅游相关期刊的论文机构排名中，成都中医药大学的发文量为 14 篇，排名第八；在中医药健康旅游主要主题共现矩阵分布图中，常被提及的研究主题词汇中较多的有江西省、安徽省、黑龙江省、江苏省、吉林省，鲜见研究四川中医药健康旅游的学术成果。

总体而言，现有研究仍多集中于中医药健康旅游的资源优势、产业现状、需求分析、发展策略等方面，鲜有针对中医药健康旅游对人体健康作用机制方面的学术研究，民众无法科学量化评价中医药健康旅游带来的健康效益。

（二）中医药旅游产业资源整合不够，产业融合不足

四川省拥有较为丰富的自然资源和人文景观旅游资源，但是，在目前的市场中，一是大部分已开发的中医药健康旅游产品和线路雷同性较高，仍缺乏有主题、有创意的产品和线路，未能充分发挥中医药健康旅游的特色功能，难以满足游客多元化、多层次的健康旅游需求。二是中医药资源与旅游资源的整合不足，资源利用率与联动效应仍有提升空间，有些地方还存在着低端重复的开发现象，消费者难以在体验过程中获得预期的健康效用。甚至，有的地方将中医药健康旅游产业与地产捆绑，项目重心偏向于地产销售。

（三）中医药健康旅游专业的规划评价系统尚未建立

目前，全国的中医药健康旅游仍缺乏专业系统的规划与设计，对中医药健康旅游在开发过程中的规划布局、土地类型、服务设施、环境建设等相关问题尚未得到系统研究，四川省的中医药健康旅游在市场准入机制、质量监控，以及消费者合法维权等方面也缺乏科学的评价体系。

（四）中医药健康旅游产品创新性不足，数字赋能较少

随着亚健康年轻人群的增多以及民众健康需求的提升，全省在现有的市场供给中，大部分中医药健康旅游产品多针对老年人，仍未对消费者的年龄层次和需求层次进行分类供给，且大部分中医药健康旅游产品类型涉及雷同。依托于四川省特色度假

资源的中医药健康旅游新产品开发不足。

（五）中医药健康旅游专业人才亟待培养

当前，专业人才的供不应求成为制约四川中医药健康旅游产业发展的重要因素。中医药健康旅游在实施过程中，很多环节需由具备一定专业能力的人员来提供服务保证。中医药健康旅游的专业人员具备的素质要求相对综合，不仅要掌握专业的健康知识，还要拥有旅游服务相关的服务技能。然而，就目前市场而言，大部分具备专业资质证书的医者，更愿意在医院环境提供服务。人才的供给不足，便会使中医药健康旅游流于形式，极大降低消费者的体验质量。

六、四川中医药健康旅游发展策略

（一）加强学术理论创新与科技研发力度

首先，积极鼓励学者开展四川中医药健康旅游的理论研究，丰富学术成果，加强学术创新。其次，针对中医药健康旅游产业发展中的核心共性技术与关键问题，可依托省内高等学校与地方政府、大企业和特色优势企业、科研院所联合攻坚，实现多学科融合、多团队协同的中医药健康旅游产业研发应用平台或中心。再次，鼓励产学研合作，形成"政产学研用"深度融合的发展模式，完善和落实高校等科研单位参与中医药健康旅游产业科技研发的鼓励政策，进一步做好中医药健康旅游产业的技术研发，推动中医药健康旅游产业科技成果的转化，为全省推进中医药健康旅游产业的技术提档升级提供理论支撑。

（二）挖掘资源优势，提升产品供给

首先，挖掘资源优势，打好"中医药＋健康旅游"的资源牌，利用省内中医药文化元素和突出的中医、中药企业、景区资源、中华老字号名店等资源开发具有地域特色的中医药健康旅游项目或产品，发挥已有药用植物园、中药材种植基地、药膳食疗馆等资源优势，研发中医药健康服务特色旅游产品；推动有中医药健康旅游特色小城镇、休闲区、商业街、民宿酒店中的中医药健康旅游示范项目建设，增加中医药健康旅游项目或产品的特色化、品牌化。

其次，优化四川中医药健康旅游产品的供给，打造产品内核，提升品牌质量。应找准资源的优势与市场的需求，从中医药健康旅游的品牌、品味、品质角度提炼精品，提升产品的核心竞争力和产业发展的软硬环境。全省的中医药健康旅游可依托四川适宜的气候资源与自然环境打造精品线路，例如，以中医药文化参观学习为代表的药用植物园、中医药博物馆的参观类精品；以中医药适宜技术——针灸、推拿等传统治疗

手段体验为代表的体验类精品；以中医独特诊疗、保健功能、医食同源为代表的疗养类精品。

最后，应对消费客群进行分类研究，彰显中医药个性化的治疗优势。譬如，对于中老年群体，积极开展以预防、康复治疗、养生调理、食疗、药浴、穴位按摩等为主的养生类旅游项目；对于广大女性群体，甄选出适合中医药，打造以健康、美白、润肤为主的美容类项目；对于青少年等未成年人群体，以开展药草园、中药材炮制体验馆、中医药博物馆等文化体验类项目。根据消费者年龄、体质、性别来打造中医药健康旅游项目服务，让其对自身的健康风险建立认知，提升其健康意识，从而达到预防疾病的目的。未来，个性化的中医药健康旅游项目或产品必将大有发展空间。

（三）健全中医药健康旅游行业法规

行业法规是行业稳健发展的基础。当前，中医药健康旅游的行业法规建设还未成熟，不能完全解决行业发展中的问题。一方面，中医药健康旅游事关民众的生命健康安全，整个旅游过程涉及医疗服务、健康管理、旅游活动、餐饮体验、体育运动、文化感知等方面，每个环节皆需保障消费者的安全性；另一方面，中医药健康旅游是旅游与中医药两个行业的融合，发展过程中难免会遇到行业规范标准不一，法律边界不清晰等问题。

为规范全省中医药健康旅游行业的市场秩序和服务行为，提升服务质量和水平、维护消费者权益，引导市场公平竞争，促进行业的健康发展，还应抓紧建立中医药健康旅游的行业组织，健全相应的法规体系和市场监督机制，推进中医药健康旅游的标准化和专业化建设。同时，应加大执法力度，坚决制止中医药健康旅游过程中的乱收费和提供假冒伪劣产品等违法违规行为，鼓励经营者之间实现良性竞争，全面净化中医药健康旅游行业的市场环境。

（四）大力培养"中医药+旅游"的复合型人才

提高民众对中医药健康旅游的美好体验，专业人才至关重要。加强专业人才培养成为推动全省中医药健康旅游业高质量发展的关键因素。因此，应分层次对中医药健康旅游服务的人才培养体系做好布局。

一是加强高校和职业院校的专业人才培养。应根据市场需求，全省在相关院校设置新专业，设置新的人才培养体系和教学方案，培养符合中医药健康旅游市场需求和市场能用的专业人才。全省也可在各大中医药院校开展中医药旅游相关专业或课程，培养出学中医、知旅游、守法律、行业紧缺的中医药复合型人才。同时，加强中医药健康旅游的职业教育，提升该专业人才的综合素养。据了解，2021年，教育部在全国的中高职院校新专业设置中，增添了"康养旅游"新专业，并在四川省旅游学校实现了第一届招生。

二是加大科研人才的培养力度。高素质的中医药复合人才是实现中医药健康旅游行业创新和高质量发展的关键，也成为旅游行业可持续发展的重要保障。本着尊重知识、尊重人才的原则，对富有创造精神的中青年科研学术骨干给予条件和经费支持，充分发挥其在中医药健康旅游科研领域中的积极性、主动性和创造性，为我省中医药健康旅游产业的发展提供高端人才储备。

三是建立健全中医药健康旅游服务业从业人员的继续教育制度，促进人才流动。加强中医药康养旅游专业人才在科技素养与现代管理素养方面的提升，分门别类地组织各类专业培训，重视专业技术水平的提升，形成一套系统的由政府扶持、市场主导和学校教育相结合的人才培训体系，落实相关的人才培养、培训政策，健全人力资源保障机制，加大人才培养和职业培训力度。鼓励行业协会与高校合作，加大中医药健康旅游服务人才、管理人才和职业技能鉴定人才的培训。

四是鼓励专业医疗人员进入中医药康养旅游服务机构，提高中医药健康旅游的专业服务质量。同时，还应培养具有医疗保健和具有护理专业知识的人才，提高该区域从业人员的服务意识、服务技能和服务水平。

（五）加快数字化转型，数字经济引领产业升级

全面加强中医药健康旅游行业与数字化技术的深度融合，是新时期各行业发展的方向。一是部分中医药健康旅游目的地可以利用网络销售产品，创设各种浸入式线上体验活动、编辑各类短视频，推出线上服务新模式。二是全省中医药健康旅游应紧跟时代步伐，推行"中医药 + 旅游 + 数字化"变革，提升中医药旅游景区、企业和行业的数字化能力，利用大数据，精准对位消费者需求，提升管理效率和供给水平，引领产业升级。让数字化成为后疫情时代中医药健康旅游发展的新动能。三是提高中医药健康旅游企业的科技含量，激励企业引进和研发先进科技和设备，提升中医药健康旅游行业的科技竞争力。

七、结语

中医药健康旅游能促进消费者健康意识的提升，助力"健康中国"战略的实施，已成为我省最能体现人民美好幸福生活的产业之一。全省上下应切实推动中医药与文化旅游产业的融合发展，用好用足四川中医药健康旅游的资源与政策，抢抓机遇，聚焦消费升级，助力产业升级，开创四川中医药健康旅游发展的新局面。

相关文献

[1] 何小芊.中国温泉旅游的历史地理研究 [D].武汉：华中师范大学，2012.

[2] 刘思鸿，张华敏，吕诚，史楠楠，刘大胜，王燕平.中医药健康旅游的概念界定及类型探析 [J].中医药导报，2019，25（19）：9-12

[3] 王景明，王景和.对发展中医药旅游的思考与探索 [J].经济问题探索，2000，12（8）：85-86.

[4] 孙晓生，李亮.广东中医药文化养生旅游示范基地标准构建研究：梅州雁鸣湖旅游度假村个案分析 [J].中医药管理杂志，2012，20（8）：730-733.

[5] 高婷婷.广东省中医药文化旅游的开发与发展对策 [J].中国医学创新，2012，9（17）：133-134.

[6] 张文菊，张念萍.生态型中医药旅游发展探析 [J].湖南工业职业技术学院学报，2013，13（1）：37-40.

[7] 朱琳.南阳开发中医养生旅游的 SWOT 分析 [J].旅游纵览（下半月），2014，8（1）：124，126.

[8] 张群.我国中医药专项旅游开发初探 [J].北京第二外国语学院学报，2002，9（6）：77-80.

[9] 张群，张玉华.在养生中体验旅游：中医药旅游开发探讨 [J].商讯商业经济文荟，2006（4）：29-30.

[10] 田广增.我国中医药旅游发展探析 [J].地域研究与开发，2005（6）：82-85.

[11] 孙永平，刘丹.中医药旅游研究初探 [J].商场现代化.2007（13）：357.

[12] 黄蓓.四川印发关于加快中医药健康旅游发展的实施意见 [J].中医药管理杂志，2019，27（13）：58.

[13] 李梦瑶，华永琴，陈广.中医药健康旅游发展现状研究 [J].商场现代化，2016（30）：241-242.

[14] 国务院关于促进健康服务业发展的若干意见 [J].吉林政报，2013（21）：32-38.

[15] 赵维婷.《关于促进中医药健康旅游发展的指导意见》发布 [J].中医药管理杂志，2015，23（24）：88.

专论 12　四川省社会办中医医疗机构发展报告

李化[1]

摘要：本报告从四川省社会办中医的发展历史、重要作用、发展空间、发展态势四个方面梳理省层面的发展情况，并预测"十四五"的发展前景，提出可参考的发展方向，为政府优化资源配置提供理论支持和数据支撑。

关键词：四川省；社会办中医；医疗机构；发展

一、概念界定

2021 年《四川省卫生健康统计年鉴》中，将民营医院定义为经济类型为国有和集体以外的医院，包括联营、股份合作、私营、外国投资等性质的医院。本文沿用此定义，将民营医院与社会办医概念等同。本文所称的社会办中医，指由国有和集体以外的机构或公司投资举办的只提供传统中医药服务（指运用中医药理论进行辨证论治，开展中药治疗服务，针灸、拔罐、推拿等非药物疗法服务，以及中药调剂、中药汤剂煎煮等中药药事服务）的中医医疗机构，包括中医医院、中医门诊部、中医诊所和中医馆。

社会办医曾经历了几个不同的称谓阶段：建国之初称为私人（联合）诊所或医院，改革开放之初为称个体开业行医或个体诊所，后改称为社会资本办医，目前称其为社会力量办医，弱化了"资本"的属性。

二、发展历史

社会办医的发展史与社会经济发展水平和卫生政策对其认可程度密切相关。

（一）社会办医发展史

近代西方传教士创办了许多教会医院，客观上促进了中国近代医疗体制的建立。

中华人民共和国成立至 1956 年，教会医院以及其他境内（外）各种形式的资本建立的医院均被公私合营或收为国有，非国有医疗机构逐步减少，形成了以国有医院为主的状态。但是，私人诊所和联合诊所还得以继续保留和发展。其中，1951 年，《卫生部关于调整医药卫生事业中公私关系的决定》指出："对于一切公立的、私立的、

---

[1]李化，经济学博士，副教授，主要从事健康产业方面的研究。

合作性质的、公私合营的医疗机构，各地卫生行政机关应根据实际需要及其技术与设备条件，领导其实行合理的分工合作，不得有所歧视"。这一政策，使基层个体诊所和联合诊所得到继续发展，不少个体开业医生也自愿组织起来联合开业，成立联合诊所。1951 年 8 月，卫生部发布了《关于组织联合医疗机构实施办法》，将联合医疗机构的组织形式分为私人联合（中西、中医或西医）和公私联合两种。凡私人开业的卫生人员自愿结合者，称为私人联合诊所或医院；私人联合并与政府合作者，称为公私联合诊所或医院。到 1954 年 1 月，全国已建立联合诊所 13 000 多所。统计报告显示，到 1956 年，由个体开业医生组成的农村和城市联合诊所，由 1950 年的 803 所发展到 51 000 余所。

20 世纪 60 至 70 年代，医疗卫生事业追求纯全民所有制，砍掉了大批集体所有制的医院和个体开业机构。1966 年以后，在社会主义改造的大背景下，全国范围内的医疗机构也转而实行全面公私合营政策，非政府的纯民营医疗机构全面减少，直到逐步消失。到 1966 年 9 月，公私合营机构完全转为社会主义全民或集体所有制机构，大多数个体开业医生停业，一些联合诊所转为集体所有，在计划经济体制下，民营医疗机构不再存在。

进入 20 世纪 80 年代，改革开放使社会办医重新得到了政府的肯定和支持，进入个体医学复兴阶段。1994 年，国务院颁发的《医疗机构管理条例》是新中国第一个允许私人设置医疗机构的文件，社会办医逐步进入繁荣阶段。在民营医疗机构蓬勃发展期间，出现了公立医院和国有企事业医院等社会办医改制的趋势，社会办医进入改制阶段。2009 年"新医改"后，一系列政策出台鼓励和引导社会办医，最终形成政府办和社会办的多元办医格局。

2019 年 6 月，国家卫生健康委、发改委、市场监管总局、国家医保局等十部委联合印发《关于印发促进社会办医持续健康规范发展意见的通知》，进一步深化"放管服"改革，推动"非禁即入"、审批应减尽减和清理妨碍公平竞争的各种做法。"意见"标志着社会办医政策进入一个快速发展新阶段。

（二）社会办中医发展史

古代生产力水平低，没有专门的医馆，大多是家、药铺、医馆的结合体。中华人民共和国成立前，社会办中医主要以中医馆、中医诊所形式存在。

中华人民共和国成立后，第一个提到鼓励社会办中医政策文件，是 2009 年的《关于扶持和促进中医药事业发展的若干意见》（国发〔2009〕22 号），关键词是个体行医和坐堂医诊所。

2010 年，为了贯彻落实《国务院关于扶持和促进中医药事业发展的若干意见》（国发〔2009〕22 号），卫生部中医药局发布《中医坐堂医诊所基本标准（试行）》

并作为卫生部 1994 年印发的《医疗机构基本标准（试行）》（卫医发〔1994〕第 30 号）的第五部分。

从 2009 至 2014 年，社会办中医政策文件的关键词，基本都停留在简单形式的中医医疗机构、个体诊所和坐堂医诊所。

2015 年 12 月 17 日，社会办中医第一次有了相关的专有政策文件：《关于推进社会办医发展中医药服务的通知》（国中医药医政发〔2015〕32 号）。该项政策是为了贯彻落实《国务院办公厅关于印发中医药健康服务发展规划（2015—2020 年）的通知》（国办发〔2015〕32 号）和《国务院办公厅印发关于促进社会办医加快发展若干政策措施的通知》（国办发〔2015〕45 号）。2017 年 7 月 1 日，《中医药法》发布，从政策、技术及实施方法上，给了中医药一个很广阔的发展空间，也给予了社会办中医的法律保障。社会办中医进入了蓬勃发展的新时期。目前，社会办中医已基本扫清政策制约发展的障碍，发展方式需向内涵建设、提升服务能效、注重质量安全转变。

三、社会办中医的必要性和重要作用

（一）发展的必要性

鼓励和引导社会资本发展医疗卫生事业，形成投资主体多元化、投资方式多样化的办医体制，是深化医药卫生体制改革确定的基本原则和重要内容，有利于增加医疗卫生服务资源，扩大服务供给，满足人民群众多层次、多元化的医疗服务需求；有利于建立竞争机制，提高服务效率和质量，完善医疗服务体系，形成公立医疗机构和非公立医疗机构相互促进、共同发展的格局。

（二）推动保护、继承和发扬传统中医文化

中医具有天然的独特优势，它是千百年来古人通过探索和实践总结出来的宝贵经验的总和。随着人们生活水平的提高、生活方式改变，不良的饮食习惯和不健康的生活方式逐渐成为影响人们健康的主要因素，而中医具有"治未病"的独特优势，在预防保健方面具有重要作用。四川是著名的"中医之乡，中药之库"，"信中医，用中医，爱中医"的理念深入人心，推进社会办中医可有效推动这一优秀中华传统文化继承，渗透到家家户户的生活。

（三）满足群众多元化中医保健需求

中医"望闻问切"的治疗方式，对患者更具亲和力，有助于在医患间建立亲密的沟通关系；中医诊所的舒适性大幅度提高，能提升老百姓对中医药的好感；中医擅长治疗各种疑难杂症，更具捕获特殊患者的优势；中医治疗成本低于西医，老百姓能普

遍接受；中医诊所发展历史长久，为百姓喜爱接受。社会办中医在我国现有经济体制下，在为公众提供医疗健康服务方面有着独特的优势，起到了丰富补充医疗服务、满足群众多元化健康需求的积极作用。

（四）增加中医药服务供给

近年我国的医疗环境出现了一种特殊的现象，即公众就医时常偏向于选择大型综合医院，综合医院往往人满为患，基层医疗卫生机构或小型民营医疗机构则门可罗雀。然而，随着公众对医疗需求的增长，公立医院在提供持续的优质的医疗服务上显得有些吃力。社会办中医作为公立医院资源供给不足的有效补充，可分担部分患者的医疗需求，在一定程度上缓解看病难问题。要满足中国广大群众多样化的医疗保健需求，需要探索出一条中国式道路，推进社会办中医正是一次有益的探索。

（五）提升医疗服务便捷性

医疗服务的及时性是医疗服务质量的一个重要方面。各种诊所、中医馆的特点是规模不大、一般分布在社区内、离居民区较近，群众可在住家附近轻松获得医疗服务。大型综合医院医疗服务的全面性和社会办中医医疗机构医疗服务的及时性相配合，是今后医疗供给可积极探索的模式。

四、社会办中医的发展空间

（一）中医需求旺盛

随着我国新型工业化、信息化、城镇化、农业现代化深入发展，人口老龄化进程加快，人民群众对中医药服务的需求越来越旺盛，社会办中医满足大家多层次多种类的中医医疗服务需求，进入蓬勃发展新时期。2016年全国中医诊疗人次9.6亿人次，2020年中医总诊疗量达10.6亿人次，基层医疗卫生机构中医药服务可及性不断增强，中医药教育稳步发展，中医药科研产出持续增长。2000年四川中医药年服务1.5亿人次，居全国第一。特别是2021年和2022年新冠变异毒株在国内持续蔓延，省委省政府持续推动中医药尽早、全程、深度介入疫情防控和治疗。在此背景下，社会办中医也随之拓宽了发展空间。

（二）政策逐步放宽

1.国家层面

搜集中华人民共和国中央人民政府门户网站（www.gov.cn）、中华人民共和国国家卫生健康委员会（www.nhc.gov.cn）、国家中医药管理局政府网站（www.satcm.gov.cn）

和"健康中国"和"中国中医"官微,整理资料如下:

（1）中华人民共和国中央人民政府网站,时间区间为 2009—2022 年,搜索关键词"社会办医"共 54 条,其中国发 25 条,国办发 28 条,国函 1 条;关键词"中医诊所"共 10 条,其中国发 2 条,国办发 8 条;关键词"中医门诊部"共 7 条,其中国令1 条,国发 2 条,国办发 4 条;关键词"社会办医"共 54 条,其中国发 25 条,国办发28 条,国函 1 条。部分政策文件如表 1 所示。

表1　2009—2022年国家政府网站的社会办医相关政策

序号	标题	发文字号
1	中共中央、国务院关于深化医药卫生体制改革的意见	中发〔2009〕6 号
2	医药卫生体制改革近期重点实施方案（2009—2011 年）的通知	国发〔2009〕12 号
3	关于扶持和促进中医药事业发展的若干意见	国发〔2009〕22 号
4	国务院办公厅转发发展改革委卫生部等部门关于进一步鼓励和引导社会资本举办医疗机构意见的通知	国办发〔2010〕58 号
5	国务院办公厅关于印发 2011 年公立医院改革试点工作安排的通知	国办发〔2011〕10 号
6	"十二五"期间深化医药卫生体制改革规划暨实施方案的通知	国发〔2012〕11 号
7	关于印发卫生事业发展"十二五"规划的通知	国发〔2012〕57 号
8	国务院关于促进健康服务业发展的若干意见	国发〔2013〕40 号
9	中共中央关于全面深化改革若干重大问题的决定公布	十八届中央委员会第三次全体会议
10	国家发展改革委、国家卫生计生委、人力资源社会保障部关于非公立医疗机构医疗服务实行市场调节价有关问题的通知	发改价格 [2014]503 号
11	关于印发深化医药卫生体制改革 2014 年重点工作任务的通知	国办发〔2014〕24 号
12	关于非公立医疗机构医疗服务实行市场调节价有关问题的通知	发改价格 [2014]503 号
13	国务院办公厅关于印发全国医疗卫生服务体系规划纲要（2015—2020 年）的通知	国办发〔2015〕14 号
14	国务院办公厅印发关于社会办医加快发展若干政策措施的通知	国办发〔2015〕45 号
15	国家发改委、国家卫生计生委、人力资源社会保障部、财政部关于印发推进医疗服务价格改革意见的通知	发改价格发〔2016〕1431 号
16	中共中央、国务院关于《"健康中国 2030"规划纲要》的通知	中发〔2016〕23 号
17	最高人民法院关于审理非法行医刑事案件具体应用法律若干问题的解释	法释〔2016〕27 号
18	国务院关于印发"十三五"卫生与健康规划的通知	国发〔2016〕77 号
19	国务院办公厅关于推进医疗联合体建设和发展的指导意见	国办发〔2017〕32 号

续表

序号	标题	发文字号
20	国务院办公厅关于支持社会力量提供多层次多样化医疗服务的意见	国办发〔2017〕44号
21	中华人民共和国中医药法	中华人民共和国主席令第五十九令

（2）中华人民共和国国家卫生健康委员会网站，时间区间为2009—2019年，共搜索到与"社会办医"相关的新闻1 196条。部分政策文件如表2所示。

表2　2009—2019年国家卫健委网站的社会办医相关政策

序号	标题	发文字号
1	关于医师多点执业有关问题的通知	卫医政发〔2009〕86号
2	关于进一步做好非公立医疗机构设置审批和管理工作的通知	卫医政发〔2011〕54号
3	关于扩大医师多点执业试点范围的通知	卫办医政发〔2011〕95号
4	关于专科医院设置审批管理有关规定的通知	卫医政发〔2011〕87号
5	关于社会资本举办医疗机构经营性质的通知	卫医政发〔2012〕26号
6	关于做好区域卫生规划和医疗机构设置规划促进非公立医疗机构发展的通知	卫规财发〔2012〕47号
7	国家卫生计生委、国家中医药管理局《关于加快发展社会办医的若干意见》	国卫体改发〔2013〕54号
8	国家卫生计生委、国家发展改革委、人力资源社会保障部、国家中医药管理局、中国保监会《关于印发推进和规范医师多点执业的若干意见的通知》	国卫医发〔2014〕86号
9	国家卫生计生委印发《医疗机构设置规划指导原则（2016—2020年）》	国卫医发〔2016〕38号
10	国家卫生计生委《医师执业注册管理办法》	国家卫生计生委第13号令
11	中医诊所基本标准和中医（综合）诊所基本标准	国卫医发〔2017〕55号
12	国家卫生健康委员会、国家中医药管理局《关于进一步改革完善医疗机构、医师审批工作的通知》	国卫医发〔2018〕19号
13	国家卫生健康委办公厅、国家中医药局办公室《关于优化医疗机构和医护人员准入服务的通知》	国卫办医发〔2019〕29号
14	国家卫健委印发《开展促进诊所发展试点意见的通知》	国卫医发〔2019〕39号
15	国家卫生健康委、发改委、市场监管总局、国家医保局等十部委联合印发《促进社会办医持续健康规范发展意见的通知》	国卫医发〔2019〕42号
16	诊所改革试点地区诊所基本标准（2019年修订版）	国卫办医函〔2019〕802号

（3）国家中医药管理局政府网站，与社会办中医相关政策详见表3。

表3　2009—2022年社会办医相关政策

序号	标题	发文字号
1	关于提升社会办医疗机构管理能力和医疗质量安全水平的通知	国办发〔2010〕58号
2	中医坐堂医诊所基本标准（试行）	国中医药医政发〔2010〕58号
3	国务院办公厅关于印发2011年公立医院改革试点工作安排的通知	国办发〔2011〕10号
4	"十二五"期间深化医药卫生体制改革规划暨实施方案的通知	国发〔2012〕11号
5	关于做好区域卫生规划和医疗机构设置规划促进非公立医疗机构发展的通知	卫规财发〔2012〕47号
6	关于印发卫生事业发展"十二五"规划的通知	国发〔2012〕57号
7	关于促进健康服务业发展的若干意见	国发〔2013〕40号
8	关于加快发展社会办医的若干意见	国发〔2013〕54号
9	中共中央关于全面深化改革若干重大问题的决定公布	十八届中央委员会第三次全体会议
10	关于印发深化医药卫生体制改革2014年重点工作任务的通知	国办发〔2014〕24号
11	关于非公立医疗机构医疗服务实行市场调节价有关问题的通知	发改价格[2014]503号
12	国务院办公厅印发关于社会办医加快发展若干政策措施的通知	国办发〔2015〕45号
13	中医药"一带一路"发展规划（2016—2020）年	国中医药国际发〔2016〕44号
14	国务院办公厅关于支持社会力量提供多层次多样化医疗服务的意见	国办发〔2017〕44号
15	中华人民共和国中医药法	中华人民共和国主席令第五十九令
16	诊所改革试点地区诊所基本标准（2019年修订版）	国卫办医函〔2019〕802号
17	《国务院关于促进中医药传承创新发展的意见》重点任务分工方案	国中医药办发〔2019〕15号
18	国务院关于促进中医药传承创新发展的意见	中发〔2019〕43号
19	关于深入推进医养结合发展的若干意见	国卫老龄发〔2019〕60号
20	关于提升社会办医疗机构管理能力和医疗质量安全水平的通知	国卫医发〔2019〕55号

续表

序号	标题	发文字号
21	关于进一步加强社会办医管理做好新冠肺炎疫情防控工作的通知	国卫医函〔2020〕63号
22	国务院办公厅印发关于加快中医药特色发展若干政策措施的通知	国办发〔2021〕3号

（4）以上政策文件中的核心观点提取如下：

第一，医师执业不再受单一医疗卫生机构执业地点限制。《关于推进和规范医师多点执业的若干意见》提出区域注册制度、电子注册制度、注册信息公开和查询制度，实现"一次注册、区域有效"，有利于促进优质医疗资源平稳有序流动和科学配置。

第二，放宽中医诊所设置的限制条件，为社会资本提供了方便。2017年12年，国家发布中医诊所基本标准和中医（综合）诊所基本标准，将中医诊所分为中医诊所和中医（综合）诊所，取消中医诊所审批，改为中医诊所备案管理，为社会资本举办中医诊所开了绿灯。

第三，放松专科医院科室设置。国家过去在专科医院设置审批方面约束较大，但《卫生部关于专科医院设置审批管理有关规定的通知》对此进行了调整，明确省级卫生行政部门可以结合本地区实际情况，规划设置各类专科医院。此后，随着"放管服"改革的深化，这一设置审批权同步下放。

第四，非公医疗机构提供的医疗服务实行市场调节价。对于收费项目，属于营利性质的非公立医疗机构，可自行设立医疗服务价格项目；属于非营利性质的非公立医疗机构，应按照《全国医疗服务价格项目规范》设立服务项目。凡符合医保定点相关规定的非公立医疗机构，应按程序将其纳入各种社会保险的定点服务范围，并执行与公立医院相同的支付政策。

上述文件一步步使社会办医的发展空间扩大。

2.省层面

纵观国家出台的与社会办医相关政策文件，多数以政策导向为主，并未制定实施细则，省上的文件则聚焦具体实施方案。见表4。

资料来源：四川省卫生健康委员会官网，四川省中医药管理局官网，健康四川官微，四川中医药官微。

表4　2016—2022年四川省社会办中医相关政策

序号	标题	发文字号
1	关于促进社会办医加快发展的实施意见	川办发〔2016〕48号
2	四川省加快发展康复医疗服务工作实施方案	川卫发〔2021〕10号
3	关于推进医药卫生体制改革2021年重点工作的通知	川办函〔2021〕56号

续表

序号	标题	发文字号
4	关于进一步促进社会办医健康发展的实施意见	川卫发〔2019〕52号
5	中共四川省委　四川省人民政府关于促进民营经济健康发展的意见	－
6	四川省人民政府办公厅关于印发支持社会力量提供多层次多样化医疗服务实施方案的通知	川办发〔2017〕94号
7	四川省"十四五"中医药高质量发展规划	川办发〔2021〕78号
8	四川省贯彻中医药发展战略规划纲要（2016—2030年）实施方案	川府发〔2017〕27号
9	四川省中医药健康服务发展规划（2016—2020年）	川办发〔2016〕69号
10	四川省医疗机构管理条例（修订草案）	－
11	四川省优化社会办医疗机构跨部门审批流程实施方案	川发改社会〔2020〕297号

近年，四川省于 2021 年召开的中医药传承创新发展大会与四川省人民政府印发《四川省中医药强省建设行动方案（2021—2025 年）》对社会办中医的影响深远。与社会办中医有关的 4 点内容：鼓励社会力量举办传统中医诊所、公立医院中医类别医师参与传统中医诊所服务，开展多样化中医药服务，增加传统中医诊所服务供给；鼓励将传统中医诊所纳入医联体建设，支持传统中医诊所规模化集团化发展，培育具有一定影响力的四川中医诊所连锁品牌；鼓励传统中医诊所广泛使用中医传统诊疗技术，提供融预防保健、疾病治疗、康复服务于一体的中医药服务；加强传统中医诊所服务能力培训，提升传统中医诊所服务质量。到 2025 年，传统中医诊所达到 5 000家，构建"中医诊所在身边"和"10 分钟可及圈"的纯中医服务格局。引导社会办医良性竞争、错位发展、特色经营，是目前政府部门以及各级管理机构亟待做好的工作。

五、发展态势

（一）发展现状

1.全国整体情况

详见表 5、表 6、表 7。

表5　2016—2020年全国民营及公立医院机构数　　　　单位：个

类别	年份				
	2016年	2017年	2018年	2019年	2020年
民营医院	16 432	18 759	20 977	22 424	23 524
公立医院	12 708	12 297	12 032	11 930	11 870
比值（民营/公立）	1.29	1.53	1.74	1.88	1.98

表6　2016—2020年全国公立及民营医院床位数　　　　单位：张

类别	2016年	2017年	2018年	2019年	2020年
民营医院	1 233 637	1 489 338	1 717 578	1 890 913	2 040 628
公立医院	4 455 238	4 631 146	4 802 171	4 975 633	5 090 558
比值（民营/公立）	0.28	0.32	0.36	0.38	0.40

表7　2016—2020年全国公立及民营医院诊疗人次数　　　单位：亿人次

类别	2016年	2017年	2018年	2019年	2020年
民营医院	4.2	4.9	5.3	5.7	5.3
公立医院	28.5	29.5	30.5	32.7	27.9
比值（民营/公立）	0.15	0.16	0.17	0.17	0.19

2.全省整体情况

目前四川的社会办医机构已经超过1700家，从机构数量来讲，四川位居全国第一，从床位数量来讲，四川位居全国第二。

《四川省卫生健康统计年鉴》2016—2020年有关全省社会办医的统计数据如下：

表8　全省社会办医2016—2020年数量情况　　　　　　单位：个

类别	2016年	2017年	2018年	2019年	2020年
社会办医总数	43 817	43 883	44 067	45 891	44 676
中医医院	49	67	77	91	106
中医门诊部	23	33	47	66	68

表9　全省社会办医2017—2020年增幅　　　　　　　　单位：%

类别	2017年	2018年	2019年	2020年
社会办医总体增幅	0.15	0.419	4.14	−2.65
中医医院增幅	36.73	14.93	18.18	16.48
中医门诊部增幅	43.48	42.42	40.43	3.03

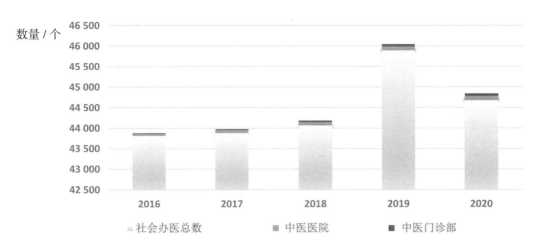

图1　2016—2020年社会办医、中医医院及中医门诊部数量对比

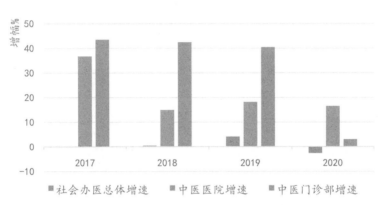

图2　增幅比较图

从表8、表9和图1、图2可看出,社会办中医特点:占比小,但增速快。

3.市(州)情况

2016—2020年各市(州)的民营医院数量见表10至表14。

表10　2016民营中医医院(共49个)　　　　　　　　　　　　单位:个

市(州)	数量	市(州)	数量	市(州)	数量
成都市	17	自贡市	0	攀枝花市	0
泸州市	6	德阳市	1	绵阳市	1
广元市	1	遂宁市	4	内江市	1
乐山市	3	南充市	0	眉山市	2
宜宾市	5	广安市	0	达州市	3
雅安市	0	巴中市	2	资阳市	1
阿坝州	0	凉山州	2	甘孜州	0

表11　2017民营中医医院（共67个）　　　　　单位：个

市（州）	数量	市（州）	数量	市（州）	数量
成都市	25	自贡市	1	攀枝花市	1
泸州市	7	德阳市	3	绵阳市	1
广元市	2	遂宁市	6	内江市	1
乐山市	3	南充市	0	眉山市	3
宜宾市	5	广安市	0	达州市	4
雅安市	0	巴中市	2	资阳市	1
阿坝州	0	凉山州	2	甘孜州	1

表12　2018民营中医医院（共77个）　　　　　单位：个

市（州）	数量	市（州）	数量	市（州）	数量
成都市	27	自贡市	1	攀枝花市	1
泸州市	7	德阳市	5	绵阳市	1
广元市	2	遂宁市	5	内江市	1
乐山市	3	南充市	0	眉山市	3
宜宾市	6	广安市	0	达州市	9
雅安市	0	巴中市	3	资阳市	1
阿坝州	0	凉山州	2	甘孜州	0

表13　2019民营中医医院（共91个）　　　　　单位：个

市（州）	数量	市（州）	数量	市（州）	数量
成都市	34	自贡市	1	攀枝花市	1
泸州市	10	德阳市	5	绵阳市	1
广元市	3	遂宁市	5	内江市	3
乐山市	3	南充市	0	眉山市	3
宜宾市	6	广安市	0	达州市	10
雅安市	0	巴中市	3	资阳市	2
阿坝州	0	凉山州	1	甘孜州	0

表14　2020民营中医医院（共106个）　　　　　单位：个

市（州）	数量	市（州）	数量	市（州）	数量
成都市	38	自贡市	1	攀枝花市	1
泸州市	14	德阳市	4	绵阳市	3

续表

市（州）	数量	市（州）	数量	市（州）	数量
广元市	3	遂宁市	6	内江市	3
乐山市	4	南充市	0	眉山市	3
宜宾市	6	广安市	0	达州市	11
雅安市	0	巴中市	4	资阳市	2
阿坝州	0	凉山州	3	甘孜州	0

从表 10 至表 14 看出，2016—2020 年社会办中医院数量增长较快的是成都、泸州、达州；到 2020 年末，社会办中医院数量排名前三的是成都、泸州、达州。图 3 比较了 2016 年和 2020 年各市州的发展数量对比。

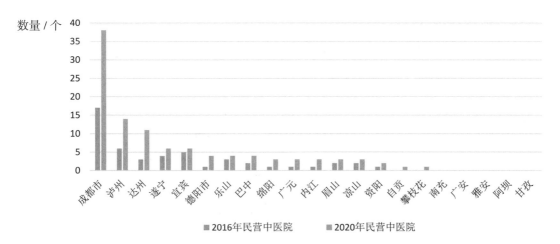

图3　2016年与2020年民营中医院数量比较图

（二）新闻报道

通过整理新闻资料发现，近年对社会办医的关注度增加。2021 年 5 月 8 日至 9 日，四川省卫生健康委员会主办的四川首届社会办医疗机构护理技能大赛在四川护理职业学院德阳校区举行。2021 年四川 7 家社会办医机构成功通过三级甲等医院评审，实现了三甲社会办医机构零的突破，社会办医机构获评三甲在四川尚属首次。

2021 年国内第三方医院评级机构艾力彼主正式发布了"社会办医单体医院 500 强榜单"，四川现代医院、四川宝石花医院、四川省友谊医院等 28 家社会办医机构进入榜单。从数量来看，综合类民营医院在榜单中更具优势，而专科医院则相对较少，排名相对靠后。只有丹棱南苑中医医院（二乙）社会办中医进入榜单。

（三）学术探讨

1. 期刊

CNKI 搜索篇名及主题"社会办医"，出现 9673 篇文献，截至 2022 年 1 月 25 日，下载量排名前十的文章：

表15　篇名及主题为"社会办医"CNKI下载量排名前十的文献

序号	标题	作者	来源	发表时间	下载量
1	中国社会办医的现状分析	刘国恩，官海静等	中国卫生政策研究	2013	2 411
2	社会资本举办医疗机构：发展与挑战	朱炜	浙江大学硕士论文	2012	1 940
3	我国社会办医的发展现状及扶持策略研究	周小园	山东大学博士论文	2015	1 939
4	我国社会办医政策回顾与分析	金春林	中国卫生政策研究	2014	1 932
5	新医改以来社会资本办医政策综述	高炯	中国医院	2014	1 430
6	我国民营医院的现状及发展策略研究	朱莉萍	医学与哲学	2015	1 339
7	新形势下对我国推行社会办医的思考	袁素维	中国医院管理	2014	1 225
8	我国医改以来社会办医的进展与挑战	黄二丹，王书平	中国卫生政策研究	2013	981
9	中国社会办医现状、问题及政府责任分析	朱莉萍	中国公共卫生	2016	972
10	我国社会办医发展现状研究	何达	中国卫生政策研究	2014	956

CNKI 搜索主题为"中医药"，出现 33 2231 篇文献，其中 2016 年 20 321 篇，2017 年 20 394 篇，2018 年 19 288 篇，2019 年 22 655 篇，2020 年 23 592 篇，2021 年 19 116 篇，2022 年（截至 1 月 25 日）568 篇。

表16　篇名"中医药"CNKI下载量排名前十的文献

序号	标题	作者	来源	发表时间	下载量
1	中医药文化对外传播研究—以文化适应为视角	徐永红	华东师范大学博士论文	2014	8 446
2	"互联网＋中医药"：重构中医药全产业链发展模式	陈静锋，郭崇慧，魏伟	中国软科学	2016	7 636
3	基于消费者偏好的中医药康养旅游产品开发策略	干永和	北京中医药大学硕士论文	2017	7 446
4	促进基层医疗机构中医药服务发展的财政补偿研究	金春林	中国卫生政策研究	2014	2 429
5	中医药法实施背景下社会办中医医疗机构发展 SWOT—PEST 分析	牛田园	中国医院	2018	412
6	中医药特色"医康养健"四位一体养老模式研究	张惠玲，夏丽娜等	中国卫生事业管理	2021	396

CNKI 搜索篇名为"社会办中医"，出现 76 篇文献。

表17　主题"社会办中医"CNKI下载量排名前十的文献

序号	标题	作者	来源	发表时间	下载量
1	影响我国社会办中医的医保、服务定价类问题	庞震苗等	中国卫生事业管理	2016	513
2	中医药法实施背景下社会办中医医疗机构发展SWOT-PEST 分析	牛田园	中国医院	2018	412
3	上海市社会办中医医疗机构现状与分析	石云等	中国中医药信息杂志	2014	231
4	中国古代社会办中医的历史回溯	陈凯佳等	中医文献杂志	2015	210
5	新医改以来安徽省社会办中医政策回顾分析	叶承槟等	卫生经济研究	2016	205
6	广东省社会办中医政策的回顾与分析	庞震苗等	现代医院管理	2015	186
7	我国港台地区社会办中医的经验借鉴	邱鸿钟等	中国社会医学杂志	2017	177
8	广西社会办中医医疗机构发展现状研究	韩仲硕等	卫生软科学	2017	174
9	深圳推进社会办中医国家级试点城市经验成效	陈珩等	中国卫生事业管理	2019	170
10	我国社会办中医事业的优势、关键问题及对策	袁晓霞等	中医药管理杂志	2020	167

CNKI 搜索与"四川省社会办医"相关的文献 6 篇。

表18　与"四川省社会办医"相关的CNKI文献

序号	标题	作者	来源	发表时间
1	四川省民营医院 2008—2017 年发展状况研究	革婧婧等	卫生软科学	2019
2	四川省社会办医现状及发展策略研究	赵洪文等	现代预防医学	2019
3	基于 GM（1，1）灰色模型的四川省"十三五"民营医院发展趋势预测分析	杜鑫等	现代预防医学	2017
4	四川省医院市场结构的变化发展	江庆玲等	中国卫生政策研究	2019
5	高质量发展视角下四川省社会办医发展状况分析	周明华等	现代预防医学	2021
6	社会办医发展趋势研究：基于四川省的分析	刘孟昀等	中国卫生政策研究	2016

2.书籍

京东网、当当网搜索"社会办医"图书共3本。

表19　社会办医相关图书

序号	书名	作者	出版社	出版时间
1	中国社会办医案例集：探索医院战略与运营管理	中国社会办医案例编委会	机械工业出版社	2021
2	社会办医路径研究：医联体建设视角	阚为	合肥工业大学出版社	2018
3	社会资本办中医启示录	庞震苗，饶远立	武汉大学出版社	2015

从上面整理的文献看出论文有所增多，但未能与学术创新发展成正比，仍需在创新发展上多下功夫，除此之外仍需要对社会办中医相关图书进行关注，提升社会办医的关注度。

六、前景预测

（一）"医—康—护—养"四位一体化

结合四川特点，社会办中医与养老行业结合，未来政府将进一步鼓励社会力量举办诊疗、康复、护理、心理关怀等连续整合的服务机构，打造"医—康—护—养"四位一体化服务体系。

（二）专病诊疗路径化

随着传统和现代的融合，中医很有可能在个别专病方向产生大的突破。专病专科相对规范化路径的形成，易于复制推广，形成品牌效应，并且培养人才相对较快，有望形成医馆的核心竞争力。

（三）经验特色产品化

随着《关于对医疗机构应用传统工艺配制院内制剂实施备案管理的公告》的颁布，更多中医机构申报传统剂型院内制剂成为可能。同时，国家对"慢性病常见病线上复诊并开具处方"的放开，也让中医馆经验特色的大规模应用成为可能。经验特色产品化成为越来越多社会办中医机构发展的重点。

（四）中医馆社区化

发展一些体量较小，但主打便捷服务的基层社区中医馆。

（五）资源服务共享化

随着时代发展，行业分工日渐精细，信息资源的共享已经日渐成熟。将来还会实现名医、名药、名技的共享，使得稀缺资源通过技术手段造福大众。

附录：

1.社会办中医医院的典型代表

2021 年四川省首家社会办中医互联网医院——"泰坤堂互联网医院"成立，并与四川省第二中医医院结为医联体单位，"曾桂芳儿童性早熟与矮小症智能辅助诊疗决策系统（辅诊机器人）"同步上线。未来三年，泰坤堂将在曾桂芳特色经验智能化传承基础上，建立集成 10 位川派儿科名家的群智协同临床辅诊机器人，通过互联网医院平台连接建设 50 家川派儿科智慧传承工作室，培养 100 位名医传承人，每年累积 10 万例以上真实有效结构化的病案数据，发展 10 项川派儿科优势专病诊疗体系，并不断提升疗效，从而建成数字化总结、网络化应用、大数据循证的中医活态传承新平台。

2.中医馆的典型代表

（1）成都秉正堂成立于 2012 年，以"正规、正确、正直"为理念，以更好的疗效为追求，以有温度的医疗为目标，开展中医多科别及健康管理服务。致力于传承传统中医药理念精髓、阐扬中医药文化，探索中医药国际化、现代化临床治疗路径，让人们感受及品味人文及健康的双重时尚。

（2）成都德仁堂中医馆较早开始做连锁中医馆。德仁堂为行业提供了很好的范本，其产业化运作思路完整、清晰，从而在短短几年时间开出近 100 家中医馆。

文 化 篇

专论13 川派中医药百年传承发展报告

章红梅[1]

摘要： 川派中医药流派众多，传承方式多元化，各具特色，本文对川派中医主要分支学派进行了梳理，对各学派独特学术思想、发展成就、团队实力、传承态势进行简要介绍和回顾。

关键词： 川派中医药 百年传承 现状

四川历史悠久，古时为梁州及巴、蜀立国之域，故称"巴蜀"或"蜀"。至宋真宗咸平四年（1101年）分设益州路、梓州路、利州路、夔州路，谓之川陕四路，进而称"四川"，后世以此为四川得名之由。当然，也有人认为四川得名之由，因其境内有岷江、金沙江、石亭江、嘉陵江四大川。清代设置四川省，沿用至今。

蜀地幅员辽阔，地形复杂，兼有山地、高原、河流、平原，包括了亚热带、温带和高原雪山等多种得天独厚的自然气候，肥沃的土壤，加上历代积累的栽培、饲养经验和精细领先的技术，这些都有利于生产出丰富的中药资源。四川位居我国四大产药区之首，获得"中药之库"的美称，业内素有"无川（药）不成方"之说。我国最早的药学专著《神农本草经》和记载药物产地的药学专著《名医别录》中，记载产自巴蜀的药物近80种，约占所载药物总数的五分之一。《新修本草》中收录的药材，产于四川地区的约占三分之一。四川籍中医药专家编撰的本草著作也较多，影响深远。如唐代梅彪撰写的《石药尔雅》是道教医药结合的产物，宋代田锡所作的《曲本草》是我国现存最早介绍本草制曲酿酒的专著，唐慎微《证类本草》具有重要的医学与文献价值，成都中医药大学凌一揆教授主编全国中医药高等院校统编教材《中药学》1—5版。此外，在后世本草药物文献中，多有以巴蜀或四川其他地名冠称药名者，如川芎、川贝、川乌、川楝子、川附子、川黄连、川牛膝、巴豆、蜀椒等。故古谚称："天下有九福，药福数西蜀。"不仅如此，川药品质上乘，加之许多药材为川地所独有，四川因而成为历代王朝重要的贡品药材基地。唐代贡品药材中，四川所产之数居全国之冠。南宋文天祥《赠蜀医钟正甫》诗中，便有"炎黄览众草，异种多西川"的盛誉。

"药材好，药才好"，自古以来，药与医为中医药学发展的"一体两翼"，相互推动，同向发展。四川名医辈出，自汉代涪翁、郭玉以来，有文献记载的名医就有

---

[1]章红梅，博士，教授，硕士生导师，主要从事中医文献、出土文献整理及汉语言文字研究。

一千多位；以及清代医家郑钦安开创且至今影响广泛的"火神派"；近现代也涌现了一大批学术水平高、临床疗效好、社会影响力大的医学专家，其中的代表有蒲辅周、任应秋、冉雪峰等；各种医学著述七百余种，四川成为名副其实的"中医之乡"。历代四川医家给后世留下的无论是救死扶伤的人道主义精神，精勤不倦、博极医源的学习态度，精湛超凡的技艺，灵活多变、不拘一格的临症诊治经验，互尊同道的思想作风，还是勤勉不懈、笔耕不辍、守正创新的治学理念，勇挑重担、甘于奉献的社会责任意识，都是一份特别值得借鉴、继承和弘扬的独具特色的宝贵财富。

　　经过特殊的自然环境和地理气候的孕育，四川作为中医药大省，蕴涵着深厚的中医药文化底蕴、丰富的药物资源、独特的学术思想，历经数千年逐渐形成了"川派"中医药文化特色，名医辈出的川派医家队伍不断壮大，不同学术思想和临床诊疗方式兼容并存，在传统医药领域中独树一帜。

　　百年来，川派中医药在历史的长河中薪火相传，历久弥新，一方面深受优秀传统文化潜移默化的影响，以及巴蜀地区特色易学、经学文化思想的渗透；另一方面由于四川地区海拔差异大，盆地四周高山环绕，气候潮湿多雨，这些自然因素形成"川人多湿"的独特特点，研治湿邪成为医者重要之事。根据蜀地特殊的地理条件和湿邪的致病特点，四川各派医家对于川人多湿的见解和治疗也不尽相同。川派中医在传承中医药优秀文化、学术思想和诊疗技术的基础上，坚持"因时""因地""因人"的原则，不断探索，与时俱进，呈现出"百花齐放""守正创新"的景象，成就了具有独特地域风格和传承特色的川派中医。随着四川国医学院、成都中医药大学等教育机构的建立和发展，四川地区中医药人才获得进一步的持续培养，川派中医的医学理论与临床实践得到延续和发展，逐渐成为享誉国内外的医流学派。当代川派中医的传承，也逐渐从传统的家族、师徒传承，扩大到学校教育、医院临床带教的师生传承。关于川派中医药百年来的传承与发展，本章将从不同层级、不同角度进行介绍和评述，以窥一斑。

一、川派中医药流派众多，传承方式多元化

　　川派中医主要指以伤寒学说为基础，汇集多种学术流派，以四川、重庆地域为空间主体，学术思想和理论辐射全国的地域性医学流派。地域性是其显著特点和主体内涵，以四川地区中医医家为主要群体，形成独特的诊疗认知和理论体系。

　　据医家出生、学医和行医等方面涉及的地域而言，川派中医主要包括以下三类：第一类，出生、成长、学医及行医皆在四川的本籍医家，如何仲皋、李斯炽、吴棹仙、邓绍先等；第二类，籍贯本为四川，大多早年或中年在川学文或学医、行医，中年或晚年赴京或旅居外省从医或执教，如萧龙友、冉雪峰、蒲辅周、任应秋、叶古

红、祝味菊、吴佩衡等；第三类，籍贯不属于四川，但长期在四川行医，其间除临床诊疗外，还进行著医立说或执教培养中医人才，如沈绍九、王渭川、郑怀贤等。其中第一和第二类为川派医家的主体，第三类群体数量占比不大，但他们在四川中医药的传承与发展、守护四川人民健康、中医药学人才培养、中医药学术思想和临床诊疗技术的守正创新以及丰富医学文献等方面做出了巨大的努力和突出的贡献，无论是入川行医的医家，还是走出去的川籍医家，其医学实践和学术理论往往具有鲜明的四川医家特征，发挥了四川中医药的特色和优势，共同促成川派中医的可持续性发展。

古代四川医家分科总体来讲不是太明显，期间虽有一些以专科闻名于世的医家，如唐代昝殷以妇科著称，宋代黄甫坦以眼科为世人敬仰。近现代以来，四川医家除普遍以内科为主之外，也有一些擅长于中医临床各科者，如成都中医妇科的唐半城（唐伯渊）、卓半城（卓雨农）等。

二十世纪五十年代开始，伴随着院校医学教育的兴起，川派中医药的传承和发展方式也随之发生相应的变化。1950年，全国第一届卫生工作会议在北京举行，会议确定以"面向工农兵，预防为主，团结中西医"作为发展我国卫生事业的指导方针。据此，四川各级人民政府和卫生部门，组织中医药界积极参加普种牛痘、救治回归热病人和农村土地改革卫生工作；参加兴建成渝铁路工作和农村巡回医疗；组建联合诊所，组织老中医带徒、传授经验。统计显示，1950年，全省中医人员共7万多人，为当时卫生工作中人数最多、力量最大的一支队伍。与此同时，1951年，政府在成都、重庆两市建立了中医进修学校。1953年，四川省卫生厅设置中医科，四川中医有了专门的行政管理机构。1956年开始，四川中医工作进入了迅速发展的新阶段。当年，省卫生厅公布《四川省中医带徒暂行办法》。经国务院批准创办的成都中医学院于同年9月正式成立，为全国首批4所中医高等学府之一。

为更好地发掘祖国医药学遗产，四川省1958年至1959年开展了声势浩大的群众性采风运动，由各级卫生行政部门、卫生协会组织动员中医药人员贡献单方、验方、秘方。据140个县、市统计，共采集单、验、秘方666 000多个。各地边挖掘、边整理、边应用、边推广，将采集成果陆续编印成册。省卫生厅通过筛选汇编各地报送的材料，编辑出版了《四川省医方采风录》《中医秘方验方》《中医治疗内外各科经验》等著作。还举办了"四川中医中药展览"，影响甚大。这些政策和措施，促成了川派中医的传承和发展。

1956年以后，随着中医药事业的发展，中医药高等院校教学和学科认知分化日渐成熟，除传统临床内、外、妇、儿、骨科、针灸、眼科等各学科外，以中医基础、内经、方剂、伤寒、金匮、温病为主的中医理论与临床兼融的各门学科也自成体系，主要的学派包括伤寒、方剂、临床中药、内科、外科、妇科、儿科、针灸、骨科（推拿）、五官科等学派，逐渐构建起以学科为主体的学术团体和学术传承体系。如川派妇科，第一代卓雨农、王渭川等五师并列，到第二代虽师承同出此五门，但早已兼收并蓄，难以区分师承的具体门派。再如现代川派眼科，早期主要出自陈达夫一门，其后由陈氏一脉派生发展，目前其中实力最强的学术团体，为成都中医药大学眼科学院及附属医院的眼科团队。该团队是以不同学科为核心的队伍，是促进现、当代川派中医药持续发展并保持四川中医药特色和优势的中流砥柱。

随着中医药学科的发展，基于不同的学术见解或思维，不同的用药风格、习惯及诊疗方法，不同的师承传授，产生了不同的流派。学科内部逐渐细化出不同的分支学科，其中以内科、骨科、儿科等最明显，形成新的又各具学术特色的流派，如近现代成都骨科四大派、儿科五大家等。

川派中医药在传承过程中，主要以师传或中医院校培养为主。师徒相传者如金针黄石屏、魏庭兰、叶心清、叶成亮、叶成鹄、叶成源、叶成炳、叶成里、陈绍武、沈绍功、陈克彦、徐承秋等，可谓名家辈出。院校传承者如成都中医学院，1956年成立，院长李斯炽及骨干教师邓绍先、凌一揆、孔健民、彭履祥、曾敬光、李介明等大多出于四川国医学院，为四川中医药的发展和人才的培养做出了重要贡献。除此之外，家传在川派中医的传承发展中也具有不可忽视的作用，彭履祥生于中医世家，其祖父、叔父、舅父、岳父皆为行医之人，舅父徐立三更是誉满蜀中的名医。家传中医药中有名望者如成都的陆景庭、陆仲鹤、陆干甫；梓潼有蒲国祯、蒲显聪、蒲辅州、蒲志孝；西昌的陈介卿、陈绂生、陈达夫、罗国芬；眉山的胡良元、胡启厚、胡伯安、胡天成等；巫山（今重庆市巫山县）有冉作楫、冉雪峰、冉小峰、冉先德等。当然，亦有家传和师传兼存者，如数代皆有名望的火神派，郑钦安、卢铸之、卢永定、卢崇汉一脉相承，不断发扬光大，近年来影响更是深远。正是各种传承方式兼容并存，川派中医药在历史的长河中才不断地焕发出新的活力和生命力，绵延至今。他们同向协力助推川派中医药理论与学术的创新发展，应用现代科技手段助力传统中医药各层面的研究朝纵深方向发展，同时保持和发扬川派中医药的特色与优势。

二、川派中医主要分支学派概述

川派中医药分支流派众多，各具特色，现就四川中医学派中学术思想独特、成就突出、团队实力雄厚、传承有序、近现代发展态势可观且影响较大者，分别进行简要的介绍和回顾。

1.伤寒及扶阳派

巴蜀地区气候潮湿，最易伤阳，因而对人体阳气的重视程度，四川医家堪称首屈一指。中医学中重阳、扶阳的学术思想源于《周易》《黄帝内经》，并在《伤寒论》中得以全面体现。巴蜀伤寒学派主要由成都中医药大学的伤寒团队组成，代表医家是邓绍先，主要传承人有郭子光、戴佛延、顾大德、苏学卿等，他们专攻《内经》《难经》《伤寒论》之学，谨遵张仲景之遗训，根据临床实践做出更为具体而翔实的阐释，主要学术思想是"重视传统、精于临床"。以学校教学科研为主要传承方式，该学派代表作有《伤寒论要义总述》《现代中医治疗学》《伤寒论汤证新编》《日本汉方医学精华》等。

邓绍先，名续成，1898年生于四川华阳县一个教师之家，是全国著名的伤寒论专家，人称"邓伤寒"。由于邓绍先自幼身体羸弱，在求学时便开始自学中医。后受名医谢勋吾先生指教，对中医愈加产生兴趣。学医之初，他便致力于经典医籍，如《内经》《难经》《伤寒论》等，甚至能够流利地背诵《伤寒论》。1942年，邓绍先结合临床实践，集20年研究心血，编著《伤寒论释义》一书，并正式出版。此书奠定了他在伤寒研究方面独树一帜的学术地位，"邓伤寒"之誉由此开始。中华人民共和成立后，邓绍先先后在成都中医进修学校和成都市第一人民医院工作，1956年调任成都中医学院副教务长，主讲《伤寒论》，并主持全国中医学院伤寒论教材的编写工作。1960年至1969年，邓绍先通过总结自己的教学和临床实践经验，带病编著《伤寒论要义总述》。1971年，邓绍先病逝，享年73岁，将其收藏的珍贵医书全部捐给成都中医学院图书馆。

四川扶阳派是以仲景学说为宗，融合温补、易水学派的精髓，学术思想具有鲜明地域特色的学派。川籍扶阳派医家从"阳主阴从""以火立极"的角度解读《伤寒论》，继承其中重阳扶阳的思想，对《伤寒论》均有独到的见解。扶阳派的著名医家可追溯至宋代石藏用，近代以来以清末四川名医、著名伤寒学家郑钦安（1824—1911）为首的"火神派"将扶阳派推向高潮，在全国中医界中，一批四川扶阳医家备受关注。四川扶阳派法以尊伤寒，阳气为本，扶阳固本，精辨寒热，以善用温热药物、擅长治疗阳虚病症为特点，博采伤寒学派、温补学派、易水学派诸家之长，同时又颇具四川地方特色。在传承和发展过程中，逐渐形成一批以精研《伤寒论》及擅长治疗阳虚证候的四川医家。

郑钦安为清代著名医家，临床上以重剂附子等热药屡次治愈疑难重疾，谓"补坎阳之药，以附子为主"，被尊为"火神派首领""姜附先生"。郑氏誉满西南，不仅门徒众多，私淑弟子亦为数不少。他的学说一方面通过师承在后世得以延续和发展，如卢铸之（1876—1963），四川德阳人，出身于中医世家，光绪年间师从郑钦安，十一年后学成。又遵师命游历四方，考察各地，三年后乃返成都，于光绪末年开设"养正医馆"。在学术上承续并发展郑钦安学说，指出"医之阴阳至理，本于易"，将易理融入医学理论，强调人生立命在于以火立极，治病立法在于以火消阴，阳为主，阴为从，擅用大剂量姜、桂、附等扶阳重剂，时人尊为"卢火神"。四川会理吴佩衡（1886—1971）在 20 岁左右听学于卢铸之"扶阳医坛"，在学术上发扬仲景学说，遵从"温扶阳气"之法。1921 年到云南行医，深入研究《伤寒论》及郑钦安《医理真传》《医法圆通》，强调"扶阳祛寒，宜温不宜补，温则气血流通，补则寒湿易滞"，擅用附子，极具胆识，获"吴附子"之称。

另一方面其学说通过家传助推郑氏扶阳学派的弘扬和发展。卢铸之将学术思想和临床技能传给长子卢永定（1901—1986），行医 60 多年，继承和发扬了郑钦安、卢铸之的扶阳思想，名扬巴蜀，被尊为"卢火神"。卢永定之子卢崇汉，承续家学，也被誉称为"卢火神"。

随着扶阳派的发展和影响的扩大，四川不少医家也开始研究扶阳学说，深悟郑氏思想，一批扶阳名家相继产生，下面略举几位以示之。

戴云波（1888—1968），四川邛崃人。初学私塾，青年时开始对中医感兴趣，8 年间先后拜师 8 位名医，医术日精，为人治病，多有疗效。1957 年，戴云波调至成都中医学院附属医院。他认为阳气内虚是形成痹证的根本原因，治痹关键在于振奋、固护阳气，多以乌头、附子、天雄温阳散寒除湿止痛，并将《金匮》乌头汤和麻黄附子细辛汤化裁，名为乌附麻辛桂姜草汤，又分别拟定成药复方乌头片 I 号和复方乌头片 II 号（又名强力风湿片），用以治疗风寒湿痹证，效如鼓桴，有"戴乌头""治痹火神"的美誉。

补晓岚（1856—1950），四川遂宁人。补晓岚年轻时曾遍游南方各地，寻师访友，虚心求教，获益颇多。先后在四川乐山、成都等地行医，后游学天下，得以结识众多名医，治病强调扶阳固正，一生用药以姜桂附为主。1928 年定居重庆，开"补一药房"济世活人。他认为人体的生命活动全赖肾中阳气推动，阳气是生命的根本，所以治病常以脾肾为本，重在扶阳，善用川乌、草乌、附子、蟾蜍、花蜘蛛等毒药、猛药，但常有奇效，人称"火神菩萨"。

范中林（1895—1989），四川郫县人。多年来潜心于研究伤寒，善用经方，临床辨证以六经为纲，在掌握六经辩证规律治疗若干外感和内伤杂病方面积累了不少经验，治疗虚寒症的效果尤为显著。范氏深受火神鼻祖郑钦安学术思想的影响，注重扶阳，擅用大剂量附子，指出"阳虚阴盛之人，初服辛温大热之品，常有心中烦躁，鼻出黑血，喉干……此并非药误，而是阳药运行，阴去阳升，邪消正长，从阴出阳之佳兆"，有"范火神"之称。

唐步祺（1917—2004），四川永川人。祖父唐蓉生以医闻名于世，私淑郑钦安。唐步祺幼承庭训，精于《伤寒论》，毕生致力于郑钦安医书的阐释研究，常用郑钦安推荐方，如甘草干（炮）姜汤、补坎益离丹等，多有创新，晚年用时十五年撰成《郑钦安医书阐释》。唐氏推附子为热药之冠，认为"附子小量，则温经回阳，大量则力能镇痛"，治风湿痹证，附子用量可达 250 克，并创附子食疗法，将张仲景当归生姜羊肉汤演化为附子生姜羊肉汤，用于肾阳虚衰，水饮内停诸症的病后调理阶段，以食疗法巩固疗效，民间誉为"唐火神"。

刘民叔（1897—1960），四川成都人。20 岁左右在成都中医界已小有名气，1926年移居上海，博览岐黄、本草、仲景之书，精通药性，在附子使用方面有独到的见解，认为附子具破癥坚"积聚"血瘕之功，用以治疗恶性肿瘤属寒证者，多有良效，与当时同在上海行医的祝味菊并称为"火神"。

曾彦适（1899—1966），成都人。毕业于上海圣约翰大学，古文功底深厚，曾拜成都名医沈绍九为师，刻苦好学，精于证治，认为"脾肾之阳，为人体阳气之源，卫气营血之生莫不仰赖之"。曾氏善用温补之法，以附片治愈危重者甚多，被时人誉为"曾火神"。

2.医经学派

《汉书·艺文志》中记载称"医经者，原人血脉经络骨髓，阴阳表里，以起百病之本，死生之分，而用度针石汤火所施，调百药齐和之所宜，至齐之德，犹慈石取铁，以物相使。拙者失理，以愈为剧，以生为死"。由此可知，医经家所讨论的主要包括基础理论和临证诊疗两个方面。据《汉书·艺文志》的记载，古代医经共有七家，现在仅存《黄帝内经》一家，其它都亡佚了。现存《黄帝内经》的内容是对人体的生理活动、病理变化、病症辨识，以及诊断治疗各方面的探讨，并结合当时自然科学的成就，进行客观的认识，做出比较系统、全面的综合阐释，为传统中医学奠定了比较坚实可靠的理论基础。这部古典医经，为历代医家所重视，从多方面进行了研究，取得丰硕的研究成果，医经学派在蜀地由此诞生。

四川医经学派是以《黄帝内经》及后世传承者的学术思想、理论体系、校注整理、临床实践等为主要研究对象，运用传统文献研究、现代文献挖掘、理论探讨、临床观察、现代科学实验等方法和技术手段，来揭示和阐释有关《黄帝内经》学术思想和理论的医学流派。近百年来属于医经学派、影响深远的四川医家有：廖平、张骥、李斯炽、李克光、郭仲夫、吴棹仙、任应秋、方药中、陈钢、李继明、张新渝等。

廖平，初名登廷，字旭陔，后改名平，字季平，初号四益，继改四译，晚年更号为六译，四川省井研县青阳乡盐井湾（现名研经镇）人，生于咸丰二年（1852），卒于中华民国二十一年（1932）。廖平既是经学大师，也是在中医古籍整理方面做出重大贡献的医学大家。凭借其扎实的功底和深厚的学术积累，晚年廖平进行医学典籍的整理与研究，曾辑评中医古籍二十余种，其中多是唐代以前的珍稀医学典籍。经过他整理的医籍，收在《六译馆医学丛书》之中，刊行于世，约数百万字，嘉惠当世及后代学人。在整理过程中，他不仅校勘详细精准，而且对唐宋以来医学大家的研究进行了翔实中肯的评述，考订源流，辨章学术。

《难经》作为中医经典之一，自问世之后，历代皆有研究，但有些分歧一直都存在。廖平承袭姚际恒《古今伪书考》之六朝说，经过具体考证，旁征博引，对古代诊法的流传变迁，古医籍的校勘整理，《难经》的作者与年代等方面，提出不少真知灼见。廖平认为《难经》之作，专在变异古代诊法，"其有心得发明者，不过一寸、管、尺而已。"从主观上讲，廖平不赞同《难经》所主的诊脉方法，希望恢复《内经》的三部九候诊法。而事实上，独取寸口的诊断法因其简捷易行，广为后世采纳，《内经》三部九候法因此而废，故他亦不得不承认其为《难经》的心得发明。历代《难经》注家，廖平较为推崇清末徐大椿与日本人丹波元坚两位，故选《难经注释》和《脉学辑要》两书加以评注。他认为历代医家对《难经》不敢置一词，唯徐大椿《难经注释》明确指出《难经》与《内经》相背之处。诸如徐氏所称"其说有即以经文为释者，有悖于经文而释者，有颠倒经文以为释者"。丹波氏著《脉学辑要》一书，指出古代诊脉仅以一指诊寸口，而不分寸关尺。廖平认为，虽然两人皆发现《难经》有跟《内经》不一致的地方，但徐氏"囿于诊两寸法，曲为排解，以为别有师传"；丹波氏认为《难经》为汉代医籍，去古未远，"其疏证又为之回护"，故两注家对《难经》的驳议皆不得力。在历代校注评述《难经》学者之中，廖平算是一位独具特色的代表人物。

李斯炽，祖籍河南，1892年生于成都，自幼从其父好友董稚庵学习中医。1912年入成都高等师范学校（今四川大学前身）学习，毕业后留校作理化助手，但把大部分精力放在了中医事业上。1932年，成都霍乱流行，李斯炽约集同道蔡品三、罗春舫等27人，组成"壬申防疫队"，积极救治病人。

1934年，李斯炽正式开业行医。他与赖华锋、杨伯鹿等创办了"四川国医学院"，为了学校的合法地位，和学生们的行医资格，他四处奔走，积极活动。1950年，李斯炽赴北京参加第一届全国卫生会议。1951年至1954年，李斯炽担任成都市卫生工作协会宣传部长，并任成都中医进修学校一、二、三、四班班主任，后又任成都中医学院院长。1959年，获卫生部金质奖章和奖状，并先后当选全国第二、三届人大代表，第五届全国政协委员，并任中华医学会医学顾问，中华医学会四川分会副理事长等职务。1978年，李斯炽获得我国中医第一批教授职称。李斯炽对《内经》等中医经典著作的研究精深，临床经验丰富，尤以善治内科杂病而闻名全川，主要著作有《实用内科选》《中医内科杂病讲义》《医学三字经浅释》《金匮要略新论》等，学术文章有《"素问玄机原病式"的探讨》等。

吴棹仙，名显宗，1892年生于四川巴县（今重庆虎溪街道）。自幼随父吴俊生学习中医，背诵《黄帝内经》《难经》《神农本草经》《伤寒论》《金匮要略》等医学经典。1905年考入"重庆巴县医学堂"，名列第一。1908年毕业后转入"师范"班深造。期间，吴棹仙在唐德府、王恭甫等名师指导下，对中医经典研究颇有心得。其后数十年中不曾间断，自成一家。治学严谨，能熟练背诵四大经典条文，与任应秋并称为"中医界的活字典"。行医50余年，精于内科、针灸，处方用药，多宗仲景，临证则继承师传，善用经方、小方而奏奇效，故任应秋将其与曹颖甫并称为"近代经方两大家"。吴氏在经方方面的成就，体现在编撰的著作之中，如《医经生理学》，收集《黄帝内经》等书中有关中医生理学的内容分类编撰，初步构建了中医生理学的形成理论框架；《医经病理学》，兼采《灵枢》《素问》《伤寒论》《千金》等书有关病理学的内容，后附《内经》13方编撰而成。《灵枢经浅注》《医经生理学》和《医经病理学》的内容，反映了吴氏对中医生理学、病理学的认识，也反映了古代重要医籍中有关中医生理学、病理学的学术思想和理论体系。

任应秋（1914—1984），字鸿宾，四川江津县人。四岁开蒙，塾师授以《十三经》。稍长，就读于江津国学专修馆，得经学大师廖季平教授，经学之外，兼及训诂、考据、诗文诸学，打下了扎实的国学基础。17岁毕业于江津县国医专修馆，师从当地著名老中医刘有余，设"济世诊脉所"，跟师临床，免费为乡邻治病。在其后三年的时间里，完成了《灵枢》《素问》《伤寒论》《金匮要略》《难经》《神农本草经》《脉决》等中医学理论著作。任应秋一生阅读大量中医古籍，尤其重视对中医经典、中医典籍著作的理论研究的学习，毕生致力于中医理论的发掘、整理与利用，做出了突出的成绩。尤其是在《内经》学术领域有着深厚的造诣，为中医学术理论和中医事业的发展做出了突出贡献。

任应秋认为《内经》在祖国医学中有着"垂统于上，而连属于下"的重要地位，"学习《内经》是学习祖国医学过程中最不可缺少的一个重要步骤"。为了能使人们对《内经》的基础理论实质有较深刻的理解，他竭力倡导以他亲身实践过的四种方法（精读、勤写、深思和善记）来进行学习和理解。他精心研究《内经》之理，指出"以阴阳五行学说、统一整体观、恒动观念贯穿在《内经》的各个部分，所以无论在脏象、病机、诊法、治则等理论中，都能突出地反映出来……研究《内经》，不首先弄清它这一卓越的学术思想，实无以探其奥义。"关于《内经》中的理论体系问题，任氏集诸家之大成，概括为脏象、病机、诊法（包括四诊）、治则四大学说。通过多年来的深入研究，任氏把《内经》的主要观点，概括为四点，即自然观、生理观、疾病观和治疗观。任氏把前贤对《内经》的研究，分为校勘、注释、类分研究和专题发挥四种，并将《内经》理论运用于临床实践。

　　3.温病学派

　　从清光绪中后期开始，四川气候逐渐发生变化。一年之中，温热气候较多而寒凉气候变少，所以，患温病者多而患伤寒者少。然此时，温病学说刚传入四川，学习者甚少。一般医生仍遵守旧规，不知变通，对于四时温病，仍以伤寒理法治之。偶有明白其中道理者，往往以苦寒清凉之剂，挽回误投温补之病。渐渐地，温病之学，日益昌明，伤寒之书，多束之高阁，鲜有问津。其时擅长温病学说的四川医家，如成都名医杨栗山，他著有《寒温条辨》。此书辨别寒、温二证之异同，条理清晰，开成都温病学派之先河。宣统年间，新都人周云章仿参陈修园《医学三字经》之例著成《简易医诀》四卷，内附温病三字诀一卷，其思想虽源自《温病条辨》，但更为简要明晰，方便读者。再如民国时"成都四大名医"多以温病而闻名，陆景庭开创"陆氏温病"，顾燮卿善治湿温，王朴诚治小儿多用银翘散。其后如蒲辅周、廖蓂阶等人也都善治温病。

　　何伯勋，名昭文，1892年生于四川彭山县青龙场。何家祖辈多务农而兼行医，故何伯勋在读私塾同时，也广泛阅览《本经》《汤头歌诀》《医学三字经》等书，但无心深入，一心想应科举。但后来科举被废，于是通过艰苦努力免费就读于四川公立法政专门学校（今四川大学法学院），1921年毕业，但工作不顺利，遂致悲愤气郁，头晕目眩，肝大疼痛，虽请多位名医治疗但终不能根治，病中的何伯勋于是重新拾起医业，并拜何锡三、王兰庭、周耿光为师。由于基本功较好，加上何伯勋勤学肯钻研，几年时间，他便能独立应诊，且疗效明显。何伯勋与名医沈绍九交好，曾得沈氏悉心指点。

　　1932年，受吴学海之邀，何伯勋到何公巷"国医学院"教授温病。后来又在四川国医学院讲授温病。期间，他以《温病条辨》为蓝本，编成《温病学》作为讲义，自此便有"何温症"之称。当时，何伯勋、李斯炽、西医喻信芳都在相距不远的一个地区坐诊，因此，"河里鱼"便在成都传开。

　　何伯勋治学严谨，学识渊博，擅长于温病，旁通各家，尤其推崇《温病条辨》。在温病中，尤重湿温，因四川盆地湿气较重，湿热为病最多。所以，他认为掌握了湿温，其余温病就可迎刃而解，并立银翘蚕矢汤治疗湿温初起。解放后，何伯勋调成都市第一人民医院，后任教于成都中医学校，兼教务处副主任。1977年病逝，享年85岁，遗稿有《治疗湿温经验录》《临证经验辨证录》《四家医案分析》等。

　　巴蜀温病学派立足于巴蜀地理气候特点，根植于温病经典理论，吸取古代温病名家临床经验，应用于现代传染病的防治，对多种温病的治疗与研究颇有建树，并以瘟疫与湿热病研究见长，初步形成新的疫病防治体系。在众多的温病名家中，以宋鹭冰，张之文等为代表，在温病理论传承发展与感染性疾病防治中成效显著，形成了颇具特色的巴蜀温病学派。该学派的形成与成都中医学院的建立和1958年发生在四川省成都市温江区的钩端螺旋体病大流行有关。

宋鹭冰，字从彬，1905年生于四川三台县。宋家世代以经营药材为业，1924年，宋鹭冰从四川公立外国语专门学校毕业后，一方面帮助家里经营生意，一方面也开始留心医学。此后七年里，他痴迷于医学和经史，博闻强记，勤奋专研，又向老中医敬国阳、王化一诚恳请教，于是学识日长，医术精进。1934年，宋氏全家迁往重庆，正式挂牌行医。1939年，日军轰炸重庆，宋鹭冰遂搬回三台，并于次年与林寿廷、赖胡刚等创办三台中西医内科医院。1949年到1953年，宋鹭冰又先后创办了韩康市药房和三台实验联合诊所（三台中医院前身），被选为三台县卫生工作协会主席。

1956年，宋鹭冰调往成都中医进修学校，1958年调成都中医学院，主讲《温病学》和《各家学说》。他在温病学上造诣很深，对伤寒学说也有研究，极力主张和倡导融伤寒、温病于一炉，形成统一的中医热病学。临床方面，多取张景岳、张石顽、张聿青和王孟英之法，擅长内科杂病，如脾肾疾病、心脏病、老年病的治疗。他曾说："如本三张一王，兼取各家之长以治诸病，必能左右逢源，应付裕如"。

20世纪50年代末至60年代初，宋鹭冰多次参加钩端螺旋体病的现场防治与指导，依据患者的症状和发病时节，认为该病"属于暑温、湿温一类外感热病的范畴"，临床可分为偏热和偏湿两个证型，提出扶正祛邪、清气化湿的治疗总则，拟定了加减甘露消毒丹的治疗主方及其化裁法，并在分析钩端螺旋体病的重要并发症肺大出血的发生机理后，提出清肺保津和清热化瘀的治法，拟定了清肺止血汤和加味花乳石散两个主方，有效控制了钩端螺旋体病的传染和严重并发症。在此期间撰写了《钩端螺旋体病治疗的中医理论与方法》《中医治疗瘟疫（钩体病）的临床总结》，在中医药治疗钩体病上有开创性研究成果。宋氏于温病学说，上自《内经》《难经》《伤寒论》，下迄历代诸家以至叶天士、薛雪、吴瑭、王士雄之说，旁涉伤寒学说论述，进行了全面而系统、深入的研究，撰有论著多篇，颇多独到见解，如明辨寒温同源，力倡寒温合一；启蒙刘守真，承先启后王安道；剖析伏气温病实质，强调伏气临床意义等，从理论和实践的层面初步廓清了温病学的理论渊源。其温病学术思想和临证经验由学生整理成《宋鹭冰温病论述及疑难杂证经验集》，并正式出版。晚年，他还主编《中医病因病机学》，指导《景岳全书》的点校工作。此外，宋鹭冰广泛涉猎经史、文学，工格律诗词，一生佳作甚多。1985年，宋鹭冰病逝，享年80岁。

宋氏之学，通过其弟子赵立勋、张之文、王大淳、邬福昶、程式、葛师言、何德礼等得以传承和发展。

张之文，生于 1937 年，四川省大竹县人。1957 年考入成都中医学院医疗系本科，1963 年毕业留校从事温病学、中医内科学的教学、临床、科研工作。张之文亲自参与了钩端螺旋体病的防治，并致力于瘟疫学经典理论的研究，首次形成系统的瘟疫学理论体系，发表了系列文章。特别是在 SARS 前的 2001 年，张之文有感于现代传染病肆虐，温病学在治疗传染性疾病方面的优势得不到有效的继承和研究，故撰文疾呼，发表了《温病学面临的挑战及对策》一文，这使得温病学的优势在 2003 年引起的大流行 SARS 的防治中得到了有力体现。

后来，张之文又组织专家编写了《瘟疫学新编》，集温病诸家之大成，重构温病学术框架，撰成论文《传承瘟疫学理论，构建中医疫病防治新体系》，为我国传染性疾病的研究构建了理论框架，奠定了中医理论基础。他结合自己长期的临床经验和理论认知，提出了崭新的温病学治疗体系，认为应当把强调病因的祛邪治疗与卫气营血分阶段的治疗措施有机结合起来，对于邪在卫气分阶段，正盛邪实，应以温疫学家治邪为主导思想，攻击祛邪，力求把好气分关，有效地截断疾病的发展，一旦深入营血，机体处于失代偿期，正气已虚，则应邪正合治，或扶正祛邪，务使邪去而正安，中医学温病学术体系得以完善。张之文也是国内率先倡导温热病应用活血化瘀法的专家之一，他将温病中常用活血化瘀法大致归纳为七类：凉血化瘀、解毒化瘀、开窍化瘀、攻下化瘀、和解化瘀、温阳化瘀、益阴化瘀。

赵立勋继承宋鹭冰对于湿温病的思想，在系统研究明清温病学派关于湿温的相关论述后，以卫、气、营、血为纲，重新编次和阐释了薛生白《湿热条辨》，著成《湿热条辨类解》，为推动湿热类温病的发展做出了很大贡献。其后的继承者具有代表性的有杨宇、陈学惠、江秀成、郭明扬、张浩生、冯全生、刘贤武等，温病学派得以在巴蜀大地继续薪火相传。

4.针灸学派

针灸是我国古代劳动人民与疾病作斗争中总结出来的一套独特的、行之有效的治疗方法，有着悠久的历史和丰富的经验。早在石器时代，我国劳动人民在同自然和疾病的斗争中发明了砭石。在使用火的过程中发明了灸法和熨法。两千多年前的《内经》《难经》为针灸学的发展奠定了基础，西晋黄甫谧所著《针灸甲乙经》是我国第一部中医针灸学专著，也是我国中医针灸学发展史上系统总结针灸理论和实践经验的开山之作，具有承前启后，继往开来的作用。宋代王惟一于 1026 年著《铜人愉穴针灸图经》，并主持设计铸造针灸铜人，促进了针灸学的发展。明代杨继洲的《针灸大成》，是对我国 17 世纪前针灸学的大总结。针灸学发展到此，对经络的生理病理、穴位考订、针刺手法、辨证选穴的理论和临床经验，都有全面的阐述，形成独立完整的学说体系。在针灸学说形成发展的漫长岁月中，针灸学者对针灸学术的发展做出了不同的贡献，形成了不同的流派，四川针灸学派便是其中之一。

四川针灸源远流长，绵阳双包山西汉人体经脉漆人、成都老官山汉墓经穴髹漆人，为世界上最早的人体经脉模型，蕴含了汉代人体经脉和腧穴的丰富信息，反映了四川早期针灸学成就，在针灸学史上具有里程碑的地位。老官山西汉墓出土医简《十二脉》《别脉灸经》，皆属专门论述经脉的医书，其中《十二脉》是迄今为止发现的最早文字记载"心主之脉"和"十二正经"经脉循行及病症的文献，是《灵枢·经脉》"十二脉"经脉学说的主要文献来源；《别脉》反映了当时多种经脉系统并存的状况，对探讨经脉本质和起源具有重要意义，也为四川针灸学派奠定了早期学术基础。两汉之际，涪翁隐居绵阳城郊，著有《针经》和《诊脉法》。根据《后汉书·郭玉传》的记载，涪翁"见有病者，时下针石，辄应时而效"。涪翁又将其学术思想和技法授予弟子程高，程高又传授给郭玉。出土文物和史书记载都证明了四川是我国针灸经脉腧穴学说的重要发源地之一。其后针灸在四川虽衰落多年，但至晚清逐渐恢复，近现代走向高潮，在全国具占有重要学术地位。

近现代以来，川派针灸理论和实践在传承的过程中获得进一步发展，内部又主要分为巴蜀针灸学派和叶氏金针流派。巴蜀针灸学派以吴棹仙、蒲湘澄为代表医家，主要传承人有余仲权、杨介宾、蒲英儒、杨运宽、梁繁荣等，以成都中医药大学教学科研为传承环境，在全国有重要的学术地位和影响。

吴棹仙三十岁左右时，向针灸大师许直祁学习"子午""灵龟"针法，获得秘传。因他精通《灵枢》，故能极尽《灵枢》补泻迎随之妙。根据患者病情轻重、体质、寒热等，分别采用时辰进针和不同手法治疗，如烧山火、透天凉、龙虎斗、补泻八法等。他善用长 1.5—2.5（1 寸 ≈ 3.33 cm）的粗针、金针或银针，针四肢手或足腿等穴位，进针的深度、进退、左右捻转、提插，男、女午前与午后，以及用咳嗽一声进针，用口鼻呼吸的次数来协调治疗手法，均有一定规律和独到之处，使不少病员得针而愈，当时疟疾流行，各种药物及奎宁皆无效，但经吴棹仙一针即愈。故又有"神针"之誉。吴棹仙善用子午流注、灵龟八法，形成了独特的时间针灸学，在对疾病进行辨证施治的前提下，重视针刺手法与时辰的配合，随病变化，以迎合经气，调节经气盛衰，代表作品有《子午流注说难》《中医实验谈》等。解放后，吴棹仙先后担任重庆市第一中医院、第二中医院院长，并兼任西南卫生部中医进修学校教务工作。1957 年秋，调成都中医学院任医经教研室主任。

1976 年，吴棹仙赴云南探亲，不幸病逝，享年 85 岁。其著作有《子午流注说难》《医经生理学》《医经病理学》《灵枢浅注》《温病方歌》等数种。吴棹仙一生学生弟子众多，如刘尚信、李辉祥、邓宏芬、刁泰芬、卢亚新、郭文友、唐玉枢等，成长为一代名医。其子吴叔亮、孙吴传先，继承家学，在医学方面也有建树。

蒲湘澄（1900—1961），字有吉，四川射洪县洋溪镇人，近代著名针灸学家。蒲氏出生于中医世家，"自束发以来，得家君松荣公传医易各学，并天文、地理之书，历经十余寒暑。初受业于张道生、李精一两夫子，《内》《难》诸书，详加考究。后经南崖居士授以针灸之学，乃内观书籍，外访明师，历川中八十余县，既陕、甘、云、贵、湖各省"。他不仅对历代医家的著述兼收并蓄，博采众长；又能根据自己的临床经验，灵活施治，颇多独到见解，不落前人窠臼；与此同时，在易学上的造诣也颇为精深。蒲氏具有仁心济世、热心办学的崇高品格以及精思笃学、勤于著述的治学精神，具有丰富的临床经验和精深的理论知识，于辨证、取穴、行针均有独到之处。蒲氏针灸学术思想主要包括：注重气血、医易并通、针灸药并重、随症择法，选穴配方、自有心得，腧穴定位重视基准穴，通过对比取穴、指按审穴以提高取穴准确性，针灸临证强调按经取穴，擅用五输穴，主张针刺凉泻，针术圆活、反对拘泥刻板，强调针灸补泻以及重视针灸禁忌等。使用针灸治疗时，他强调取穴准确性，重视按经取用特定穴，善用针刺行气手法。蒲湘澄诊治头痛、中风、痢疾、腰痛、痿证、面痛、厥证等临证病案，充分展示了其针灸临证思路。蒲氏临床审证周详，针术灵活，因而临床疗效显著。

蒲氏针灸学术思想与临床经验，对西南地区针灸医学的发展产生了深远的影响，在当时深孚众望，闻名西南。除了对针灸治病疗病有独特的经验和认知，蒲氏对针灸的预防作用也相当重视。他在《中医实验谈》中介绍了一些疾病的预防方法。如中风预防法："此病初起，在足三里下四寸及手指后发现麻痹，若十指无故自动者，此即中风预兆。倘不急者，一旦病发，轻则半身不遂，重则殒命丧生"。因而主张"重灸百会、气海、中极、命门、中脘、八邪、八风、合谷、三里等以预防之。"用灸来预防中风，前人早已有之，但蒲氏所灸之穴与前人颇异，近代反复的临床和实验研究，都已证明确有一定的实用价值和理论意义。

蒲老热心教育事业，解放前在川北举办讲习班、针灸班计 30 余班，1954 年以后曾任职锦官驿成都中医进修学校针灸教学与门诊，编写《针灸学》教材；1956 年成都中医学院成立担任针灸教研室主任，先后两次主持编写《针灸学讲义》作为教材。有感于当时"针灸各书词奥理深，致学斯道者难明至理"，为使"精要而不繁，起融会贯通之益"，在学习《黄帝内经》《难经》《伤寒论》《针灸大成》等著作的基础上，结合多年临床实践，从"经验实效"出发，利用医教工作之暇撰写了《中医实验谈》，其中第 3、4 卷为针灸专卷，集中体现了蒲氏针灸学术思想，影响巨大；又将自己多年针灸临床经验编写成《蒲湘澄针灸实验歌诀》，于 1963 年在成都中医学院刊印，以通俗易懂、朗朗上口的歌诀形式总结出针灸治疗的整体过程，从审穴、取穴、针刺深浅、行针手法、补泻到具体治疗内、外、妇、五官科等病症，以及晕针的处理，充分体现了他的针灸学术特色，对后世临床有重要的指导意义。蒲氏对针灸学术穷思极研，精于实践，积累了丰富的临床经验，形成了独特的针灸诊疗特色，为四川乃至全国针灸事业的传承和发展做出了不可磨灭的贡献，1958 年荣获国家卫生部颁发的"继承发扬祖国医药方面表现积极成绩卓著"金质奖章。

叶心清，1908 年生于四川大邑县。13 岁时随祖母到湖北武汉叔父家居住。时魏庭兰正在武汉，叶心清亲见魏氏为祖母治病，敬佩不已，决心拜其为师，魏氏感其诚意，便收为徒。叶心清随师 12 年，尽得"金针"之术，于 1933 年回到重庆，与唐阳春、张乐天、吴棹仙、龚志贤等名医，在重庆凯旋路开设国粹医馆（张乐天任馆长），在四川中医界颇有影响。两年后，在成都包家巷开业行医，因其医术精湛，医德高尚，求诊者络绎不绝。叶氏针药并精，针法神奇，在全国有重要的学术地位和影响。当时成都骨科名医杜自明说："我和心清先生的金针，是两门难得的绝技"。叶氏金针手弦独成一家，被誉为"叶金针"。

叶心清使用的金针独具特点，系 90% 的黄金加入 10% 的赤铜混合提炼，除去杂质，再抽拉成丝，直径约 0.28 毫米，有 3 寸和 5 寸两种规格。其特点是针质柔软，针身细长、针柄短小。叶心清为人耿直，不善言辞，好友任应秋称他"讷于言而敏于行"。叶心清有胞弟叶德明传其金针之术，曾任成都中医医院金针科主任、主任医师，其医术高超，善治疑难，深得病家称赞，也被称为"叶金针"。叶心清之子叶成亮、叶成鹄，叶德明之子叶成炳、女叶成理等皆继承家学，以针术见长。

5.内伤杂病学派

蜀中古代医家在内伤杂病学术上各有建树，在临证上各有所长，四川内伤杂病学派可谓源远流长，根深叶茂，并在发展历程中形成鲜明的学术特点，诸如：强调辨证，明辨病机；四诊合参，尤重脉诊；综合治疗，内外兼施；血证证治，自成体系；遣方用药，独具胆识；炮制服法，以助药力；医药兼擅，相得益彰；药食并进，养护脾胃；重视温补，善用热药；温病治疗，护津固阳；医案记录，薪火相传。

近代四川内科学派医家在承续先辈临床经验和理论认知的基础上，借鉴西医学等其他学科的成就，在治疗上更为系统化，在学术上取得很大的进步与发展，涌现出像萧龙友、卢铸之、冉雪峰、蒲辅周、任应秋、方药中、郭子光等一批杰出的中医内伤杂病专家，并形成了以蒲辅周为代表的蒲氏内科学派，以冉雪峰为代表的"一融三合"学派，及以李孔定为代表的医药兼擅派，以冉品珍为代表的脾胃流派等，各学派具有鲜明的学术特色，构建起系统的理论体系，疗效显著。蒲氏内科学派以蒲辅周为代表医家，主要传承人有薛崇成、高辉远、蒲至孝等；冉氏"一融三合"学派以冉雪峰为代表医家，主要传承人有龚去非、熊济川、张方舆等；李氏医药兼擅流派，以李孔定为代表医家，传承人有张耀、景洪贵等；冉氏脾胃病流派，以冉品珍为代表医家，传承人有王再谟、王志坦等。目前，关于内伤杂病的临床与科研工作亦是一派盛况，硕果累累，涌现出以冯志荣、陈天然、李培等四川省十大名中医为代表的大批内伤杂病专家。

冉雪峰，原名敬典，别号恨生，1879 年生于四川巫山县。家族在巫山县世代为医，在当地及周边地区中医内科领域颇负盛名，其学术绵延数百年至今。冉雪峰"自幼习文学医"，12 岁开始随父采药，同时习医，五年后便独立应诊。

1917 年，冉雪峰悬壶武昌中和里，医名日噪。当时武汉鼠疫严重流行，冉雪峰乃著《温病鼠疫问题解决》，制太素清燥救肺汤，急救通窍活血汤，治愈众多患者。1919 年，冉雪峰被选为湖北省中西医会第一届会长，组织湖北中医公会与中医学会，创办湖北省《中医杂志》。1923 年在武昌独资创办湖北中医专门学校，自任校长，前后培养 500 余名中医师。1929 年，他出任汉口卫生局中医考试委员会委员、湖北省鉴定中医委员会委员。中央国医馆成立后，冉雪峰任该馆医务处处长和湖北省国医馆馆长。抗日战争期间，他又捐款组织湖北省战地后方服务团，任团长及中医救护医院总院副院长，为抗日将士和难民免费治病。武汉沦陷前夕，冉雪峰举家迁往四川万县。此时，他与李重人、龚去非等著名医家交情深厚，并埋头读书，著有《大同药物学》《大同生理学》《大同方剂学》等。

1955 年，冉雪峰任重庆市政协委员、重庆中医进修学校首任校长，并亲自编写了《内经讲义》《伤寒论讲义》。1955 年 11 月奉调入京，到中医研究院工作，任中医研究院学术委员会副主任委员兼高干外宾治疗室主任，中华医学会总会常务理事，第二届全国政协委员。冉雪峰为人虚怀若谷，勤学苦研，尊古不泥，学识渊博，其学术思想可以概括为"一融三合"。一融，即伤寒与温病相融会；三合，指哲学与科学、中医与西医、理论与实践相结合。

1963 年 1 月，冉雪峰因患脑动脉栓塞病逝，享年 85 岁。他一生著述甚丰，如《冉雪峰医案》《八法效方举隅》《中风临证效方选注》《冉注伤寒论》等受到学界和业界的高度重视和肯定。独具特色的冉氏医学流派通过熊济川、宦世安、龚去非、陈可冀、郭士魁、张方舆、李宝稣、孙静明等众弟子，以及其子冉小峰与冉先德得到进一步的传承和发展。

蒲辅周，少名启宇，光绪十四年（1888）生于四川梓潼县一个医学世家。祖父蒲国桢，父亲蒲显聪皆以医为业，名闻乡里。15 岁时，蒲辅周开始随祖父和父亲学习医学。白天他在祖父开办的"杏林堂"侍诊，晚上则刻苦攻读医书。三年之后，蒲辅周独立应诊。辅周之名，乃此时所取，意在以医术辅助贫弱，周济病人。

年轻的蒲辅周在家乡深得患者信赖。但他并不满于现状，一方面继续精研古今典籍，另一方面又广泛收集秘方验方，吸取民间经验之精华。如眼科秘方"九子地黄丸"，伤科良方"百损丸"等都是他从当地医生处学来的。在学术上，蒲辅周从没有任何偏见。他不仅努力研究伤寒，也重视温病的学习，并特别推崇杨栗山之《寒温条辨》，他的乙脑治疗八法就是在此基础上形成的。

1931年蒲辅周在梓潼成立"同济施医药社"，免费为贫困病人诊病施药，创办了平民教养厂、两河义渡等慈善事业，受到当地群众的爱戴。1933年，地方权势为了拉拢他，让他作区长。他为人正直，秉公办事，引起权贵的不满，数月后便托病辞职，到成都行医。到成都后，蒲辅周继续开办"同济施医药社"，并与成都著名药店泰山堂定下合同，贫困病人可持他的特定处方去泰山堂免费抓药，账记在他的名下，由他定期结算。这样没过几年，蒲辅周就成为成都妇孺皆知的名医了。

蒲辅周内、妇、儿科俱精，尤其擅长外感热病。1945年夏，成都麻疹流行，众医束手无策，蒲辅周经过多次实地考察，认为此次麻疹与多雨湿热有关，遂改辛凉宣透为辛温化湿之法，病情得以控制。十年之后，北京流行乙脑，按以前之治法病情不减反增，于是再请蒲辅周出山。他仔细分析，精确辨证，使一场可怕的疫病得以及时控制。后来《健康报》头版报道了此事，蒲辅周的名字顿时传遍全国。

1956年，蒲辅周奉调进京后，先后担任了中医研究院副院长、中华医学会常务理事，第三、四届全国政协委员和第四届全国人大代表等职。期间他积极为群众服务，培养医学人才。

1975年，蒲辅周在北京逝世，享年85岁。他丰富的诊疗经验由学生高辉远整理成《蒲辅周医案》《蒲辅周医疗经验》等书。其子蒲志孝后来又整理出《蒲辅周医话》等作品。

李孔定，1926年出生于四川省蓬溪县。6岁就学，十年寒窗，学习训诂、经史词章及书法。广博的古典文学知识，为他后来学习中医打下了坚实的基础。1943年，17岁的李孔定始任本乡小学教员。因目睹旧社会农民贫病交加而又缺医少药的现状，特别是他父亲年仅28岁即被病魔过早夺去生命的悲惨情景，激发了他弃教从医、悬壶桑梓、济世活人的志向。1947年，李老开始自学中医，熟读古典医籍《陈修园医书十六种》，背诵《汤头歌诀》《药性赋》等，入门后研读《内经》《伤寒论》《金匮要略》《脾胃论》《景岳全书》《温病条辨》《医学衷中参西录》《本草纲目》等，对张仲景、吴鞠通、张景岳、李东垣和李时珍等医家甚是推崇，善用经方。由于四川地处盆地，湿病多见，故尤其推崇《温病条辨》，强调其实用性，对其《温病条辨》的领悟较深，能背诵全部条文及注解，临证时信手拈来，疗效显著。弱冠之年，拜乡里名医李全五为师，复请教于善治时病的何成章，并从名士邓文伯游，受益良多。1951年悬壶桑梓。1956年，李孔定考入重庆中医学校专修班，获得任应秋、胡光慈等名家的亲自教诲和指点。

李孔定拜草医为师，与药农为友，尝百草，辨药性，画药样，做标本。历时 4 年，编印出版了图文并茂的集 400 多种草药的川中、川西北第一部《蓬溪县常用中草药手册》和《常见病中草药防治手册》。李氏不仅学识渊博，还善于吸收新的医学、科学知识，有独特的学术见解，发前人所未发；详细诊察病情，认证准确，方药合度；面对疑难急症时，在辨证准确的基础上，有非凡的勇气，能够当机立断，果敢用药；在药物选择、配伍、剂量方面，虽逾越常规、常法、常量，但多能救人于危急之间，为常人所不为。善用草药，提高治疗效果，扩大治疗范围，特别是对风湿、结核、肠炎、痢疾、肝炎、鼻衄、血崩、带下等病的治疗，开拓了前所未有的天地，获得了前所未有的效果。临床之余，李氏潜心研究，勤于著述，先后编写出版《温病三字经》《新编药性歌括》《绵阳市现代名医录》《李孔定论医集》《新方实验录》等医学著作。李氏作为全国首批五百名学术继承人的名老中医药专家之一，为中医药事业的传承和发展竭力培养人才。

冉品珍（1913—1987），四川省遂宁市人。少时就学于私塾，后弃儒习医。师从遂宁名医徐立三，八年学成，即怀着"仁术救世"之心，悬壶遂州。曾担任遂宁平民优待征属送征所所长、遂宁中医师公会理事长。冉品珍在临床上治法灵活多变，一方面推崇并善用古方，如脾胃阴虚者，易致滞脾碍胃，选人参乌梅汤加减，以酸甘化阴；寒热错杂者，以椒梅汤寒温并投；脾虚及肾者，以双补汤以两脏兼顾。另一方面又不拘泥于古，如用一加减正气散治疗便秘，麻附细辛汤治疗慢性咽痛等，都扩大了古方应用范围，取得较好的临床疗效；同时善于将《内经》《伤寒》《金匮》及温病学的理论与证治融为一体。晚年潜心钻研脾胃疾病，造诣颇深。重视舌象在脾胃疾病的诊断和治疗，主张先治舌苔后治病，如对舌苔厚腻者，先去其苔。实践证明，苔退则脾胃气机自然恢复，病易治愈；若舌苔不退，不仅饮食难入，药物亦难运化而取效。若舌上无舌苔者，属脾胃阳阴伤，又当益胃生苔。

在治疗疑难杂病时，冉品珍主张从调理脾胃入手，如久利滑泻，用逆流挽舟法；淋浊癃遗，用升肝举脾法等。临床上重视脾胃升降，指出脾胃不升运，则化源无权；胃不顺降，则受纳障碍。脾升则健，胃降则和。即使虚证亦不宜呆补，以避免妨碍脾胃之升降，治疗当以运健为首。治胃治脾时，冉氏主张通过辨饮食来确定，认为凡知饥而不食者，病在胃，治疗当以健胃为主；能食而脾满，则病在脾，治疗当运脾。

1956 年，调到成都中医学院（今成都中医药大学）任教，任教期间先后主讲《内经》《伤寒》《金匮》《中医内科学》等课程，编写《中医内科学》《内科临床实习参考方药资料》《内科讲稿》《脾胃病讲稿》等教材、参考资料和讲稿，著有《内科临证辨治录》《内科 55 讲》及《中医内科手册》等。

冉氏学说、思想理论和临床技能通过弟子王再谟、王志坦、刘斯盛以及再传弟子张磊、梁超和黎世尧等进行传承和发展。

6.外科学派

四川中医外科学派主张手术救急、内治治本、内外并举、兼顾脾胃，著名分支学派有文氏中医外科学派、济川肛肠学派。文氏中医外科学派以释灵溪、文琢之为代表医家，主要传承人有严素芳、艾儒棣等；主要学术思想是倡导内外合治，怪病从痰治，从脾肾两虚论治狼疮，善制丹药等；代表作有《文琢之中医外科经验论集》《中医外科药物学》等。济川肛肠学派以黄济川为代表医家，主要传承人有周济民、曹吉勋等；学术思想以"枯痔散""药线挂线法"绝技药物的制作方法为代表，强调整体观念、辨证论治，探寻肛肠科疾病的本质，内外结合、整体防治、预防为主；代表作是《痔瘘治疗法》。其他外科学派医家还有皮肤科的吴介诚及其《疮疡经验集》、肛肠科的李雨农、男科的王久源等。

文氏中医外科学派系以成都中医药大学外科教研室文琢之为代表的中医外科学的研究团队。该派全面继承了文氏的学术经验和技术特色，目前已扩大到四川多个中医院，为四川的中医外科发展做出了贡献。本学派继承了中医外科理论、诊断、治疗、护理等系统的外科特色，保留并发扬了外科绝技。中医外科药物学，中医外科特色制剂等，其学术思想已得到同行认可，在学术界产生了较大影响，形成了独具特色的学术流派。

文琢之（1905—1991），祖籍射洪县仁和镇，学术造诣深，经验丰富，以善治肿块、皮肤病及各种疑难杂病闻名遐迩。文琢之年幼患重病，诸医效微，清朝末年著名外科医生灵溪大师诊断为外邪入里化热，用急下存阴法使文的病情转危为安。文琢之自幼敏而好学，尤其喜欢研读医籍，父见其有济世活人之志，于是在其十岁时（1915年）让其跟随灵溪大师学医。文氏在灵溪大师指点下苦读岐黄典籍，跟师亲手炼制各种膏丹丸散，跟师八年绝技秘方尽得其传。文氏将释氏治疗内外科及杂证经验，以及各种效灵之膏丹丸散的制作技术继承下来，出师后悬壶成都，治疗杂症多获奇效。其方药之多，治法之妙，被同仁称为"多宝道人"。又随蜀中名医冯尚忠研习脉学三年，其医技更精，蜚声于川。

1929年，中医的生存受到严重威胁。为挽救中医，文老奋然而起，会同成都名医齐君实、吴介诚、敖文伯、吟饶周等创办了《四川医药特刊》，为四川第一家为中医求生存的喉舌；同时还与医界同人创办过《医生通讯》《强健报》《四川医药学术研究会特刊》等刊物，为祖国医药学的生存和学术发展奔走呼号而蜚声全国。1956年调入成都中医学院，从事教学、医疗和科研，尤对中医外科造旨精深，以治疗脱疽、骨髓炎、红斑性狼疮、骨结核、皮肤病、各种色块及疑难怪症见长。文琢之从事外科，重视内外合治，其效若桴鼓之应，指出"习外科者，必以《内经》《伤寒》《金匮》《温病》等经典著作理论来指导临床，结合外科疾病的特点，审其因、究其根、治其本，则效果大彰。反之，不习内、难之经，不探索疾病之源，仅以刀圭之术治病，或只司外治，或仅操数方以治疾，皆非外科医师也"。

根据元代著名医家朱丹溪的论述，人身上、中、下有块者，多是痰。而痰要形成肿块，必是因为气血运行的失常，导致气滞、血淤、痰凝三者相互胶结，则可发生有形之肿块。基于此种认知，文琢之认为凡怪病，多有肿块，故对于怪病的治疗，多从治痰入手，并将数十年医治肿块之验方消核散研制成消核片，用于治疗乳腺增生病、瘰疬、甲状腺瘤等多种肿块性疾病，大多数肿块都能得到消散，足以证明痰是形成肿块的基础，气血失常是其关键。该方将气、血、痰三者合而治之，其气血顺、痰涎散、肿块消。所以怪病从痰治，其治法之妙不在专攻其痰，妙在气、血、痰同治，其效大显。文氏晚年还结合新学，发皇古义，对西医缺乏特效药物治疗的系统性红斑狼疮，运用中医学理论研究，辨证求因，探索病源，发现肾虚邪实是系统性红斑狼疮一病的特点，运用中医药辨证施治，取得了很好的疗效。

文氏在行医执教之余，笔耕不辍，著有《中医脉诊》《霍乱集粹》《医林人物剪影》《戒烟宝筏》《实用胎产必备》等书稿。《医学心悟阐注》一书，由香港求实出版社出版；《文琢之中医外科经验集》一书，由科学技术文献出版社重庆分社出版（1982 年）。此外，还发表了《卫气营血实际运用》《皮肤瘙痒症辨证施治》《十问歌阐注》《乳痈临床经验》《溃疡性结肠炎中医药治疗》《分类用药歌注解》《用药点滴经验》《外科常用方选》《红斑狼疮辨证论治》等多篇学术论文。

文氏中医外科学派全面继承了文琢之的学术经验和技术特色，形成了中医外科理论、诊断、治疗、护理等方面的体系，保留并发扬了外科绝技学术思想和特点已得到同行的认可，在学术界产生了较大影响，为四川中医外科的发展做出了贡献。

黄济川，1861 年生于四川内江。少时因家贫而识字不多，27 岁时患痔疮，四处求医未能治愈。后遇富顺民间医生龚心裕，用药线挂线疗法历时半年而痊愈。黄感其技艺精湛，便拜他为师，学习医术。在最初的 5 年里，龚氏只让黄济川做一些杂事。等时间长了，龚见他学医之心坚决，忠厚朴实，才开始慢慢教其肛瘘技术以及枯痔散、药线挂线疗法等秘传心法和秘方。黄济川得师传之精髓，乃在内江、泸州、资中、重庆一带不计名利地为广大病员治病，赢得很高的声誉。清代末年，黄济川定居成都，开设了痔漏专科诊所，这是国内肛肠科最早的医疗机构之一。1955 年，在该诊所的基础上又扩建并取名"黄济川痔漏医院"，每日就诊者数百人之多。在肛肠疾病的治疗中，黄济川提倡内治与外治相结合，认为肛肠疾病的治疗有的可以内治法为主，有的可以外治法为主，有的则必须内外同治；同时基于人体是一个有机整体（即人体各脏腑组织器官之间通过经络相互关联而成一个既分工又合作及与外界环境相通的整体）的认知，因此主张对肛门与大肠疾病的认识不应该仅从肛肠局部来认识，而应把它作为全身脏腑器官功能失调的表现之一，从整体上来认识肛肠疾病的产生、发展、治疗和预防等。

黄济川虽得师传枯痔散及药线挂线疗法，但他在临床中发现其仍有不足之处，如配置枯痔散的白矾剂量没有明确标示，若不慎用之过多，极易造成患者砷中毒；若量少，则治疗效果不佳。又如，肛瘘所发的瘘道曲折，不易挂线，如不能寻找到准确的内口，病人治疗后恢复不佳，极易复发。于是，他勤求古训，博采众访，期间曾多次到重庆、泸州等地拜师访友，虚心学习，将继承和创新相结合，终于找到解决办法。他借用水晶丹和连梅药水的制作工艺，改进了枯痔散的制作过程和使用方法，并在用药早期给患者饮黄豆绿豆水，使枯痔散在应用时既能腐蚀痔核，又不致引起砷中毒。他又通过细心观察蚯蚓弯曲钻地的现象，悟出曲行的原理，将之移用于挂线疗法，使药线准确深入瘘管，这些经验至今仍被肛肠科采用。

1954年，黄济川为党和国家的新政所感动，在四川省中医代表大会上，带头将秘方"枯痔散"和"药线挂线疗法"等痔瘘专科绝技无偿捐献给国家，随后其他老中医也纷纷公开家传秘方。会上，他被政府赠予"痔瘘专家"的荣誉称号。1955年四川人民出版社发行了中国治疗痔瘘疾病的第一部专著《痔漏治疗法》，书中凝聚了黄济川60余年来治疗痔瘘疾病的精髓，并对其使用的痔瘘方药、技艺及临床经验进一步公之于众，为广大的医疗工作者提供了学习的便利。生命的最后几年，黄老不顾年事已高，继续开课授教，以开放的姿态广泛传承技艺，培养众多肛肠学科的后备人才，一方面诲人不倦地教授学生，传授技艺，逐渐形成了肛肠学科济川学派，主要传承人有周济民、曹吉勋、杨向东、黄德铨、贺平等；另一方面奔走各地，宣传讲学，多年的肛肠学术思想在后世学者的传播中逐渐发展壮大，先后形成了四川、北京、沈阳、贵阳、西安、湖北等肛肠治疗中心，并辐射全国，其中在四川的学术影响力最大，为继承和发扬祖国医学遗产做出了贡献。1960年，黄济川在成都逝世，享年99岁。

7.儿科学派

《史记》记载扁鹊到陕西咸阳，听说当地人喜爱小孩，就做儿科医生，以看儿科病为主。其实，巴蜀之地也多爱小孩，产生了一批以善治小儿疾病为名的医家，并形成了独具特色的川派儿科，成为川派中医重要的组成部分。川派儿科起源于五代，据《四川通史》的记载，后蜀名医周挺精于幼科，著有《保童方》一卷，为目前已知四川地区最早的儿科专著，比现存最早的中医儿科专著《小儿药证直诀》早200年左右，惜其后来亡佚。其后代有儿科大医，尤其是清末民国以来川派儿科出现前所未有的繁荣景象，中华人民共和国成立后得到进一步的发展，涌现出王朴诚、谢铨镕、熊宝珊、王祉珍、徐梓柏、胡伯安等许多儿科名家。川派儿科医家在继承与创新的历程中，逐渐形成了学术思想和诊疗特色较为鲜明的分支学派，例如王氏儿科、寇氏儿科、徐氏儿科、肖氏儿科、熊氏儿科、胡氏儿科、曾氏儿科、吴氏儿科、冯氏儿科、赵氏儿科、张氏儿科等。当地人多冠以医者姓氏，誉称为"某小儿"，如现在成都人家喻户晓的成都四大小儿：寇小儿（寇煜光）、王小儿（王静安）、熊小儿（熊梦周）、萧小儿（萧正安）。

王氏儿科学派由四川著名儿科医家王朴诚于 20 世纪 20 年代在成都创立，以《小儿药证直诀》为宗，主张阳常有余、阴常不足。王氏儿科重视脾胃，反对壅补，强调大苦大寒、辛香燥烈、攻消克伐、金石重坠及有毒之品皆能损伤脾胃，临证应中病即止，不可过剂，防止"一伤于病，再伤于药"；对于外感，提出辛温、辛凉同用，表里双解的治法。

王朴诚（1877—1961），四川中江县人。早年到丰都县福源长药店当学徒，并随该店陈焕卿习医，历时 7 年，开设荣丰堂药店。初事眼科、外科，后因见父母多苦于儿女之疾，乃重读《小儿药证直诀》，专事儿科，以善治小儿麻、痘、惊、疳四大证和小儿外感以及内伤脾胃等病证而闻名，与当时名医沈绍九、陆景庭、顾燮卿一起被尊称为"成都四大名医"。1953 年四川省行署授予"中医专家"称号。1955 年与蒲辅周、杜自明、任应秋等一起奉调北京中医研究院。王朴诚一生忙于诊务，无暇著述，晚年将衣钵传于长子王伯岳。

王伯岳（1912—1987），早年从廖蓂阶、王朴诚等学医，1932 年起在成都开业行医，中华人民共和国成立后任成都市卫生工作者协会秘书长。1955 年调往北京，历任中医研究院西苑医院儿科副主任、主任、研究员，卫生部药典委员会委员，第六届全国政协委员，中医儿科学首位研究生导师，撰有《痰证对小儿疾病的影响及其治法探讨》《试论小儿湿热病证》《儿科病治疗原则的体会》《略谈小儿肺炎的中医治疗》等学术论文，编写《中医儿科临床浅解》《中医儿科学》等著作。

寇氏儿科学派由四川著名儿科医家寇煜光于中华人民共和国成立初期创立，兼取"补土派"与"攻下派"之长，强调小儿疾病从脾胃论治，擅长调治小儿脾胃病证，其中尤以小儿疳积见长。寇氏儿科认为疳积有先天禀赋和后天喂养两大因素，故治疳积尤其重视小儿饮食的喂养。在疳积治疗方面主张针药并用，针挑四缝穴配合药物治疗。在用药方面，以善用大黄著称，辨证使用，分别有清热健胃、降逆止呕、降气通腑、推荡积滞之功。对于杂证的治疗，特别是肺系疾患，寇氏儿科学派特别重视消食导滞，常用保和丸、枳实导滞丸加大黄，具有推陈致新之功。

寇煜光（1911—1999），字心诚，四川绵竹县人。自幼随曾祖父、祖父学医，对《药性赋》《汤头歌诀》等医学书籍出口成诵，为提升医术遍访名医，又拜当地名医李忠贤为师，继续学习《黄帝内经》《伤寒论》《金匮要略》《温病条辨》等经典著作。而立之年，寇氏就已精通内、妇、儿、针灸各科，尤擅小儿科。解放前到成都，先后创立"仁和堂""西华门街联合诊所""祠堂街联合诊所"等，历任成都市西城区人民代表、区政协委员等职，1985 年被成都市卫生局评为"成都市名老中医"。

徐氏儿科由四川著名儿科医家徐梓柏创立，注重小儿望诊，通过形态、面色等的变化可以判断五脏六腑的病变情况，以及其中的寒热虚实。徐氏强调孕期护胎，认为半岁以内新生儿出现之胎寒、胎热、胎毒、苔黄等疾患皆与母体孕期的生活、饮食习惯有直接关系，故徐氏儿科善治胎疾，胎寒用匀气散、木香散，胎热用导赤散、四圣散，胎毒用清热解毒汤、二妙散。另外，对咳喘、泄泻、肾病也有较多研究。

徐梓柏（1886—1982），成都人。徐梓柏的父亲徐寿轩为清末民初成都名医，精于儿科，自幼便随其父学医，16岁时通过清末都督府考试，发给行医执凭，遂悬壶于成都东门红石柱。徐父去世后徐梓柏继承父业，在中医儿、内、妇科等方面均有独到之处，尤其擅长不能言语之"哑幼"病儿。1938年参加创办成都国医公会，任监委委员。创办《四川医药特刊》，并自任社长，团结中医同道，撰文宣传中医，发扬中医。1956年，徐梓柏被安排至成都市第三人民院担任中医科主任，并历任后来又担任了成都中医学会副理事长、四川省第三届人大代表、四川省第四届政协委员。建国后，在成都市第三人民医院任中医师。徐氏毕生致力于儿童杂病的临床研究，对治疗小儿肾炎、腹泻等疾病，颇有独到之处，晚年著有《哑幼十讲》一书，为徐氏儿科经验之总结。

胡氏儿科学派，由原成都中医学院附属医院儿科主任胡伯安于中华人民共和国成立初期创立，法宗钱乙，认为小儿脾常不足肺常虚，故外易为邪气所侵，内易为乳食所伤，每多肺系疾病和脾胃疾病，因此，疏解表邪、宣降肺气和消食导滞、调理脾胃为儿科常用之法。前者银翘散、桑菊饮、止嗽散、麻杏石甘汤为常用之方，后者平胃散、保和丸、五味异功散、参苓白术散为习用之剂。

胡伯安（1901—1973），字光普，四川眉山人。胡氏生于世医之家，父亲胡启厚即为内科、儿科医生。12岁随父学医，熟读古今医籍。20岁悬壶济世，将父亲创建的"中和堂"更名为"义元堂"，由于技艺精湛，医名日盛，解放前即为眉山一方名医，后又在眉山举办国药部，颇有声望。1956年，奉调至成都中医学院附属医院，任成都中医学院附属医院内科副主任、儿科主任，为附属医院首任儿科主任，专事儿科。其诊断注重望舌，其治法喜用疏解，如银翘散、桑菊饮、止嗽散、麻杏石甘汤等最为常用，亦善调理脾胃，惯用平胃散、保和丸、四君子汤、参苓白术散等成方；疏里和中，轻灵活泼，精心化裁，疗效显著。

赵氏儿科由原成都中医学院赵耘农创立，善用清凉，着重肠胃，兼顾气阴，为治疗儿科急性热病和脾胃疾病开创了新思路；主张改进儿科中药剂型，使用白虎合剂、安脑丸、人参针、犀角汁、羚羊角汁等，挽救过不少流行性乙型脑炎重症患儿；又通过临床的反复验证，整理出许多关于麻疹、流行性乙型脑炎、痿躄等疑难重症的治疗经验。

赵耘农（1919—1968），名国棣，成都新津县人。因母患疾而立志学医，高中毕业后，于 1942 年考入四川国医学院。自幼聪颖好学，经李斯炽、何伯勋等名医启迪指导，学识大有长进。毕业后，应聘于省立乐山中学生理卫生课教师，兼任校医。自修西医，是四川中西医结合较早的代表人物之一。1951 年参加筹建成都市立医院中医门诊部，得以向著名儿科老中医熊宝珊学习求教，由此专于儿科。1959 年，赵耘农调成都中医学校，教授方剂、中药学、中医诊断、中医儿科等课程，深受学员欢迎。赵耘农擅长儿科，对麻疹、烂喉丹痧、乳蛾、惊风、小儿痿证等以及多种胃肠疾患，均有较好疗效，在群众中久享盛誉，人皆称"赵小儿"。

熊氏儿科形成于 20 世纪五六十年代，创始人为熊梦周。熊氏儿科认为小儿为"纯阳"之体，生理方面指迅速增长发育的体格和智慧，病理上则表现为对外邪入侵的反应强烈，在这个"正邪相争"的过程中，常常表现出比成人更兴奋、亢进的易实和易热，这是小儿以更大的努力动员其"稚阴稚阳"的脏器来抵御外邪的一种保护性反应。熊氏儿科临证注重固护小儿元气，元气禀父母而生，元气盛则肌肤充实，元气虚则体质怯弱，诸症易生，患轻则药能调治，患重则可治者止；调治之法，其标在脾，其本在肾，后天调养以参苓白术散为主，固本治肾宜常服六味地黄丸。

熊梦周（1912—1991），生于四川省安岳县一个中医世家。随父亲熊汝源入成都，并随父学医，读书临证。后又从一曾姓夫子学习诗文、医道，学成之后，熊氏父子开办医馆，悬壶济世。1956 年，熊梦周受聘四川省人民医院，历任中医儿科医师、主任医师、副院长，并兼任四川省中医学会副会长，中华全国儿科学会顾问等职，精于儿科，特别对小儿麻疹、泄泻、热病、肺炎的诊治有较好疗效。熊梦周认为小儿用药需灵动活泼，"方不宜大，药不贵珍"，其处方以简、便、验、廉为特点，善用草药，少用珍贵、稀缺药材。

8.中医妇科流派

四川中医妇科流派以 1840 年鸦片战争为时间起点，之后不断发展，以唐宗海、卓雨农、王渭川、唐伯渊等人为主要代表。四川独特的气候、地理等自然条件，导致川人容易感染湿气，多痰湿体质；受此气候影响，川人常吃辛辣之物以除湿，久之必定伤阴，使脾胃受伤，燥邪内生，这些皆导致四川妇科病症多见与痰湿、湿热、阳虚、气郁有关，故四川中医妇科具有鲜明的区域性特征——病以"湿、热、虚、瘀"四大证最为常见，各流派的学术思想及治疗方法通常以化湿清热、温补肾阳、疏肝解郁为主，治法上以气血并调理论为学术共识。各流派之间虽有共性，但不论学术还是临床又各具特征，如唐宗海虽非局限妇科，但其血证治疗对妇科功在千秋；卓氏强调"天人合一"，调气血、养肝肾、和脾胃，善于借用血肉有情之味补人根本；王氏特色色素辨证、总结出内科和妇科通用治疗大法、擅长虫药治病；唐氏首重脾胃、不忘肝木，脾胃分而论之等。在近、现代历史中，四川中医及中医妇科一度成为战时中医阵线大后方，成为全国医家汇聚、学术思想交流的主要场所，建国后更担当中医妇科教育先行军，其传承教育模式从"传统师承"发展为"院校集体培养"，再进一步演变"前期院校培养、后师承教育"，为中医妇科乃至整个中医的继承和发展做出了历史性的贡献。

卓雨农，1906年生于四川成都。卓氏为书香门第，其祖父卓秉恬（1782—1855）为清代武英殿大学士，以诗书传家，擅长书画。后来，由于官场昏暗，卓氏后人便弃官习文，间或读岐黄之书。到卓翰屏这一代时，已是成都有名的医生了。卓翰屏在继承家学，精通于内、妇、儿诸科，尤以妇科见长。卓翰屏有子卓雨农，从小随父学岐黄之术，因其聪慧机敏，刻苦用功，加之对中医悟性颇高，同习内、妇、儿等各科，触类旁通。17岁开始行医，悬壶乡梓，尤其在妇科方面颇有造诣。1924年，参加四川省中医资格考试，名列第一，医名始起，未及而立之年便小有名气，后来蓉城女性有一半都到他处就诊，故有"卓半城"之美誉。

在妇科疾病治疗方面，卓雨农主张气血并调，认为月经，血也。女子重身以血养胎，以气载胎，临盆则以气动胎，阴血润道，产后气血上化为乳，故血为女性经、孕、产、乳的物质基础，气为之动力，气血相互为用，临床上重在调理，旨在补而不滞、滋而不腻、温而不燥、清而不凝、行而不破、涩而不瘀。同时，卓氏重补肾培元，认为肾乃女性生殖盛衰之本，在临床上多以培元固本，补肾气血阴阳为常，善借血肉有情之味补人之根本，针对不孕、崩漏、闭经等病之肾虚血亏、八脉亏损者，尤好加用龟板胶、鹿角胶等血肉有情之品，其补益作用非金石草木可比，既能大补元阳，速益真阴，又能益气养血，通补人体气血阴阳之本。卓雨农医术高明，医理精通，组方严谨，药味精当，一处方一般不超过十味药，味似平淡而疗效卓著。

卓雨农家资颇丰，解放前积极参与中医界的活动，曾捐助"四川国医学院"，为中医事业出钱出力。1951年，卓雨农参加成都市第一人民医院中医门诊部工作，1956年任该院副院长。1957年调至成都中医学院附属医院任副院长兼妇科教研组主任，卓雨农关心学生，爱护病人，尊重同事，乐于与西医合作，为了搞好妇科教学，经常备课到深夜。临床、教学之余，勤于笔耕，主持编写解放后第一本中医妇科专著《中医妇科临床手册》，其中的证类方药，大多是他的经验心得；所著《中医妇科治疗学》，从病种到证型、自制方、习用方是其毕生经验的总结，具有重要的学术价值和临床价值的专著；主编的全国中医学院试用教材《中医妇科学讲义》（一、二版），为中医院校中医妇科学教材建设奠定了基础。卓雨农行医教学30余年，救治患者无数，桃李成林，有口皆碑。1954年当选为四川省第一届人大代表，1961年被评为全国文教、卫生先进工作者，出席了全国群英会。惜其辛劳成疾，在1963年4月病逝于成都，享年57岁。继承其学者，如其子卓启墀、学生曾敬光等，皆以妇科著称。

王渭川，号鲁同，原名鲁殿元，1898 年生于江苏丹徒高桥区。父亲早逝，由母亲周氏和祖父鲁直公抚育成人。鲁直公清末举人，通晓经史，对岐黄之术颇有研究，临证治病，名闻乡里。王渭川幼承祖训，兼学中医常识。1916 年祖父去世，乃执弟子礼向祖父门生袁桂生和何叶香两位先生学医，上午随袁师抄方实习，下午由何师讲授医门经典。1924 年，王渭川为继续深造，参加了恽铁樵等人主办的"中医函授"和"诗词函授"，为以后的学术成就打下坚实基础。1938 年，王家迁入四川万县继续行医，临证治病，多有良效，声誉渐著。1956 年 1 月，调往成都中医药进修学校任教师，同年转调成都中医学院，先后担任医史、妇科学、金匮等课教师。1962 年调成都中医学院附属医院任妇科副主任，1973 年任妇科主任，长期从事妇科医疗、教学、科研以及专科建设工作，成就卓越。1988 年，在成都中医学院附属医院与世长辞，享年 91 岁。

王渭川先生勤求古训，熟读精研古代医籍，坚守古训医理，虚心学习先贤理法方药，恪守辨证论治、随证施治原则，同时又受"中西汇通派"学者的影响，深刻理解中西医结合是中医学向现代化发展的必然趋势，并将这一指导思想运用于妇科临床诊治中，如对盆腔炎、输卵管阻塞性不孕症等妇科疾病基本上是参照西医诊断，同时结合中医辨证论治的规律，以此提高临床疗效。中医临床方面尤精于内科和妇科，治法灵活多变，擅长治疗多种妇科疑难杂症，如对妇科癥瘕积聚病症的中医理论和临床诊疗均有独特的认知，处方用药自成一家；重分虚实，认为崩漏两症临床表现虽一重一轻，一缓一急，但互相转化，久漏必虚，久自成崩，且其中有虚有实，虚实夹杂；将临床女性不孕症归为脾肾两虚、肝肾阴虚、阴虚阳亢、气血两虚四种证型，分别制定相应的治法和方药；在临床上强调"审证求因、推本求源"，认为女性盆腔炎为"湿热蕴结下注"而成，病因在于内蕴湿热而受外邪，跟肝脾两脏关系紧密，将其分为湿热蕴结、寒湿凝滞、肝郁气滞三类，针对湿热用银甲合剂会同四君子汤以清热化浊、益气活血，刘完素地黄饮子和银甲丸疏肝理气、行气活血以消寒湿，银甲合剂同逍遥散疏肝理气、化浊散瘀、兼固冲任以疏肝郁。

王渭川倾其一生致力于四川中医妇科理论的发展与完善、临床治疗的传承与发展以及妇科人才的培养，工作之余将其医疗、教学、科研方面的经验和成果形之于笔，主要著作有《王渭川临证经验选》《王渭川妇科治疗经验》《王渭川疑难杂病选要》《红斑狼疮的中医治疗》《金匮心释》，并担任《中医妇科学》（人民卫生出版社1986 年版）顾问，为四川中医妇科事业的发展做出了极其重要的贡献。其理论核心学术思想及重要临床诊疗经验主要通过成都中医学院得以传承和发展，其中著名者有钟以泽、刘敏如、杨家林等。

9.中西医结合学派

四川名医唐容川与杨锐等人交好，故在全国率先举起中西结合的旗帜，从 1884 年至 1893 年撰成《中西汇通医书五种》：一曰《中西汇通医经精义》，其书利用《灵枢》《素问》之要义兼中西医之说来解释人体生理，以西医之实验证明内经理论之虚玄，实为沟通中西医学之先导；其余四书《本草问答》《伤寒论浅注补正》《金匮要略浅注补正》《血证论》，皆能融贯中西，多有发明，蜀医之风，为之一变，于是渐有讲述现代医学者。如奉节名医李重人在万县创办"起华中医院"，在开展中医治疗的同时，对某些疾病则采取中西药并用，从临床实践上进行中西医汇通的尝试。此外，当时很多中医学校如何氏中医学堂、巴县医学堂等都为学生开设了西医基础课程。四川国医学院还列出三条关于中西医汇通的办法和意义：（1）就中西医学科类别，分别比较以指辨相互之差别异同；（2）就实验经验中，以鉴别为相互差异之真理性及应用之效用价值性；（3）就应用差异之点，分别增列删减，以为统一之医学，避免矛盾争论之弊。

中西医汇通的思想在四川有着较为广泛且深远的影响，逐渐形成了不同的学派，其中较为著名的有：王氏中西医结合妇科流派、吴氏中西医结合学术流派、孙氏中西医结合肝病流派、蒋氏中西医结合急腹症流派。

王氏中西医结合妇科流派以王成荣主任医师为代表的四川省中医药科学院中医研究所、中医药科学院附属医院妇科的学术流派，王成荣的学术思想来源于经典，衷中参西，继承创新而成，即将西医辨病与中医辨证结合，将中医四诊与辅助检查结合，治疗不局限于单纯的中医或西医的思维，如对妇科疾病的诊治，主张多从冲任经脉的"气血虚瘀"辨治月经病与不孕病证，治法主张多从促进冲任的通盛着想，强调中医妇科病症病因病机宜多从内生火热探讨及"疏其血气，令其调达"的宗旨，提出"烘热阵汗"取代"潮热汗出"。

吴氏中西医结合学术流派是以四川省中医院肾病科吴康衡主任医师为代表的学术流派，主张以"平衡阴阳，未病先防，欲病早防，既病防变"为基本原则，将治未病的思想贯穿于疾病防治的始终，治疗肾病，独具风格，自成流派，如拟定"未衰先重防、已衰当重治、衰竭务重养"三期防治原则，总结出"三三治疗法"，即三导（导水、导滞、导毒）、三化（化浊、化瘀、化结）、三养（养气、养血、养脏），用药总则益肾为主、运脾为辅、利肺为佐，同时注重活血化瘀的运用，临床疗效显著。

孙氏中西医结合肝病流派是以四川医科大学孙同郊主任医师为首的中西医结合治疗肝脏疾病的学术流派，博采众家，中为西用，临证重视整体观念，主张人是一个统一的有机整体，治疗的目的是调整人体阴阳气血的偏盛偏衰，使之重归于平衡，在学术思想方面深受西医的影响，如病因病机的毒、瘀，治疗的解毒、化瘀，认为慢性肝炎的病因是湿热疫毒，清热解毒祛湿须贯穿医治始终。

蒋氏中西医结合急腹症流派是四川大学华西医院蒋俊明主任医师创立的学术流

派，学术理论完善，治疗方面中西结合，灵活多变，协同攻关，独创益活清下法即益气养阴、活血化瘀、清热解毒、通里攻下，强调临证重在变通，从早期的胆道蛔虫、急性梗阻性化脓胆管炎，到近期的急性胰腺炎、肠梗阻等疾病形成了较为完善的理论体系和中西医结合治疗的规范，尤其是重症急性胰腺炎（SAP）的症诊治体系自成一体。

10.丹道医派

张觉人（1890—1981），字梦禅，自号觉困老人，1890年生于四川广安。张觉人13岁时父亲因患痨病去世，随后三个弟弟也因患天花而病死，并于此年跟从伯父张义泰学医。16岁时，张觉人乃经人介绍到精于外科的倪静庵处学习中医，倪师便是丹医传人，经常用自炼"丹药"为人治病，其效如神，并从其处掌握"丹道医家"之学。三年后，张觉人又拜师学习内科。三年，后跟一位同乡到重庆开业行医。但他醉心于炼丹术，遂于1911年春，只身前往贵州平越福泉山高真观，向道士廖复阳求教。廖时年已96岁，早已不收弟子，但念张之诚意，遂收其为徒，成为关门弟子。廖师遂将其精髓——玄门四大丹（即乾坤一气丹、金龟下海丹、混元丹和毒龙丹四个丹药秘方）传于张觉人，临别时还将自己珍藏多年的《青囊秘诀》赠送与他。张觉人回到重庆，在部队当军医。后来张觉人乃前往峨眉山落发修行，借机又对《道藏》中的炼丹内容，进行了潜心研究。后思佛法普度众生不如医药救人实在，于1914年还俗下山为医，先后在重庆、上海等地悬壶济世，以善治肺痨和瘰疬著称，被誉为"虚痨专家"。

1931年，张觉人开始在成都行医。期间，他联合许多有志之士，为中医的生存和发展做出了巨大贡献，比如参加上海"全国医药团体代表大会"，组织参加"全国中医师公会联合会"，协助创办《华西医药杂志》《医声通讯》等多种中医刊物。张觉人以丹道医家闻名，擅长炼制及运用外丹，对丹药的炼制极为纯熟，掌握多种丹药炼制技术，并随症结合运用于临床治疗中，在治疗外科疾病上屡建奇功。于1946年8月起，将其长期研究与实践的硕果《外科十三方考》连载于《华西医药杂志》，后又专册刊行。外科十三方是中医外科著名方剂，历来秘而不传，张经过自己的长期实践加以验证整理，并刊行于世，引起了中医界的广泛关注与轰动。张氏虽以擅治外科闻名，但并未拘泥于外科疾病的治疗上，在妇科、内科、儿科等方面也颇有成效，如以"暖宫丹"外治妇女白带疾病、月经疾病、不孕等具有较好疗效。

解放后，张觉人先后在成都市卫生局中医科、成都市中医医院工作，1959年调成都中医学校任教，亲自编写讲义讲授外科、中药、方剂等课程。张氏有着丰厚的养生学知识，也研习内丹修炼，对道家气功有一定心得，以五禽气功及静坐做到动静结合，以强身健体。1972年，张觉人退休，用十年时间撰写了他的代表著作《中国炼丹术与丹药》，书中所载之方有师授的，有自创的，有书载的，还有重金购得的，包括他秘守一生的"玄门四大丹"。正如他在书中前言写道："我要像春蚕一样，把最后一根丝都吐出来献给人民"。1981 年 11 月，本书出版数月之后，张觉人逝世，享年 91 岁。

除张觉人之外，三台名医胥紫来也为丹医一派。胥紫来（1851—1931），名敦义，字宜之，自号明善钰阳子，清末民初著名中医学家、道教学家。相传其母因梦紫气而怀胎，故称紫来，出生时其母室中现青烟一道，因此又传紫来为紫微星下凡。胥紫来除继承祖辈医业外，又对儒释道诸学及三家丹道研究颇多，于三教经义也多有发明，著有《仙鉴续编》一书，流传至日本、朝鲜等地；又著《医门八阵图》运用八卦与阴阳表里寒热虚实相配，示人以用药法则。另外，其著作还有《续编医学三字经》《医门真钵》《外科金鉴》等，多在民间流传。

专论 14　中医药文化进小学调研报告

颜涛[1]　孙溪晨[2]

摘要：本文首先分析了中医药文化走进小学校园的重要意义，然后研究分析了四川省中医药文化进小学校园的现状，研究发现，目前对中医药文化进小学缺乏统筹协调，政策举措落实不到位；部分小学中医药文化课程"重形式、轻内容"，亟需改革创新；小学生对中医药文化认知较为欠缺，获取中医药知识渠道有限；缺乏中医药专业的师资队伍，中医药文化传授欠佳，并提出了中医药文化进小学校园的实践路径。

关键词：中医药文化　小学　调查　建议

中医药文化历史悠久，源远流长，是中华民族优秀传统文化中体现中医药本质与特色的精神文明和物质文明的总和。十九大报告中明确提出要实施"健康中国"战略，传承发展中医药事业。近年来，国家大力倡导中医药文化进校园，2016 年国务院印发的《中医药发展战略规划纲要（2016—2030 年）》明确提出要"推动中医药进校园、进社区、进乡村、进家庭，将中医药基础知识纳入中小学传统文化、生理卫生课程"。2019 年，由中共中央、国务院发布的《关于促进中医药传承创新发展的意见》进一步指出："实施中医药文化传播行动，把中医药文化贯穿国民教育始终，中小学进一步丰富中医药文化教育，使中医药成为群众促进健康的文化自觉。"

中医药文化进校园是国家加强中医药文化建设的主要内容之一，小学生是祖国的花朵，民族的未来，所以他们的健康成长从长远来看也将直接影响到我国社会前进的步伐，从小学阶段开展中医药启蒙教育，是传承中华传统文化、增强文化自信、培养健康理念的重要举措。因此，进一步探索中医药文化走进小学的理念、方法与实践路径，对推动"信中医、用中医、爱中医"的中医药青年人才队伍建设、推进"健康中国"战略的有效实施，具有重要的理论价值和实践意义。

为进一步发挥传统文化的育人优势，推动中医药传统文化在青少年儿童中的传播与传承，课题调研组通过在"问卷星"平台开展"中医药文化进小学校园"调研，了解四川省中医药文化进小学校园的现状、主要问题及困境，探究中医药文化进小学校园的实现路径，为中医药文化在青少年儿童中传承发展提供参考。

---

[1] 颜涛，民商法硕士，研究生，副教授，主要研究方向中医药文化传播与教育。
[2] 孙溪晨，在读硕士研究生，研究方向：马克思主义中国化研究。

一、中医药文化走进小学校园的重要意义

（一）有助于了解和认同中医药文化，增强文化自信

基础教育事业是我国未来发展的基石，对伟大中华民族文化精髓的传承有着重要的责任和义务。当前，随着经济全球化、政治多极化、信息网络化进程的加快，纷繁复杂的文化思潮对人们，尤其对于青少年儿童的思想、观念产生了一定的负面影响，其中包括对中医药文化的不了解、不理解、不认同，致使中医药文化自信匮乏，因此，推进中医药文化进小学校园具有一定的必要性和紧迫性。有计划性、针对性、目的性地开展中医药文化进小学校园活动，有助于让小学生主动熟悉并了解基本的中医药知识和理论，从小接受中医药文化的熏陶，从而热爱并传承中医药文化。充分发挥中医药文化在素质培养、生命教育和道德塑造等方面的作用，有效增强小学生对中医药文化的认同感，对中国传统文化的自信心和对中华民族的自豪感，使他们从根本上增强中医药文化自信，强化中医药文化自觉，进一步提升其人文素质、文化修养和道德水平，成为中医药文化的坚定信仰者、传播者。

（二）有助于培养健康理念和行为习惯，提升身体素质

中共中央、国务院在 2016 年印发的《"健康中国 2030"规划纲要》中明确指出"健康是促进人全面发展的必然要求，是经济社会发展的基础条件"。实现国民健康长寿，是国家富强、民族振兴的重要标志，也是全国各族人民的共同愿望。儿童是祖国的未来，他们的健康更关系着中国未来的发展。当前，面对学业压力，部分学生的饮食和作息习惯开始出现不健康的倾向，例如，熬夜、暴饮暴食、沉迷游戏等，长此以往，近视眼、驼背、肥胖等问题日渐显现，严重威胁着儿童的身体素质。通过推动中医药课程进入小学课堂，积极开展中医药文化的启蒙教育，让小学生们学习了解中医药相关知识，如中医强调的"治未病"、阴阳调和、未病先防、睡眠养生、饮食养生等理论并践行学习，给学生及家庭普及中医药的基本养生技能。能使学生从小就树立起健康的意识，并且将科学有效的中医药知识内化于心，外化于行，真正落实到自己的日常生活学习中去，养成良好的生活习惯及心态。将中医药知识在小学生课程学习中进行有效结合，做到贴近学生、贴近生活、贴近现实，实现各门课程知识的延伸拓展。同时，帮助学生们纠正不健康的生活方式，养成健康生活的行为习惯，增强身体素质。

（三）有助于传承和弘扬中医药文化，培养后备人才队伍

中医药文化是中华传统文化的精华，它蕴含着中华民族哲学智慧、独特健康理念

及其丰富的实践经验，是我国卫生与健康事业的显著特色和优势，中医药文化传承是一份一脉相承、薪火相传的伟大事业。将中医药知识通过科普课程的形式传递给小学生，有助于增强学生对中医药文化的认识和了解，激发学生对中医药文化的学习兴趣，树立学生对中医药文化的崇高敬仰，植入学生中医药文化的优秀基因，促使他们了解、热爱中医药文化，努力使学生成为传承和弘扬祖国医学文化的使者。学校要坚持依托传统，坚持立德树人，向青少年传递中医药文化的核心内涵，积极引导他们认识中医药文化、接受中医药文化的熏陶，正确引导小学生传承、创新中医药文化，建设社会主义先进文化，增强小学生的民族认同感和归属感，并让一部分学生能够树立起未来从事中医药相关工作的理想，努力成为中医药文化传承的受益者和践行者，培养一代又一代社会主义事业的合格建设者和可靠接班人，对中医药人才储备及建设具有重要意义。

（四）有助于中医药师资队伍的建设，实现特色发展

当前，既精通中医药文化又熟悉青少年教育规律的教师比较少，让医生和教师直接相通，让小学校长、教师掌握一些中医药知识，对于推进中医药文化进校园意义重大。中医药文化进校园不仅要求教师有一定的中医药理论知识，有教书育人的能力，还要针对学生的需要开发特色本土课程资源的能力。这对教师设立了更高标准和更严要求，促使教师不断加强自身对于中医药文化中的养生、中草药、太极拳等方面的知识。有优质办学质量的学校一般具有一定特色，学校在立足构建书香校园的基础上，不断探究中医药文化的传承，探索以中医药文化为特色的校本课程，形成了学校独特的中医药传承的校园文化。努力把学校办成传承中华优秀传统文化的精神阵地，更好地落实国家的育人要求。

二、四川省中医药文化进小学校园的现状调查

在梳理了近年来中医药文化的相关国家战略和政策建议，同时厘清中医药文化进小学校园对于了解和认同中医药文化，增强文化自信；培养健康理念和行为习惯，提升身体素质；传承和弘扬中医药文化，培养后备人才队伍；加强中医药师资队伍的建设，实现特色发展的重要性和关键性之后，为了更加全面、系统地把握四川省中医药文化进小学校园的现状，课题调研组结合前期的文献研究成果，决定着重考察以下几个方面：

（1）当前四川省小学生、教师及学生家长对于中医药文化的认知现状与参与度；

（2）当前四川省小学生、教师及学生家长对于中医药文化进小学校园的实施现状及评价；

（3）当前四川省小学生、教师及学生家长对于中医药文化进小学校园的实施路径建议。

课题调研组结合四川省的实际情况，通过召开现场以及线上会议的形式明确分工，编制了专题调查问卷，决定采取线上问卷的方式开展调查研究。课题调研组在进行小范围的预调查之后，对问卷相关问题的设置进行修改完善，特别是加强了中医药文化进小学校园的实施路径建议的相关内容，并且邀请社会调查专家对调查问卷设计的合理性进行了信效度检验。

2021 年 10 月 21 日至 2022 年 2 月 8 日，课题调研组分为三组（问卷发放组、数据核查组、数据分析组）在问卷星调研平台开展了电子问卷调查。本报告的调查对象是草堂小学、花园国际小学、泡桐树小学、青羊实验中学附属小学、少城小学、胜西小学、实验小学（青华分校）、双眼井小学 8 所成都市小学的四年级、五年级、六年级的学生、教师及家长，以及四川各地市州小学的教师及家长。

（一）问卷调查相关情况

1.问卷设计情况

（1）成都市 8 所小学的小学生问卷：包括 4 个部分，共 15 个问题。第一部分为个人基本信息，包括性别、所在年级等问题。第二部分为小学生对中医药文化的认知状况调查，主要涵盖了是否接受过中医治疗、接触过何种中医药治疗方式、熟悉何种中医药药材等问题。第三部分为小学生对当前中医药文化进小学的实施现状及评价调查，主要包括是否喜欢或信任中医、获得中医药知识的常用渠道等问题。第四部分为小学生对当前中医药文化进小学校园的实施路径建议调查，通过调查小学生所希望了解的中医药知识、内容风格以及开展实践活动的时间周期等来得出具体的实施路径。

（2）成都市 8 所小学的教师及学生家长问卷：包括 4 个部分，共 16 个问题。第一部分为个人基本信息，包括性别、年龄等问题。第二部分为成都市小学教师及学生家长对中医药文化进小学的认知状况调查，主要调查了孩子所在学校是否开设了中医药课程、是否开展了中医药文化传播活动、是否参加过中医药文化课程或传承活动等问题。第三部分为成都市小学教师及学生家长对当前中医药文化进小学的实施现状及评价调查，重点对于小学生中开展中医药文化传播活动的必要性、对中医药文化的价值认可来源等进行了调查。第四部分为成都市小学教师及学生家长对当前中医药文化进小学的实施路径及建议调查，通过对于哪些人能够承担中医药文化教育任务、影响小学生对中医药传统文化知识学习的因素、学校开展中医药文化相关课程时间周期、对中医药文化进校园的建议进行调查得出具体可行的实践路径。

（3）四川各地市州小学的教师及学生家长问卷：包括 4 个部分，共 17 个问题。第一部分为个人基本信息，包括性别、年龄等基础信息。第二部分为四川各地市州小学教师及学生家长对中医药文化进小学的认知状况调查，从四个方面了解小学教师及学生家长对中医药文化进小学的认知状况及态度评价。第三部分为四川各地市州小学教师及学生家长对当前中医药文化进小学的实施现状及评价调查，主要包括在小学生中开展中医药传统文化教育的必要性、了解中医药传统文化知识的途径等问题。第四部分为四川各地市州小学教师及学生家长对当前中医药文化进小学的实施路径及建议调查，从多方面了解中医药文化进小学的实施建议以及如何更好开展中医药文化传播与传承的建议。

2.问卷回收情况

问卷回收情况详见表1。

表1　调查问卷回收情况　　　　单位：份，%

类别	发放问卷	回收问卷	有效问卷	回收问卷率	有效问卷率
成都市 8 所小学小学生	1 947	1 921	1 890	98.66	98.39
成都市 8 所小学教师及家长	2 279	2 261	2 253	99.21	99.65
四川各地市州小学教师及家长	4 766	4 735	4 718	99.35	99.64

（二）成都市8所小学小学生调查情况

个人基本信息情况：本问卷调查的成都市 8 所小学的小学生总人数为 1 890 人，主要涵盖小学四年级、五年级、六年级三个年级，其中四年级小学生占比最大，为 43.17%；其次是五年级学生，占比为 30.37%；六年级学生最少，占比为 26.46%。男生共 959 人，女生共 931 人。以调查人数最多的少城小学为例，人数分布情况如图1、图2所示。

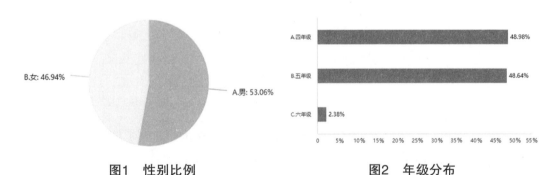

图1　性别比例　　　　　　图2　年级分布

1.对中医药文化的认知状况调查

受调查的小学生中普遍都接触过中医，但并不了解或了解不够深入。有 48.68% 的小学生接触过中医药，但并不了解；有 23.97% 的小学生看过中医或相关书籍，有一些较为浅显的了解；有 13.86% 的小学生是对中医药有一定的了解；仅有 2.59% 的受调查学生表示很了解；其中表示从来没有接触过的小学生占比为 10.90%。调查结果显示，如图3青羊实验中学附属小学的小学生对中医药文化的了解程度较好，有一些较为浅显的了解占比 33.47%，有一定的了解占比 19.12%，很了解的占比 0.8%。

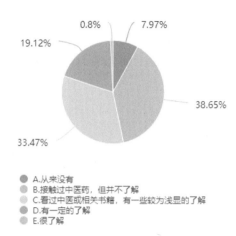

- A.从来没有
- B.接触过中医药，但并不了解
- C.看过中医或相关书籍，有一些较为浅显的了解
- D.有一定的了解
- E.很了解

图3　青羊实验中学附属小学的小学生对中医药文化的认知情况

受调查小学生普遍有时接受过中医治疗。有89个小学生经常接受中医治疗；有1 504人表示有时会接受中医治疗；有297人从未接受过中医治疗。以对中医治疗的接触最多的胜西小学的学生为例，如图4。

图4　胜西小学的受调查学生中接受中医治疗的情况

受调查的大多数小学生对中医的疗效都持有肯定的态度。其中66.67%的小学生认为中医疗效好；有17.40%的小学生认为中医疗效一般；13.92%的小学生不了解中医疗效；仅有2.01%的小学生认为中医疗效不好。其中，如图5，泡桐树小学的学生有70.51%都认为中医疗效很好，显著高于8所学校的平均值。

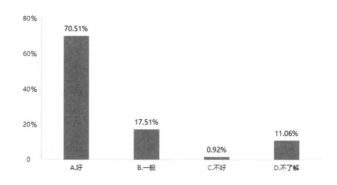

图5 泡桐树小学的受调查学生对中医疗效的态度情况

对受调查小学生所接触过的中医药治疗方式的调查发现，有接近一半的学生接触过中草药，占比 49.47%；接触过中成药的次之，占比 16.51%；接触过其他中医药治疗方式，包括针灸推拿、音乐治疗和心理治疗的较少，仅有 7.88%；仍有 15.45% 的小学生表示从未接触过中医药。以草堂小学为例，接触过中草药和中成药的小学生占比较高。见图 6。

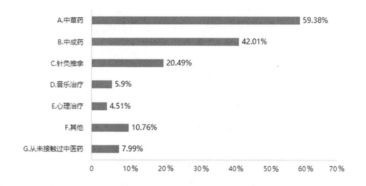

图6 草堂小学的受调查学生接触中医药治疗方式的情况

关于小学生在生活中听到过的药材名称的问题，受调查小学生对一些日常生活中较为常用的药材认知情况较好。其中人参、薄荷、山楂为小学生最为熟知的三个药材，听到过的人数分别高达 1 701 人、1 623 人和 1 584 人；其次，金银花、板蓝根、百合、陈皮在小学生群体中也较为熟知；有 2.06% 的学生表示以上都没有听到过。以双眼井小学的学生为例，如图 7 所示。

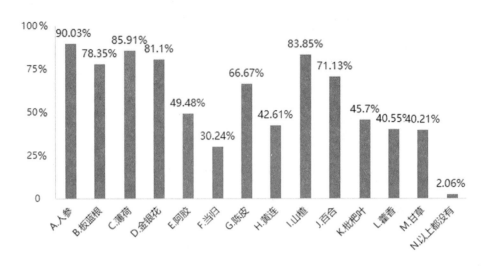

图7 双眼井小学的受调查学生中药材认知情况

2.对中医药文化进校园的现状及评价调查

调查发现，极大多数的小学生都对中医持有喜欢或信任的态度，但仍有不喜欢或不信任的现象存在。有 62.65% 的受调查小学生对中医表示喜欢；35.24% 的小学生表示无感，对中医可有可无；一小部分学生不喜欢或不信任中医，占比 2.17%。在所调查的成都市 8 所学校中，少城小学的小学生多中医的喜欢和信任程度最高，如图 8 所示。

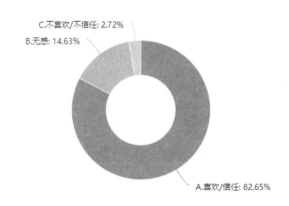

图8 少城小学的受调查学生对中医的态度情况

通过调查小学生对中医治病的看法可以发现，大多数的小学生对中医治病持有赞成和肯定的态度。认为中医是一种治病方法的占到 93.76%；认为只能辅助西医治疗的有 3.54%；认为中医只有保健作用，根本不能治病的有 2.17%；只有 10 个人认为中医治疗没有任何作用。以成都市实验小学（青华分校）的学生为例，如图 9 所示。

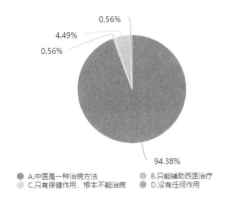

图9　成都市实验小学（青华分校）的受调查学生对中医治病的看法

　　调查发现，关于小学生获得中医药知识的途径，学校校园并没有充分发挥好主阵地的作用，有待进一步加强。受调查的小学生中获得中医药知识最普遍的渠道是通过电视，占到 52.01%；其次是通过相关网站、书籍或各类报刊杂志获取，占 47.14%；当今社会，互联网加速改变和改善着人们的生活，通过网络渠道获得知识的小学生也占有较大比重，有 41.01%；在校园的学习实践生活中，通过有关中医药的义诊、讲座等活动获得中医药知识的最多（29.47%）；其次分别为通过老中医讲座（16.30%）、通过老师介绍（15.13%）、通过学校社团的宣传（12.70%）。以成都市花园国际小学的学生调查为例，选择通过相关网站、书籍或各类报刊杂志的占比最高（42.92%）。见图 10。

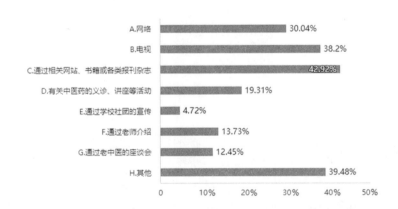

图10　成都市花园国际小学的受调查学生获得中医药知识的途径

　　3.对中医药文化进小学校园的实施路径建议

　　关于当前小学生希望了解的中医药传统文化知识的方面，同学们最希望了解的分别为科普知识、发展历史、人物故事。有 67.30% 的人选择科普知识；有 65.61% 的人选择发展历史；有 60.90% 的人选择了人物故事。如图 11 所示，以成都市胜西小学为例。

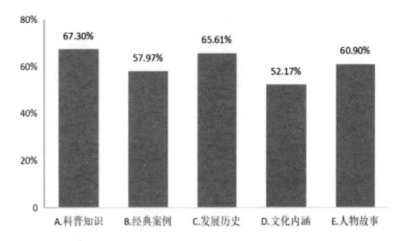

图11　成都市胜西小学受调查学生希望了解的中医药传统文化知识

在中医药文化传播小学生希望的了解方式的问题中，同学们更偏向于形象生动的多媒体教学。选择视频形式的占到最多，有62.54%；其次为图片漫画形式，有58.73%；选择图文结合形式的占到51.64%；对于文学论文的形式选择较少，有26.14%。其中，成都市青羊实验中学附属小学的学生普遍偏爱图片漫画形式，占比高达74.1%。见图12。

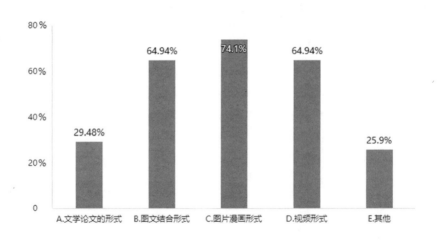

图12　青羊实验中学附属小学被调查学生希望的中医药文化传播途径

关于中医药传统文化传播中所希望的内容风格，在受调查的小学生中幽默风趣、简明易懂的风格受到大多数人的青睐。有77.57%的人选择幽默风趣、简明易懂风格；有57.83%的同学希望可以结合卫生健康知识；有47.14%的同学喜欢严谨求实，专业性较强的风格；有22.75%的同学认为应该紧抓热点，跟紧社会潮流。其中，成都市泡桐树小学的小学生调查结果显示如图13。

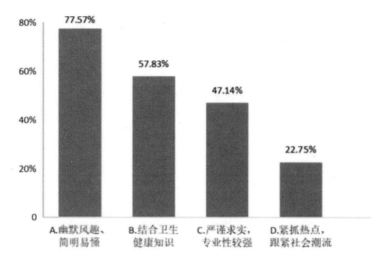

图13　成都市泡桐树小学受调查学生希望的传播内容风格

在学校开设中医药传统文化的学习实践活动的调查，绝大多数的小学生表示都愿意主动参加，但仍存在极少数不愿意参加的问题。如果在学校开设中医药传统文化的学习实践活动，有 85.66% 的人表示愿意参加；有 11.53% 的人表示无所谓，参不参加都可以；仍有 2.81% 的人表示不愿意参加到中医药传统文化的学习实践活动中。其中，成都市草堂小学的学生对中医药传统文化的学习实践活动的愿意参与程度最高，占比 90.28%。见图 14。

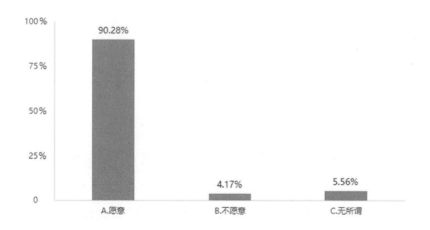

图14　成都市草堂小学受调查学生对参与中医药传统文化实践活动的意愿

关于学校开展中医药传统文化学习实践活动的时间周期，受调查的小学生普遍持有较高的学习热情，希望可以较为经常地开展。有 33.33% 的同学希望可以一周开展一次实践活动；31.70% 的同学认为可以一周开展两次；有 16.46% 的同学希望两周开展一次；14.40% 的同学偏向于一月一次的较低频率；有极少数的同学认为可以不安排实践活动，占比仅4.14%。以成都市双眼井小学的调查结果为例，如图15。

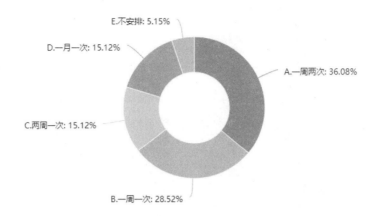

图15 成都市双眼井小学对实践活动时间周期的想法

（三）成都市8所小学教师及学生家长调查情况

本问卷调查了成都市8所小学的小学教师及学生家长共2 253人，受调查人员的年龄主要集中在30—45岁，占比81.67%；45—60岁的占比12.74%。其中，绝大多数为女性，占77.76%。见图16、图17。

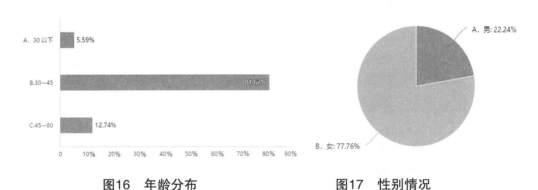

图16 年龄分布　　　　　**图17 性别情况**

1.对中医药文化的认知状况调查

调查发现，只有少部分的小学开设了有相关中医药文化的课程，亟需进一步加强相关建设。在关于您（的孩子）所在的学校是否有开设有相关中医药文化课程的调查中，只有8.92%的教师及家长选择了肯定的答案；有30.4%的教师及家长表示对此不了解；并且有60.67%的大多数教师及家长表示学校里并没有开设相关课程。见图18。

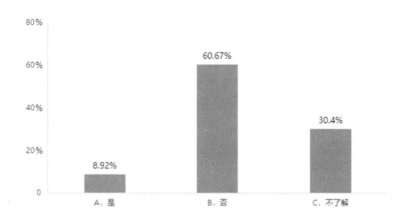

图18　开设相关的中医药文化课程情况

　　学校开展中医药文化传播活动方面，调查结果显示，仅有少部分的小学开展了此项活动，受调查人员中选择开展了中医药文化传播活动的仅占有 14.29%；高达 49% 的人选择并没有开展；还有 36.71% 的人不了解。见图 19。

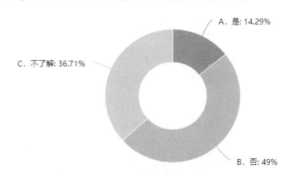

图19　学校开展中医药文化传播活动的情况

　　小学教师或家长参加中医药文化课程或传承活动方面，参加过中医药文化课程或传承活动的仅占少数，占比 29.12%；绝大多数的教师及家长并没有参加过相关课程或活动，占比 63.38%；还有 7.5% 的表示不了解。见图 20。

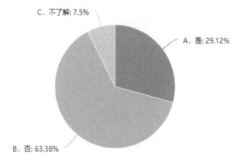

图20　小学教师或家长参加中医药文化课程或传承活动的情况

2.对中医药文化进校园的现状及评价调查

调查发现，极大多数的小学教师及家长对于在小学生中开展中医药传统文化教育的必要性都持有肯定态度，对中医药文化的传承表示认可。大部分教师及家长选择有必要开展，占比 55.39%；还有 33.82% 的认为非常有必要；对此问题表示无所谓的占比 7.32%；但其中仍有 3.46% 的小学教师及家长认为没有必要在学生中开展中医药传统文化教育。见图 21。

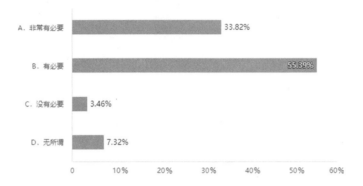

图21　小学教师及家长对在小学生中开展中医药传统文化教育的态度

关于小学教师及家长对中医药传统文化的价值认可的来源，数据统计发现，有68.4% 的人表示价值认可是源于中医药文化是中华民族优秀传统文化，值得弘扬；有24.1% 的人是基于对中医药治病疗效的信任；有 7.5% 的人是源于中医药文化蕴涵的哲学思想。见图 22。

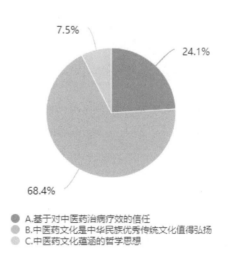

图22　小学教师及家长对中医药传统文化的价值认可的来源

通过调查小学教师及家长了解中医药传统文化知识的途径，可以发现，由于接受过中医药治疗而了解中医药文化的占比最高（78.03%），但学校的相关途径未能发挥出主渠道作用；其次，通过网络媒体、科普读物和医生口授的比例也较高，分别为59.92%、57.3%、44.74%；相比之下，通过学校宣传栏和学校课程的占有少数，分别为17.49% 和 14.03%。见图 23。

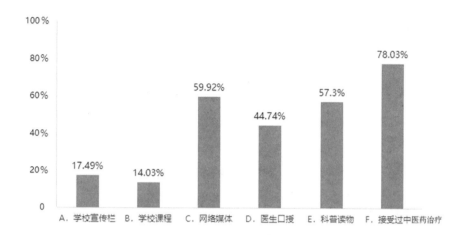

图23　小学教师及家长了解中医药传统文化知识的途径

3.对中医药文化进小学校园的实施路径建议

关于对小学生具有吸引力的传播方式的调查，数据统计发现，受调查人员普遍偏向于参观中医药大学、中医药植物园博物馆的方式，占比达到81.36%；其次分别为实地参观中医院 / 馆、中药房（65.42%）、中医药实践拓展活动（62.85%）、太极拳等传统保健体育运动（62.01%）、校园中医药文化特色走廊（45.18%）、中医药专业讲座（30.27%）。见图 24。

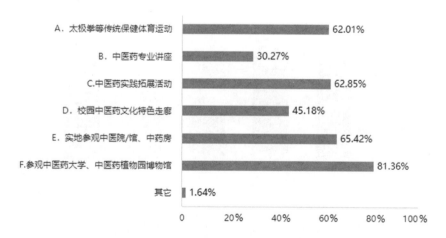

图24　对小学生具有吸引力的传播方式

在小学生有必要了解和掌握的中医药相关知识的调查问题中，与中医药相关的经典趣味故事受到普遍青睐，受调查人员中有79.72%选择此选项；选择中医药防病保健知识、中医药传统文化和生活常用药材辨识及功用的人数相当，分别为71.11%、71.02%和69.91%；而相较于专业性和学术性较强的中医药发展历史和中医思维及基本原理的相关知识，选择人数较少，占比56.1%和47.58%。见图25。

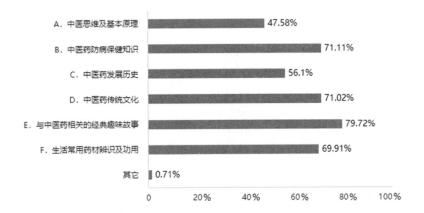

图25　小学生有必要了解和掌握的中医药相关知识的情况

关于影响小学生对中医药传统文化兴趣的因素，调查发现丰富活动形式、使内容更加贴近生活、增加亲身实践（如中药炮制、辨识、脉诊舌诊等）是普遍认可的三种渠道。选择丰富活动形式的占比为82.73%；选择使内容更加贴近生活的占比81.98%；选择增加亲身实践（如中药炮制、辨识、脉诊舌诊等），占比为79.67%；其他渠道还包括邀请权威专业人士讲授和设置奖励制度，分别占比33.07%和33.02%。见图26。

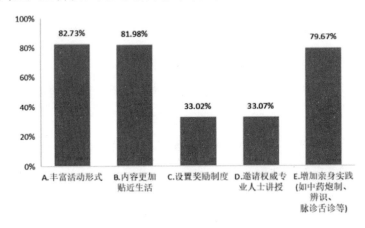

图26　影响小学生对中医药传统文化兴趣的因素

对于哪些人能够承担中医药文化教育任务的问题，受调查者中更倾向于中医临床医生和知名专家。选择中医临床医生作为中医药文化教育任务的承担者的占比

84.69%，大家对于专业医生的认可度更高；选择知名专家的占比 69.82%；其次，认为中医类专业大学生也能承担此教育任务的占有 58.06%；选择大学教师的占有 35.77%；还有 17.84% 的人选择本校老师。见图 27。

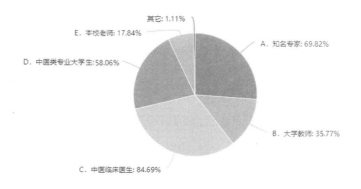

图27　认为可以承担中医药文化教育任务的情况

在学校举办的中医药文化活动，是否愿意或者是否支持您的孩子参加的调查中，调查结果良好。有 97.96% 的教师及家长愿意和支持自己的孩子参加此类活动，有利于中医药文化在小学生中的传承和弘扬。见图 28。

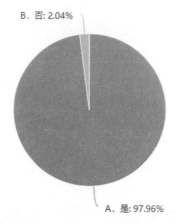

图28　对孩子参加学校举办的中医药文化活动的态度

关于影响小学生对中医药传统文化知识学习的因素，调查显示，大多数教师及家长认为中医药文化传播形式单一没有吸引力、知识太过于深奥是重要的两个因素，亟需进一步改善。有 66.4% 的人认为中医药传统文化知识传播形式单一没有吸引力，无法激起小学生的学习兴趣；有 61.65% 的人认为是中医药文化知识太深奥，致使小学生难于理解和掌握；学业压力太大也是一项重要因素，占比 35.15%；有 33.95% 的人认为中医药文化知识对小学生升学没有帮助；有 24.19% 的人认为是因为小学生对于中医药文化的知识不感兴趣；仅有 3.42% 的人认为是由于家长的反对。见图 29。

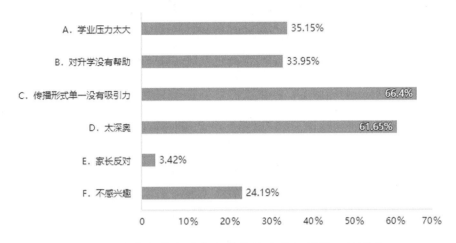

图29　影响小学生对中医药传统文化知识学习的因素

关于学校开展中医药文化相关课程时间周期的调查，大部分的教师及家长所认同的周期为一月一次或一周一次。有 36.88% 的受调查者认为中医药文化相关课程的开展应为一月一次；有 35.77% 的人认为一周一次较为合理；仍有 2.89% 的人认为可以不安排。见图 30。

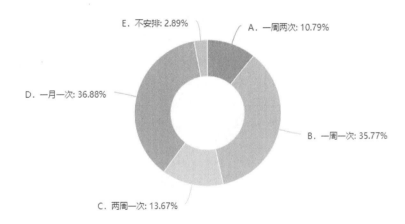

图30　关于学校开展中医药文化相关课程时间周期的想法

对中医药文化进校园的建议方面，有教师及家长认为需要有专业过硬的知识传播者；多开展丰富多彩、生动有趣的中医实践活动；可以针对小学生传播些浅显易记、有实质性意义的防病健身小知识；让孩子认识药材，知道中医的优点；提高中医药文化的宣传效率等。

（四）四川各地市州小学教师及学生家长调查情况

本问卷调查了四川各地市州的小学教师及学生家长共 4 718 人，主要来自攀枝花市、遂宁市、达州市、巴中市等地区，受调查人员的年龄主要集中在 30—45 岁，占比

44.36%；45—60 岁的占比 35.63%；30 岁以下占比 20.01%。其中，绝大多数为女性，占 65.81%。见图 31、32。

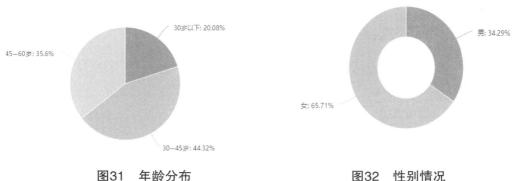

图31　年龄分布　　　　　　　　　　图32　性别情况

1.对中医药文化的认知状况调查

调查发现，与成都市各小学的情况相似，只有少部分的小学开设了有相关中医药文化的课程。在关于您（的孩子）所在的学校是否有开设相关中医药文化课程的调查中，只有 13.74% 的教师及家长选择了肯定的答案；有 18.58% 的教师及家长表示对此不了解；而有 67.68% 的教师及家长表示学校里并没有开设相关课程。见图 33。

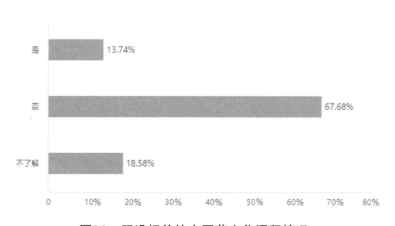

图33　开设相关的中医药文化课程情况

对于您（的孩子）所在的学校开展中医药文化传播活动方面，结果显示，开展了中医药文化传播活动的仅占 18.88%，占比高于成都市小学的调查情况；高达 58.50% 的人选择并没有开展，也相较于较高；还有 22.62% 的人选择不了解。见图 34。

通过对您是否参加过中医药文化课程或传承活动的问题调查，可以发现其中大部分的小学教师及家长都没有参加过。参加过中医药文化课程或传承活动的仅占 24.80%，低于成都市各小学的参与程度；绝大多数的教师及家长并没有参加过相关课程或活动，占比 68.87%；还有 6.33% 的表示不了解。见图 35。

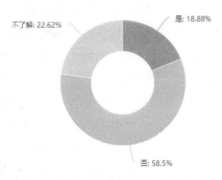

图34 学校开展中医药文化传播活动情况

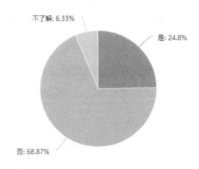

图35 小学教师或家长参加中医药文化课程或传承活动的情况

2.对中医药文化进校园的现状及评价调查

调查发现，与成都市调查情况基本一致，绝大多数的小学教师及家长对于在小学生中开展中医药传统文化教育的必要性都持有肯定态度。多数的教师及家长选择有必要开展，占比 57.14%，甚至高于成都市调查的占比；还有 34.35% 的人认为非常有必要；对此问题表示无所谓的占比 5.04%；同样，但其中仍有 3.47% 的小学教师及家长认为没有必要在学生中开展中医药传统文化教育。见图 36。

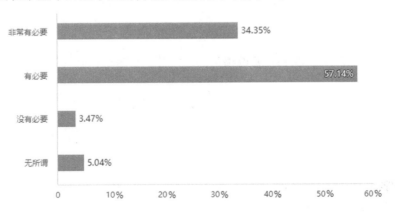

图36 对在小学生中开展中医药传统文化教育的态度

　　通过调查小学教师及家长对中医药传统文化的价值认可的来源，可以发现，其中有 65.35% 的人表示价值认可是源于"中医药文化是中华民族优秀传统文化"，值得弘扬；有 27.75% 的人认为是"基于对中医药治病疗效的信任"，高于成都市调查占比，可以看出各地市州的成年人对中医药治疗的效果较为满意；仅有 3.65% 的人是源于"中医药文化蕴涵的哲学思想"。见图 37。

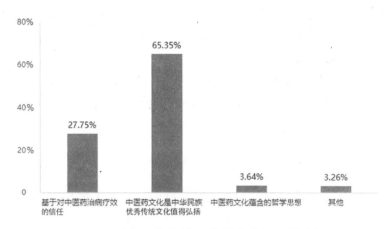

图37　对中医药传统文化的价值认可的来源

　　小学教师及家长了解中医药传统文化知识的途径方面，通过学校的教授和宣传的占少数，同样也未能发挥出主渠道作用。相较之下，通过接受中医药治疗、网络媒体、科普读物的比例较高，分别为 66.12%、63.32%、62.56%；其次，通过医生口授的占比 46.33%；通过学校宣传栏和学校课程的占比分别为 33.33% 和 25.16%，情况优于成都市调查的各小学。见图 38。

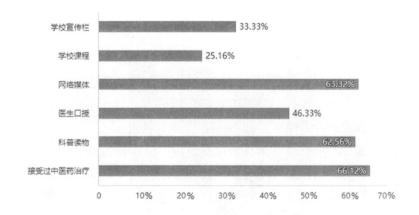

图38　小学教师及家长了解中医药传统文化知识的途径

3.对中医药文化进小学校园的实施路径建议

关于对小学生具有吸引力的传播方式的调查，结果显示，受调查人员的喜好趋势与成都市所调查的各小学的情况基本一致，也普遍偏向于参观中医药大学、中医药植物园博物馆的方式，占比达 70.07%；其次分别为实地参观中医院 / 馆、中药房（59.60%）、中医药实践拓展活动（56.47%）、太极拳等传统保健体育运动（55.17%）、校园中医药文化特色走廊（54.58%）、中医药专业讲座（31.70%）。见图 39。

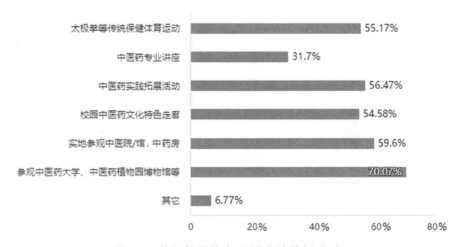

图39 对小学生具有吸引力的传播方式

在小学生有必要了解和掌握的中医药相关知识的调查问题中，大多数的受调查者都选择了与中医药相关的经典趣味故事和中医药防病保健知识，占比分别为 72.83% 和 72.34%；其次，选择生活常用药材辨识及功用和中医药传统文化的占有 66.92% 和 66.26%；而相较于专业性和学术性较强的中医药发展历史和中医思维及基本原理的相关知识，选择人数较少，占比 53.69% 和 43.39%。见图 40。

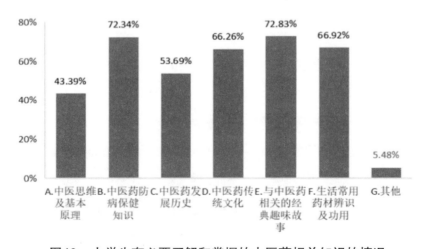

图40 小学生有必要了解和掌握的中医药相关知识的情况

影响小学生对中医药传统文化兴趣的因素方面，与所调查的成都市各小学的选择相似，使内容更加贴近生活、丰富活动形式、增加亲身实践（如中药炮制、辨识、脉诊舌诊等）是普遍选择的三种主要因素。选择使内容更加贴近生活的占比 79.45%；选择丰富活动形式的占比为 79.34%；选择增加亲身实践（如中药炮制、辨识、脉诊舌诊等），占比为 76.23%；其他渠道还包括设置奖励制度和邀请权威专业人士讲授，分别占比为 40.76% 和 37.69%。见图 41。

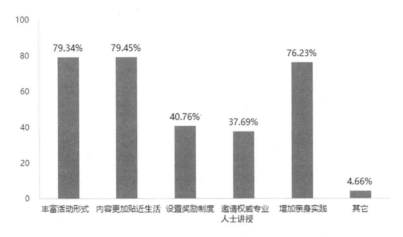

图41　影响小学生对中医药传统文化兴趣的因素

对于哪些人能够承担中医药文化教育任务的问题，受调查者中同样更加倾向于中医临床医生和知名专家。选择中医临床医生作为中医药文化教育任务的承担者的占比 85.78%，同样相对于专业医生的认可度更高；选择知名专家的占比 66.71%；其次，认为中医类专业大学生也能承担此教育任务的占有 65.71%；选择大学教师的占有 38.92%；还有 24.80% 的人选择本校老师。见图 42。

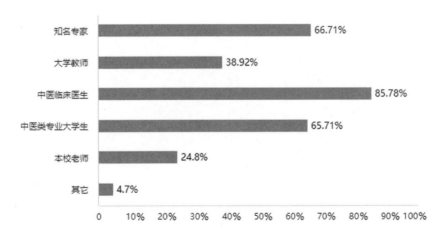

图42　认为可以承担中医药文化教育任务的人员情况

关于在学校举办的中医药文化活动，是否愿意或者是否支持您的孩子参加的调查中，结果同样显示良好。有97.19%的教师及家长愿意和支持自己的孩子参加此类活动，可以看出无论在成都市内各所小学还是在四川省各地市州的各小学，教师及家长对于学生学习中医药文化都持有非常积极的态度。见图43。

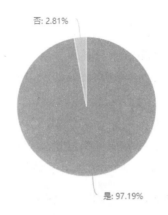

图43 对孩子参加学校举办的中医药文化活动的态度

关于影响小学生对中医药传统文化知识学习的因素，调查显示大多数教师及家长认为中医药文化传播形式单一没有吸引力、知识太过于深奥、学业压力太大是尤为重要的三个因素，亟需进一步改善。有60.93%的认为传播形式单一没有吸引力，无法激起小学生的学习兴趣；有54.33%的认为中医药文化知识太深奥，致使小学生难于理解和掌握；选择学业压力太大的占比52.78%；有45.19%的人认为是由于对小学生升学没有帮助，占比要明显高于成都市所调查的各小学；有27.64%的认为是因为小学生对于中医药文化的知识不感兴趣；有8.63%的人认为是由于家长的反对，结果也略高于成都市调查情况。见图44。

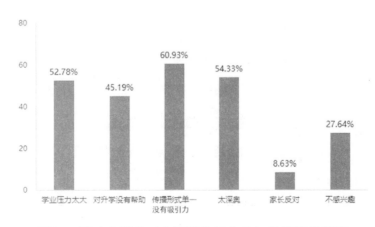

图44 影响小学生对中医药传统文化知识学习的因素

关于学校开展中医药文化相关课程时间周期的调查，有 34.79% 的人认为中医药文化相关课程的开展应一周一次；有 30.05% 的人认为一月一次较为合理；仍有 4.17% 的人认为可以不安排，明显高于成都市调查占比。见图 45。

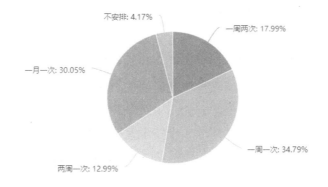

图45　关于学校开展中医药文化相关课程时间周期的想法

对中医药文化进校园的建议方面，有老师和家长认为可以将中医药文化纳入课本教材、课程教育、毕业考核；报考医学专业纳入加分制度；从教师思想上落实、提高教师对中医药文化的认识；建议多让医院临床中医药专业人员到学校授课，现场讲解一些有关中医药保健知识等；加大对中医药经费的投入等。

三、四川省中医药文化进小学校园存在的主要问题与困境

（一）对中医药文化进小学缺乏统筹协调，政策举措落实不到位

党的十八大以来，党中央和国务院高度重视中医药事业的发展。先后出台一系列战略举措和政策措施推动中医药事业快速发展。2013 年 9 月 28 日，国务院发布《关于促进健康服务业发展的若干意见》，将"全面发展中医药医疗保健服务"列为第四项主要任务。2015 年 5 月 7 日，国务院办公厅印发《中医药健康服务发展规划（2015—2020 年）》，这是国家层面制定的首个中医药健康服务领域的专项发展规划。2016 年 2 月 26 日，国务院印发《中医药发展战略规划纲要（2016—2030 年）》，把中医药发展上升为国家战略。2016 年 12 月 6 日，国务院新闻办发表《中国的中医药》白皮书，向世界宣告了中国坚定发展中医药的信心和决心。2016 年 12 月 25 日，十二届全国人大常委会第二十五次会议表决通过我国首部中医药专门法律《中华人民共和国中医药法》。以上的这些举措为中医药事业的蓬勃发展提供了强有力的支持。国家教育部、国家中医药管理局相继表态要推动中医药文化进校园，使学生从小就成为中医药的受益者和传播者。与此同时，很多省市相继发布了相关文件和通知，高位推动中医药文

化进校园工作，为中医药文化进校园营造了良好的政策及舆论氛围，但各部门，对于这些政策如何"落地生根、开花结果"，还缺少进一步研究和实践。言而总之，当前对于中医药文化进小学校园的众多举措未能谋划长远、持之以恒，较难形成可持续、易推广的中医药文化进校园实践模式，中医药文化进校园的实效性、长久性难以得到保证。

（二）部分小学中医药文化课程"重形式、轻内容"，亟需改革创新

中医药文化博大精深，是历经几千年沉淀的文明成果，凝聚着深邃的中国传统哲学智慧和中华民族几千年的健康养生理念与实践经验，是中国古代科学的瑰宝。中医药文化具有极为重要的教育价值，传承和发扬中医药文化是需要长期坚持、不断探索的历史任务，但要系统学习博大精深的中医药文化知识存在一定的难度，部分小学将"中医文化进校园"看作某一次活动或宣讲完成的"任务"，导致很难取得一些实质性的收获。

通过以上的问卷调查分析，得到以下结论。第一，所调查的成都市小学以及四川省各地市州的小学大部分并未开设有相关中医药文化课程，也并未开展中医药文化传播活动，多数的小学教师及家长表示也没有参加过中医药文化课程或传承活动。相较之下，成都市各小学中医药文化课程和传播活动的开展情况要普遍好于四川省其他地市州的小学，表明成都市对中医药文化进小学的落实效果相对较好，较为重视中医药传统文化在小学生中的传承和弘扬。四川省各地市州在保障小学生正常学业的同时，也要进一步加强中医药文化对于小学生的熏陶，具体的政策落实还有待细化，中医药文化传播与传承的落地还有待加强。第二，在中医药文化传播中小学生希望的了解方式的问题中，同学们更偏向于形象生动的多媒体教学。选择视频形式的占到最多，有 62.54%；其次为图片漫画形式，有 58.73%；选择图文结合形式的占到 51.64%，可见当前的中医药文化课程教学亟需改变填鸭式教育的方式，向多媒体教学转变。第三，关于中医药传统文化传播中所希望的内容风格，在受调查的小学生中幽默风趣、简明易懂的风格受到大多数人的青睐，因此，各小学需要突破中医药文化知识过于深奥、学生难以理解的困境，从简单处入手，激发学生的学习兴趣，在课程组织、设计、评价等方面进一步加强教学研究。

（三）小学生对中医药文化认知较为欠缺，获取中医药知识渠道有限

通过调查问卷的数据分析可以发现，所调查的成都市各小学的学生对中医药知识有一定的认识，且大多数人对中医药都持有肯定和认可的态度，但对中医药文化的认知较为欠缺，仅仅停留在中医药的基础知识上。大多数小学生认为中医药只是作为基本的诊疗手段，具有治病救人的功效，对于其中所蕴含的人文精神、价值内涵等思想

并不熟知。除此之外，小学校园也未能发挥好教育主阵地的作用，从上述问卷调查的数据中可以看出目前成都市小学生主要是通过网络、相关网站、书籍或各类报刊杂志来获取中医药文化知识，通过学校老师介绍、学校社团的宣传的途径占比较少。可见，各小学未能在校园内有效融入中医药文化的相关内容，例如中医药故事、名医雕塑、名医警句、草药植物标本、板报等，学生无法对中医药文化相关知识"唾手可得"，缺乏中医药文化的育人环境，使学业与中医药文化的学习相割裂，导致小学生对中医药文化知识的获取渠道较为有限。

（四）缺乏中医药专业的师资队伍，中医药文化传授欠佳

当前，我国的小学课程主要包括语文、数学、英语、品德与社会、科学、体育、美术、综合实践活动以及地方与学校开发或选用的课程，绝大多数学校没有开设中医药知识的相关课程。作为一门独立的学科，中医学具有丰富的哲学思想，普通成年人理解起来尚有一定的困难，如何让小学生听到生动的课而从中受益，这就既需要基础教育和中医药队伍两支队伍协同发力，更需要培养一支既懂中医药文化又懂小学教育的教师队伍。调查显示，第一，小学教师对中医药文化的了解较为匮乏，目前有经验的、对中医药文化有深刻理解和感悟的中医基本缺乏与小学生接触、教学的经验；有教学技巧的专业教师一时间又难以理解哲理深奥、体系庞大的中医药文化。当前，各小学开展中医药文化进校园最直接的方式就是通过聘请老师课堂讲授，但并非是有效的长久之计，在教学形式、课堂结构、教育队伍上还需要进一步完善丰富。第二，对于代课老师是从学校各学科中选拔，还是选拔专门的老师，如果是选拔专门的老师，又要按照怎样的选拔标准进行，都是需要深入考虑和解决的问题。虽然目前师生对中医药文化有渴求、政策对中医药文化有支持、各方对中医药文化知识科普有探索，但仍缺乏相对成熟的模式和规范，这些是当前中医药文化进小学校园存在的一大困境。

四、四川省中医药文化进小学校园的实践路径

（一）君臣佐使，凝聚多方中医药文化育人合力

"君臣佐使"是方剂配伍组成的基本原则，论述各药在方中的地位及配伍后的性效变化规律。中医药文化进校园涉及地方政府、卫生行政机构、教育行政机构、中医药院校、科研院所、医疗单位、各小学等，要统筹调动多部门、多方面力量来共同推动中医药文化进校园。第一，应构建由地方政府指导和支持，卫生行政机构、教育行政机构主导，中医药院校、科研院所、医疗单位协助和实施的模式。汲取浙江、北京、天津等地的丰富实践经验，各小学应主动选择适合自身发展的途径，将中医药文化进校园作为强化素质教育和校园文化建设的难得机遇，积极争取政策和资金支持。

第二，各小学要进一步落实、细化教学规范政策、师资队伍培训政策、中医药教学硬件支持政策、政府经费在各方面的投入政策等，在国家方针政策的支持下，把中医文化教育贯穿于国民教育的始终，引领中医药文化扎根学校，走进社会，让中医药文化相关课程和中医药文化传播活动在四川省各小学中尽可能实现普及，真正让中医药文化进小学"落地生根"。

（二）以人为本，完善中医药文化课程建设体系

1.丰富中医药文化教学内容，增强小学生学习的主体性

第一，中医药文化课程选择课程内容、设置课程体系时既要充分考虑中小学生的认知水平和兴趣需要，又要严格遵照中医药知识的内在规律，做到逻辑清晰，层层递进。学校在开展中医药文化知识课程内容设计要更偏重渗透与学生日常生活息息相关的中医药健康知识，太过高深的中医知识不利于学生们学习和理解，要结合当前社会焦点、热点和难点问题，做到贴近学生、贴近生活、贴近现实。通过对学生进行中医药生活健康方面知识的浸润式教育，让学生能够进一步认识、理解中华优秀传统文化。特别是在选取课程和教材内容以及开展的中医药文化活动时，需要从学生日常生活出发，并且还要符合学生的生活学习习惯和心理特征，在活动中学习，在实践中开展中医药文化进校园。第二，不同年级制定不同目标，可以开展实验班和兴趣班进行拓展教学，或者开展中医药文化体验课、选修课、实践课等方式。经调查问卷分析可得，多数的小学教师及家长认为小学生有必要了解和掌握与中医药相关的经典趣味故事、中医药传统文化、中医药防病保健知识等，可以开发设计配套的中医药文化知识影像资料，或者购入中医药文化方面的读本等，尽可能地丰富学生对中医药文化的认知。第三，可以选取四川各市州的道地药材和当地的几种常见中药材让学生进行辨识，并对这些中药材的药性和用途，给学生们以针对性地讲解，帮助学生认识药材的同时增加对家乡人文特色的认同感，有助于进一步坚定中医药文化自信。

2.改进教学方法，强化中医药实践体验

学生零距离接触中药，融入中医药实践课程是中医药文化进校园取得成效的关键一步。通过对成都市以及四川省各地市州的小学教师及家长的问卷调查，关于对小学生更有吸引力的中医药文化传播方式的问题，受调查的教师及家长普遍选择参观中医药大学、中医药植物园博物馆、实地参观中医院/馆、中药房、中医药实践拓展活动，可见实践教学是中医药文化传承的重要环节。第一，学校可定期组织学生参观中医药植物园，聘请中医药专家进行讲解，主要结合植物的形态来讲解其功效作用、生长习性、采摘种植方式等相关内容。可参观植物标本，使用虚拟现实技术进行虚拟演示，使学生了解某一种中药发芽、生长、成熟的不同阶段，切身了解到植物的生物学特性。组织学生在植物园内种植中药，让其在实践过程中认识中药，不仅有利于学生

对中药知识的学习，而且会增加学生的学习兴趣，了解到中药就在我们身边，无处不在、无所不及，使其知道中医药不难懂、不难学，增强其对中医药学习的信心。第二，学校可聘请中医师在校医院开展以示范性教学为目的的义诊，如对学生运动过程中造成的扭伤、腿痛采用针灸的方式进行治疗，不仅可以改善学生的身体状况，解除学生的困扰，而且会使学生对中医药产生信任感和崇拜感，在为学生治病的同时，也宣传了中医，使学生产生学习中医药以救死扶伤的想法，这对弘扬中医药文化及培养中医药预备人才具有重要意义。

（三）以文化人，打造浸润式中医药文化校园氛围

第一，将中医药文化作为校园文化建设的重要组成部分，营造浸润式的中医药文化学习氛围。将校园的景观、建筑等硬件布局都变成"会说话的墙"，在走廊、楼梯、亭台等地方增贴中医典故、中药标识、中医经典方剂等，并通过宣传栏、广播站等校园文化传输载体充分展示中医药文化。为调动学生学习中医药知识的积极性，学校应该积极组织以中医保健养生为主题的校园活动，如班级种植中药材盆栽、以讲座的形式讲述名医事迹、餐厅制作药膳板、以猜谜形式衔接药材和效用。有条件的学校还可以搭建自己的中草药植物园，充分发挥学生的主体性，由教师引导，学生管理照顾。每块药材园设立小标牌，介绍药材的名称、功用、习性等，学生轮流为小药园施肥除草、记录植物的成长状态、制作植物标本、收集药材种子、用药材制作香包香料等，在动手操作过程中学生能够逐渐接纳、认可、热爱中医药文化。第二，邀请中医药专家走进校园举办讲座，为小学生讲解中医药典故。为了使讲座生动有趣，引起学生们的兴趣，可选择讲解一些中医药小故事，比如：中药徐长卿药名的来历、神医华佗救治曹操等。同时可以结合生活实际，使学生们明白中药在我们的日常中无处不在，比如给学生讲解日常生活中食用的花椒、蜂蜜、杏仁都属于中药，使中医药与生活有所关联，更能增加学生对中医药的认同感。可以为学生们讲解中医药在生活中的妙用，如在学习过程中眼睛不舒服或者疲劳，可以选择按摩太阳穴、攒竹穴、睛明穴等相关穴位，同时可以用菊花、枸杞子、决明子等中药泡水服用，增加学生对中医药应用的初步认识，培养学生学习中医药的兴趣。

（四）铸魂培根，加强中医药文化师资队伍建设

专业师资力量缺乏是影响中医文化在中小学校园推行的最大阻碍，中医药文化走进小学校园需要培养一支既懂中医药文化又懂小学教育的专业教师队伍，要注重师资培训，创新教学模式，调动学生学习中医药文化知识的主观能动性。

1.加强对教师团队的中医药文化知识与技能培训

与其他课程设置不同的是，中医药文化学习基本不涉及考试、评分，在学习的过程中学生也就难免滋生懈怠情绪，要保持学生对中医药知识的热情和耐心，教师就必须不断提升自身的中医药文化素养，转变教学思路，创新教学方式，走双向互动的教学途径。第一，要从小学教师对中医药文化的兴趣点和需求点出发，组织中医专家团队开展多渠道、多层次的教师培训。可以邀请中医药知名专家团队，对小学教师开展系列培训，提高骨干教师对中医药的认知水平，增强教师对中医药文化价值与医学价值的认同感。学校还可以通过开设中医药基础系列课程，让教师系统地、深层次地了解中医药基础知识，学习中医药的核心内涵。定期组织中医药团队与小学教师相互交流学习，搭建交流经验的平台，进一步提高教学的成效。第二，要定期带领教师参观中医药博物馆、药植园等中医药宣传基地，进行实地研修培训，使教师亲身体验中医药文化，激发教师将中医药文化融入教学中的自觉性与主动性，进而开发出各具特色的课程。第三，教育部门、卫生部门和学校可以采取一些激励措施，以提高小学教师参加培训的积极性。有关部门也可以定期开展小学中医药课程备课大赛等活动，来提高教师的积极性。

2.广泛吸纳中医药专业大学生团队

中医药文化进校园项目的发展与壮大，需要吸纳一部分优秀的学有余力的大学生积极加入，大学生团队是学校科普队伍建设中不可或缺的一部分。通过对成都市以及四川省各地市州的小学教师及家长的调查，在选择哪些人能够承担中医药文化教育任务的问题中，分别有 58.06% 和 65.68% 的人选择了中医类专业大学生，表明小学教师及家长对于大学生群体具有一定的认可和较高的信任。在校大学生作为一股潜力巨大的后备力量，在经过了一定时间的专业知识学习与环境的熏陶，已初具一定的专业知识，再经过特定的严格培训与考核后方能与教师团队一起开展教学活动，他们可以在活动中给教师团队提供技术性的辅助，或是担任宣传员、讲解员等角色。也可以与中医药类高等院校形成良好教育合作，定期组织大学生到小学校园开展中医药文化相关主题宣讲活动，在这个过程中，高校能使学生的中医学与中药学专业知识加以强化，也能引导学生发展一定的社会服务能力，可以更好地达到教书育人的目的。

REDIAN PIAN

热 点 篇

专论 15　医保政策推动中医药传承创新发展研究

彭美华[1]

摘要：本文从基本医保定点医疗机构准入管理、基本医疗保险药品目录管理、基本医保诊疗服务项目目录管理、中医药类服务价格调整管理、DRG/DIP 支付改革对中医药影响、中医药健康保险产品、城市定制型商业医疗保险等方面分析了中医药医保政策现状及其对中医药发展的影响，提出了构建中医药医保政策体系、及时调整中医服务价格、创新 DRG 中医药支付政策、开发中医药健康保险产品、探索医保中医药监管策略、支持中医药健康产业发展等建议。

关键词：医保政策　中医药　发展推动

医疗保障是医药卫生服务的购买者和支付方。我国已建成世界上规模最大的基本医疗保障网，实现医保全民覆盖，截至 2021 年底，基本医疗保险参保人数达 13.64 亿人，参保覆盖面稳定在 95% 以上。医保作为支付方，与参保人构成的需求方和医药服务机构为主的供给方，形成三角关系，支付方作为需求方的代理人，其政策对供给方的供给行为产生影响，包括中医药服务机构的管理和诊疗行为。譬如，医保是否将某种中成药纳入医保目录，对医生处方、患者负担、药品市场和药物创新研究都会产生影响。

一、"三医"联动之"医"与"保"

医疗保障是减轻群众就医负担、增进民生福祉、维护社会和谐稳定的重大制度安排。"十三五"期间，我国医疗保障制度体系更加完善。以基本医疗保险为主体，医疗救助为托底，补充医疗保险、商业健康保险、慈善捐赠、医疗互助等共同发展的多层次医疗保障制度框架基本形成，更好地满足了人民群众多元化医疗保障需求。统一的城乡居民基本医疗保险和大病保险制度全面建成。基本医疗保险统筹层次稳步提高。生育保险与职工基本医疗保险合并实施。长期护理保险制度试点顺利推进。本章涉及的制度和产品主要包括城镇职工基本医疗保险制度、城乡居民基本医疗保险制度、大病保险制度、医疗救助制度，以及城市定制型商业医疗保险和市场化商业健康保险。

---

[1]彭美华，副教授，硕士生导师，主要研究医疗保障与健康保险，四川省医院协会医院医保专委会理事，成都市卫生经济学会医保专委会副主任委员。

理顺医药服务供给体系与支付体系职能。2018 年，我国组建独立的医疗保障部门，整合了原卫生计生委管理的新型农村合作医疗制度（以下简称"新农合"）、人社部的城镇职工基本医疗保险（以下简称"职工医保"）和城镇居民基本医疗保险（以下简称"城居保"）、民政部的医疗救助、发改委的医药服务定价及招采等职能，集筹资、购买、定价、支付、监督、管理等职能于一体，医疗保障部门成为医药卫生服务和产品的重要单一购买者。我国卫生筹资主要包括三个来源，医保、财政和居民（企业）。医保包括社会医疗保险和商业健康保险，主要支付住院、门诊及部分康复服务费用；各级财政主要负责公共卫生、医院建设、教学科研等投入；居民主要负责自我保健及各类自付医疗费用，企业通过为居民缴纳保费而参与筹资。国家卫生健康统计显示，我国卫生总费用从 2016 年的 4.63 万亿增长到 2020 年的 7.22 万亿，其中政府卫生支出维持在 30% 左右，社会卫生支出维持在 41% 左右，个人卫生支出逐步降低到 2020 年的 27.65%。社会卫生支出是指政府支出费用以外的社会各界和卫生事业的资金投入。包括社会医疗保障支出、商业健康保险费、社会办医支出、社会捐赠援助、行政事业性收费收入等。国家医保局 2020 年统计数据显示，基本医保支出 2.10 万亿，医疗救助支出 600 亿，可知医保及救助支出占比卫生总费用的比例大概为 30%。

用"三角四方"关系表示更为清晰，如图 1 所示，其中医保部门作为参保人的代理人，为参保人购买医药服务产品，降低参保人就医负担，医药服务机构作为供给者，提供医药服务产品，并从医保方获得费用补偿，全民医保背景下医药服务方收入主要来源于医保方。

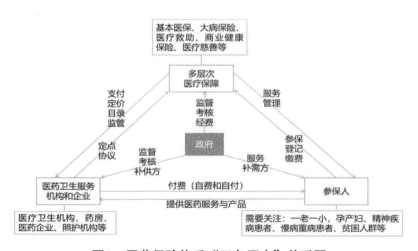

图1 医药保障体系"三角四方"关系图

二、医疗保障制度与产品

2020 年 2 月，《中共中央 国务院关于深化医疗保障制度改革的意见》指出，到

2030 年，全面建成以基本医疗保险为主体，医疗救助为托底，补充医疗保险、商业健康保险、慈善捐赠、医疗互助共同发展的医疗保障制度体系。本文主要介绍图 2 中的隶属于基本保障、补充保障和兜底保障的部分制度。

图2　我国多层次医疗保障制度体系

（一）城镇职工基本医疗保险

1998 年，我国开始执行城镇职工基本医疗保险制度，建立城镇职工基本医疗保险制度的原则是：基本医疗保险的水平要与社会主义初级阶段生产力水平相适应；城镇所有用人单位及其职工都要参加基本医疗保险，实行属地管理；基本医疗保险费用由用人单位和职工双方共同负担；基本医疗保险基金实行社会统筹和个人账户相结合。相对于计划经济时代的福利医疗制度，城镇职工基本医疗保险制度改革构建了互助共济的社会医疗风险化解机制，由国家保险模式转向社会医疗保险模式，从福利医疗转向市场医疗，企业和个人共担缴费，减轻国家财政负担，更好地支撑了社会主义市场经济体制改革。职工医保主要的管理工具包括基本医保药品目录、基本诊疗服务项目目录、基本医疗服务设施目录、医疗保险支付方式、医保基金监督管理等。2018 年国家医疗保障局成立之后，医保管理职能还增加了采购、定价与医疗救助管理职能。近年来，围绕医保职能展开了一系列改革，譬如，强化打击欺诈骗保、弱化个人账户、推出门诊共济保障改革、降低项目付费比例、推进以疾病诊断相关分组预付费和病种分值付费为主的多元复合付费改革、动态调整药品目录、推进药品耗材集中带量采购和国家谈判等。

（二）城乡居民基本医疗保险

我国 2003 年开始新型农村合作医疗制度（以下简称"新农合"）试点，新农合是由政府组织、引导、支持，农民自愿参加，个人、集体和政府多方筹资，以大病统筹为主的农民医疗互助共济制度。四川省 2004 年开始试点，2006 年覆盖全省 40% 的县（市、区），2007 年扩大到 80% 左右，2010 年基本覆盖全省农村居民。四川省从 2007 年开始试点城镇居民基本医疗保险（以下简称"城居保"），逐步覆盖城镇非就业人员，主要包括中小学在校学生、非在校少年儿童、非就业成年居民及在校大学生。城居保和新农合以自愿参保为原则，以家庭为单位参保缴费，采取定额缴费和财政补贴缴费为主，主要保障住院、普通门诊和特殊（慢性）疾病门诊。2016 年，城居保和新农合整合为城乡居民基本医疗保险制度，覆盖包括城居保和新农合的所有应参保（合）人员，即覆盖除职工基本医疗保险应参保人员以外的其他所有城乡居民。两保合一的目的是推进医药卫生体制改革、实现城乡居民公平享有基本医疗保险权益、促进社会公平正义、增进人民福祉，整合要求做到"六统一"，即统一覆盖范围、统一筹资政策、统一保障待遇、统一医保目录、统一定点管理、统一基金管理。

（三）城乡居民大病保险

城乡居民大病保险（以下简称"大病保险"）是基本医疗保障制度的拓展和延伸，是对大病患者发生的高额医疗费用给予进一步保障的一项新的制度性安排。2014 年，四川省全面开展城乡居民大病保险工作，建立大病保险制度的主要目标是致力于解决人民群众家庭灾难性医疗支出。大病保险的参保对象包括除参加职工基本医疗保险制度之外的基本医疗保险制度的参保人，城乡居民政策一致，执行市级统筹。统筹地区政府通过招标方式选定商业保险公司承办，大病保险基金单独核算，坚持"收支平衡、保本微利"的原则，承办保险公司加强医疗费用审核监督，确保基金安全高效利用。筹资由上述参保人所参保的基本医保制度划拨资金，个人不另行缴费。按照费用额度而不是具体病种确定保障政策，起付线一般确定为统筹地区上一年度城镇居民年人均可支配收入或农村居民年人均纯收入，总体支付比例不低于 50%，按医疗费用高低分段制定具体支付比例，也可分段制定最低支付比例，医疗费用越高支付比例越高，原则上不设最高支付限额，针对重特大疾病患者和符合医疗救助条件的困难人群在起付标准、报销比例等方面给予适当倾斜。

（四）城乡医疗救助制度

医疗救助属于社会救助范畴，2018 年医疗救助组织实施划归医疗保障部门管理。社会救助保障项目包括最低生活保障、特困人员供养、医疗救助等。就医疗救助政策而言，县级以上人民政府应当建立健全医疗救助和疾病应急救助制度，保障最低生活保障对象、特困供养人员和县级以上人民政府规定的其他医疗救助对象获得基本医疗卫生服务；对需要急救但身份不明或者无力支付急救费用的急重危伤病患者给予救助，符合规定的急救费用由疾病应急救助基金支付。医疗救助标准由县级以上人民政府根据当地经济社会发展水平、医疗救助资金、救助对象和救助项目的实际情况确定、调整和公布。对救助对象参加城乡居民基本医疗保险的个人缴费部分，由当地人民政府给予补贴。医疗救助对象患病住院的，其医疗费用经各种医疗保险报销后，个人及其家庭难以承担的符合规定的基本医疗自负费用，由县级人民政府民政部门按照有关规定给予补助。医疗救助对象患有重大疾病、慢性疾病需要长期门诊治疗，且本人及家庭支付困难的，由县级人民政府民政部门按照有关规定给予一定金额的救助。

（五）城市定制型商业医疗保险

城市定制型商业医疗保险，即类似成都市的"惠蓉保"、宜宾市"惠宜保"、德阳"德e保"等，一般是由多个商业保险公司联合开发，共同承保和提供服务的消费型医疗保险产品。城市定制型商业医疗保险具有保费低、投保简便、高起付线、高封顶线、目录突破等特点，重点解决大额费用风险，是基本医保的有益补充，是多层次医疗保障体系的重要组成部分。此类产品既有普惠属性又有商业属性，所谓普惠属性是指该产品购买门槛低，不需要健康告知与体检，保费与年龄和健康状况无关，只需要具备基本医保的参保身份。其商业属性是指该产品属于商业健康保险范畴，由保险公司运作，有营利性要求。此外，此类产品往往由地方政府指导，在宣传时特别强调，可能让百姓产生误解，误以为政府是责任主体，其实不然，实质上该类型产品完全由保险公司提供承保、理赔、咨询等服务，保险公司是完全的责任主体。2021年6月银保监会出台《中国银保监会办公厅关于规范保险公司城市定制型商业医疗保险业务的通知》（银保监办发〔2021〕66号），对商业保险公司规范设计产品、产品定价、服务等工作做出原则性规定。

（六）市场化商业健康保险

商业健康保险是我国多层次医疗保障体系的重要组成。中国银行保险监督管理委员会2019年12月出台《商业健康保险管理办法》（中国银保监会2018年第6次主席会议通过），文件指出商业健康保险是保险公司通过疾病保险、医疗保险、失能收入损失保险和护理保险等方式对因健康原因导致的损失给付保险金的保险。与2006年旧版管理办法相比，新版管理办法从健康保险定义分类、产品监管、销售经营等方面作了全面修订，并首次将健康管理以专章写入，对健康管理的主要内容、与健康保险的关系定位、费用列支等方面予以明确。健康保险的重要意义在于，健康保险是国家多层次医疗保障体系的重要组成部分，坚持健康保险的保障属性，鼓励保险公司遵循审慎、稳健原则，不断丰富健康保险产品，改进健康保险服务，扩大健康保险覆盖面，并通过有效管理和市场竞争降低健康保险价格和经营成本，提升保障水平。

三、中医药医保政策现状

医疗保障制度作为筹资制度，通过制度设计实现对基本医疗服务和产品的购买，引导卫生资源配置，降低群众就医负担，提高医疗服务的可及性、可负担性与持续质量改进。医疗保险制度对医药服务的治理技术主要涉及医保定点准入、医保药品、耗材、服务项目和服务设施目录（下称"三目录"）、医保支付方式、采购与定价、基金监管等方面，目的在于引导规范诊疗和有序就医，提高医疗服务效率，降低就医成本，提高基金使用效率，提高全民健康水平。

（一）基本医保定点医疗机构准入管理

《医疗机构医疗保障定点管理暂行办法》（2020 国家医疗保障局令第 2 号）规定，医疗卫生机构医保准入需要在医疗保障行政部门的监督下，经过定点申请、专业评估、协商谈判、协议订立、协议履行、协议解除等环节，与医保经办机构签订服务协议并就医保范围内服务接受监督考核。医保定点医疗卫生机构数量比具备执业资格的机构少，主要差异在于基层卫生服务机构或社会诊所等。2020 年，攀枝花市有医疗卫生机构 1 009 所，其中医院 27 所，基层医疗卫生机构 960 所，专业公共卫生机构和其他医疗卫生机构 22 所，只有 186 所属于医保定点医疗卫生机构。医保定点医药卫生机构数量与辖区内医疗卫生机构的主要差距是基层医疗卫生机构，多数村卫生室未纳入医保定点管理。村卫生室是农村居民获得基本保健服务的重要渠道，未纳入医保定点可能导致村民舍近求远，村医老化、信息化薄弱、服务能力与规范性不足是导致其达不到纳入标准的主要原因。

（二）基本医疗保险药品目录管理

《基本医疗保险用药管理暂行办法》（2020 国家医疗保障局令第 1 号）规定，中药饮片的"甲乙分类"由省级医疗保障行政部门确定，各省按照国家规定的调整权限和程序将符合条件的民族药、医疗机构制剂、中药饮片纳入省级医保支付范围。省级医疗保障部门对纳入《药品目录》的民族药、医疗机构制剂纳入"乙类药品"管理。收载基本医疗保险基金予以支付的饮片，同时规定不得纳入基本医疗保险基金支付的饮片。我省各统筹地区统一执行国家药品目录和纳入我省基本医疗保险基金支付范围的民族药、医疗机构制剂和中药饮片。我省医保药品目录内中药饮片除中药配方颗粒按照"乙类药品"管理外均按"甲类药品"管理。中药饮片纳入医保目录的方式，国家局采取列举法，我省采取排除法，实际纳入目录数量可能大于国家政策。另外，中成药总数多于国家规定，但甲类明显少于国家目录。中药具有区域性特征，中药药品目录省级纳入权限应该予以适当放开，此举有利于我省中药产业发展，有利于发挥四川"中药之库"的产业优势。

表1　基本医疗保险药品目录组成与结构

比较项目	药品总数	西药（甲类）	中成药（甲类）	中药饮片
四川省 2018 版本	2 778	1 396（402）	1 382（192）	排除法规定不予支付种类
国家局 2021 版本	2 585	1 273（395）	1 312（246）	892

（三）基本医保诊疗服务项目目录管理

纳入基本医保诊疗服务项目目录的项目来源于医疗服务项目汇编，但数量少于汇编项目数。基本医疗保险诊疗项目主要是参保人员在医疗机构门诊和住院治疗疾病的医疗劳务技术项目和采用医疗仪器设备与医用材料进行的诊断治疗项目。表 2 所列示的服务项目属于医疗服务项目与价格汇编内容，汇编所列医疗服务项目非医保报销目录，其涵盖了纳入基本医保补偿范围的项目和非基本医保保障的项目。中医及民族医诊疗项目明显少于以西医为主的医技和临床诊疗类项目，而且其价格相对更低。需要科学拓展确有疗效的中医及民族医诊疗项目，避免单纯扩大项目数，应该加大卫生经济技术评估和循证医学评估，将确有疗效的中医和民族医诊疗服务项目纳入基本医保保障目录。

表2　四川省医疗服务项目汇编

分类名称	大类及项目数	包含大类项目
综合医疗服务类	4 类 90 项	包括一般医疗服务、一般检查治疗、社区卫生及预防保健项目、其他医疗服务项目
医技诊疗类	7 类 1 098 项	包括医学影像、超声检查、核医学、放射治疗、检验、血型与配血、病理检查
临床诊疗类	4 类 2 859 项	包括临床各系统诊疗、经血管介入诊疗、手术治疗、物理治疗与康复
中医及民族医诊疗类	8 类 132 项	包括中医外治、中医骨伤、针刺、灸法、推拿疗法、中医肛肠、中医特殊疗法、中医综合

（四）中医药类服务价格调整管理

价格体现价值是定价的基本原理。我国以公立医院为主体的公益性医疗服务体系，采取政府指导价政策，为降低患者就医负担，致使价格不能充分反映医疗技术劳务价值，在药品耗材加成政策取消后，新冠肺炎疫情的影响，地方财政压力日益凸显，公立医院价格调整滞后导致其公益性属性被挑战。相对于西医运用更多高新技术，大型设备高定价收费弥补西医服务人力成本，中医医院通过运用高尖端技术补偿人力成本更为不易，中医人力资本积累周期更长，低定价导致中医院成本更难补偿，营收导向的市场竞争导致中医院可能存在加剧西化的问题。

（五）DRG/DIP支付改革对中医药影响

四川省先期开展 DRG/DIP 病种付费的攀枝花、眉山、广元、德阳等市州，对中医类医疗卫生机构采取了部分特殊政策，包括针对中医优势病种，采取中西医同病同价同效的政策措施，譬如德阳市规定部分骨折、面风痛（面痛）、筋痹或足跟痹、混合痔 / 痔病等 19 个病种（涉及 137 条 ICD–10 编码）作为 DIP 中医优势病种，在中医治疗费用超过 50% 的病例采取中医加成系数的办法处理。表 3 为某试点市 DRG 支付改革三年费用结构变化，整体而言，服务类费用增长，物耗费用降低，尤其是西药类费用大幅度降低。考虑基数差异，可见中医治疗费增幅明显，中成药和中草药费用出现持续性降低，中成药出现较大幅度的降低。中医与中药是相互依存的关系，中药持续性降低对于中医治疗会产生不良影响，对我国中药产业及行业研发创新影响较大。

表3　某DRG试点城市出院病例主要费用类别结构　　　　单位：%

年份	中医治疗费	中成药费	中草药费	西药费	耗材费	诊断费
2019	2.91	3.31	1.83	28.16	14.73	22.93
2020	3.52	2.37	1.79	24.39	13.31	22.44
2021	4.54	2.31	1.55	23.51	13.23	23.03

（六）中医药健康保险产品很少

商业健康保险是我国医疗保障体系的重要组成部分。四川省健康保险原保险保费收入从 2016 年 225.75 亿元增长到 2020 年 408.87 亿元，健康保险密度由 2016 年 273.24 元增长到 2020 年 488.44 元，健康保险赔付支出由 2016 年 44.79 亿元增长到 2020 年 135.59 亿元，健康保险赔付占我省卫生总费用的比例由 1.67% 增长到 2019 年 2.80%。相比欧盟国家商业健康保险赔付达到卫生总费用之比 10%—15% 的水平，我省健康保险赔付对降低居民卫生费用负担的作用仍有很大的提升空间。中医治未病商业健康保险产品研究处于起步阶段，相关产品还非常少，昆仑健康保险在国内率先开辟"治未病"健康保险之道，创建了中医特色健康保障 – 服务模式，即 KY3H 模式，"K"代表昆仑健康保险股份有限公司，"Y"代表炎黄东方（北京）健康科技有限公司和炎黄东方（北京）文化传媒发展公司，"3H"代表健康文化（HC）、健康管理（HM）、健康保险（HI），倡导并遵循"管理风险、固本治本、提升状态、祛病健人"的服务理念，为客户提供融健康文化、健康管理、健康保险为一体的健康保障服务。中国大地保险深圳分公司与和顺堂签订了战略合作协议，推出了业内首款中医商业保险产品"友和顺人身保险"，填补了业界空白。见表4。

（七）城市定制型商业医疗保险

截至目前，四川省已经有 15 个市州推出城市定制型商业医疗保险产品。各个产品保费差异不大，保障力度有明显差异，政策范围外都有所突破。城市定制型商业医疗保险产品与基本医保制度和市场化健康保险产品相比，有三大特点，其一是保费低，非健康体可投保，其二是将基本医保目录外的高值药品、新特药纳入保障，其三是投保简便，政府背书，商业运作。成都市"惠蓉保"对中药做了除外规定，膏方费用以及主要起滋补保健用途以及含国家珍贵、濒危野生动植物药材的药品和中药饮片不纳入本产品保障范围，具体包括：阿胶、白糖参、朝鲜红参等 40 种。

表4　四川省部分城市定制型商业医疗保险产品保障责任

城市	产品	保险责任	特药种类
成都	惠蓉保（59元/年）	责任 1：医保政策范围内起付线 1 万元或 1.5 万元，报销 75%；责任 2：特药起付 0，非既往症报销 75%，既往症 30%；责任 3：住院或门特全自费费用，免赔 1.5 万，报销 25%	特药 58 种，适应症 88 种
德阳	德 e 保（A 款 49 元/年 B 款 99 元/年）	A 免赔 1.3 万元或 1.4 万元，既往恶性肿瘤报销 30%，其他 60%；B 免赔 1.3 万元或 1.4 万元，既往恶性肿瘤报销 70%，其他 100%	特药 45 种，心、肺、肝移植手术费 75% 纳入，心衰、呼衰抢救治疗费 75% 纳入，人工耳蜗材料费 75% 纳入
广元	元惠保（59 元/年）	免赔 1.5 万元，政策范围内基本医保报销后报销 80%	无特药
遂宁	惠遂保（59 元/年）	首年免赔 1.8 万元，续期免赔 1.5 万元，政策范围内基本医保报销后报销 70%	特药 30 种，适用于肺癌、肝癌、乳腺癌、白血病、甲状腺癌等重大疾病
达州	达惠保（59 元/年）	首期免赔 1.5 万元，次年续保免赔 1.2 万元，连续三年免赔 1 万元，政策范围内基本医保报销后报销非既往症 75%，既往症 30%	特药 40 种 +CAR-T 治疗
广安	e 惠保（69 元/年）	免赔 2 万元，政策范围内基本医保报销后报销 70%	特药 15 种

数据来源：各城市定制商业医疗保险 APP。

四、医保支持中医药传承创新发展建议

"三医联动"是医改的核心策略。医保与中药联动，需要遵循我国医药卫生服务体制特征与发展规律。我国医药卫生体系与西方国家最大的差异是我国存在中西医两套医学理论和服务体系，中医药是我国所独有的健康维护手段，也是中国文化和哲学体系的一部分，因此，我国的医保政策不能简单照搬以西医为主的西方政策，需要尊重广大人民群众健康价值观，遵循中国"中西医并重"的卫生工作方针。医保政策需要发挥战略购买者角色，为人民群众利用中医药服务，引导中医药服务市场供给，助力中医药传承创新发展创造政策环境。

（一）构建中医药医保政策体系

医保政策与一国医药卫生体制应该适配。我国医保政策应该考虑中国医药卫生服务体制的独特之处，即"预防为主、中西医并重"。医保政策在预算方面，可以为中医药单独设置预算份额，为中医药传承创新发展提供战略购买力量。支付方式改革需要考虑中医药服务特点，为确有疗效的传统中医药服务买单。探索"人头付费 + 中医药"思路，把中医药服务纳入人头付费服务包，纳入门诊统筹付费政策框架。医保购买基层慢病管理服务，应将中医药纳入，充分发挥中医药慢病防治服务优势，激发基层中医药服务的市场活力。

（二）及时调整中医服务价格

价格是关键的市场信号，可调节供需。福建省三明市的医改经验是"将中医医疗服务的价值提上去、让百姓看中医的花费降下来"。我国卫生健康事业坚持公益性，长期存在价格低于价值的问题，价格改革难度大，提高价格可能增加患者负担，降低公益性与可负担性。价格与价值背离导致中医药服务价值被低估，影响中医药服务的社会活力，不利于中医药传承创新发展。如何在提价的同时不增加患者负担，需要医保对提价项目予以全额补偿。由于 DRG 支付改革只涉及支付端，患者支付政策未作调整，提价可能加重患者负担，因此需要统筹考虑价格与支付方式改革，协同推进价格改革与收付费改革。

（三）创新DRG中医药支付政策

2020 年 7 月，四川省攀枝花市率先探索按中医疗效价值付费，发布《攀枝花市按中医疗效价值 DRG 付费实施办法（试行）》。该办法首批将外痔病、肛肠病（混合痔病）、骨折病、异位妊娠病属未破损期等 9 个传统中医药治疗的病种按照疗效对应DRG 病组等值付费，支持发挥中医药治疗部分疾病的独特优势，持续完善 DRG 付费为

主的医保支付方式改革。目前各地优势病种相对较少，相对 600—800 个 DRGs 病组，此政策作用非常有限，无法激发中医药服务供给，建议将中医诊疗服务和中药饮片从 DRG 打包付费中分离出来，单独计费并全额报销，鼓励中医医院和西医医院提供中医药服务。

（四）开发中医药健康保险产品

《国务院关于印发中医药发展战略规划纲要（2016—2030 年）的通知》（国发〔2016〕15 号）中，提到要探索融健康文化、健康管理、健康保险于一体的中医健康保障模式。2019 年 10 月发布的《中共中央 国务院关于促进中医药传承创新发展的意见》中，鼓励商业保险机构开发中医治未病等保险产品。《国务院办公厅印发关于加快中医药特色发展若干政策措施的通知》（国办发〔2021〕3 号）中，鼓励商业保险公司推出中医药特色健康保险产品，建立保险公司与中医药机构的信息对接机制，支持保险公司、中医药机构合作开展健康管理服务。中医药在健康管理、慢病防治、部分疑难重症诊治等方面具有独特优势，但由于缺乏付费方，需求侧付费压力抑制了供给侧积极性，因此，需要创新开发中医药健康保险产品，通过付费将需求侧和供给侧连接起来。城市定制型商业医疗保险考虑将部分价格昂贵的中药材纳入其中，突破医保药品目录的限制。

（五）探索医保中医药监管策略

构建医保治理体系，提升医保治理能力，需要与中医药服务特点相契合。中医药服务具有个性化、人性化特征，坚持以人为本，注重整体观。医保监管延续项目付费思维，存在碎片化特征，基于规则执行大数据监管，与中医药服务往往存在冲突，基金监管有其必要性，但对诊疗服务理念与习惯可能造成影响，应坚持由中医药临床人员检查中医药服务，专业思维和服务理念更为契合，避免过度监管、不当监管对正常诊疗服务的影响。

（六）支持中医药健康产业发展

中医和中药产品是服务健康保健的基本元素，产品化是扩容市场供给的必要路径。中医药在慢病管理、医养结合、安宁疗护、长期护理等方面都有广泛的应用场景。中医药健康产业需要依据应用场景加大科研投入和产品开发力度，金融保险融资筹资渠道有利于中医药健康保健产品市场化。譬如医院院内制剂经过长期院内使用被验证疗效稳定的准市场产品，应该及时纳入医保药品目录，鼓励对经典名方的市场开发，让更多好的中医药产品为保障健康发挥作用。

专论 16　成渝地区双城经济圈中医药一体化发展研究

闵连星[1]

摘要： 一体化发展是区域中医药融入成渝地区双城经济圈建设，实现高质量发展的重要路径和内在要求。在成渝地区一体化发展的五个历史阶段中，中医药的价值和重要性日益凸显。中医药一体化发展的核心是协同发展，包括空间一体化和内在的多领域协同发展两个层面，其本质是高质量发展。双城经济圈中医药一体化发展的目标应定位在提升发展质量、优化空间格局、提高发展活力、创新协同机制，在具体推进策略上应坚持供给改革与需求管理、打造极点和增强辐射、协同创新和对外开放、部门主导和多元共治、先行试点和多元共治五个方面相结合。成渝地区双城经济圈中医药发展迅猛，其一体化进程经历了统一领导、竞合博弈、合作深化三个阶段，目前存在着服务能力不均衡、产业竞争力不强、政策协调不充分、管理机制阻滞大四大瓶颈。建议从创新合作机制、增强服务能力、健全产业体系、增强发展动力、强化发展支撑四个方面深化改革，提升成渝地区双城经济圈中医药一体化高质量发展。

关键词： 成渝地区双城经济圈；中医药；一体化；协同

引言

随着我国经济发展进入高质量阶段，以及城市化进程的深化，以一个或多个相对发达的中心城市为核心的经济圈建设重塑了区域发展的空间格局，成为我国经济社会发展的重要战略。继京津冀、长三角和粤港澳等东部沿海的三大经济圈，成渝地区双城经济圈作为典型的内陆经济圈，也上升为国家战略。2020 年 1 月，中央财经委员会第六次会议提出"推动成渝地区双城经济圈建设"。2021 年 10 月，党中央和国务院印发了《成渝地区双城经济圈建设规划纲要》，提出把成渝地区双城经济圈建设成为具有全国影响力的重要经济中心、科技创新中心、改革开放新高地、高品质生活宜居地，为成渝地区的协同发展掀开了新的篇章。2021 年 12 月，两省市又共同发布了《重庆四川两省市贯彻落实〈成渝地区双城经济圈建设规划纲要〉联合实施方案》，从 10个方面提出了 47 项实施重点。一体化发展是深入实施成渝地区双城经济圈建设国家战略的内在要求和重要方向，不但体现在经济层面，包括政治、社会、文化和生态文明

---

[1] 闵连星，博士，副教授，主要研究方向为服务经济与管理、中医药政策与产业组织。

等层面共同推进的区域整体一体化发展。中医药是我国独有的重要资源和宝贵财富，其在维护人民健康、促进经济发展和繁荣社会文化等多个层面都发挥着重要的作用，积极融入成渝地区双城经济圈建设具有重要的价值和意义。

推进中医药一体化发展，要从区域社会经济系统子系统的功能发挥出发，立足于中医药自身的发展规律，以中医药自身发展的高质量发展为核心，发挥出促进区域一体化发展的重要作用。因此，本文将在梳理成渝地区一体化发展的历史演进特征和趋势的基础上，对成渝地区双城经济圈建设背景下中医药一体化发展的内涵、目标取向和推进逻辑进行分析，并进一步结合当前中医药一体化发展的现状和瓶颈，提出成渝地区双城经济圈中医药一体化发展的策略。

一、成渝地区一体化发展历程和阶段特征

（一）1891年以前：单中心自然发展

成渝地区同处四川盆地之内，由古时相对平缓的西部蜀地和丘陵、山地为主的东部巴地组成，故获"巴蜀"之名。两地自元以来一直属于四川管辖，彼此地理位置相接、语言文化相近，相互间的经济社会交往都比较密切，具有天然的一体化发展的自然和人文条件。

在传统的农业经济时代，各地均以自给自足的小农经济为主，生产力相对落后，现代化产业分工尚未形成，地区间商业贸易缓慢自然发展，经济合作水平也比较低。同时，因为四川盆地的地貌特征和交通条件限制，成渝地区避开了中原地区的多次战乱，区域经济发展环境较为稳定，并依托盆地中心平原的良好地理、灌溉条件及丰富矿产资源优势，迅速成为经济相对富庶的地区。此时期，成渝地区的经济发展相对独立于中原地区，形成了区域内循环为主的经济格局。对外经济交往主要依靠两类交通方式：一是通过陆路交通，以茶马古道辐射云、藏地区，乃至东南亚、南亚；二是通过长江航道连接中下游地区。在两条通道，尤其是茶马古道中，成都具有举足轻重的地位，是重要财货源流地、当之无愧的区域中心。重庆位于盆地东部边缘，三江汇流，是长江航运的关键节点之一，成为沟通四川盆地与长江中下游地区商货往来的"桥头堡"，但其在区域经济体系中的地位和位于盆地中心平原的成都仍有巨大的差距。

（二）1891—1948年：对外通商驱动双核形成

随着清朝末年《烟台条约续增专条》的签订，1891年重庆正式开埠，成为对外通商口岸，外国资本和商人大量进入，促进了四川腹地的开发和重庆的现代化建设，长江航运逐步代替川内的茶马古道成为主要的商贸通道。在20世纪初，重庆在人口规模

上和工业化进程上逐步超越成都，并于 1929 年设市。加之抗战时期"陪都"的经历，使重庆迅速成为全国中心城市，汇聚了大量的政治、经济、科教、文化、人口资源，加快了重庆的现代化进程。仅 1936—1945 年，重庆市的人口就增长了 1.5 倍，市区面积扩大近 6 倍。四川地区成为支撑重庆对外发展的经济后方，其农业、手工业为主的产业结构并未出现明显变化，成都仍然拥有在盆地内经济循环的中心地位，但与重庆辐射全国的政治、经济、文化影响力差距明显，双核格局逐步形成。

（三）1949—1996 年：省级统筹的双核并进发展

中华人民共和国成立之后，经过短暂的过渡时期，1954 年重庆重新划归四川省的省辖市，作为省内经济大市，和省会成都一起成为区域发展的两大中心。随着川藏公路、成渝铁路和宝成铁路等一批等公路、铁路的修建，陆路交通网络逐步形成，成渝地区对内对外往来的基础设施条件日益改善。成渝铁路更是新中国自行设计、修筑的第一铁路，更加强了两地的经济社会联系。此外随着"三线"建设的推进，大规模工业转移的实施，为成渝地区带来了大量的军工、厂矿企业和科研院所、高等院校等，奠定了区域的工业发展基础，增强了科技人才培养能力，逐步形成了囊括军工、钢铁、机械、电子、化工等行业的完整的工业体系。在四川省的统筹计划下，成渝两市的经济增长也保持着基本相当的速率，但由于成都作为省会城市的政治影响力和资源汇聚效应，两市之间的差距逐步缩小，重庆的相对经济优势被逐步消解。

随着改革开放的启动，凭借良好的经济基础和水运开放条件，重庆市成为全国第一个经济体制综合改革试点城市。作为副省级的国家计划单列市，重庆获得了更多的经济管理权限和政策支持资源，积极对外开拓，也促进了和长江中下游地区的经济联系，并和省会成都在生产要素、经济布局和产业政策上产生了一定的竞争。四川省也一直在有意识地围绕两大中心，引导人口和产业资源的汇聚，优化产业布局，在 1993 年提出"依托两市、抓好两线、开发两翼、带动全省"的区域发展战略，将"成都—重庆"沿线经济作为战略重点之一。同年成渝高速公路的通车，更加深了成渝两市及沿线市县的经济、社会往来。但此时成渝两市尚处于空间集聚阶段，对周边腹地的辐射带动作用不大，形成了当前双城经济圈产业空间结构的雏形，形成"双核并进"的发展格局。

（四）1997—2010 年：行政分离后的双核竞合发展

以三峡工程实施为直接契机，1997 年重庆升格为直辖市，不但带来了城市空间拓展和管辖区域的扩张，更彻底脱离了四川省的行政约束，获得更大的政策自由度，也更加有利于发挥重庆对下辖的传统川东地区的带动作用。为应对重庆直辖的影响，四川省于 1997 年制定了《四川省国民经济跨世纪发展战略》，提出"依托一点，构建一圈，开发两片，扶持三区"的发展思路，依托成都，建设成都平原经济圈，促进了成都市的超常规快速发展，成为西部极具竞争力的中心城市。重庆也提出了以沪蓉高速公路和长江为主轴，都市经济圈、渝西经济走廊和三峡库区"一点带两翼"的区域发展格局规划。在以经济增长为中心的"政治锦标赛"刺激下，这一时期成渝两地之间在发展资源、区位角色和招商引资等方面展开了激烈的竞争，区域内的其他城市发展能级相对较弱，缺少有力的次级区域中心支撑。

面对新世纪国家西部大开发战略和长江上游经济带建设的共同历史机遇，成渝也积极开展区域合作。在2001年，双方签订了《重庆—成都经济合作会谈纪要》，提出打造"成渝经济走廊"，并在2004年签订了《关于加强川渝经济社会领域合作共谋长江上游经济区发展的框架协议》，明确在交通、旅游、农业等方面加强合作。但两地关系仍然以提升本地竞争力的自利性竞争为主，相关合作主要停留在框架协议的浅层合作层面。

在林凌和廖元和教授等学者推动下，成渝经济区的概念和发展倡议被国家发改委所采纳，并在2007年写入《西部大开发"十一五"规划》，成渝地区的一体化发展开始得到了国家层面的认同和支持，川渝两省市陆续签署和发布了《关于推进川渝合作、共建成渝经济区的协议》《关于深化川渝经济合作框架协议》《关于加快"一极一轴一区块"建设推进成渝经济区发展的指导意见》等协议和文件，区域内合作快速推进，合作范围不断扩大，在重点领域合作思路上不断取得共识，但仍缺少整体性的统一规划。

（五）2011年至今：国家推动的协同深化发展

自2011年国务院正式批复同意《成渝经济区区域规划》以来，以五年为周期，陆续出台了《成渝城市群发展规划》和《成渝地区双城经济圈建设规划纲要》的专项规划，不但明确了成渝一体化发展的空间范围，也从国家战略布局的高度，为成渝地区继续深化合作提供了纲领和指引。

从"经济区—城市群—双城经济圈"的区域定位演进也契合了当前发展的历史背景和主题，但在不同规划时期，发展重点有所侧重，整体上仍遵循了我国长期以来的非均衡发展战略逻辑，即第一阶段重点地区优先发展，第二阶段先进带动后进。在经济区规划时期，以经济层面的发展为重点，规划中虽然多次提及一体化发展，但主要集中于城乡之间的一体化发展。在空间层面，则提出"打造以重庆主城区为中心的重庆城市群"和"推进成都城市群一体化发展"，实质上仍然是围绕两大核心城市独立发展起两个都市圈，而不是一个整体性的成渝城市群。在城市群规划时期，规划重点则从经济层面转向空间布局，强调区域发展格局的塑造，实际上也是对成都和重庆两大核心城市背向发展、缺少次级中心城市等区域一体化发展空间制约问题的纠偏。城市群是我国新型城镇化深化发展的结果，也是区域一体化发展的空间承载形态。伴随城市群的发展，区域一体化发展从经济维度向基础设施、公共服务等多维综合推进。双城经济圈并没有扩大或缩小城市群的空间范围，其实质上是城镇化发展阶段的一种跃迁，意味着成渝城市群从聚集资源的"强核"和一体化基础设施建设的"布网"向辐射带动的"外溢"和城市功能定位优化的"整合"转变。这一转变是对当前经济进入高质量发展阶段，深化对外开放，增强发展动力，构建国内国际双循环相互促进的新发展格局新要求的因应，是空间布局、基础设施、产业体系、科技创新、消费拉动、生态保护、内陆开放、城乡融合、公共服务等领域共同推进的深度一体化。在三个时期的规划内容中，中医药的相关内容从无到有，其描述也从"成德绵乐雅中药产业集群"拓展到协同发展"现代中药产业"、打造"优质道地中药材产业带""深化中医药创新协作"，这意味着在双城经济圈建设中，中医药的价值不再局限于经济属性，其在公共健康服务中的价值也得以凸显。

二、成渝地区双城经济圈中医药一体化发展的内涵与逻辑

（一）中医药一体化发展的内涵

1.狭义的一体化：经济一体化

一体化，顾名思义是指多个相对独立的主体通过某种方式整合成新的整体，并在新体系下紧密合作、协调运作的过程。这一概念最早起源于地质学领域的矿床研究中，在 1950 年代进入经济学的研究视野，并逐渐成为经济地理学领域的研究热点之一。早期的学者如 Tinbergen 和 Balassa 均是从跨国贸易的角度，将一体化定义为消除双方贸易壁垒，追求经济共同发展的过程及其后的状态。在这些概念中，一体化主要是通过特惠贸易协定、自由贸易区、关税同盟等方式消除传统区域或国别间的制度性障碍，形成生产要素能够自由流动，产品统一待遇的大市场。也有学者从劳动分工的角度对一体化进行解读，认为一体化是分工在空间结构上的表现。在生产要素和商品自由流通的一体化市场制度保障下，各地区凭借各自的优势，通过市场竞争和相互合作，在一体化区域内形成新的产业分工体系，从而实现优化资源配置，促进经济共同发展的一体化效应。

从经济一体化的过程来看，地域的邻接性和开放、合作的一体化制度安排是实现一体化发展的重要前提。交通等基础设施一体化和政府间合作是夯实上述前提的必然选择，也成为区域一体化发展研究的重要议题。交通或通讯网络等基础设施的一体化建设，能够加深地区间的时空联系，强化地域邻接性的沟通优势，降低交易成本，繁荣区域内市场交易。建立统一的自由市场是实现区域内资源和商品流动，形成跨域产业分工体系，促进经济共同繁荣的必然要求，也意味着市场准入和税收等原有的区域

贸易保护性措施将成为必须破除的制度性障碍，需要通过政府间的合作才能实现。因此，在某种程度上，一体化是相邻的开放性经济区域发展的必然趋势。由于双边或多边经济往来的存在，在市场经济规律的作用下，各区域不断调整相对分工，优化布局，形成新的产业分工体系，从而结成一个新的经济发展空间。

2.广义的一体化：经济社会的综合一体化

在经济一体化的基础上，相关研究从空间尺度和对象范畴两个维度上不断深化。一方面，一体化讨论的空间尺度从传统的国与国之间拓展到一国之内不同区域或城市之间，如都市圈、城市群和经济圈等新的一体化空间载体。另一方面，一体化的范畴也从经济领域逐步扩展到经济、制度、文化、生态等各领域，如市场、交通、公共服务、教育、产业等具体领域，也促使人们将区域一体化的内涵从狭义的经济层面的一体化阶段拓展为经济、文化、社会、生态等各层面同步协调发展的整体性广义一体化阶段。

3.中医药一体化：空间和领域一体化的耦合

中医药作为社会经济系统的一部分，其一体化发展应围绕其在区域经济社会发展中的功能定位和价值意蕴。长期以来，中医药主要以我国卫生健康服务体系组成部分的角色而存在，其一体化发展往往蕴含在区域卫生健康一体化发展的议题之下，而很少被单独讨论。而卫生健康是关系社会民生的重点领域，也是广义一体化发展阶段的着力点之一。京津冀和长三角两大经济圈内各省市也陆续出台了相应的政策，如2015年的《京津冀卫生计生事业协同发展合作协议》和2019年的《长三角卫生健康一体化合作备忘录》。这些合作以区域内卫生健康资源的配置优化、服务均质化和信息共享为重点，其中有关中医药的内容主要集中在中医流派传承、医疗、教育合作上，凸显了中医药的医疗服务供给者的主要功能，属于公共服务一体化的范畴，但也在一定程度上忽视了中医药的其他功能属性。此外，学者们也从县域内城乡统筹的视角对中医药健康服务的一体化模式进行探讨，其本质是整合型医疗服务建设，以解决同一行政区划内城乡二元结构下中医药服务发展不均衡的问题，而没有触及区域一体化的核心议题，即跨行政区域的中医药合作与协调发展。实际上，中医药具有健康、科技、经济、文化和生态多维价值，其价值的实现也表现为不同的实践形态，既包括了的具有公益特征和健康事业属性的中医药服务，也包括了具有经济属性的中药和健康服务产业，以及兼具公益和市场属性的中医药文化服务，而且不同实践形态之间具有相辅相成的密切联系。因而，中医药的一体化发展应突破公共服务一体化或中医药产业一体化的范畴，强调其健康价值、经济价值和文化价值的协调共振，即事业、产业和文化三位一体。

综合来看，中医药一体化的基础逻辑仍然是多个相对独立的主体，通过相互合作和协调，实现整体性共同发展的过程。但中医药一体化的核心是如何实现整体性发展，即协同发展，主要体现在空间维度的横向协同和结构维度的纵向协同两个层面。空间维度应以跨区域的横向合作协同为主，但区域内的纵向整合也同样是一体化发展的重要方向；结构维度要注重中医药多维功能价值的培育和发挥，从其不同属性的表现形态，以及它们之间的相互促进关系，追求事业、产业和文化三位一体的协同性发展。

（二）中医药一体化发展的目标取向

1.提升发展质量

一体化既是一个过程，也是一种状态，本质上是一种跨越传统行政区划的区域社会经济发展战略。一体化的整合发展过程凸显了其作为一种区域发展战略的工具属性，而最终形成的区域协调发展状态反映了其战略目标和效果，这也要求我们应以宏观的、历史的发展眼光来看待一体化的具体战略定位和价值。在当前我国进入了高质量发展阶段的背景下，经济社会发展方式要从追求规模增长和发展速度转向数量、速度和质量的统一，去化解相应领域发展不平衡不充分问题。一体化发展立足于我国当前发展的新的历史方位，积极融入到高质量发展的战略大局。

双城经济圈中医药一体化发展要以促进高质量发展为指引，将提升区域中医药发展质量作为一体化发展的核心目标。2022 年 3 月，国务院发布了《"十四五"中医药发展规划》，从服务体系建设、人才培养、传承创新能力培育、产业发展、文化弘扬、对外开放和治理改革等七个方面明确了中医药发展目标，其中服务体系建设是重点，在 15 项具体发展指标中，有 14 项与之相关。一体化视角下的中医药高质量发展，应以增强发展的协同性为着力点，以满足人民群众的健康需求为统领，建立以中医药服务能力提升为核心，中药、健康服务、文化旅游产业发展为牵引，人才培养、传承创新和对外开放为动力，治理改革为保障的区域中医药协同发展新生态，提升成渝地区人民健康水平，推进地区繁荣发展，弘扬中医药文化的中医药发展高地和示范标本。

2.优化空间格局

横向的跨区域协同发展是一体化的本质特征之一，也是高质量发展的内在要求，其最终体现为发展空间格局的不断优化。中医药一体化发展在空间格局上要实现与区域都市圈、城市圈等新型城镇化发展相适应，并促进乡村振兴战略实施，与城乡一体统筹发展的格局相融合。在中医药服务体系建设上，要加强基层服务能力建设，形成不同层级医院、公卫和养老机构之间资源共享、分工明确、上下联动、横向协调的，融预防保健、疾病治疗、康复为一体的均质化、便利化的跨区域服务网络。在中医药产业发展上，要充分结合中药材资源分布格局，完善区域产业内分工规划，打造优势产区，实施错位协调发展，利用产业园区载体建设，形成产业集群，发挥辐射带动作用，形成产业链完善、创新能力突出、龙头带动力强的一二三产业融合的现代化开放型中医药产业体系。在中医药文化发展上，坚持"川渝"道地药材和"川派"中医文化两面大旗，联合打造特色鲜明、影响力强的文化品牌。强化中医药文化宣传阵地建设，构建基层中医药服务网络和中医药文化传承基地、宣传教育基地等线下载体和区域政府融媒体平台、社会自媒体等网络媒体相结合的中医药文化宣传空间格局，提高中医药文化普及覆盖面。推进中医药文化与动漫、文创、旅游等产业融合创新发展。

3.提高发展活力

动力变革是高质量发展的内在要求之一，要坚持创新驱动和开放发展。鼓励制度创新，破除中医药发展条块分割的行政体制造成的动力阻滞，建设行业标准统一、要素自由流动、竞争公平有序、政商关系清明的市场环境，提升中医药资源开发和配置效率，增强中医药服务效能和产业发展效益。坚持科教兴国和技术创新引领，深化中医药专业教育改革，创新人才培养机制，建设与区域中医药发展相适应的专业人才队伍。坚持传承和创新并重，优化中医药科技创新评价机制，推进产学研用各类主体协同创新，强化技术创新牵引，增进内生发展动力。深化中医药对外开放，围绕"一带一路"、长江经济带、西部陆海新通道等对外开放通道建设，积极推进沿线中医药发展，逐步实现从域内、域外到海外的区域合作和开放发展路线，实现中医药文化传播与中药出口、服务贸易协同并进，形成内陆开放示范作用，助推全国"双循环"新发展格局建设。

4.创新协同机制

一体化发展离不开政府的调控。只有政府的强力推动，才能真正意义上破除一体化发展所面临的空间屏障和制度屏障。除在区域空间发展布局上的规划引导外，政府相互间合作的制度设计通过放松市场准入和降低交易成本，刺激缓慢自然发展的市场合作，加速物资、科技、文化和人员流动，促进新的分工结构形成，从而实现一体化。一体化进程中的协同机制主要体现在政府层面的合作，建立在政府的理性决策基础上。传统行政区划机制造成的"条块分割"以及区域间的"锦标赛"竞争机制，使得独立发展的意识和向心力不足成为一体化的重要制约，在边界地区形成阻碍一体化的"边界屏蔽"效应，甚至相邻区域内由于相近的禀赋优势会形成同质化竞争。探索经济圈内政府协同治理模式创新，通过工作小组、联席会议、合作协议等方式统筹区域发展大局，提升政策协调性。建立利益分享和成本分担机制，加速合作落地。加强中医药治理体系建设，完善以政府、社会组织、企业和群众多元参与的协同治理体系，打造促进区域共建、共治、共享的社会治理格局。

（三）中医药一体化发展的推进逻辑

中医药一体化发展要围绕一体化发展的目标定位，遵循中医药特点和一体化发展规律，追求发展成效和提升发展能力并重，结合双城经济圈内经济社会发展现实，以"四结合"的推进逻辑，建成国内中医药发展新高地。

1.供给改革和需求管理相结合

近年来，供给侧结构性改革成为我国应对发展新形式，构建发展新格局的重要战略策略，成为优化中医药资源配置和供给体系，推进中医药产业结构转型升级，提升中医药产品和服务供给品质的改革深化主旋律。从经济学的角度来说，供需平衡是市场发展的理想状态。供给侧结构性改革本质上是解决当前中医药医疗服务能力和中医药产业供给和需求不匹配这一核心矛盾的重要举措。就中医药服务来说，不仅需要政府和社会不断提升资源配置的公平性，也需要加强对患者就医行为的引导，改善服务利用率，才能实现服务过程的效率性。从更大范围来讲，服务资源的配置也需要结合对群众日益增加的多样性健康服务需求，如高品质特需服务的预测，以及应对区域人口结构、疾病谱变化趋势，乃至潜在的疫病等公共卫生风险研判，才能够更好地实现维护人民健康的终极目标。在一体化的视角下，更要综合区域内人口流动所引致的异地医疗需求，将便利化作为供给改革的重要着力点。

2.打造极点和增强辐射相结合

一体化发展的核心是促进各区域的协调发展，但并不是绝对的平衡。长期以来，我国都采取的是非均衡发展战略，鼓励资源禀赋突出的地区先行发展，再利用辐射带动作用和政策引导形成产业转移的方式，带动劣势地区发展。一体化的发展亦是非均衡发展思维的延续，利用资源禀赋的差异，优化地区的空间布局和分工结构的变化，实现一体化区域内的协调发展。增长极的构建和辐射带动作用的发挥是建立新的一体化格局的重要策略，在国家对成渝地区双城经济圈的规划内容中就可以得见。具体到中医药领域，服务能力和产业发展水平与城镇化进程基本一致，导致在两者在空间布局上具有较大的耦合性，意味着中医药一体化发展可以和城市群空间格局塑造以及区域整体经济布局同向。在中心城市建设区域中医药医疗服务中心极点，结合基层中医药服务网络建设，借助一体化交通网络的便捷性，形成更为完善的一体化中医药服务体系。对于中医药产业，要重点围绕大品种、大企业促进产业集聚极点，利用集聚外溢效应，不断补链、延链、强链，健全中医药产业体系。以中药精深加工环节的发展，带动中药材品种规模化、连片种植，形成区域品牌，以中医药特色发展促进区域乡村振兴发展。

3.协同创新和对外开放相结合

协同创新是一体化发展的重要着力点，核心是科技创新。开放、合作是协同创新的重要特征，通过政府、高校、科研院所和企业的共同推动，汇聚资金、人才和技术等要素，形成区域创新网络。区域创新网络在空间上具有明显的组团集聚特征和较强的文化根植性。利用成渝地区中医药文化在长期历史发展中所形成的共同特色，围绕主要特色中药材品种资源和中医诊疗领域优势，形成区域中医药科技创新中心，并建立产学研用结合，基础研究和临床研究、学术研究和产业应用相互促进的一体化创新体系，培养内生增长动力。打造内陆开放战略高地是国家赋予成渝地区双城经济圈的重要任务，也是区域中医药一体化发展的重要外生动力源。以中医药文化传播为先导，增强域外国家和地区对中医药文化的认同，弘扬中医药文化，开展科研合作交流，推动中医药科技创新，牵引中医药产业发展。

4.部门主导和多元共治相结合

中医药治理水平的提升是中医药发展的重要保障。一体化发展视域下的中医药治理水平提升要以政府一元领导向多元共治转型为主线，建立多元参与、多层协调的网络治理体系。政府要发挥"元治理"角色的主导作用，明确社会组织、企业和群众等主体参与治理的规则和机制，引导多方对话，围绕共同利益，形成合作共识，协调合作行为，实现治理网络的横向协同。在政府内部，要破除集体行动困境和层级壁垒，形成合作共识，建立合作机制，推进合作落地，构建跨区域、跨部门、跨层级的合作网络，实现上下联动、区域协调、政策衔接流畅的治理体系。

5.先行试点和全面推广相结合

政策试点是我国面向新的发展趋势或问题，深化公共治理机制改革的重要实践机制。通过试点探索，不断反馈积累改革经验，优化调整政策机制，形成更加科学完善的政策内容。双城经济圈中医药一体化发展要政策试点和全面推广相结合，分步推进。首先，根据区域发展现实，瞄准重点领域、关键环节和突出问题，依托各类发展试验区，开展中医药一体化发展专项政策试点，并逐步遴选、建设发展示范样板。然后由两省市结合试点经验和各地发展特点，高位统筹，全面铺开，分类发展，提升中医药一体化发展水平。

三、成渝地区双城经济圈中医药一体化发展的现状与瓶颈

（一）中医药发展概况

1.资源禀赋优势突出

成渝地区是我国中医药资源最为丰富的地区之一，川产道地药材和川派中医声名远播。根据第四次全国中医药资源普查结果，四川省中药品种数 7 290 种，常用中药材品种数 312 种，道地药材品种 86 种，16 个品种、24 个中药材基地通过国家 GAP 认证，均居全国第一。另外有国家地理标志保护的中药材产品 31 个，2020 年，全省人工种植中药材面积 817 万亩，川芎、川贝母、川麦冬等多品种的人工种植面积全国居全国前列。重庆地区现有中药品种 5 832 种，常用中药材品种数 306 种，道地药材 62 种。部分品种优势明显，如酉阳栽种青蒿的青蒿素含量普遍在 1% 左右，为世界最高。

除中药资源外，区域中医药服务资源投入快速增长，中医药服务体系不断健全，已基本建立起覆盖市—县—乡的中医药服务网络。统计资料显示，2020 年川渝两地的中医机构所获财政拨款分别为 66.74 亿元和 24.23 亿元，在卫生健康财政总拨款中占比8.73% 和 8.49%，相对投入强度在各省市区中分别排位第 9 和第 11 位。同期，川渝两地的每千常住人口中医医院床位数和中医类别执业（助理）医师数指标分别达到 0.94张、0.71 人和 1.45 张、0.62 人，均明显超出同期全国平均水平的 0.68 张和 0.48 人，相对优势非常明显。

2. 发展水平快速提升

中医药服务能力稳步增强，在 2021 年度中医药事业省际竞争力排名中，重庆和四川分别高居第二和第五位。目前，川渝两地三级中医医院分别达到 93 和 20 家以上，分别获建国家区域中医（专科）诊疗 17 个和 3 个。两地中医药整体服务量快速跃升，基层中医药服务占比分别达 48.6% 和 33%。重大疾病防治能力稳步提高，四川省通过中西医结合治疗，有效降低重症急性胰腺炎病死率、重症脑出血致残率、糖尿病足截肢风险，重庆则在发力癌症中医药防治，形成了差异化的区域特色。在新冠肺炎疫情防控中，川渝两地的中医药治疗参与率均达 90% 以上，南充市的参与率更高达100%，对疫情防控做出了积极贡献。

中药和健康服务业规模持续增长，一二三产业联动发展的产业体系不断完善。依托中药资源分布，两地中药材产业全域发展格局基本形成。尤其是四川省在 2015 年以来，陆续将中药材产业纳入确定的 7 个优先发展千亿级产业之一，将中医药产业纳入"5+1"现代工业体系、"10+3"现代农业产业体系、"4+6"现代服务业体系建设予以重点发展，现已建成国家中药种质资源库 1 个、中药材种子种苗繁育基地 2 个，培育川产道地药材大品种 16 个。重庆市则以乡村振兴战略实施为契机，围绕秦巴山区和武陵山区道地药材优势区打造综合产值千亿级产业集群。在中药产业领域，形成了天府中药城、重庆市中医药科技产业园区、涪陵现代中药产业园等产业集聚发展平台，培育出藿香正气口服液、康复新液、银杏内酯注射液等 3 个 10 亿以上中成药品种。区域内拥有两大全国著名中药材集散地——成都荷花池药材市场和重庆解放路中药材市场，太极集团、地奥制药、好医生药业、华森制药等企业入选 2021 年中药企业 50 强名单。两地大力推进中医养生保健、健康旅游和医养结合等健康服务发展，积极建设了四川都江堰、重庆南川等一批国家级发展示范区、基地和项目，培育出"富侨"等知名品牌。

3. 传承保护成绩斐然

川渝两地大力弘扬和传承中医药文化，积极开展对"天回医简"等出土医学文献和文物研究，充分挖掘具有地域特色优势的中医药传统非物质文化，李仲愚杵针疗法、桐君阁传统中成药制作工艺文化等 8 个项目入选非物质文化遗产代表性项目名录。深入梳理、研究川派、巴渝及全国中医学术流派学术思想与特色优势，加强中医学术流派传承和保护工作。两地分别获建国家中医药传承创新工程项目6个和3个，培育出国医大师、全国名中医10名和7名。另外，四川省还成立省级以上名医传承工作室159个、中医药流派工作室19个；重庆成立国医大师传承工作室6个、全国名中医药专家传承工作室30个、全国基层名中医药专家传承工作室16个。创新开展中医药文化进校园等中医药文化宣教活动，两地建立国家级和省市级中医药文化宣传教育基地共15个，打造了创新文化体验，积极融入群众生活，推动川渝公民中医药健康文化素养水平分别达到19.51%和21.09%。

4.对外开放不断深化

川渝两地都积极拓展对外开放交流，并表现出了不同的方向。重庆主要借助和山东结成的东西部地区对口帮扶关系，在人才培养，干部挂职，医院建设等方面开展鲁渝合作。境外合作上，四川自新世纪初开始，就和香港、澳门地区积极开展民间合作交流，随着泛珠三角区域合作的推进，川澳、川港先后签订《川澳中医药产业发展合作框架协议》和《战略合作框架协议》，建立"川港中医药发展联盟"，开展长期合作关系。在海外传播上，四川先后与33个国家和地区建立合作机制，在黑山、阿联酋等欧洲和西亚地区国家建立6个海外中医药中心，并发挥中医药教育优势，培训来华留学生1 200名；重庆则与白俄罗斯、乌兹别克斯坦等国签订卫生健康和中医药领域合作备忘录，和新加坡、巴巴多斯等国建成中医药国际合作基地和海外中医药中心。西南医科大学附属中医医院和重庆太极集团先后获批"国家中医药服务出口基地"。

（二）一体化发展进展

1.1997年以前：统一领导

由于长期的行政管辖历史，成渝地区在中医药发展和文化源流上具有密切的联系。从文化地理学的视野来看，久负盛名的"川产道地药材"和"川派中医"在空间上都包括了重庆地区。在重庆直辖以前，两地的中医药发展主要通过上下级行政关系统筹资源配置和发展规划，区域间表现为统一领导下的自然竞争。

2.1997—2017年：竞合博弈

在直辖后，重庆市表现出强烈的自主发展意识，在中医药文化上，强调"渝派中药材"和"巴渝医派"特色，并重点打造"渝十味"等优势道地中药材品种。直辖后的十余年是成渝两座核心城市在城市定位和经济社会各领域发展竞争最为激烈的时期，两地中医药发展也以自主发展为主，在产业要素和发展项目上存在一定的竞争，相互合作也以政府部门间浅表式交流访问、机构和企业民间自主合作为主，实质性的常态化、制度化合作尚未成型。

在成渝经济区等区域协同发展规划的驱动下，川渝逐步推进医疗卫生等公共服务领域合作，主要集中在医保合作等便民化服务上。2015年川渝两省市率先开通了医保跨省异地就医联网即时结算。但到 2020 年初，川渝两地累计结算人次才达到 17 万，涉及费用不足 18 亿元。定点机构从 116 家增加到 500 家，其中医院仅 57 家，合作效应有限。

3.2018 年至今：合作深化

随着区域一体化发展的推进，两地中医药逐步深化。在 2018 年 7 月，两地中医药管理部门签订《中医药战略合作框架协议》，并成立川渝中医药工作协调小组，提出加强在中医药医疗、科研、教育、产业、文化等领域的协作。随着双城经济圈建设的推进，2020 年 4 月，川渝两地签署《卫生健康一体化发展合作协议》，深化中医药创新协作成为双方 12 项合作内容之一。随后在 2020 年 5 月，两地中医药管理部门签署了《川渝中医药一体化发展合作协议》，提出建立联席会议机制，在中医药综合改革、医疗服务集群建设、科技创新、人才培养、产业发展、文化、对外合作和信息共享等 8 个领域开展深度合作。两地中医药合作进入快速实质性发展阶段，先后成立了成渝地区双城经济圈中医药高质量发展联盟、道地药材产业高质量发展联盟等合作组织，此外，"合作共建成都中医药大学附属重庆中医院 / 第四临床医学院"被四川省政府办公厅纳入川渝重要合作项目。在人才联合培养、实验室建设、联合科研资助、中医药文化传播活动、专科联盟和中药材技术创新联盟建设方面全面开花。服务主体涵盖了市、县级中医药管理部门层面和机构、企业个体层面，形成了多层级、多领域、多区域、多主体的区域中医药一体化发展合作网络。

（三）中医药一体化发展瓶颈

1.服务能力不够均衡，结构待优化

虽然双城经济圈内中医药发展在国内处于领先梯队，但发展不平衡不充分的矛盾仍然较为突出。虽然中医医疗资源和服务量稳步增长，在区域医疗资源及服务中的占比在全国各省市稳居中上游水平，在高端服务、技术水平和人均资源和北京等领先地区仍有一定差距，特需服务和负压病房床位数量占比较低。整体资源配置公平性也有待提高，医疗资源供给和需求的"倒三角"现象虽有所缓解，基层中医药服务能力仍有较大提升空间。中医医疗服务资源分布空间结构有待优化，部分地市级行政区域没有三级中医院，甚至尚未建立独立的中医医院，区域中医医疗服务体系关键节点薄弱，驱动能力有限。

2.产业发展实力不强，创新待提升

成渝地区在中药材资源数量和产业规模上在全国都位居先列，但资源开发水平相对较低，产业集成度不高，大而不强。在中药材种植上，由于适宜品种过多，导致发展重心不聚焦，小规模、分散化种植现象突出，产业集聚效应不强，精深加工环节薄弱，全产业链价值增值能力有限，缺少能与云南三七、吉林人参相媲美的产值数百亿

以上的中药材大品种。中药研发协同创新体系尚未形成，高层次领军人才缺乏，中药新药开发能力不足，龙头企业数量少，2017—2021 五年间，国家药监局共批准了 17 个中药新药上市，但成渝地区却没有一个，科技进步贡献率较低，产业带动力弱。受限于中医药国际标准化水平不高，知识产权国际保护能力不强，中药出口面临日韩的强力竞争，以中药材和提取物等初级产品为主的中药出口格局尚未扭转，国际市场带动能力有限，区域中药产业竞争力不强。

3.政策步调不够一致，统筹待完善

在中医药政策体系建设上，两地存在明显差异。相较于四川省在中医药发展领域改革创新的主动进取，重庆中医药发展的政策引导作用发挥不够充分。十八大以来，四川省明确了建设中医药强省的战略目标，先后成立两个省级工作领导小组，并获批建设国家中医药综合改革示范区，先后发布了各类制度、政策文件十余份，包括地方法规、整体规划、专项规划、实施意见和行动方案，规范性和指导性兼具。在政策内容上，不但体现了国家政策导向，还突出了地方发展特色，覆盖服务、产业和文化三个方面。重庆市成立了市级中医药工作联席会议，也发布了《关于促进中医药传承创新发展的实施意见》《重庆市中医药条例》和《重庆市中医药发展"十四五"规划》等文件，但在文件出台速度、政策密度、内容范围上和四川省具有明显的差距，虽明确要重点发展包括中药材在内的十大千亿级山地特色高效产业，但计划中的《重庆市中药材产业发展"十四五"规划》迟迟未能出台，高位推动力度相对较弱，一定程度上制约了两地中医药协同发展。

从川渝两地辖区内地市级区域中医药发展来看，发展热度也存在明显差异，尤其体现在产业层面。攀西和川西北地区也是中药材的重要产区，在四川省中药材四大产区规划中占据其二，而且具有鲜明的少数民族医药特色，是四川中医药产业发展的重要组成部分，但并没有纳入双城经济圈规划范围，以双城经济圈为主要范围的一体化发展政策难以惠及，不利于四川中医药发展整体布局的优化。此外，四川大部分地市的中医药管理职能仍集中在卫健部门，在当前卫健体系中医药"边缘化"地位没有得到根本扭转的局面下，卫健管理部门对中医药发展的推力不足，形成"高位截瘫"，上热下冷的现象。在重庆，则呈现下热上冷的现象，部分地区主动发展意识强，但市级层面的规划引导不足。如开州、巫溪等渝东北部分区县的中药材产业已初具规模，城口县更先后将中药材产业明确为四大重点产业之一和特色主导产业来予以推动，迫切需要市级层面的发展支持。

除政策推力差异和纵向协调外，中医药发展政策的横向协调也需要加强。随着双城经济圈一体化发展的推进，川渝两地的药监、医保部门也积极展开合作，中医药管理部门应积极衔接，增强中医药发展的政策动力。

4.管理体制阻滞明显，动力待加强

管理体制的不健全、不对等是造成两地中医药发展政策不协调的重要原因。四川省早在 1987 年就成立了第一个有独立管理职能的省级中医药管理机构，省内的达州、宜宾等部分地市也都设置了相应的中医药管理部门，行政力量的强化对于统筹引领中医药发展发挥了积极作用，但大部分地市，包括泸州、巴中等确立了中医药强市建设目标的地区都未设置独立的管理机构。而重庆市则是在卫生健康委加挂中医药管理局的牌子，下设中医医政处和中医综合处两个处室，而且事权范围和四川省也有所不同，如药材产业的发展规划权就在农业农村部门。有限的行政资源制约了其监管和引导能力，不利于中医药特色化发展。此外，两地还存在行政级别不对等的现象。重庆作为直辖市，其职能部门和下辖区县的行政级别较一般同类区划地区高。如川渝两地的中医药合作项目落地集中主要在成都和重庆两大核心城市，但成都的城市和中医药管理部门行政级别要比重庆低半级。从而可能形成和京津冀地区相似的行政级别不对等的"级差效应"，加大相互的沟通、协调成本和难度，不利于常态化合作的达成和实施。

此外，从中医药各领域的功能属性来看，既包括医疗、文化的公共服务属性，也包括产业的经济属性，而且其产业还贯穿一二三产业，囊括了中药材种植、中药生产、健康服务等具体产业。结合业务关联和部门职能分工，涉及药监、医保、农业农村、经信、文旅等多个政府部门。在条块管理机制下，部门职能壁垒的存在，两地各部门的合作主要集中在对应的职能部门之内，跨地域、跨部门的协调尚未形成。

四、推进成渝地区双城经济圈中医药一体化发展的政策建议

（一）创新合作机制，完善指导监督

寻求更高位推动，提高政策协同性。在双方合作的基础上，将国家中医药管理局纳入相关合作主体范围，形成"两地三方"的合作格局，扩大行政资源，争取更大的政策创新空间，以提高政策的衔接效率，探索破除行政区划壁垒，共建国家中医药综合改革示范区。

扩大合作部门范围，探索跨区域、多部门协同机制。加强和医保、药监、经信、文旅、农业农村、乡村振兴、科技等部门的联系，推动在两地政府联席会议框架内，形成固定专项议题，以部门协商等方式，强化中医药治理政府部门协作网络，整合政策资源，形成政策合力。

深化中医药管理体制改革。推动具有发展优势和处于区域中心节点的市县建立独立管理职能部门，促进区域中医药发展监管、指导专业化发展，提高统筹能力和特色化发展的政策驱动力。强化区域中医药发展动能，推动区域内各级政府全面将中医药

发展纳入政府考核目标体系。深化两地中医药管理部门合作深度，加大联席会议召开频率，完善合作实施机制，将"合作协议"转变为"联合行动""实施方案"，提高合作落地效率，化解"协议多，落实少；共识多，行动少"的合作怪圈。

开展毗邻地区中医药一体化发展试点。以经济区与行政区适度分离改革探索为契机，在川渝统筹发展示范区、川南渝西融合发展试验区和川渝合作示范区，以整合型中医医疗服务体系和中药材产业发展集群建设为切入点，开展中医药一体化发展试点，积累发展经验，创建发展样板。

（二）优化资源配置，提升服务能力

优化中医服务资源布局。支持成都、重庆借鉴西部科学城模式，联合创建国家中医医学中心，区域中心城市创办区域中医医疗中心，形成与双城经济圈空间布局规划相耦合的"两核—八支"的中医药服务骨干网络。利用社会办医试点，积极推进社会办中医院发展，全面推进中医诊所备案制管理，培育中医诊所连锁机构。做强基层中医服务网络，实现中医服务在基层医疗卫生机构全面普及，全面配备中医师，形成规范开展中医适宜技术的能力。

提高区域医疗协同服务能力。推进行政区划内的整合型中医医疗体系建设，形成不同等级医院、公卫、养老机构密切配合，融预防保健、疾病治疗、康复为一体的均质化的高水平中医药服务体系。推进医师跨地区多点执业，鼓励组建跨省市的中医医联体，试点将中医诊所纳入医联体范围。加强数字化发展，鼓励远程中医医疗协作系统和中医互联网医院发展，促进"智慧医院""智慧药房"建设。推进中医资源共建共享，提升服务便利化水平。实施电子健康卡互认，拓宽公立中医医疗机构检验结果互认范围，探索跨省市的院内制剂调剂使用机制。加强医保部门协调，扩大西南5省区市跨省异地就医直接结算系统中定点中医医疗机构、病种覆盖面。

加强中医质量监管和学科建设，提升服务品质和发展特色。完善中医医疗质量控制体系建设，加强中药使用、处方点评管理。允许有条件的公立医院合理开展中医非基本服务和国际医疗服务，并给予一定的自主管理权，支持高水平医院申报国际医疗服务质量认证。积极应对快速老龄化等趋势，重点针对治未病、妇幼、老年、康复等重大需求，以及骨伤、肛肠、儿科、皮肤、妇科、针灸、肿瘤等优势学科，组建跨省市的重点专科联盟，鼓励中医机构差异化、特色化发展。

推动中西医结合和重大疫病防治发展。支持四川省中西医结合医院升级三甲医院，打造"旗舰医院"，组建川渝中西医结合医院医联体。推动中西医协同发展和多学科诊疗体系建设纳入二级以上公立医院绩效考核指标体系，鼓励组建中西医结合专科专病科室。推进中医重症医学、急诊医学、感染性疾病科室建设，加快建设国家和省市中医疫病防治、紧急医学救援基地，完善应急指挥和防治工作机制，建立中医药

应急队伍和物资战略储备，完善应急保障制度。

（三）健全产业体系，促进效益倍增

优化中药材产业布局，促进规模化发展。将《四川省中药材产业发展规划（2018—2025 年）》的产区规划和重庆市"一区两群"城镇化布局相结合，将盆地边缘山地药材生产区和渝东北、渝西划分为川渝东北、川南渝西两个片区，恰好与双城经济圈规划中的川渝统筹发展示范区、川南渝西融合发展试验区契合。可以积极探索、集中规划、统一引导，在两大区域建立区域级中药材发展联席会议制度和行业协会，统一规划种植品种和面积，避免盲目无序发展，联合制定行业标准，申报地理标志产品保护，促进规模化规范种植，打造高水平中药材种植产业带。

创新发展模式，促进乡村振兴。联合农业农村和乡村振兴部门，加强生产技术指导，培育中药材种植职业农民，推动道地中药材绿色标准化生产示范基地和中药材专业村镇同步建设。完善产业规范和标准体系，鼓励产地加工，鼓励中药材专业合作社发展，构建"企业＋合作社＋基地""定制药园"等合作生产模式，促进农民增收。积极联合地方金融部门，开展中药材政策性农业保险，提高中药材种植户抗风险能力。大力培育中医药供应链服务园区和企业，利用立体化交通网络建设，依托两大中药材市场，在两大核心城市打造川渝道地药材商业集聚地和物流基地，建立中药材储备机制，利用市场调节和监督，规范市场价格。

完善中药产业生态，增强企业发展动能。加强产业集聚平台建设，重点支持天府中药城、重庆市中医药科技产业园区、火炬涪陵现代中医药特色产业基地发展，积极承接中药产业转移，招引龙头企业投资，增强产业集聚效应。积极推进四川中医药大健康产业园等产业孵化基地平台，扶持中药 CRO 等科技型企业快速发展。支持各区域中心城市建设中药材产业科技示范园，增强中药材产业集约发展能力和对中药材种植环节的辐射带动作用。充分利用数字经济、绿色经济等产业政策，推进产业数字化、绿色化、智能化发展，支持中医药智能装备制造和循环经济发展，促进中药企业智能生产，提升运营效率和盈利能力。以四川中医药大健康产业投资集团为平台，加强川渝合作，探索以市场化方式设立川渝中医药产业发展投资基金，引导社会资本投入，培育专精特新型中医药企业。

坚持围绕三大领域，促进中医药健康服务产业融合发展。完善中医养生保健服务规范，支持中医医疗机构开展中医健康管理服务、养老服务和中医美容服务，引导社会养生保健机构有序发展，鼓励社会资本投入，培育特色化、连锁化的中医养生保健服务品牌和龙头企业。推广太极拳、五禽戏等传统养生功法，支持基层医疗机构拓展社区和居家中医药健康养老服务，促进体医融合、医养融合发展，开展中医药健康社区示范点和中医药特色医养结合示范机构项目建设。围绕成渝交通干线和城市群发展

主轴，打造成渝中医药健康旅游带，促进中医药健康旅游资源与其他旅游资源深度融合开发，融入地方全域旅游开发格局，开发中医药特色住宿、保健食品、文创商品，完善旅游体验和吸引力，深入打造中医药健康旅游示范基地、示范品牌和示范线路。

加强标准制定和监管协同，促进规范化发展。加强川渝科技和监管资源共享，整合成都中医药大学、四川农业大学、四川省中医药研究院、重庆中药研究所等科研院所及社会机构的科研力量，共同建设区域产业发展技术研究、技术推广、监测服务、质量追溯服务平台，完善中药材种植、产地加工、饮片炮制、质量认证标准，培育中药材大品种。联合两地药品部门，建立川渝药品监管沟通协调机制，搭建药品监管区域合作平台。促进川渝审评审批、监督检查、稽查执法等协调一致，推动标准互认、技术审评结果互认、药品注册检验结果互认、行政审批互认，提升监管效能和中药质量安全保障。

（四）深化开放创新，增强发展动力

推进产学研用协同创新，完善中医药创新网络。充分利用政府科研资金，开展项目联合资助，联合共建国家中医临床研究基地和中医药领域重点实验室。加大中医药科技＋金融创新，充分发挥四川省中医药研发风险分担基金作用，引导企业加大中医药科技研发投入。开展中医药领域职务科技成果权属混合所有制改革试点，建立成渝地区双城经济圈中医药知识产权交易市场，推进中医药科技成果转化。加强科研方向引导，加强中医药循证医学、转化医学和真实世界研究，完善中药注册临床证据体系。充分利用中药审评审批制度改革和各项研发激励政策，推动多方联合攻关，积极开展名优中成药二次开发和基于古代经典名方、医院制剂、名老中医验方的新药开发，以及儿童和罕见病用药、"药、酒、果、茶、妆"等关联中药衍生品开发，支持就地转化，增强中医药发展动力，提升科技进步贡献率。

推进区域协同发展。利用泛珠三角区域合作和西部陆海新通道建设两个合作平台，积极推动川渝两地与陕、滇、黔、桂、琼、藏等地区的服务和产业合作。以"泛成渝地区双城经济圈"理念，利用乌蒙山中医药传承创新发展联盟等平台，逐步提高对川西高原及高山峡谷地区、攀西地区、乌蒙山区、秦巴山区和武陵山区的辐射带动能力，积极推动统一规划，拓展中药材连片种植带，促进区域协同发展。强化川港澳合作，开展中医药科技联合攻关，开展 ISO 标准制定研究，借助港澳窗口，促进中药材和中成药在地或出口销售。

加强海外合作交流。川渝联合开展驻成渝地区使领馆外交官中医药文化体验活动和海外宣传推介活动。加强海外科技人才交流和科研合作，推动中成药产品海外注册。共同推进两个国家中医药服务出口基地建设，拓展中医药对外教育，实施中医药海外惠侨行动和开展中医药海外惠侨和中医药"健康旅游＋国际医疗"行动，加快海

外中医药中心、诊所建设，提升服务出口贸易规模，建立文化传播、服务贸易和中药出口的相互促进、协同发展的对外开发格局。

（四）推进文教发展，强化发展支撑

加强川渝中医药文化传承保护。两地联合开展中医药文化资源普查，梳理川渝中医药文化资源，建立中医药传统知识数据库，加强文脉研究和阐释，促进创新性转化。深入挖掘地方中医药文化遗产，积极申报非物质文化遗产代表性项目，加强传承性保护和利用，提升文化自信，增强中医药文化产业发展资源支撑。

深化中医药专业教育改革。优化专业教育地域和学科布局，补足重庆中医药人才培养短板。坚持中医药特色办学，重点支持成都中医药大学"双一流"建设，推进重庆中医药学院建设，以及四川省中医药高等专科学校升级本科院校，鼓励四川农业大学、西南医科大学、成都体育学院等高校相关专业特色化发展，和西南大学等有条件的高校开设相关专业，充实人才培养力量，扩大人才培养规模。加快中医临床教学基地和现代中药产业学院建设，面向基层和产业发展需要，医教协同、产学结合，提升人才培养质量。

加强中医药人才梯度培养和传承教育。加强中医药院士、国医大师、全国名中医、岐黄学者等国家级人才称号的柔性引进和后备人才培育，完善骨干专家和青年人才培养。优化人才评价机制，加强发展平台建设、加大经费投入，完善生活保障。加强师承教育，联合推进中医药名医传承、中医流派、技能大师工作室建设，促进跨域交流、联合培养、应用转化。完善中西医结合教育和西医学习中医制度，联合开展中西医结合高层次人才学历教育和研修项目，建设"西学中"培训基地，鼓励开展中医药继续教育项目，对医疗机构临床医师开展中医药专业知识轮训，增强基层中西医结合人才队伍。

参考文献

[1] 陈中东. 重庆往事 [M]. 广州：花城出版社，2010.

[2] 林凌，刘世庆. 川渝合作共谋发展 [J]. 成都行政学院学报，2000，（3）：13-14.

[3] 戴宾. 改革开放以来四川区域发展战略的回顾与思考 [J]. 经济体制改革，2009，（1）：140-144.

[4] 方创琳，张永姣. 中国城市一体化地区形成机制、空间组织模式与格局 [J]. 城市规划学刊，2014，（6）：5-12.

[5] Tinbergen. International Economic Integration[M].Amsterdam：Elsevier，1954.

[6] Balassa. The Theory of Economic Integration[M]. New York： Greenwood Press，1961.

[7] 吕卫国，陈雯.江苏省内一体化、制造业聚散与地区间分工演化 [J]. 地理科学进展，2013，32（2）：223-232.

[8] 谭天林，刘峻杰，许志仁，等.帮扶式体系托管城乡中医药一体化管理模式的实践 [J]. 中国医院管理，2014，（4）：68-70.

[9] 罗成书，程玉申.杭州都市圈空间结构与演进机理 [J]. 城市发展研究，2017，24（6）：30-38.

[10] 明兴加，赵纪峰，王昌华.重庆中药材种植区域分布及中药农业产业化发展的思考和建议 [J]. 安徽农业科学，2010，38（30）：17305—17307.

[11] 张建华，周尚成，潘华峰.中医药传承创新蓝皮书：中国中医药传承创新发展报告（2021）[M]. 北京：社会科学文献出版社，2022.

[12] 田兴军.川派中医药源流与发展 [M]. 北京：2022.

[13] 王燕，刘菡菁，杨军，等.四川省中药材产业高质量发展新特征，新问题和新路径 [J]. 中草药，2020，51（19）：5077-5082.

[14] 程恩富，王新建.京津冀协同发展：演进、现状与对策 [J]. 管理学刊，2015，28（1）：1-9.

[15] 何李.非对等府际关系中社会保障体系的构建 [J]. 长白学刊，2016，（2）：119-124.

[16] 刘凤，傅利平，许凯渤.医疗卫生服务府际与城际合作网络结构与效应测度——以京津冀区域为例 [J]. 东北大学学报：社会科学版，2021，23（4）：59-75.